海外中国研究丛书

刘东 主编

[美] 傅佛果 著
陶德民 何英莺 译

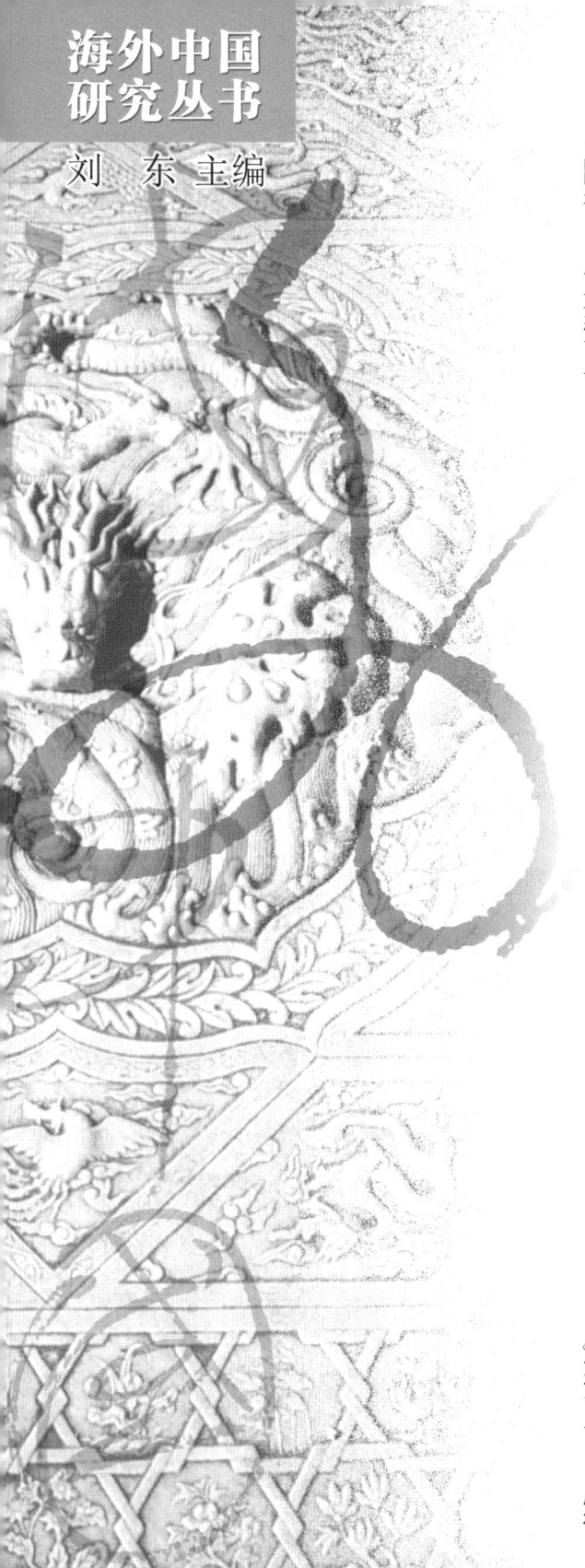

POLITICS AND SINOLOGY
The Case of Naito Konan, 1866-1934

内藤湖南
政治与汉学（1866—1934）

江苏人民出版社

图书在版编目(CIP)数据

内藤湖南:政治与汉学:1866～1934/[美]傅佛果著;陶德民,何英莺译.—南京:江苏人民出版社,2013.8(2021.4重印)
(海外中国研究丛书/刘东主编)
ISBN 978-7-214-10353-6

Ⅰ.①内… Ⅱ.①傅…②陶…③何… Ⅲ.①内藤湖南(1866～1934)—人物研究 Ⅳ.①K833.135.81

中国版本图书馆 CIP 数据核字(2013)第 191060 号

Politics and Sinology:The Case of Naito Konan,1866-1934 by Joshua A. Fogel
Copyright © 1989 by Joshua A. Fogel
All rights reserved. Published by arrangement with Harvard University Asia Center.
Chinese simplified translation rights © 2013 by Jiangsu People's Publishing, Ltd..
江苏省版权局著作权合同登记:图字 10-2012-075

书　　　名	内藤湖南:政治与汉学(1866—1934)
著　　　者	[美]傅佛果
译　　　者	陶德民　何英莺
责 任 编 辑	张晓薇
装 帧 设 计	陈　婕
责 任 监 制	王　娟
出 版 发 行	江苏人民出版社
地　　　址	南京市湖南路 1 号 A 楼,邮编:210009
网　　　址	http://www.jspph.com
照　　　排	江苏凤凰制版有限公司
印　　　刷	苏州越洋印刷有限公司
开　　　本	652 毫米×960 毫米　1/16
印　　　张	25.5　插页 4
字　　　数	370 千字
版　　　次	2016 年 1 月第 1 版
印　　　次	2021 年 4 月第 3 次印刷
标 准 书 号	ISBN 978-7-214-10353-6
定　　　价	72.00 元

(江苏人民出版社图书凡印装错误可向承印厂调换)

序"海外中国研究丛书"

中国曾经遗忘过世界,但世界却并未因此而遗忘中国。令人嗟讶的是,20世纪60年代以后,就在中国越来越闭锁的同时,世界各国的中国研究却得到了越来越富于成果的发展。而到了中国门户重开的今天,这种发展就把国内学界逼到了如此的窘境:我们不仅必须放眼海外去认识世界,还必须放眼海外来重新认识中国;不仅必须向国内读者迻译海外的西学,还必须向他们系统地介绍海外的中学。

这个系列不可避免地会加深我们150年以来一直怀有的危机感和失落感,因为单是它的学术水准也足以提醒我们,中国文明在现时代所面对的绝不再是某个粗蛮不文的、很快就将被自己同化的、马背上的战胜者,而是一个高度发展了的、必将对自己的根本价值取向大大触动的文明。可正因为这样,借别人的眼光去获得自知之明,又正是摆在我们面前的紧迫历史使命,因为只要不跳出自家的文化圈子去透过强烈的反差反观自身,中华文明就找不到进入其现代形态的入口。

当然,既是本着这样的目的,我们就不能只从各家学说中筛选那些我们可以或者乐于接受的东西,否则我们的"筛子"本身就可能使读者失去选择、挑剔和批判的广阔天地。我们的译介毕竟还只是初步的尝试,而我们所努力去做的,毕竟也只是和读者一起去反复思索这些奉献给大家的东西。

刘　东

目 录

中文版序言　1

英文原版谢辞　1

导言　他山之石可以攻玉　陶德民　1

序章　1

第一章　明治中期的日本与中国：初步概观　12
　　欧洲人的中国观　13
　　明治日本的汉学　17
　　访问过中国的日本人和中国的改革论者　23

第二章　青少年时期的湖南　31
　　鹿角地方的学问传统与湖南的祖辈　32
　　内藤十湾与明治维新　37
　　青少年时期的教育　41
　　初期的政治关心——内政与外交　47
　　来到战场东京——作为记者崭露头角　53
　　反政府民族主义与明治时期的新闻　61
　　文化民族主义与中国　64

第三章 1890年代——中国的改革与汉学家湖南的诞生 74

改革的序曲——高桥健三与湖南 78

经由战争的改革 82

走上汉学研究之路——湖南的中国史试论(1895—1897) 90

经由殖民地化的改革——台湾时代(1897—1898) 97

经由中国人自己实行的改革——戊戌变法与明治维新 105

经由中日文化交流的改革——潜移默化的作用 113

第四章 就任京都帝国大学教授与清史研究 135

"黄金时代"的京大学者生活 137

关于清朝史的初期研究 147

清朝衰亡与清史研究的进展 150

《清朝衰亡论》 156

《清朝史通论》 164

清朝史研究的目的 186

第五章 《支那论》——时代划分与共和政治的本质 191

《支那论》的执笔动机 193

中国史的时代划分法——内藤史学的活力 197

《支那论》与中国地方社会的本质 211

作为共和政治之社会基础的"乡团" 214

对《支那论》的批判 220

关于唐宋变革的详论 226

"上古""中世"的时代划分法 230

时代划分与"近世"的意义 237

第六章 现代政治与支那学——湖南的政治观(1907—1934) 243

对政治领导者的评价 244

对中国的政治混乱的理解 248

关于外国干涉中国的问题 253

日本在中国以及亚洲的作用 259

朝鲜论　270
　　《新支那论》　275
　　　　关于中国共产党与中国人的改革论　286
　　　　满洲与"满洲国"　288

第七章　历史的评价——湖南与共和政治的萌芽　304

日文版译后记　316

中文版译后记　其一　326

中文版译后记　其二　332

附录　336
　　1　清朝的皇帝　336
　　2　中国的朝代与湖南的时代划分　336

文献一览　339
　　1　《内藤湖南全集》目录　339
　　2　日文、中文　341
　　3　西文　353

中文版序言

时光荏苒,自从我研究内藤湖南(1866—1934)的生平与工作的著作首度问世以来,已经有三十年时间过去了。这本著作是在我于1980年完成的同题博士论文的基础上写就的。在过去的三十年间,关于日本与中国的研究成果可谓层出不穷,但更重要的是,整个世界的中国研究已经打开了一条新的道路,而这种景象在我写作的当时只能是止于憧憬而已。如今,不仅有成千上万的学生学习日文并留学日本,而且这些新生代们已经在日本充分地感受到了学术天地的无限宽广。

当我在1970年代末期写作我的博士论文时,我不可能像如今的美国人那样,可以自由地来到中国访问,并利用中国图书馆的资料文献。这一切当然是因为冷战的缘故。缺乏接触中国学者、图书馆以及档案的客观因素,也是我选择研究日本的中国学的诸多理由之一。鉴于内藤湖南是日本最为著名的研究中国的历史学家,并且他的观点对西方学界的影响甚大,因此选择他的生平与工作作为我博士论文的研究课题是一条便捷之路。

在1980年代中期,我开始访问中国并参加那里举行的学术研讨会。一般而言,当时,内藤湖南的名字依然只是被当作批判导致战前日本帝国主义侵略行为的中国观时的一个方面而被提及。然而,不管怎样,我还是从中国的前辈学者汪向荣处得到了鼓舞。他是我在第一次参加中国的学术研讨会时认识的。这次研讨会在北京举行,而且会议的一部分是在人民大会堂召开的。我提交的会议论文是有关其他题目的,不过我送给了汪教授一册本书的复印本。对此,他感到十分欣喜与赞赏。

几年之后,我应夏应元教授的邀请参加了另外一次学术研讨会。那时,我的书已经被翻译成日文了,于是后来我也送给他一本复印本。在我们谈论内藤湖南的短短几分钟内,他曾附带说了这么一句话——"当然,他是一位伟大的学者"。当时我就产生了这样一种感觉:在中国,内藤湖南的时代已经来临了,他将享有一个再认识的过程。令人高兴的是,这一过程已经开始了。这一点,从学者陶德民和钱婉约最近发表的著作中可以得到明证。在我研究和写作本书的时候,日本对内藤湖南生平与工作的研究基本上存在着两条路径:其一是将湖南的政治观点视为帝国主义而加以谴责,并认为这种思想贯穿了他的整个学术生涯;其二是专注于湖南的学术创新性而忽视了他的政治观点。我试图克服这两种观点的偏颇。为此,我努力寻找在湖南的政治观点(在大量的新闻评论性文章中有着清楚的呈现)与其关于中国历史文化方面的学术观点之间的相互影响。我十分幸运地与湖南最后的以及最著名的一些弟子作了访谈,比如宫崎市定、吉川幸次郎、贝塚茂树以及三田村泰助等。他们对于自己的先生充满敬意与思念之情的回想,给我原本单调的理解增添了许多生动的色彩。

对于我而言,我最迫切希望的不是中国的读者都能喜欢我这本书的中文版。毋宁说,我更加关心的是他们怎样去充分地认识书中的观点,以及书中对湖南是怎样逐渐形成其中国历史观的理解。比如,关于湖南最为著名的观点,即中国在中世就已经进入"近世"的观点,他们会有怎样的理解?不管对于西方学者,还是对于中国学者来说,如果能够不是出于这个或那个国家的国民之立场,而是出于作为个人的学者立场就学术观点交换见解,那么毫无疑问,这将是一件很有意义的事情。在此,我非常感谢陶德民和何英莺的工作。正是二位的翻译,使得这种学术交流成为可能。

英文原版谢辞

在当今世界,无论是从空间性还是从时间性上来说,历史研究的对象都已经被加以细分。因此,历史学家在从事研究的时候必须依赖于各个研究领域的专家们的研究成果。在写作本书的准备阶段,众多学者向我提供了他们的帮助,因此我首先要感谢的就是他们。狄百瑞(Wm. Thodore deBary)是我写作这篇博士论文时候的指导老师,他不仅数次阅读了初稿,而且在整个写作过程中始终给予我莫大的鼓励。詹姆士·波拉切克(James Polachek)是最初给我写作内藤湖南这一题目以启示的人。卡罗尔·N. 格拉克(Carol N. Gluck)先生阅读了博士论文的初稿并向我提出了建议,尤其是关于明治时代部分的内容。此外,还有约翰·麦斯基尔(John Meskill)、黎安友①(Andrew J. Nathan)、罗威廉(William T. Rowe)、大卫·斯特兰德(David Strand)、孔飞力(Philip A. Kuhn)、柯文(Paul Cohen)、约翰·施瑞克(John Schrecker)、蒂莫西·维克斯德(Timothy Wixted)以及艾尔曼(Benjamin Elman)等各位先生,都在不同的阶段阅读了部分或者全部的原稿,并提出了十分有益的批评。数年前,曾经将内藤湖南的大作《支那论》当作教科书来指导我阅读的村上幸子

---

① 黎安友(1943—)美国哥伦比亚大学政治学教授,著名中国问题专家。——译者注

(Sachiko Murakami)先生,这次还精心地指导我怎样阅读明治时代的报纸。

当我访问日本之际,我的好友瓦特夫妇(Paul and Yasuko Watt)在京都扮演起我的"代父母"角色。在我们共同逗留于日本的一年半时间里,与鲍尔之间的学术性对话使我获益匪浅。他在日本方面的丰富学识以及对于慈云尊者的极富魅力的研究,对我来说始终是一种鼓舞的力量。

在京都大学人文学科研究所期间,指导我的老师是在现代中国历史与文学方面有着非凡造诣的竹内实教授。在他的介绍下,我得以见到内藤戊申、贝塚茂树和吉川幸次郎三位先生,并进行了采访。戊申先生是湖南先生的三男,贝塚先生则是湖南的高足,也是中国古代历史与思想方面的专家。吉川先生则有着惊人的记忆力和对中国文学史的卓越见识,向我栩栩如生地讲述了1920年代中期京都大学的往事。现在是鹿儿岛大学教授的大谷敏夫向我介绍了湖南最为著名的得意弟子宫崎市定。宫崎先生邀请我到他的家中,向我讲述了他的"先生"的故事。我还要感谢对中国史上的各种问题都有研究的立命馆大学的池田诚教授。在他的介绍下,我见到了写作湖南传记的三田村泰助,并对他做了采访。

当时正在京都大学文学部东洋史研究室攻读学位的两位研究生也给了我很大帮助。一位是井上裕正先生,现在是岛根大学副教授,专攻中国近代史。他与我成为了朋友,不仅向我介绍了京都大学的种种情况,而且还把我介绍给东洋史研究室的大学生和研究生等。正是有了这些朋友的陪伴,使我能够在京都大学度过轻松愉快的留学生活。另一位是木田知生,现在是龙谷大学副教授。当时,他在北京大学留学两年半后刚回到日本不久,也与井上先生一样与我成了朋友。在1977年与1978年之交的秋冬时节,每逢周六午后,他总是在一个名为"进进堂"的茶馆里,花几个小时与我一起共同解读湖南著作中最为难懂的两部著作,即《近世文学史论》与《诸葛武侯》。木田先生在中国史和史学史方面有着令人惊叹的学识,我想他迟早会成为一位名扬海外的学者。在日本期间,我之所以能够取得超越一般学术交流的收获,主要是井上、木田两位先生的功劳。

此外,对三重大学的北村稔、和歌山大学的河田悌一这两位先生对我所表现出来的友好与亲切,也深表感谢。我还要感谢热情欢迎我加入东洋史研究室这个小家庭的学生们,其中特别要感谢的是江田宪治、岩井茂树和浅原达郎这三位。

我还必须感谢的是《书论》杂志的总编辑、京都教育大学的杉村邦彦先生。他将自己收藏的许多珍贵的湖南手稿介绍给我,同时还介绍我参加内藤湖南彰显会。下面我所列举的这些图书馆也是我所要感谢的,在我查阅未被全集收录的湖南的著作时,其工作人员在复印和提供有价值的信息等方面给了我种种方便。

京都大学图书馆	岩手大学图书馆
立命馆大学图书馆	东京大学图书馆
明治新闻杂志文库	明治大学图书馆
日本国会图书馆	秋田县立图书馆
广岛大学图书馆	鹤舞中央图书馆(名古屋市)
东京都立图书馆	天理大学图书馆
冈崎市立图书馆	早稻田大学图书馆
美国国会图书馆	

在即将结束我的谢辞之际,我还想向苏珊·马戈利斯(Susan Margolis)女士表达我最深切的谢意,她不仅始终陪伴着我,而且给予我无微不至的关照。最后我想要说的是,尽管我得到了许多人和机构的帮助,作为执笔者,我是唯一一个要对本书内容负责的人。

1984年春于哈佛大学

所谓历史,就是从全人类的观点来理解的一个完整的、活生生的生命。　　　　　　　　　　　　　　　　　　威廉·狄尔泰①

(Wilhelm Dilthey, *Pattern and Meaning in History: Thoughts on History and Society*, edited by H. P. Rickman, London, 1971)

※　※　※

所谓历史判断,不是认识的一种形态,而是认识的本身。这才是可能到达真正认识的唯一方法。　　　　　　　　　　　克罗齐②

(Benedetto Croce, *History as the Story of Liberty*, trans. by Silvia Sprigge, London, 1962)

※　※　※

对我而言,所谓历史,就是所有可能有的历史,即在过去、现在以及未来,由各种职业的人们从各自的观点出发来写而又写的历史的集合体。因此,在我看来,从这些历史中排他性地仅仅选取一种历史,才是对历史唯一的错误态度。　　　　费尔南·布罗代尔③

(Fernand Braudel, "Histoire et Sciences sociales: La longue dureé," *Annales Économies Sociétés Civilisations*, 13-4, 1958)

※　※　※

所谓历史就是历史学家与事实之间不断地相互作用的过程,以及在现在与过去之间无穷无尽的对话。　　　　　　　E. H. 卡尔④

(E. H. Carr, *What is History?* London, 1961 [清水几太郎译,《什么是历史》,1962年])

---

① 威廉·狄尔泰(1833—1911),德国哲学家、历史学家、社会学家。——译者注
② 克罗齐(1866—1952),意大利哲学家、历史学家、文艺批评家。——译者注
③ 费尔南·布罗代尔(1902—1985),法国年鉴学派第二代著名的史学家。——译者注
④ E. H. 卡尔(1892—1982),英国历史学家、国际政治学家。——译者注

导言 他山之石可以攻玉

陶德民

序 内藤生涯中的1924年

在内藤湖南(1866—1934)①的学术及政治生涯中,1924年可以说是

---

① 内藤出生于日本东北部的秋田县,字炳卿,名虎次郎。其父内藤十湾(明治维新后曾当选家乡的议员)因主张尊王攘夷而崇拜幕末志士吉田松阴(1830—1859),吉田的生年1830年为庚寅年,故吉田又名"寅次郎"。内藤生年1866年为丙寅年,十湾因而为之取名"虎次郎",以与"寅次郎"相仿。见三田村泰助:《内藤湖南》(东京:中央公论社,1972年),页33。"湖南"为其号,取意为家乡秋田县鹿角郡在风光明媚的"十和田湖"的南边。关于内藤的几种传记,可以说三田村泰助的《内藤湖南》最为传神。1909年出生的三田村于1933年3月从京都帝国大学东洋史学科毕业,在学时内藤已经退休,不过仍有幸受到内藤的指点和熏陶。他记得第一次访问内藤的恭仁山庄(该山庄是内藤从京都大学退休时建造的,位于邻接奈良的京都南部)是在毕业后不久的1933年4月28日,自那以后每周登门拜访一两次。秋天以后,因内藤赴满洲旅行和健康的关系,见面机会减少了,但仍被特许在藏有大量珍贵文献的书库中自由阅览。为了更好利用这一机会,到1934年6月26日内藤去世为止,三田村干脆住在恭仁山庄附近。其传记中引用不少内藤在各个时期所写的书信,虽然简短,却起了画龙点睛的作用。据三田村的后记,本来传记的重点拟放在他所熟悉的内藤晚年的学问方面,但由于提供资料并予以指教的内藤长子内藤乾吉的建议,结果重点改为《内藤的家系》、《青年时代》和《活跃于报界》等几章,甚为可惜。题为《京都大学就职以后》的第四章,即有关1907年至1934年这27年学者生涯的部分只占到全书224页的10%左右,虽然前三章也涉及这一时期的有关事项。本文的意图在于依据近年的研究成果,特别是笔者涉猎的一些重要史(转下页)

与1899年具有相似意义的一个年份,因为它标志着另一个重要的转折关头。

1899年春,一场大火烧毁了内藤在东京的住宅,把他长年辛苦搜集的五六千册藏书化为灰烬。当时的他已经是一名资深记者:三年前以在大阪《朝日新闻》连载评点德川时代学术史的《关西文运论》(后以《近世文学史论》之书名出版)而名闻遐迩,后得到松方正义/大隈重信内阁的书记官长高桥健三(1855—1898)的信任而为之起草新内阁的政纲。前此,他曾为著名报人、哲学家三宅雪岭(1860—1945)代笔写作《真善美日本人》,也颇受圈内人士好评。两年前,他开始担任《台湾日报》的主笔,为殖民当局出谋划策,受到重视。未满一年,他便回日本探望身患重病的同乡、同学、同事,更是同志的畑山吕泣(1866—1898),最后又为之送葬。这是因为两人有过患难与共的经历:1892年畑山因在报刊上揭露专制政府干涉选举而被监禁三个月,那时内藤本人也因主持正义而被刑警盯梢达数十日之久。后来内藤也曾有过竞选议员以从政的念头,但是审时度势之后放弃了。他对1898年清国发生的戊戌变法表示关心和同情,以后与流亡来日的梁启超(1873—1929)也有过接触。①

1899年秋,内藤在友人的资助下第一次访问清国,结识了严复(1854—1921)、文廷式(1856—1904)、张元济(1867—1959)和罗振玉(1866—1940)等第一流学者。从此,他矢志于中国研究,一反日本汉学界的旧习,开创了深入实地考察史迹及重视采集原始史料的新学风。归国后发表的游记《燕山楚水》(又名《禹域鸿爪记》,书后附有其关于中国的报刊论说)为他赢得中国问题专家的名声。后来因为自告奋勇于1905年夏(即日俄战争后期)赴日本满州军占领下的奉天地区作民政调查,而

(接上页)料,对作为民间意见领袖的内藤晚年的东方回归现象作一概观,厘清其政治立场及学术主张的脉络,以为今后的深入讨论提供一个基础。

① 据泽村幸夫的回忆文章〈内藤湖南と梁启超〉,泽村在1903年造访京都寺町的内藤家时,看到过穿着一身中国服装的梁启超。泽村幸夫:〈内藤湖南と梁启超〉,《支那》第27卷第2号(东京:东亚同文会,1936年2月),页53—58。

得到外务大臣小村寿太郎(1855—1911)的赏识,被紧急电召去北京,为与清政府谈判缔结"东三省善后条约"出谋划策,从而更加著名。① 结果终于在1907年破天荒地进入京都帝国大学占据东洋史的一个讲席。在审议他的聘用案时,文部省的主管官员曾对极力保荐他的京都帝国大学文科大学校长狩野亨吉(1865—1942)表示,请一个只有秋田师范学校毕业资格的人担任帝国大学的教授,即使他有孔夫子那样的才学,也难以照准。狩野愤而拍案,不惜辞职抗争,最后才达成妥协,即先聘为讲师,两年之后转为教授。后来证明,内藤的到任给京大的东洋史学带来极大的活力,使之足以与东京帝国大学的东洋史学相抗衡。

如果说,1899年标志着内藤由一个新闻记者转而成为一个支那学者的起点的话,1924年则是他由执着于近代西方的价值观和游戏规则的立场转而质疑并挑战之,企图回归东方的文化及政治传统。

当时58岁的内藤已经接近退休年龄,其学术更加炉火纯青。三年前,他在《支那学》杂志上发表《章实斋年谱》,引起了胡适(1891—1962)的注意。不久,胡适从北平寄来自己编纂的《章实斋先生年谱》以致谢。② 两年前,他在史学地理学同攻会上作题为《关于应仁之乱》的讲演,引起日本国史学界的震动。一年前(1923年),他开设"支那绘画史(五代以后)"课程,并在《历史与地理》杂志上发表了《概括的唐宋时代观》③。因

---

① 参照陶德民:〈内藤湖南の奉天调查における学术と政治——内藤文库に残る1905年笔谈记录について〉《アジア文化交流研究》第1号(2006年3月),页131—143;及在此基础上写成的《明治の汉学者と中国——安绎・天囚・湖南の外交论策》(大阪:关西大学出版部,2007年)的第4章〈日露战争前后の满洲经营论〉。
② 参见陶德民:〈内藤湖南における进步史观の形成——章学诚『文史通义』への共鸣〉《アジア游学》第93号(2006年11月),页203—216。
③ 有关内藤的"唐宋变革说"对中国史研究领域的巨大影响,参见 Hisayuki Miyakawa, "An Outline of the Naito Hypothesis and Its Effects on Japanese Studies of China," *The Far Eastern Quarterly* 14.4 (Aug. 1955): 533—552. 该文作者宫川尚志为京都大学东洋史学科出身,在文中提到内藤的第三个儿子、在爱知大学执教的内藤戊申认为,内藤"唐宋变革说"的理论来源主要是深受德国哲学家 Heinrich Rickert (1863—1936)影响的丹羽正义所提供,其次才是章学诚。近年有关这个问题的鸿篇巨制为张广达:《内藤湖南的"唐宋变革说"及其影响》,收入荣新江主编:《唐研究》(北京:北京大学出版社,2005年),第11卷,页5—71。

胆石症的隐患反复发作,内藤决定在同年3月接受胆囊切除手术。因担心发生手术事故而意外身亡,内藤在动手术之前,用汉文奋力写下许多学术笔记以传世。这些笔记汇为《宝左盦文》,在年底得以出版。同年夏天,内藤在兵库县的有马温泉疗养时,对学生所记录的讲义笔记《支那史学史》作了考订以备出版,并接受大阪《每日新闻》记者岩井武俊采访,对东亚的时局作了分析。其谈话的速记稿结果修订成为《新支那论》(1924年9月)。十年前的1913年秋天则是对熟识的《朝日新闻》记者高畠政之助作口授,当时的速记稿修订成有名的《支那论》(1914年3月)。① 两书后来作为姊妹篇一起刊行,一再印刷,在学界与社会上均颇有影响。

一 《新支那论》的"亚洲门罗主义"倾向

1924年7月,内藤在长子内藤乾吉和大阪知名学者石滨纯太郎(1888—1968)的陪伴下访欧,以期在退休之前弥补曾率先介绍敦煌文书,自命为"敦煌学者",却未及加以深入研究的缺憾。② 同年9月,内藤尚在欧洲,其名著《日本文化史研究》和《新支那论》在日本相继出版。《新支那论》的影响尤为突出,因为其中对当时人们所普遍关注的日中、日美关系都作了非同寻常的定义和预言。

正如《新支那论》的序言所称,该书形成的动机之一是因为担任汉口日本居留民总代表的挚友亲口向他讲述了1923年长沙和汉口所发生的激烈的排日风潮,使他对日中关系的前途深感忧虑,而不得不做出回应。内藤设定了包括中国和日本在内的"东洋文化圈",以劝说五四运动以后

---

① 内藤《支那论》的写作动机乃是为清末结识的老友熊希龄出谋献策,可由下述1912年他在奉天调查时的笔谈记录做出推测:"贵国此日形势发发,弟与财政总长熊秉三交态甚密,欲一为言之。但此时公事甚忙,未能赴燕见伊耳。"而1913年秋熊升任总理后,内藤为之进言的心情更加迫切了。详细的论证,参见陶德民:〈内藤湖南における『支那论』の成立ち—民国初期の熊希龄内阁とのについて〉,《东方学》第108辑(2004年7月),页84—104;以及在这基础上写成的拙著:《明治の汉学者と中国》,第5章〈辛亥革命后の支那管理论〉。
② 高田时雄:〈内藤湖南の敦煌学〉,《东アジア文化交涉研究》别册3(2008年12月),页19—36。

民族主义情绪日益高涨的中国人以平常心看待日本崛起和日本人活跃于中国舞台的现象,指出在这个文化圈内"文化中心的移动是无视国民的区分而进行的。就接受支那文化这点而言,比起广东等地也绝不迟缓的日本,在今天将要变为东洋文化的中心,对支那文化形成一股势力,是完全不奇怪的,因为日本今日已经是比中国更为出色的强国。对于日本的兴隆,支那人以一种猜疑的眼光相视。要是因为某种事情,日本和支那在政治上形成一个国家,文化中心移到日本,日本人活跃在支那的政治上和社会上,支那人应该也不会把它看作特别奇怪的现象。只要推测一下古代支那人对于当时的广东人或安南人所抱的感情也就知道了"。①

不仅如此,他还对日美两国的对华经济开发活动作了以下比较。"需要进一步考虑的是,支那的革新,即给予支那的社会组织以新生命的运动,是否可以求诸于日本以外的其他国家。……日本对于支那的经济性质的运动,以国民个人的发展开始,作为事关国民的生存问题来进行。美国对支那的事业完全由企业家之手来开展,并非来自国民的需求。作为国民,美国人在本国还有充分发展的余地,至少不会感到(不到中国发展)会有危及生存的危险"。②

由此可见,内藤的"东洋文化中心移动论"既有出于其认同中国文化之巨大影响的一面,也是为了谋求维持日本在东亚地区的特殊地位而构

---

① 内藤湖南:《新支那论》〈三、支那の革新と日本—东洋文化中心の移动〉《内藤湖南全集》(以下略称为"《全集》")(东京:筑摩书房,1972年),第5卷,页,509。内藤早在1897年出版的《近世文学史论》中已经运用"文化中心移动论",来论述德川时代文化中心在关西(京都、大阪)和江户之间移动的情形,意在以此类比近世中国文化中心在江南和北京之间的移动。其实,"文化中心移动论"并非全是他的发明。清代赵翼《廿二史劄记》中曾以"地气"的盈亏和消长来说明首都地理位置伴随王朝更替而迁移的原因。早在内藤出生之前,著名的幕末海防论者盐谷宕阴(1809—1867)也已借用这一"地气说"做出如下预言:今后东洋将强盛起来,赛过今日逞强的西洋。赵翼是内藤的名著《支那史学史》中引用和提及次数较多的中国史学家之一,该书提到十次以上的人物,依次数多少,顺序为司马迁、章学诚、孔子、郑樵、钱大昕、班固、顾炎武、王应麟、朱熹、刘知几、欧阳修、黄宗羲、万斯同、邵晋涵、刘歆、刘向、赵翼、纪晓岚、韩愈、司马光、方苞、戴震、阎若璩、杨守敬和杨慎。见《全集》,第11卷,《支那史学史》所附人名索引。
② 内藤湖南:《新支那论》〈三、支那の革新と日本—东洋文化中心の移动〉,页515。

成,后者又以否认近代中国自身的发展能力以及太平洋彼岸的美国进入中国的必要性为前提。正是在这个意义上,不难看出"东洋文化中心移动论"所带有的某种"亚洲门罗主义"的倾向。

内藤出发去欧洲考察几天之前,美国参众两院于7月1日通过了《排斥亚洲移民法》。这一法案在日本通常被称作《排日移民法》,这是因为近代日本人自视甚高,以为美国排斥其他亚洲的低等民族的移民尚可,怎么可以排斥亚洲的高等民族日本的移民呢。20世纪初期的日本人中弥漫着一种与太平洋彼岸的美国人平起平坐的感觉:美国在南北战争后开始重建和工业化,日本也差不多同时开始明治维新和工业化的进程;日本通过甲午战争拿下台湾,几年之后,美国才通过美西战争拿下菲律宾,由此开始两国在西太平洋对峙的局面。至于夏威夷,日本移民在早期开发时居功甚伟,若不失时机地加以果断处置的话,也不至于落到美国的手里。① 是故,对于《排日移民法》的实施,曾任国际联盟知识交流委员会(战后的联合国教科文组织的前身)主任的新渡户稻造(1862—1933)指出,"我们民族有被从受人尊敬的座位上突然推下来变成世界贱民那样一种屈辱的感觉。"著名的政论家德富苏峰(1863—1957)则呼吁,日本应该从此与美国分手,而与亚洲的兄弟国家联手,并把《排日移民法》通过的7月1日命名为日本的"国耻日"。颇有影响的半月刊《外交时报》在太平洋战争两年前的1939年7月1日仍刊登文章追述《排日移

---

① 据曾经担任日本共同通信社华盛顿支局长的资深记者,以最先报道1970年代初期中美复交内幕而闻名的松尾文夫说,近代日本的一流学生留学时的首选不是英国就是德国,一流外交官向往的驻节地也是英国和德国。去美国的留学生和外交官多被视为二三流,而且他们回国以后的升迁机会相对留英留德的所谓精英来说也比较少。总体而言,近代日本的美国通比英国通、德国通要少得多,认识到美国的潜在力量的人也比较少,这也是导致后来太平洋战争的一个因素。有关近代日本的西学主流趋向的转变过程,参见陶德民:《十九世纪日本的外国学的变迁——从汉学、兰学到英学、德国学》,收入复旦大学历史地理研究中心编:《跨越空间的文化——16至19世纪中西文化的相遇与调适》(上海:东方出版中心,2010年),页438—444。

民法》形成的原委和颁布后 15 年来的经过,提醒人们勿忘国耻。①

《新支那论》的序文写于内藤赴欧出发前一天的 1924 年 7 月 5 日,其中提到如下一笔,即"最近美国的排日问题,耸动了一代人",可见当时整个日本都为《排日移民法》感到震惊和愤慨。而内藤在前一年接受岩井采访时针对太平洋会议的结果而发的有关预言(如果不是在写上述序言时临时补入的话),正好道出了许多人试图反抗美国压制日本的心声。

> 关于在支那的日本特殊利益方面,美国对以前的让步极其悔恨,最终废除了《石井·兰辛协定》。而且日本无论如何再也无法获得更多的让步。但是如果涉及日本倾注国力也要维护的问题,美国是否会不惜挑起战争来压迫日本,还是一个疑问。支那问题的解决,关键是要找到美国和日本在何处可以相互忍让的妥协点。②

> 如果稍微考虑一下过去和将来二三十年间的情形的话,应该把到某一个地点为止的支那的土地果断地让渡给日本做市场。这是对维护国际和平非常必要的问题。如果(美国及英国)过分地怀有压迫日本的兴趣,一直继续这样的政策的话,曾经拼死维护过自己在朝鲜和满洲的利益的日本人,也将会拼死与其他国家抗争来维护自己在支那的利益。这难道不是将来国际上的一大祸根吗?③

内藤之所以会做出如此预言,是因为他一贯意识到日美之间的在华竞争和美国的挑战对日本在亚太地区优越地位的威胁。1898 年 5 月初,美国通过美西战争拿下距离台湾仅有几十公里的菲律宾马尼拉湾以后,时任《万朝报》政论记者的内藤马上载文抨击政府和议会的软弱外交,指出菲律宾与台湾地势相连,"若菲律宾脱离西班牙之手,转归某个国家

---

① 麻田贞雄:《两大战间的日米关系—海军と政策决定过程》(东京:东京大学出版会,1993 年),页 305—312;三轮公忠编著:《日米危机の起源と排日移民法》(东京:论创社,1997 年),页 i—ix。
② 内藤湖南:《新支那论》〈一、支那对外关系的危险—破裂は日本より始まる〉,《全集》,第 5 卷,页 494。
③ 内藤湖南:《新支那论》〈三、支那の革新と日本—东洋文化中心の移动〉,页 516。

（美国）主权之下，日本国民果能袖手旁观吗？"①故呼吁日本政府像以前抵制美国并吞夏威夷一样，立即对美国提出严重抗议。1910年初，内藤在一次讲演中指出，美国国务卿诺克斯（Philander Knox，1853—1921）在铁路大王哈里曼（Edward Harriman，1848—1909）鼓动之下提出的"满洲铁道中立方案"，是对日本怀有敌意的威吓，会危及日本在日俄战争后从俄国手中拿到的南满铁路的权益。1911年辛亥革命爆发以后，内藤则指出，"若能借着革命后塞外领土发生变动的机会巧妙地解决列强在华势力范围划分问题的话，动辄成为话题的日美战争也就绝对可以防止了。"②1912年春内藤在奉天调查《满文老档》时，也曾在笔谈中对主张中日联手主导亚太地区的中国官员指出，"敝国坐视美国占据菲律宾，实为终世之过。"同时还对该官员说，"敝国近年又尤受美国之嫉视。故为敝国当道者，亦尤在难处之地位。且贵国当路亦动与敝国相恶。"③1917年秋，内藤通过在中国各地的视察，了解到大学里日本留学出身的教员比例已经从清末的90％下降到40％，而留学欧美的教员比例已经上升到60％，特别是美国传教士在华办学和美国政府退回庚款培养留美学生的举措深得人心，有必要尽快加以仿效，因而建议由日本政府以退回庚款和私人捐款的形式，在北京设立法科和文科学校，在汉口设立理科、工科和农科学校，以抗衡日益增长的美国在华影响。④ 这是因为在当时的中国，对美信赖和对日恐惧（因日本强加"二十一条"等而产生）的情绪已经相当普遍。⑤

由此可见，1924年在太平洋两岸（即中国和美国）的排日风潮夹攻

---

① 内藤湖南：〈非律宾问题をも质问すべし〉，《全集》，第2卷，页497。
② 内藤湖南：《支那论》〈附录·支那时局的发展〉，《全集》，第5卷，页449。
③ 日本关西大学图书馆内藤文库所藏未刊史料。
④ 内藤湖南：〈支那に於ける外人の教育施设〉，《全集》，第5卷，页122—123。参见陶德民：〈大正期の日中关系と"米国问题"—内藤湖南『支那论』を手挂かりに〉，收入陶德民、藤田高夫编：《近代日中关系人物史研究の新しい地平》（东京：雄松堂出版，2008年），页333—353。
⑤ 白岩龙平：〈序〉，上海佐原研究室编：《支那と米国との关系》（东京：东方时论社，1918年），页11—12。

下,日本人当时是如何在惊恐不安之中萌生了可怕的预想,即为了确保在华利权,将来难免与美国一战。而从后来太平洋战争的爆发和结局来看,内藤的预言真可以说是不幸而言中了。

美国的著名中国近代史家柯文(Paul A. Cohen)曾对句践故事在20世纪中国的反复再生产进行研究,以揭示处在列强压制之下的中国的国民心态。① 其实,日本在甲午战争之后三国干涉还辽之时,举国上下就开始以句践"卧薪尝胆"的故事自励,报章杂志也以这一成语相号召,经过十年备战,终于在日俄战争中打败了干涉还辽的"领头羊"俄国。视《排日移民法》为国耻的昭和前期(1926—1945)的日本国民的心态,与甲午战后有极为相似之处,不可不加以了解和重视。②

二 欧游后的"反对礼赞欧美文明"宣言

1924年7月6日,内藤从神户出发前往欧洲游历,到次年2月3日方才回国。其主要目的是调查藏在巴黎国家图书馆和大英博物馆的敦煌出土资料,同时也周游了英法德奥意等国其他的众多美术馆和博物馆。他在米兰看到达芬奇(Leonardo da Vinci,1452—1519)的壁画《最后的晚餐》时,发出"壮浑秀雅岂非欧洲第一"的感叹,在维也纳听到李斯特(Franz Liszt,1811—1886)弟子的钢琴演奏时,"有恍然入于仙境之想"。③ 在巴黎见到日本留学生松本信广(1897—1981)时还告诫说,若是从文化上看,"日本同江苏或山东一样,是(中国的)十八省之一,甚至也可称为日本省"。"文化从中心向四周传播开去。中央枯竭下去的话,边

---

① Paul A. Cohen, *Speaking to History: The Story of King Goujian in Twentieth-Century China* (Berkeley: University of California Press, 2010).
② 知己知彼,中国人不能只知道自己因1915年日本强加"二十一条"而产生的对日本的国耻意识,而不了解1924年日本因美国的《排日移民法》而产生的对美国的国耻意识。唯有如此,才能对战争爆发的精神诱因有透彻的了解,从而致力于在国际间和种族间造成一种相互尊重与以和为贵的风气,把煽动仇恨和种族歧视等可能引起战争的祸根消弥于萌芽状态和无形之间。
③ 三田村泰助:《内藤湖南》,页218。

境地带则会开出文化之花,人才也会从边地辈出。这样,反而会从边境影响中央。日本等是中国文化圈东端的一个国家。从这个观点看,也可以把日本看作是中国的一部分"。①

归国十个月后,内藤于 1926 年(即大正末年、昭和元年。同年 12 月改元)1 月上旬在《大阪每日新闻》上连载《关于民族的文化与文明——反对礼赞欧美文明》一文,以发表他的游欧观感和东西文化文明比较论。

> 近代文明虽有以工业的进步作为标准来衡量国民水准的倾向,但这绝不是正确的见解。以批量生产为主体的工业有磨灭人类个性的倾向,故这并不符合人类真正进步的主旨。最终,能够满足个性要求的工业必将兴起。而工艺作为其中间产业,最后必将导致工艺的手工化。②

> (在见过巴黎各处精美的雕刻后)伦敦市内各处的铜像、石刻等之拙劣和马虎令人吃惊,远不如日本在这方面有希望。在看了博物馆等以后,更觉得日本在古代雕刻等方面要优秀得多。由此,不禁产生了对英国国民的侮蔑之念。特别是当时温布利在开英联邦博览会,……就今日生产的日常手工艺品来看时,印度不用说,缅甸等国的生产品也有不少蕴含着英国人不可企及的艺术趣味。由此,对英国人统治印度这样的文化古国到底是否合理一事也发生了疑问。③

> 与此(依靠占有大量殖民地和天然资源而富强的英美)相比,日本可谓处于非常不幸的位置,缺乏天然资源,占有的殖民地也不值一提,而必须单靠国际贸易在非常困难的条件下致富。尽管如此,我却为这日本的贫瘠而礼赞。虽然今日在欧洲没有可与英国之富强相比肩的,但倘若英国就此灭亡,那它到底为世界文化做出了何

---

① 松本信广:〈在巴黎的内藤先生〉,《全集》,第 10 卷,附录《月报》第 2 号,页 7。
② 内藤湖南:〈民族の文化と文明とに就て〉,《全集》,第 8 卷,页 147。
③ 内藤湖南:〈民族の文化と文明とに就て〉,页 142。

等程度的贡献,究竟会留下些什么呢?这是很值得质疑的。美国就更加不值一提了。①

要之,东洋尤其是中国日本等地的文化生活,在数千年前已经完成了从原始生活进入文明生活的过程,超越了所谓文明生活的利用厚生,较早地关注生活的趣味性及艺术性。不是满足于征服天然,即利用高度发展的人工力量,而是进一步地将天然醇化,致力于保护和发展天然,最终目标是与人类所选择的最好的天然同化并生活其中。如此的文化,是那些把利用厚生这一中间过程当作文化生活的主体,并以此为最佳的欧洲人尤其是美国人所无法想象的。②

这些议论之中含有在今日看来也颇为发人深省的观点,有些甚至可以称之为"后现代主义"和"环境保护主义"的先驱性倡言。然而,其"手工艺品乃测量各国的文化发展和贡献之尺度"的观点是有所本还是其发明,而他又为何要据此对他认定的文明强大而文化贫瘠的英美加以抨击呢?

关于前者,三田村泰助在其传记中提到的一点值得注意:内藤"在莱比锡大学见到文化史学的创始者兰普若希的研究室时,表示了深切的关心"③。兰普若希(Karl Lamprecht,1856—1915)是以其12卷《德国史》著称的文化史家,内藤参观其研究室时已经是他去世九年之后,说明内藤对他的学说是有所涉猎和较为尊崇的,故会有此缅怀之情。据笔者最近查证,内藤应该读过该书,因为兰普若希的《近代历史学》在1919年就已经由和辻哲郎(1889—1960)译出,并由岩波书店出版了。

兰普若希曾在《基于新原理的世界史》一文中提出,世界史的性质在于它一方面是(因地理条件相异而国民命运互异的)多数多样的国民生活的错综复杂的现象体,同时在根本上又是以国民史为单位的诸国民的

---

① 内藤湖南:〈民族の文化と文明とに就て〉,页141。
② 内藤湖南:〈民族の文化と文明とに就て〉,页152。
③ 三田村泰助:《内藤湖南》,页218。

文化贡献的集大成。后来在《近代历史学》中进一步提出,所有世界史的考察都是在两个前提下作出的,即人类的历史借助于国民单位,而国民的发展有其正常的经验过程。为了将复杂的世界史加以整理,他在运用有关国民生活的外在条件的地理环境论和有关国民生活发展的内部契机的历史时代论来衡量诸国民的发展同时,又试图在类型化发展的图式下尽量捕捉诸国民所显示的特异性,及其国民性贡献的特质和国民文化的性格。① 他还指出,在对民族文化进行比较时把材料限定于造型美术,一是因为到处都毫无例外地存在着这种材料,二是因为需要避开种种互异语言的障碍而用同一方法加以理解。这样,在所有民族志性质的材料中,美术性的材料便作为特别需要研究的材料而被选择出来。②

可见,内藤以国民单位观察其对世界文化史的贡献,并用手工艺品作为测量各国的文化发展和贡献之尺度的观点,固然是基于其自身的学术感悟,显然也是受了兰普若希的影响。两者虽然无缘谋面,却可以说是心有灵犀一点通。

以上引文中固然有东方人"不是满足于征服天然,即利用高度发展的人工力量,而是进一步地将天然醇化,致力于保护和发展天然,最终目标是与人类所选择的最好的天然同化并生活其中"一句,显示出他确实在思考近代西方文明着力于征服自然的特质及其问题所在。但是不容忽视的是,引文中同时也有"与此(依靠占有大量殖民地和天然资源而富强的英美)相比,日本可谓处于非常不幸的位置,缺乏天然资源,占有的殖民地也不值一提,而必须单靠国际贸易在非常困难的条件下致富"一句,凸显了他对日本的国土和资源实力相对于英美所处的劣势怀有不平,因而特意要从文化贡献上来比试高低以求得心理平衡。

然而令人费解的是,即使事实是如内藤所评估和认定的那样,英美

---

① 村松恒一郎:〈三浦新七先生とカール・ランプレヒト〉,《一桥论丛》第 22 卷第 1 号(1949 年 7 月),页 32。
② カアル.ラムプレヒト(Karl Lamprecht)著,和辻哲郎译:《近代历史学》(东京:岩波书店,1919 年),页 261—262。

是文明强大而文化贫瘠,他就有理由抱有"对英国国民的侮蔑之念"吗?更何况近世英国的雕刻和手工艺品也有其特色,并非可以一概而论,将其统统视为低劣于亚洲的同类产品。其实,内藤著作中这种任意放言的例子不止于此,《支那论》中因袁世凯政府将油田开采和治淮工程的优先权给了美孚石油公司和美国红十字会,就放言义和团事件后八国联军在天津所设都督衙门那样的国际共管机构难保不会在民国重现,就是一个典型的例证。① 内藤这样做,不能不说是对当时英美两强主宰世界的格局的一种反弹。

在反省近代日本由大正时代的繁盛走向昭和时代的破灭时,有论者指出美国在第一次世界大战后蓄意拆散日英同盟(1902—1923),致使日本失去来自外部的同盟国的制约,主张国际协调的亲英美派在国内失势,最后导致无法抑制政界和军部的强硬派向德意靠拢并最终与之结盟。然而问题其实并不光是出在国外,日本国内对是否要更新日英同盟一事早就有不少人持否定意见,内藤便是其中一人。1915年,他在批评政府对华"二十一条"的内容和交涉方式上的失策时,指出:

> 维护我国与英国同盟的义务虽然是国际间的道义,然而也着实应该考虑一下我们还能与英国结伴多久的问题。特别是当我国处于不从自国的立场向亚洲大陆发展则难以发展国力这样一种相对的困境之中。近来对支那的协约问题(指"二十一条"),虽然我也认为日本政府的措置完全错了,但无论谁主持政府,都绝对不能阻止日本向亚洲大陆伸张国力。然而我们的每次行动都为外国所牵制,甚至连同盟国(的英国)也以怀疑的眼光相视,以致造成我们不能放手发展,这样的状况要忍受到什么时候为止呢?②

---

① 参见陶德民:〈内藤湖南における『支那論』の成立ち—民国初期の熊希齢内閣との関連について〉,页84—104。
② 内藤湖南:〈日本は那辺迄英国にお相同伴すべきか〉,《やまと新聞》夕刊,1915年9月26日,收入《全集》,第4卷,页525。

而1919年在评论巴黎和会时,他又对提倡民族自决的威尔逊(Thomas Woodrow Wilson,1856—1924)以及国际联盟都颇有微词,其中不乏对美国的鄙视。

> 这次讲和会议有大失态之处,即根据世界改造一类的空想,无视各国及各民族的历史,单就现在的状态加以表面观察便要构筑国际和平的基础。这不过是出自美国一类没有自家历史而以人工造就的粗杂国家组织的空想而已,要靠今日这样无能的政治家的力量是不可能实现的。民族的盛衰各有其历史,即使是为了调整国际关系而压此民族护彼民族,其结果还是要看该民族本身的力量如何,因为人工制造的平衡早晚总是要打破的。支那处于今日的如此境遇本是其自作自受,即便暂时将其国际地位提高,要挽回其渐次衰退的大势是全然不可能的。东欧各国亦然,其一旦灭亡的原因也是在于其各自的过失。①

以上内藤的论调,可以说与近卫文麿(1891—1945)的《排击英美本位的和平主义》这一对后来日本外交走向颇有影响的时论,有异曲同工之处。

该时论发表于近卫作为随行人员参加巴黎和会前夕的1918年末,其中指出:第一次大战是既成的强国与新兴的强国之争,是维持现状更为有利的国家与企图打破现状的国家之争,认为维持现状有利的国家主张和平,认为打破现状有利的国家鼓吹战争。但是,和平主义固非正义也非人道,军国主义也并不一定违反正义和人道。英美的和平主义是主张维持现状有利、但求平安无事的消极主义。日本的知识分子陶醉于英美宣言的美丽辞句,往往认为和平即等于人道。可是,日本从国际地位而言应该是和德国一样主张打破现状吧。受英美本位的和平主义的影响而尊国际联盟为天来福音的态度,可谓卑躬屈膝,从正义人道的观点

---

① 内藤湖南:〈我面目を奈何〉,《大阪朝日新闻》,1919年4月30日,收入《全集》,第5卷,页54—55。

来看,毋宁是必须加以嫌弃的。①

由此观之,内藤的抨击英美文化,和华盛顿会议后弥漫于日本主流社会的反英美情绪,特别是与上述所谓《排日移民法》的实施所激起的巨大反弹,是有某种直接联系的。

三 东方文化联盟的"反近代"及其局限性

如果说,内藤在1926年对英美的批判主要是集中在文化层面上的话,他在1931年12月所做的题为《关于东方文化联盟之鄙见》的演说中,对构成近代西方文明骨架的政治经济制度的原理提出了尖锐的质疑。

> 大体说来,欧洲近代的政治经济组织,以中世纪末期的新领土发现为其第一原因,(渐次经历从新领土获取天然产品、以殖民政策开发农业、贩卖本国的工业产品和进行资本投入等阶段),数百年间,在本国有人口增加、生产发达、资本增殖等不断进步,而无停滞不前之现象。政治方面也随之而把政权渐次从地主转手与资本家以至劳动者,在发挥人的才能这一点上也无停滞不前之现象。而人们相互之间也形成了有进取心和才能者最能施展其力量的组织,并把由选举产生代表者视为最高的政治组织。然而最近的社会状态就连在殖民地也渐渐现出穷途之势,在资本与劳动之间的阶级斗争愈演愈烈的情况下,那些由选举造成的政治组织是否可算最善的组织实在很值得怀疑。……(明治维新后的日本也)在六七十年间经历了与欧美同样的过程,而现在的穷途之势所带来的弊害想必也是

---

① 关于近卫外交思想的研究,参见中西宽:〈近卫文麿"英米本位の平和主義を排す"論文の背景——普遍主義への対応〉,收入京都大学《法学论丛》第132卷第4—6号合刊(1993年6月),页225—258;庄司润一郎:〈新秩序の模索と国際正義·アジア主義——近卫文麿を中心として〉,收入石津朋之、ウィリアムソン·マーレー(Williamson Murray)编:《日米战略思想史——日米关系の新しい视点》(东京:彩流社,2005年),页33—53。

要同样承受下去了。①

这里展示的"近代"理解绝非浅薄之见,而是对"近代"的本质和趋向的准确把握。而且内藤明确地意识到,数十年来为欧化而拼命狂奔的近代日本,在从欧式新政治经济组织获益的同时,也不得不承受其带来的殖民地纷争和劳资纠纷等困扰。

这个题为《关于东方文化联盟之鄙见》的演说,是在 1931 年 12 月 10 日于大阪召开的的东方文化联盟成立大会上发表的,形式上是对流亡日本的印度独立运动领袖宇斯(Rash Behari Bose,1886—1945)所作主题报告的评论。其实,内藤并不只是作为来宾应邀前来演说而已,他本人就是该联盟的十名理事之一,联盟的名称是他所命名,联盟的宗旨(同情印度反英斗争和中国统一运动,加强亚洲各民族之间的相互理解与亲和团结,进而实现人种平等和共存共荣)也得到他的修改润色,刊登在该联盟机关刊物每一期的扉页上。所以,说他是这个组织的精神领袖,也决不过分。

需要说明的是,东方文化联盟是一个民间组织,主要成员为关西地区的工商界人士,也不乏学者和其他社会名士。作为日本经济中心的大阪,在大萧条数年之前对华和对美的出口贸易就开始萎缩,而一度呈现上升趋势的对印度出口贸易,又因为英国殖民当局提高关税壁垒而遭遇挫折,所以日本急需在包括南亚和中东等的广大地区拓展市场。然而,专注于营利活动的工商界人士对当时英印政府逮捕甘地的事件未表同情,引起了亲身参加辛亥革命,深得孙文(1866—1925)和黄兴(1874—1916)信任,并一贯关心整个亚洲命运的在野政治家萱野长知(1873—1947)的愤慨。1930 年春,他授意清水银藏(1879—1937)发起筹组东方文化联盟,以扩大亚洲主义的影响,促进亚洲各民族的交往和相互理解。

清水是著名在野政治家犬养毅(1855—1932)的忠实门徒和政治盟友,两人皆反对萨摩及长州藩阀主导的专制政府,主张政党政治和地方

---

① 内藤湖南:〈东方文化联盟に关する鄙见〉,《全集》,第 6 卷,页 154—155。

分权。犬养在1890年代孙文蒙难时期就予以接济,并一贯支持同盟会和国民党的活动。因而1929年中山陵落成时,蒋介石(1887—1975)在奉安大典期间以国宾待遇招待之。当时清水作为犬养的随员一起参加,之后又跟犬养一起赴曲阜孔庙祭拜,聆听了犬养在曲阜师范学校发表的演讲,在思想上受到很大的震动,终于开始信奉亚洲主义。在联盟的筹组过程中,清水为了得到内藤的指导,亲自到其晚年的居所恭仁山庄三顾茅庐,终于请得内藤出山。① 五年后内藤去世,清水曾对内藤参与联盟作了如下高度评价:"毋庸赘言,先生是明治大正昭和时代一贯的硕学鸿儒,不仅作为学者对于其本职的事业,作为新闻记者对其事业,而且作为经世家对于东洋问题和满洲问题也是非常尽力。不过我认为,先生晚年之加入东方文化联盟,可以说是他将这三种身份的所有工作加以综合的一个表现。"②

在"九一八"事变将近三个月之后,该联盟终于成立。其时,犬养也因为精通中国问题和中国文化而被推为首相,以便打开因事变而造成的两国间的僵局。犬养试图以政经分离(即主权归中国,利权归日本)的方式寻求两国之间的和解,遂绕过军部和外务省,秘密派遣长期养育居正(1876—1951)女儿居瀛玖的萱野长知作为其代表赴上海和南京,利用其老关系与孙科(1891—1973)、居正等密谈,并达成了初步谅解。然而此举招致右翼的愤恨,结果造成杀身之祸,就任首相仅半年之后,便在1932年"五一五"事件中遇刺身亡。内藤是犬养的至友,闻此噩耗,悲痛至极,不食不语,作诗三首以志哀,最后一首为"九土儿童识木堂,存清扶汉尽担当。青山三尺坟常在,片石封他侠骨香"。③

在上述《关于东方文化联盟之鄙见》的演说中,内藤联系到字斯的主

---

① 关于东方文化联盟形成的动因、过程和活动的详情,参见陶德民:〈内藤湖南と東方文化联盟—昭和初期におけるアジア主義の一形態〉,《東アジア文化交渉研究》別冊3(2008年12月),页3—18。
② 清水银藏:〈追悼の辞〉《东方文化联盟会志》第6号(1935年7月),"故内藤湖南先生追悼会报道",页,55。
③ 内藤湖南:〈悼木堂首相〉,《全集》,第14卷,页306。"木堂"是犬养的号。

题报告《文明之母亚细亚》,重申他在1926年初《关于民族的文化与文明》一文中的见解,指出:

> 即便凭我极少的经验,也能列举上述一二因东方诸国诸民族的文化联盟的指教而注意到的地方。除此以外,在各色各样的生活方式和风土民情中,应该还有更多值得学习的地方。所以,我们能够感觉到东方文化联盟这样的组织并不是无意义的。我们以今日成立的文化联盟的微薄之力为基础,盼望那些中了现代的社会组织和经济组织的流毒的所谓强国之国民做出最痛切的反省,为这个联盟的前途而祝福。并且再次感谢孛斯君,用印度的文化带给我们这样一个反思的机会。①

> 如此看来,即使英国通过近代的科学及经济组织在政治上压迫、征服了印度,但是很显然地却无法征服其文化,无法征服文化便称不上是真正的征服。所以可以断言,一旦有机会,英国必然会失去其在政治上经济上的压力。孛斯君怀有强烈的爱乡心,倡导印度的独立,尤其是在印度有许多同情他的年轻人。我们坚信孛斯君有一天终究会达成他的目的。②

可见,在中国问题上一贯主张与列强(特别是美国和英国)竞争以求日本利益最大化的内藤,在对应第一次世界大战后急剧变化的国际环境和国际秩序的过程中,在目睹大萧条给全世界带来的种种问题的过程中,逐渐开始对以弱肉强食为特征的19世纪型"近代"进行反省,号召"中了现代的社会组织和经济组织的流毒的所谓强国之国民"进行最痛切的自省,并预言英国对印度的殖民统治有朝一日终将结束。这样看来,东方文化联盟不只是一个单纯的文化团体,还是带有反殖民主义色彩的政治团体,特别是在支持印度独立运动方面扮演着重要的角色。

显然,触发内藤对"近代"进行反省的重要契机之一,是殖民地所带

---

① 内藤湖南:〈东方文化联盟に关する鄙见〉,页158。
② 内藤湖南:〈东方文化联盟に关する鄙见〉,页154。

来的种种问题,而对这些问题的反思在上述的《新支那论》的字里行间已经露出端倪:"虽然无法判断世界的发展会到何处为止,但是对殖民地的利用,绝不是无限期的。一旦世界经济发展受到阻碍,那么缓和这种阻碍的方法只有支那人从其历史中得出来的安分之法。因此,现在支那的政治经济状态也可以预示将来世界的状态","恐怕随着时代的发展,作为对欧洲人的科学发展的困境的补充,支那人应该能占据着一种特殊的地位吧"。这里所谓的"安分"的方法,是指与自然资源条件相对应的中国人的朴素生活方式,及其在南洋(东南亚)和满洲地区的"以人力来发展殖民地的方法",而这种方法与"欧洲人的通过科学来经济地发展殖民地的方法"适成对照。①

内藤还对竞争性的选举制度提出质疑,指出在国际矛盾(宗主国与殖民地之间的纷争)和国内矛盾(劳资纠纷)日益尖锐的情形下,"那些由选举造成的政治组织是否可算最善的组织实在很值得怀疑"。那么,如何摆脱困境,找到新的政治经济组织的原理呢?他把目光投向东方,包括古代的印度和日本以及现代的满洲,举出以下三个例子:第一,古代印度的佛教僧团"在内部采取了最为平和,不会引发竞争心的生活方式,对外则凭借各自的才能获得国王和人民的信仰,使佛法得到推广。这就说明,即使不采取选举或其他各种鼓动竞争心的方法,人类也可以达到进步"。第二,前近代的日本靠以氏神为中心的村落组织而运转,"不依靠选举或是其他各种竞争方式来开展行政,这种和平自治的形态在今天也相当值得参考"。第三,从奉天城外清真寺的长老处得知"有一种面向穆罕默德教徒的交通组织"。即满洲的回教徒不使用现代的汽船,而是靠各地回教村落的网络,利用沿岸各地的木船,花费很长时间前往麦加朝圣。"在信奉速度和力量的现代还有这种交通组织的存在,作为一种维护自己信仰的宗教和礼仪的方法,这是否对如今这个无视宗教、无视道

---

① 内藤湖南:《新支那论》〈五、支那の国民性とその経済的変化—果して世界の胁威となるか?〉,《全集》,第5卷,页531—532。

德,只朝功利的方向猛进的时代会有一些教益呢?"①这里显示的是对速度、力量、竞争和选举这些近代价值观的基本要素的厌弃,以及对复活传统的、和平的宗教团体和自治组织的期待。

尽管对近代西方的价值观和游戏规则有如上反省,内藤还是未能免俗而摆脱之,例如像当时主办《东洋经济新报》,战后初期成为首相的石桥湛三(1873—1973)那样提倡小日本主义,主张放弃台湾和朝鲜等殖民地,实行自由主义经济体制。这是因为,大萧条后日本主流社会的共识是期待通过占有满洲来确保其从日俄战争以来所获得的在华特殊地位和既得利益,并建设一块免于战乱和"赤共"影响的人间乐园。②

内藤在 1932 年 3 月 1 日"满洲国"成立当日起在《大阪每日新闻》开始连载题为《关于"满洲国"建设》的长篇谈话,主张利用以西方模式完成改革的近代日本的政治经验(包括对殖民地台湾的统治经验),来设计其统治方针和理念。

> 眼看就到"满洲国"建设机运到来之时了,这也是本宣言发表的时候。对我们这些对满蒙地区的历史有兴趣的人们自是不用说,这在东亚形势上也是非常重要的大事件。听说新国家是一个除满蒙三省外还包括热河和东蒙古的一部分的大国。从历史上,这一地区就是驱动东亚大势的民族的摇篮:契丹、女真暂且不提,蒙古民族的根据地虽是在外蒙古,但是其发源地还是在黑龙江沿岸。因此可以说,这个地方发源的民族曾几度驱动世界大势。而这次建立的新国家,并不是在军国主义的企图下建立起来的,而是要在这个肥沃的土地上建立起世界民族共同的乐园。因此,它并不会对世界构成威胁,而且组成新国家的人民的思想和准备,也都是以这种建造人间乐园的精神为基础的。我觉得,大到国家组织,小到地方的民政和

---

① 内藤湖南:〈东方文化联盟に关する鄙见〉,页 156—158。
② 山本有造:〈日本植民地帝国と東アジア〉,古屋哲夫、山室信一编:《近代日本における東アジア问题》(东京:吉川弘文馆,2001 年),页 292—294。

文化开发,都应以这种精神为基础进行计划。①

内藤在谈话中对已在日本生根的"舶来的自治制、即基于选举的自治制"的町村自治制批判有加,认为这种地方基层议会的议员是"根据舶来的自治制而获得职业的一种游民",而把村议会强加到村内自发的自治组织之上,"人民会因此承受双重负担"。为了不让这种制度的负面影响波及满洲,他忠告说,最好不要将该制度移植满洲。②

结语　内藤晚年的东方回归的含义

本文着重检讨了内藤晚年作为一个民间意见领袖的东方回归现象,具体说来,是透过其1924年发表的《新支那论》,1926年发表的《关于民族的文化与文明——反对礼赞欧美文明》,和1931年发表的《关于东方文化联盟之鄙见》等著作和言论,追溯了他如何由执着于近代西方的价值观和游戏规则的立场转而质疑并挑战之,并试图回归东方的文化和政治传统的轨迹。造成这一转折的原因,既有第一次世界大战后急剧变化的国际环境,也有他在半个世纪中所形成的学养背景。

就前者而言,可以举出内藤于1924年元旦发表的《支那研究的变迁》一文,其中把近代日本人的中国问题研究划分为四个阶段,其中第四阶段为第一次世界大战后"当时世界的大势是对于自古以来就对支那有深刻研究的英国人的意见已经听不进去了,相反,原来对于支那情况最不了解的美国的意见开始变得重要起来。日本人的意见也受到了这种倾向的诸多影响。或者有人认为把支那放手交给支那人自己,其青年人会自然而然地进行改革。无视在数十年来诸强国的压迫之下支那才终于觉醒这一事实,认为只要从压迫之下解放出来,支那的情况便会自然得到改善的浅薄意见受到了欢迎。还有许多既不了解自己,又不了解本

---

① 内藤湖南:〈満州国建設に就て〉《大阪毎日新聞》,1932年3月1日、5日、7日、8日,收入《全集》,第5卷,页170。
② 内藤湖南:〈満州国建設に就て〉,页170。

国学问和历史的支那青年,以及在美国等国接受教育后回国,直接就要将支那从列强手中解放出来成为完全国家的自不量力的人。当时的空谈高调盛行,这些也影响到了对支那缺乏了解的日本政治家和报社记者等,使得关于支那的问题应交给支那人的意见盛行起来。"①这些直言不讳的概括非常有助于我们了解以提倡民族自决的威尔逊主义和抑制日本的华盛顿条约体系为表征的东亚国际形势的变化,中国留美学生群体影响的扩大和以五四运动为标志的中国民族主义的高涨,以及大正时期日本的民主人士同情中国处境,声援五四运动和介绍文学革命的情况。②对于这些新趋向,内藤显然是抱有极大反感并竭力加以抵制的。

值得注意的是,以上内藤的概括中还有反映其一贯留意英美的中国研究进展的文句:"自古以来就对支那有深刻研究的英国人的意见已经听不进去了,相反,原来对于支那情况最不了解的美国的意见开始变得

---

① 内藤湖南:〈支那研究の変遷〉《木堂杂志》第1号(1924年1月1日),收入《全集》,第5卷,页165—168。前三个阶段依次为:第一阶段是到甲午战争为止(明治前期/晚清)的"浪人、野心家的研究"。"明治初年日本振兴之气鼎盛,对朝鲜和支那都有侵略之意。用现在的话说,就是充满了军国主义倾向。这并没有隐讳的必要吧。""虽然有些人对支那的军备、政治腐败等情况有相当的了解,但是这些野心家们自身毕竟在学识和意见上也与支那人不相上下,因此在支那的开发和改革等问题上的见识,并没有超出支那的先觉者之上的人。"第二阶段是甲午战争之后(明治后期/清末)的"学者、政治家的研究"。"甲午战争作为一个转捩点,使支那的国势为之一变。其自身的改革论风起云涌,并有许多留学生来到了日本。而且日本与支那之间的贸易也显著增长,在经济方面也有了研究的必要。而且对于支那来说,日本的改革是他们的榜样,有必要对政治改革进行研究。""然而,大多数日本人都主张稳健改革的方针,而来日本的支那留学生中主张用非常手段在支那发动革命的人却不断增多,特别是义和团之乱以后,这种倾向更加激化,日本简直变成了支那革命党的培养地。此时,上一个阶段那些对于支那的野心家们多是与革命党勾结,而持稳健改革意见的人则多是日本的学者和有识的政治家们。"第三阶段是大正前期(民国初期)的"有识者冷眼旁观"期。"当时支那的第一革命爆发,脆弱的清王朝被推翻了。当时成了那些不顾国家长久之计,只为谋权夺位之徒得势的时代。当时日本的浪人并没有支那人那样的智慧,而日本的有识之士则对支那的情况又无能为力,而且也不想卷入复杂的关系之中。支那人对以日本为其本国改革的榜样的想法向来很淡薄,日本的支那研究者们也渐渐对制定直接帮助中国的计画死了心,对于支那的命运也就开始持袖手旁观的冷淡态度了。"
② 参见陶德民:〈五四文学革命に対する日本知识人の共鸣—吉野作造、青木正儿の中国观と日本事情〉,收入关西大学文学部中国语中国文学科编:《文化事象としての中国》(大阪:关西大学出版部,2002年),页237—254。

重要起来。"其实,由于内藤是个众所周知的东洋史家,其学术和政治思想的西学背景往往未能受到应有的重视,而其汉学和国学背景则有被过分强调之嫌。

内藤在读小学时,就"全部通读了那时最详细的二十册本的西洋近代史"。上秋田师范学校时,热衷于英语学习,还涉猎了西方哲学。其后在家乡的绫子小学担任首席训道时,更熟读了卢梭(Jean-Jacques Rousseau,1712—1778)的《民约论》,以致三田村泰助推测说,正是从该书中吸取的民主思想使内藤能够在中国近世史研究中别开一个新生面。1892年担任报社记者时,他就发表过题为《采用社会主义》的文章;在京都帝国大学任教时,他还听过河上肇(1879—1946)所作的关于《资本论》的夜间通俗讲演。① 内藤长于文化史学,其理论来源主要为当代德国,一个是布克哈特(Jacob Burckhardt,1818—1897)②,一个便是上面提到的兰普若希。此外,他对法国民俗学的熟知,可以从其为昭和天皇进讲的例子得到了解。1931年1月26日,内藤在宫中新年仪式之一的"御讲书开始之仪"举行时,介绍了唐代宰相杜佑(735—812)《通典》卷四八中所论述的祭祀时的立尸方法、殉葬以及同姓婚娶等习俗的历史演进,称"杜佑在中国的史家中是司马迁以后的第一人","其卓见不只是承认文化的进步,其实还在于他研究历史方法之卓拔。当(杜)佑在中国研究自古以来受到尊重的经书中出现的礼俗时,将之同四夷的土俗相比较,就是用近时的民俗学的研究方法。在一千二百年前已经具有了与现在法国东亚学者等用于研究中国的最新方法相同的学术用意,其头脑的敏锐真足以令人敬佩。因此,微臣谨举出此(杜)佑自己已经反复论辩并承认其为卓见,而朱子、王应麟等也已注意到的章节,以上达天听"。③

然而正如本文所论,内藤湖南并非关在象牙塔里的学究。早年的儒学训练和记者经历使他养成了心系天下的习惯和敏锐的政治嗅觉,以致

---

① 三田村泰助:《内藤湖南》,页87—92、102、148、205。
② 三田村泰助:《内藤湖南》,页175—176。
③ 内藤湖南:〈昭和6年1月26日御讲书始汉书进讲案〉,《全集》,第7卷,页228。

在执教京都帝国大学期间乃至退休以后，他一直保持着一个民间意见领袖的地位。他晚年的东方回归倾向，反映了他对近代西方信疑参半、爱憎交织的矛盾心理。他不能理解一反弱肉强食的丛林法则而赋予弱小民族以自决权的威尔逊主义何以出现，同时对大英帝国和美国的霸权及其对新兴帝国日本的压制怀抱强烈不满。他同情印度的反英斗争和中国的统一运动，但却视统治台湾和朝鲜以及建立"满洲国"为日本的当然权益。他肯定西方近代资本主义和宪政民主制度带来的生产力和人才的开发效果，又哀叹其造成的愈演愈烈的反殖民斗争和劳工运动。他举出古代东方顺应自然的生活方式及其村社组织和宗教团体的平和运营经验，以批判近代西方崇尚征服自然、竞争、选举、速度和力量的价值观。从某种意义上说，内藤的东方回归现象反映了1920年代日本各界对盎格鲁撒克逊式资本主义和英美帝国主义霸权的反弹，并预示了1930年代末期和1940年代初期日本的所谓近代超克论的某些重要方面。

本文原载于第四届国际汉学会议论文集《视域交会中的儒学——近代的发展》（杨贞德主编，Academic Sinica 发行，2013年），改为简体字版时做了个别文字调整。

序　章

在第二次世界大战以前,内藤湖南是日本汉学(Sinology)领域中具有代表性的学者之一。他不仅撰写了关于中国和东亚历史的主题各异的著作,而且曾经在京都大学执教长达二十年之久。他还是一位很有影响力的记者,曾写下大量评论,尤其对中国的改革问题和日本的外交政策问题表现出强烈的兴趣。

作为历史学家,湖南以其所提出的中国历史时代划分法而闻名。他认为,在唐末和宋初(大致是从9世纪末到10世纪)时期,中国在社会与文化的所有领域都发生了实质性的变化。也就是说,在唐朝末年和五代时期,中世纪的贵族政治走向消亡,随之而来的是宋朝开始的"近世"时期。生于宋初的人们自身也感觉到了唐宋之交所发生的某种变化。① 不过,湖南所提出理论的重要性在于,他认为由于中国文化的各个领域都已经发生了全面的变化("一变"),因而也就意味着中国在一千多年前就已经进入"近世"时期。那么,湖南的所谓"近世"究竟是怎样的一个时代呢?这也是正是本书试图深入探讨的问题之一。

---

① 学者沈括(1031—1095)曾经在其著作中写过,到了唐朝末期,名门望族逐渐衰弱,门第习俗也逐渐消失。Denis Twitchett, "The Composition of the T'ang Ruling Class: New Evidence from Tunhuang", p. 56 中所引用之沈括《梦溪笔谈》卷24、"杂志"1。

在今天的西方世界,湖南的时代划分法已经成为中国历史课程中的一个公认前提。关于中国历史的最主要的英语教科书——《东亚:传统与变革》[作者为费正清(John K. Fairbank)、赖肖尔(Edwin O. Reischauer)、阿尔伯特·M. 克雷格(Albert M. Craig)],以及主要的法语教科书——《中国世界》[Le Monde Chinois,雅克·格纳特(Jacques Gernet)著]都采用了湖南的观点。即这些教科书的作者们均在书中指出,中国从宋朝就已经开始进入"早期近代化"时期。① 湖南的宋代观为他的弟子宫崎市定、佐伯富等所继承。通过他们的进一步研究,这一观点不仅对已故的爱德华·克拉克(Edward Kracke)和刘子健(James T. C. Liu)等欧美学者产生过深刻的影响,②而且激发了其他许多学者对作为中国历史重要分水岭的宋代史的研究兴趣。最近,就有一位法国的中国学家将日本的内藤学派与法国的年鉴学派进行了比较研究。③

正如当时的其他学者一样,湖南也是今天日本人所谓的"意见领袖"。他是从业时间长达二十余年的记者,成为大学教授后则是一位中国和亚洲问题的专家。作为这两个领域的领军人物,他在写作有关当时中国的评论时,总是能以权威的声音提出政策性建议。湖南是一位令人敬畏的饱学之士,而世人对他的尊敬也增添了对他的政治观点的信任。因此,湖南深刻地影响了当时日本公众的中国观,对于塑造日本民众对于中国民众、文化、历史等的意象以及形成日本应当在当时的中国发挥何种作用等民间舆论方面,都曾起到重要作用。因此,与其说他是我们现在所理解的意义上的职业记者,毋宁说他是一位政论家(publicist)更

---

① John K. Fairbank, Edwin O. Reischauer, and Albert M. Craig, *East Asia: Traditon and Transformation*; Jacques Gernet, *Le Monde Chinois*. 不过,两书都没有提到湖南的时代划分法,而且也没有像湖南那样论述关于唐宋间中国文化发生的全面质变。
② E. A. Kracke, *Civil Service in Early Sung China: 960-1067*; E. A. Kracke, "Sung Society: Change within Tradition," *Far Eastern Quarterly*, 14.4: pp. 479—488; James T. C. Liu, *Reform in Sung China: Wang An-Shih (1021-1086) and his New Policies*.
③ Jean Francois Billeter, *Li Zhi, philosophe maudit (1527-1602)*, pp. 42, 80-81. Billeter还进一步指出,湖南的这一研究视角对西欧史的研究也有启示意义。

为合适。这个界定的意义十分重大。因为湖南作为政论家的作用,超越了我们所一般认为的学界与报业的界限,并始终贯穿于湖南的活动之中。在明治时期,除了湖南之外,能横跨这两个领域而自由活动的人士绝不在少数。

作为一名教育家,湖南的重要性同样十分显著。在日本汉学的影响力在欧美的中国研究领域中不断上升的今天,湖南的地位尤其值得我们关注。湖南是近代日本中国研究领域的奠基者之一,参与了京都学派的创立。他和同事们于20世纪最初十年间所构建的基本学术框架延续至今。在日本,通过师生关系以及学阀的作用而使有关中国历史的一般见解和整体概念等都能够得到切实的继承。但是,西方的中国研究者们几乎全然忽视日本汉学的这些特征,即使是那些倚重日本汉学成果的研究者们也是如此。[①] 如果我们能够从当时的历史背景中来阐明湖南的学术思想活动,那么也就可以借此了解到他与同时代的众多日本学者们形成中国观的轨迹。

迄今为止对于内藤湖南的研究,或者关注他作为记者的一面,或者关注他作为学者的一面,总不免令人觉得有失偏颇。另外,在战后日本对战前汉学进行重新评估与反思时,湖南经常被视为一位帝国主义者,有时甚至被指责为以其学术为日本帝国主义侵占亚洲大陆进行美化粉饰。但是,湖南的整个学术工作绝不是"帝国主义"这样一个过于单纯化的概念所能够概括与评价的。因为,这种观点不仅把湖南思想的复杂性过分简单化了,而且也根本不能从整体性上来把握他的学术思想活动。但是,我之所以这么说,并非是为了否认湖南与帝国主义之间的关系,而是试图在思考问题的时候超越这种狭隘层次上的评价。

因而,在开展本研究之际,我提出了如下的一个前提假设,即只有从

---

① 关于这一点,在一篇针对 Mark Elvin 的著作 *The Pattern of the Chinese Past* (Stanford University Press, 1973)的无署名的书评 "The Real Problems of Chinese Past"中有着明确的论述,一般都认为该书评的作者是崔瑞德(Denis Twitchett)。*Times Literary Supplement*, 17 August 1973, p. 948。

一个广泛的视野来把握湖南的学术,并从中揭示其思想发展变化的源流,才可能对他有一个整体性的理解。为此,我将着眼于湖南的汉学与政治观之间的联系,来进行论证说明。这项研究可谓工程巨大,而且对于我来说,这样的尝试或许是一件鲁莽的行为。首先,因为湖南的著作数量庞大,阅读这些著作需要读者具备一定的历史学和语言学能力;其次,要理解湖南的学问,不仅需要具备有关日本德川末期、明治、大正、昭和等时代以及中国的晚清、民国等时期的深厚历史知识,而且还要对中国的其他历史时期有最起码的认识。在这些方面,我当然不敢奢望可以超过日本的学者。但是,在日本学者中也的确存在着不能从整体性的角度来理解湖南,而仅仅注重于湖南的史学方面的研究倾向。其中的原因之一,也许是因为学阀的影响力依然持续着,致使弟子们难以批评自己的先生,以及先生的先生,而另一方面,在战后日本历史学界也存在着这样一种倾向,即将战前日本汉学的遗产定罪为日本政府的帝国主义政策的羽翼。但是,我认为,为了明确湖南在学术上的主要业绩和基本弱点,并深刻理解其有关中国史方面的最为著名的学术观点等等,就必须从一个整体性的角度来把握湖南的学问。

在1880年代后期与1890年代,首先引起湖南关注中国政治问题的原因,一是日本的对华外交政策(伊藤博文与李鸿章围绕朝鲜问题的谈判、甲午中日战争),而另一则是中国国内的政治改革(戊戌变法、台湾问题)。湖南主要关心的是中国的改革问题,他认为不管这种改革是通过日本的军事介入来实现,还是由中国人自己来完成,日本都要有相应的对华政策,即日本都必须在中国的改革中发挥作用。日本的这种作用存在于两个层面:第一是日本政府针对中国大陆的外交政策和军事行动;第二,区别于政府层面,由与中国有关系的各阶层人士开展有关活动。站在中日文化同一论的立场上,湖南认为日本的对华政策与欧美诸国相比,应该以更深刻的中国理解为基础,因此其重要性也应该更大。出于其强烈的民族主义意识,即在明治、大正、昭和时代的日本所流行的普遍意识,湖南甚至在行文中把本应当用"我"的地方都以"我们日本人"的措辞来表述。在他提出与当时中国有关的各种主张时,都以"我们日本人(不管是否为官方人士)应该(对中国)如何去做"的语气来描述。

在湖南的这些观点背后,是他对作为改革典范的明治维新所具有的深刻自信。湖南属于一般所谓的明治时期第一代人,或者说是肯尼思·派尔(Kenneth Pyle)所谓的"明治日本新生代"①。这些人出生于1850或者1860年代,他们虽然没有亲身参与明治维新,但是受到了讨幕勤王思想的深刻影响,并且认为日本业已实现的明治维新是改革的典范。当湖南观察中国的变革并思考日本在其中所应发挥的作用时,日本的明治维新模式成为向他提供思想借鉴的主要来源。尽管湖南从未明确地表示过对他而言明治维新的意义是什么,但显而易见的是,他认为这是一种体现了无私无欲精神的理想改革模式。一般而言,人们会认为明治维新意味着受压迫的下级武士之反抗与专横的德川幕府之破产。曾几何时,日本人集结在作为民族象征的天皇周围,团结一致地顽强抵抗欧洲列强,实现了一系列彻底的社会和政治改革,从而把人民统合于国家之中,并最终开设了国会。他们认为,这些举措是日本谋求自强的唯一途径。总而言之,日本正是通过明治维新这一场变革而最终使自己摆脱了封建制度与锁国状态。

那么,对湖南来说,"汉学"究竟意味着什么呢？乍看之下,似乎这仅仅意味着是对中国的研究而已。然而,西方学者往往发现无法在湖南的中国史研究中寻找到与自己的共通之处。这是因为湖南的研究可以分为两大类别:一类是关于宏观的历史观的研究,这类研究视野广阔,比如他的时代划分法;另一类是微观的考据问题,主要是对文献史料进行缜密的考察。然而,这两类研究在今天的欧美学界都没有引起足够的重视。从这个意义上来说,毋宁说湖南更像是一位中国的学者。直到目前为止,中国历史学家仍然像湖南一样从事着这两大类别的研究工作。

---

① Kenneth Pyle, *The New Generation of Meiji Japan: Problems of Cultural Identity, 1885 - 1895*.

为了理解湖南的"汉学",我们必须首先考察自德川末期到明治中期的日本所普遍流行的中国观以及中国人观是怎样的。尤其必要的是了解湖南自身的教育背景,以及他在汉学方面所受到的训练。"汉学"从字面上来看就是"与中国有关的学问"的意思。不过,在以新儒学(朱子学)为其深厚根基的德川幕府时代,汉学在日语里的意思相当于博学,即意味着与中国的传统文化、历史和哲学思想等有关的广泛学识。与中国的朱子学一样,在日本的汉学中也存在着对学问与方法有着不同理解的流派。而湖南最先受到的是折衷学派的影响。该学派强调,要广泛阅读各种不同学派的著作,甚至包括对经书有着异端解释的学说。

不过,对湖南而言,他更为看重的是学问的实用性。他的这一看法源自其父亲以及祖父,可谓祖传之法。重视"实学"的传统在朱子学中也同样具有悠久的历史。湖南也许是出于对折衷主义和消极主义的反感而倾向于实学的。但必须铭记的一点是,重视实学绝非意味着拒绝汉学。最初,日本的实学重视的是人际关系中最基本的道德价值与规范。①但是,从19世纪初开始到湖南所处的时代,随着欧洲列强在东亚海域的出现,日本民族的危机意识不断抬头,并最终导致了明治维新的发生。在这个历史过程中,实学逐渐强调实用才是学问的目的,而学问必须成为实用的基础。

当我们试图全面考察湖南的学术成就时,"实学"正好为我们提供了一个了解湖南的重要的关键词,并可以贯穿于始终。首先,实学教给了湖南这样一个道理,即学问必须具有时代性和积极性。其次,实学的训练培育了其作为政论家的使命感,并且在这种工作中,他的学问与实用性也得到了很好的结合。湖南对汉学的传统有着自己的理解,并且由此形成了对于当时中国的改革以及日本在其中所应发挥的作用等现代政治问题的关心。在1890年代,即当湖南的记者生涯处于巅峰的时候,他

---

① Wm. Theodore deBary, "Introduction", pp. 1 – 36; David Dilworth, "Jitsugaku as Ontological Conception: Continuities and Mid-Tokugawa Thought," pp. 471 – 514.

始终在摸索中国改革模式的问题。他试图以此来回答自己心中的疑问，即日本应该如何帮助中国实现现代化？于是，被称为经世学者的中国改革家们曾经构想的改革方案引起了他的注意。所谓经世学者，就是在中国传统社会中具有代表性的积极的改革主义者，所以湖南很自然地将自己的实学兴趣与他们的立场联系起来。

近年来，许多学者倾向于低估辛亥革命的历史作用。但不可否认的是，对湖南而言，辛亥革命是一个意义极其重大的历史事件。因为作为记者的湖南虽然一直在探究清朝不断尝试的改革努力及其屡屡失败的历史轨迹，然而正是以辛亥革命为契机，湖南开始正式着手从事学术性的研究，而研究的结果最终使他能够从一个更为广阔的历史视野来理解这次革命的意义，即辛亥革命意味着中国皇帝政治的结束与新的共和政治的开始。湖南清楚地表明了诞生中的共和政治正是中国历史进程的自然产物，确信辛亥革命是中国近代化过程中的一大进步，并且对这一革命有着强烈的共鸣意识。尽管湖南对中国共和政治的理解与分析不够充分，也存在着不足之处，但是我们不能忘记的是，那些"共和制下的革命家们"同样在对共和制的理解上存在着局限性。

众所周知，在辛亥革命之后的数年间，共和国根本就没有正常实现。事实上，接下来在政治上发生的是持续不断的混乱，以及袁世凯（1859—1916）篡权并图谋复辟帝制等等。尽管湖南始终确信中国的未来必定是共和制的。但是到了1914年，他也开始意识到自己早先认为历史进程在辛亥革命中达到顶点的理解是不够充分的。这促使他进一步从中国历史中去探索在中国文化和社会中那些业已存在的"近世"要素，结果得出了这样一个结论，即从文化上看，中国在北宋时期就已经进入"近世"。正如湖南所理解的那样，这个结论进一步证明了中国将朝着共和主义发展的历史必然性。那么，湖南所谓的"近世"究竟意味着一个怎样的时代呢？此外，发现宋代的"近世"特征对于理解当时的中国又具有怎样的意义呢？

在1890年代，湖南曾将日本明治维新看作改革典范。此时他试图理解唐宋变革的时候,明治维新依然不失其重要性。湖南将宋代看作中国"近世"的开始时期,认为清朝时期所呈现的中国社会、政治、经济和文化等方面的形态早自宋代就已经开始成形了。湖南所提出的"近世"特征之一是平民的抬头,这是我们可以接受的。不过,湖南指出"近世"的另一特征是君主独裁政治,这与我们的理解是恰恰相反的。然而在辛亥革命之后依然存续的,也仅仅是前面的一个特征吧?那么湖南所谓的"近世"概念究竟包含着怎样的意义呢?或者说,在考察一般的所谓"近代"之时,他的"近世"说又具有怎样的意义呢?本文将对湖南"近世"说中所提出的规定性要素与说明性要素进行明确的区分,并以此为基础对以上疑问做出解答,这也是本书的主要课题所在。另外,本书还必须探讨的另一个问题是,自宋代以来持续了一千多年的"近世",究竟是否意味着中国的停滞性?为了解答这些疑问,有必要在思考问题时始终记住如下一个事实,即湖南是为了正确认识辛亥革命所引起的清朝灭亡及其后的政治混乱局面,并试图在中国发展史或者说近代化进程中给其一个历史定位,而开始上溯中国史追寻和探究中国近代化的历史前提的。

然而,虽然湖南提出了中国的"近世"始于宋代的主张,但是这并不能使1910年代和1920年代中国存在的那些堆积如山的问题迎刃而解,中国依然存在着众多需要改革的领域。湖南在关于近代化问题的文章中曾经指出,随着一个国家近代化的进展,政府对于人民的重要性将逐步减弱。这一观点在他的"近世"说中占有重要的位置。如果整个世界的发展与中国程度相当,那么这一观点将不会产生问题。然而不幸的是,现实的情形恰恰相反。在湖南看来,当时的中国为了有效地应对外国势力,需要改善其在政治和财政方面的运行机制,并协调其国内市场与外国贸易之间的关系,而在这些方面,中国都有接受外国援助的必要。正因为如此,日本可以在中国的改革中起到重要的作用。在此后数年内,湖南始终主张日本应当发挥这一作用,并且认为日本的这一作用是有助于中国的长期发展的。

湖南确信在中国的近代化进程中,像明治维新这样的历史经验是值得参考的,而且日本也是能够提供援助的。这种确信源自其更为深刻的中日文化同一论的信念。一般而言,与湖南同时代的人们年轻时都学习过中国文化,而湖南的汉学教育背景则使之特别对中国文化和学术传统怀有一种由衷的敬重。在他看来,尽管中国文化当然起源于中国,但是能享受其文化价值的绝非仅限于中国人而已。毋宁说,它是东亚共有的财富,事实上,这也正是东亚的伟大之处。①

在中日文化同一论的基础上,湖南还进一步得出了中日两国是某种意义上的命运共同体的观点。当西方帝国主义列强在东亚的侵略活动达到高潮时,许多日本人的内心也充满了对未来的恐惧,担心列强一旦在中国站稳脚跟之后,是否会将矛头指向日本。即使当西方列强不再成为东亚的主要威胁之后,湖南依然深信中日两国的未来是紧密联系在一起的。然而事与愿违,从1910年代到1930年代初期,日本却将其帝国主义侵略的矛头指向中国,由此激起了中国抵抗日本侵略的民族主义浪潮。就湖南个人而言,这种政治事态的发展是一个巨大的悲剧。然而,当时湖南对中国民族主义所表现出来的不理解态度,同样源自其对于中国文化的深切敬爱之情。

湖南所谓的"文化",在某种程度上相当于西方语言中的"culture",指的是当一个社会从野蛮向文明进化的过程中所产生的艺术、文学、道德和习俗等等。然而,欧洲的"culture"(文化)概念中同时还包含着在土地上"cultivate"(耕种),即人类对自然进行征服与控制的意思。② 然而,在湖南的思想中则没有这一层含义。湖南的"文化"观中还包含着这样一层思想,即随着近代发展过程的推进,社会对战争以及国家统治的关注会越来越淡漠。因此,在宋代以后的中国,朝廷选拔官员的依据不是其行政能力和技术才能,而是对儒教经典知识的掌握程度。与其他批判

---

① 湖南在《支那上古史》的"绪言"(《内藤湖南全集》(以下简称《全集》,5,第10页)中曾如是说,"因此,余之所谓东洋史即为支那文化的发展史"。
② 诸桥辙次著,《大汉和辞典》(大修馆书店),卷5,5207页。张其昀监修《中文大辞典》(中国文化学院出版社,1967年),第十五册,6184页。

者的观点不同的是，湖南并不将之看作是中国的不合理性的证据，反而认为这是一个先进社会的标志。但是，这种中国社会官僚制度的性格犹如一把双刃剑。从其优点来说，在中国的"近世"，真正的"文化人"，即有德之士，其所谋求的是如何与自然和谐相处。① 但是，这些游离于战争与政治等尘世生活的人们，在中国处于所谓临战体制时，是绝对不能为国家发挥作用的。

在湖南的思想中，历史学家对社会的作用与 publicist（政论家）相类似。在这里，我所谓的 publicist，指的是那些不会时时卷入现实政治的漩涡之中，而始终就公共事务发表自己见解的人们。湖南确信，历史学家应该置身于政治世界之外而起到社会批评家的作用。从这个意义上来说，《史记》的作者，在中国被奉为历史学家之祖的司马迁（135?—93B.C.）对湖南的思想影响最大。因为湖南认为，司马迁体现了不为国家最高权力者所左右，能就历史真相发表自己一家之言的精神的历史学家。对司马迁来说，历史学家与皇帝一样神圣，因为其所做出的具有历史性的价值判断地位崇高，不是那些试图篡改历史以颂扬自己及其家族的政治家们所能侵犯的。

湖南不厌其烦地讲述《左传》(《史记》中也有记载)中关于崔杼杀害齐王的故事。事情大概是这样的，由于当时齐国的史官记载了崔杼杀害齐王的事情，所以崔就谋害了他。然而，这个历史学家的弟弟继承了他的衣钵，再次记载了这一事件的真相，于是他也被崔杀害了。然而，他们更年轻的弟弟仍然如实地记载了崔的恶行。于是崔不得不放弃继续杀人的念头。司马迁在《史记》中记载的这个故事，曾经被湖南引用过多次，可以说，这是一个重要的证据，表明了湖南多么强烈地坚信历史学家的正直性。这也有助于我们理解为什么湖南既激怒了那些埋首于象牙塔中而毫不关心现实世界的历史学家，又激怒了那些把自己和自己的历

---

① 内藤湖南，"近代支那的文化生活"（昭和三年七月东亚同文会讲演会讲演），《东洋文化史研究》，《全集》8，129—139 页。

史知识随意地(或者说廉价地)出卖给政治家和军国主义者的历史学家。①

实际上,湖南就中国和日本历史上的所有时代和领域的问题都曾有所著述。然而,在本书中要涉及所有这些著作实在是力所不逮,尤其是没有余力就中国史学史、中国绘画史、日本史以及亚洲大陆史等有关方面的著作做深入的讨论。但是,本研究仍然试图通过对湖南的生涯和学问作一个尽可能整体性的理解,来阐明在青少年时期的实学教育中所培育起来的政论家性格如何贯穿了湖南的整个生涯,如何在他学术思想的发展过程中与其政治观和汉学有机地结合在了一起。对于确信学问必须以实用为目的的湖南来说,日本的亚洲政策不应该任由职业政治家与军国主义者来制定。就这样,湖南以自己独特的中国文化和历史传统学识为基础,始终就中国的改革与近代化问题,以及日本在其中的作用等现代的政治课题发表着自己的评论。

---

① 内藤湖南,《支那史学史》(《全集》11,106—135页);"史记的故事",(大正二年演讲,收录于昭和二十一年九月发行的《智慧》第一卷第一号,《全集》6,71—90页);"支那史的价值"(明治四十四年八月演讲,收录于《朝日讲演集》(一),《全集》6,35—42页);"史记的那些事"(《京都教育》280号,1915年,27—31页,《全集》未收录);"支那史之起源"(大正四年十二月演讲,《研几小录》,《全集》7,145—158页);"关于历史的起源"(《京都教育》177号,1915年,28—33页,《全集》未收录)。另外,参照了 Burton Watson, *Ssu-ma Ch'ien: Grand History of China*, pp,21 - 22,80 - 81。

第一章 明治中期的日本与中国：初步概观

日本人的中国史研究总是伴随着一个自我认识的问题。作为文化上的伟大母国，日本人不断地学习中国的文化，并使之与本国的国情相适应。因此，从许多方面来看，中国古代史的研究也就是对日本先史时代的研究。正因为如此，日本的汉学者们认为日本与中国共同拥有伟大的东亚文化。然而，自日本最初引进中国的文物制度以来，在日本的学术领域也时常会有汉学的影响力发生弱化或者日本的国学者们对中国文化提出异议的时候。

为了理解日本明治初期及中期阶段存在的形形色色的中国观与中国人观，有必要对尽可能收集到的文献资料作一个大致的考察。以下所述，便是在湖南逐渐形成其汉学背景的那些年代里，持有各种各样的中国观的日本人一般是如何来认识中国改革问题的。

大约自1860年代开始，中日两国都开始着手大规模的近代化改革运动。其改革计划的启动是由于当时出现于东亚的一个新因素——西方列强的到来。诚如在日本崇拜中国的时代里对待中国文化的态度一样，明治政府和许多权威知识分子当时都意识到引进欧美的技术、产业和文化是国家发展所必需的。因而，在他们的眼中，当时的中国已经成为一个落后和保守的大国，萎靡不振，而且文化停滞。这样的中国观与日本人的自我认识是密切相关的。比如明治时代的著名知识分子福泽谕吉(1834—1901)所提出的"脱亚论"就主张,日本必须摆脱自古以来与亚洲之间的关系,转而推动西欧化的重大事业,而且必须马上实行。因为他们认为,中国在鸦片战争中的失败以及未能阻止西方列强入侵的根本原因正在于中国的落后。如果日本不能吸取中国的教训,并且不能公然地脱离与中国、朝鲜之间的关系,那么日本也将被列强瓜分。

不过,在明治时代的日本,也有反对这种全盘欧化主张并提出重新评价东亚文化优越性的言论。内藤湖南正是这一立场的主要代言人,并在日后成为日本最著名的汉学家。1891年,湖南协助他的"恩师"三宅雪岭(1860—1945)撰写了明治时期的经典著作之一《真善美日本人》,书中强调的一个主要观点就是,他们确信拥有超常的汉文解读能力并对中国文化有着独自爱好的日本人,在研究东亚历史文化方面条件要比西方学者优越得多。在欧化一边倒的当时,湖南及其同道的主张的确有其价值和意义。为了更深切地理解这一点,首先想在下文中阐明欧洲的伟大思想家们曾经持有怎样的中国观。

欧洲人的中国观

从16世纪末到19世纪,欧洲的哲学家和历史学家一般至多把中国看作欧洲的附属物或者是值得同情的外延部分而已。早期对欧洲人中国观的形成产生过很大影响的著作是《中华大帝国史》(*Historia de las cosas mas notables, ritos y costumbres del gran reyno de la China*),作者是奥古斯丁修会的西班牙修士朱昂·冈萨雷斯·德·门多萨(Juan Gonzales de Mendoza)。该书于1588年被翻译成英语,并于1589年被翻译成德语。此后,比较有名的还有多明我会的西班牙修士多明戈·费尔南德斯·纳瓦罗托(Domingo Fernandez Navarotte)所写的著作(1676),由此他也成为西方第一个注意到"方志"(地方志),并将之当作史料来利用的人。此外,还有耶稣会的宋君荣(Antoine Gaubil, 1689—

1759)所写的著作,他则是西方第一个引用《实录》的人。18世纪,在欧洲人研究中国的著作中,有两部最重要的著作,即让·巴普蒂斯特·迪哈尔德(Jean Baptiste du Halde)的《支那帝国全志》(Description geographique, historique, chronologique, politique et physique et physique de l'empire de la Chine et de la Tartarie Chinoise, 1735),以及约瑟夫·弗朗索瓦·马里姆内·德莫伊利可·德迈拉(Joseph Francois Marianne de Moyriac de Mailla)的《支那通史》(Histoire général de la Chine ou Annales de cet Empire, 1777—1783)。《支那帝国全志》基本上是以传教士们的中国报道为基础而写成的,而《支那通史》则几乎就是对朱熹的《资治通鉴纲目》所做的翻译①。《资治通鉴》是司马光的大著,记载了中国自古以来到五代末期的中国历史,是一部以儒教道德为基准并体现王朝正统史观的中国通史。而《资治通鉴纲目》一书则是朱熹对司马光的著作《资治通鉴》所做的整理,并可谓朱子学派的教科书。

一般来说,基督教传教士们总会把中国描述成一幅理想社会的画像。在那里,秩序井然,和谐快乐。18世纪的启蒙思想家们不仅发现中国有着"简单明了的理性宗教,卓越的法律和文雅的社会习俗所显示的高度发达的道德学说",而且他们也以此为证据来说明在欧洲以外的地

---

① Donald Lach, *Asia in the Making of Europe*, Vol. I. Book 2, pp. 730 - 794. 该书十分详细地介绍了 Mendoza 的著作及其影响。Bodo Wiethoff, *Introduction to Chinese History from Ancient Times to 1912*, pp. 10 - 12. 另外,石田干之助对早期欧洲人的中国研究也有过综合性的考察与研究[《欧洲人的支那研究》,《现代史学大系》第8卷,共立社书店,1932年;《欧美的支那研究》,创元社,1942年]。本书对欧洲人中国观的变迁论得十分简单,且没有提及俄罗斯人的庞大的中国研究成果。俄罗斯伟大的文献学家 P. E. Skachkov 的著作有《俄罗斯人的中国研究史概说》(*Ocherki istorii russkogo kitaevedeniia*, 1977 年)。另外,与之观点截然相反的,分析中国研究发展的著作有 E. Stuart Kirby 所著的 *Russian Studies of China: Progress and Problems of Soviet Sinology*。[Mendoza 的《中华大帝国史》的日文版书名为《支那大王国志》,长南实译,矢泽利彦译注,《大航海时代丛书》VI,岩波书店,1965年]([ ]内为日文版译者注,下同。——译者注)

区也存在着"与人类本性的同质性有关的自然法表象"。① 伏尔泰（1694—1778）认为,自古以来中国人将道德视为所有学问中最重要的领域,并且在这方面取得了远远超过其他民族的造诣,甚至早在远古时代就已经达到了充分发达的程度;然而,在其他的知识、技艺和艺术趣味方面萌芽虽早,却未臻完善。同时他还指出,"对支那宗教风俗的最大误解在于,我们总是用我们自己的习惯来判断他们的习惯",并对这种倾向提出了警告。② 但是,在随后的数个世代中,欧洲的中国论者们显然没有对伏尔泰的这一警告加以足够的重视。

从18世纪末至19世纪初,进化论已经成为欧洲历史思想的主旋律。但是,他们的中国观依然停留于耶稣会士们的中国报告之中。于是,在他们看来,曾经在中国所见到的秩序与和谐如今已经暗含着发展停滞、知识退化以及保守落伍的意味。因此,赫尔德③（Johann Gottfried von Herder, 1744—1803）在他的著作《关于人类历史发展的哲学探讨》（*Ideen zur Phiosophie der Menschengeschichte*, 1784—1791）中根据人类独有的特征而将之划分为几个种类。在此基础上,他论述道:

> 虽然人种有所不同,但是其中的人性却都源于同一母体,并且从中孕育出了更高类型的人类有机体,即具有历史性的有机体。也就是说,这一类人种,其生命体不是保持在停滞不前的状态之中,而是处于始终不断地朝着更高形式发展之中。欧洲由于其地理以及气候的特性,很幸运地成为诞生具有历史性生命体的中心。因此,只有在

---

① Friedrich Meinecke, *Historism: The Rise of New Historical Outlook*, trans. J. E. Anderson, p. 67.
② 同上, p. 68. Voltaire（伏尔泰）认识到在中国的社会、文化等各个领域,理性都占着重要的地位,因而为之着迷。关于此,特别是在其批判教会的小册子,即 *The Story of the Banishment of the Jesuits from China* 中有着明确的表示。该小册子中记载了中国皇帝与 Rigolet（该人名的同音异义词 rigolet 包含着可笑的意思）修道士之间有趣的对话,以此来揶揄教会所宣扬的教义中的不合理因素。其中一部分被翻译成了英文,即 Peter Gay, *Voltaire's Politics: The Poet as Realist*, pp. 246-247. 另外,关于孟德斯鸠的中国论,在 Meinecke, p. 118 中有简要的论述。
③ 赫尔德,德国批评家,哲学家,神家家。——译者注

欧洲,人类的生命才是真正具有历史性的。另一方面,在中国、印度或者美洲等原著民之中,并没有真正的历史性进步,而仅仅是一种停滞不变的文明,或者即使有一系列的变化,那也仅仅是新的生活形态代替旧的生活形态而已,而那种具有历史性进步特性的稳定的、渐进的发展并没有随之出现。因此,欧洲是一个人类生命享有特权的地区,就像人类在动物界中享有特权,动物在生命有机体中享有特权,生命有机体在整体地球存在物中享有特权一样,都是一个道理。①

对著名的历史哲学家黑格尔(1770—1831)来说,中国没有任何存在的价值。在他那本著名的《历史哲学》一书中,他认为中国(还有印度)仍然"处于世界史发展的进程之外"。② 并且,他还认为如果没有欧洲人发挥引领作用的话,那么中国人是不会自己主动迈入世界史发展的进程之中的。这一观点,也曾见于青年马克思的思想之中。而后的另一位学者兰克(Leopold von Ranke,1795—1886),曾经对日本的历史学界产生过间接的但却是巨大的影响。在他的著作《世界史》(1881—1888)中,他认为中国是一个"永远停滞的民族",除非这个国家在其固有的历史发展节奏中逐步演变出自己"独有的、统一的文化世界",否则就没有资格成为"世界史"中一个正当的主题。③ 类似的欧洲人中国观的影响一直持续到19世纪末,甚至还影响到了20世纪,即使当时中国正在发生的大变革也没能动摇欧洲人的想法。因此,直到今日,我们仍然可以看到不少信奉斯宾格勒(Spengler)和汤因比(Toynbee)的论者,依然坚持以欧洲为中心的世界史观,而将中国视为一个古化石。

---

① R. G. Collingwood, *The Idea of History*, p. 90.
② 引自 John Meskill ed,. *The Pattern of Chinese History: Cycles, Development, or Stagnation*? p. 14.
③ 引自 Wiethoff, Bodo. *Introduction to Chinese History from Ancient Time to 1912.*, pp. 13 - 14. 参照 Arthur Wright, "The Study of Chinese Civilization," *Journal of the History of Ideas* 21, 2(1960), p. 245.

直到20世纪初,才有德国的福兰格①(Otto Franke)和法国的沙畹②(Edouard Chavannes)开始系统地利用中国原有典籍史料来研究中国历史的事实。而在此之前,欧洲人的中国研究始终只是自己影像的投射而已,很少能够真正地反映出中国人的本性与实情。对欧洲人来说,中国历史至多只能在他们哲学性地解释世界历史的时候起到一点注脚作用而已。③

明治日本的汉学

在明治时代的日本,出现了几种不同类型的汉学流派。首先,学院派的汉学开始萌芽。这一方面是受到西方学术刺激的关系,另一方面也是对此做出抗衡的结果。当然,日本的汉学,或者说是与中国有关的学问与中日两国交往史同样源远流长,但是学院派的汉学直到明治初期创设大学和官方学术机构时才开始形成。当时,在生活的各个领域都出现了强烈的西化要求。作为这种要求的反映,日本的汉学界也产生了另一种潮流。属于这一潮流的人们以当时具有绝对优势的摆脱亚洲"后进性"的思潮为基础,主张必须以西方的"先进"文明来启蒙日本人。因此,他们也被称为"文明史"学派。明治汉学的第三种形式是由访问过中国和在中国从事过政治活动的日本人所写的中国访问记。这些中国访问记是在德川幕府解除了海外渡航禁令的幕府末期以后逐渐写成的。尽管以上这些流派的核心人物都是汉学者,但是为了更好地理解明治初期改革主义者们的中国观,所以将之分为以上三个流派来加以讨论。

随着明治时代汉学的形成,日本人在叙述中国的时候,也逐渐产生了一些专门用语。比如说,东洋(东亚)逐渐指的是中国及其周边的地

---

① 福兰格(1862—1946)德国外交官,汉学家,曾任驻华领事。——译者注
② 沙畹(1865—1918)法国汉学家,曾在驻华公使馆任职。——译者注
③ Wiethoff, ibid., pp. 14, 18; Wright, ibid., p. 246.

域。不过,日本时而将自己包含在内,时而又将自己排除在外。① 后来,历史学界不再把日本的历史包含于"东洋"的历史之中,而将之独立出来称为"国史"。不过,在明治初期的汉学中,日本历史是否应该与中国历史区别开来,或者日本历史是否应该包括在东洋历史之中等等问题,都还没有成为议题。

学院派汉学

在长达一千五百年之久的中日交流史中,日本广泛吸收了中国的各种文化,日本人也一直对中国怀有崇敬之心。因此,日本人在研究中国和中国历史方面取得了比欧洲人更为优异的成果,也是不足为怪的。日本在中国研究方面的优越性,主要是由于其在中国的经学、史学、诗歌以及哲学等各方面都有着悠久的汉学传统。对德川时代的许多日本人来说,汉学才是真正的学问。比如,18世纪的伟大哲学家荻生徂徕(1666—1728)便是一个的典型例子。

但是,在1870和1880年代,西方的史学研究方法被引进日本的学术界之后,历史学的状况也因此而大为改观。以至于20世纪的学者们对明治初期的汉学式中国研究提出了批判,认为他们的研究是"站在儒教的立场上来看支那,不是科学化的研究,而是戴着有色眼镜的偏见而已"。这一论调还认为,只有欧洲的学术方法传到日本之后,才使日本从传统的汉学桎梏中摆脱出来,并使日本诞生了真正的学问。② 不过,这种主张其实早在1875年就已经出现过了。当时正在为政府从事修史工作的重野安绎(1827—1910),对于按照年代顺序叙述历史事实并分析其中因果关系,以及采用地图、图表等说明方法的西方史学方法,曾经表示过

---

① 宫崎市定,《关于将南洋分为东西洋的根据》,197—218页。齐藤毅,《明治的语言》,讲谈社,1978年,39—40页,46页。
② 青木富太郎,《东洋学的成立及其发展》,144,146页。杉本直次郎,《关于本国的东洋史学之成立》,426—428页。

赞赏。①

当1886年3月东京帝国大学创设历史系的时候,为了传授严密规范的史学研究方法,特地聘请了兰克(Ranke)的信徒路德维格·里斯(Ludwig Reiss, 1861—1928)前来教学。由此也引进了兰克学派的历史研究方法,即寻求"历史真相"(wie es eigentlich gewesen)的研究法。其实,这种方法与当时占据主导地位的汉学研究法,即重视史料解释和实考证的方法,是不谋而合的。根据里斯的建议,史学会于1888年1月得以创立,并召开了首次会议。从该年12月份开始,《史学会杂志》也开始刊行。1893年,该杂志更名为《史学杂志》。这份杂志直到今天依然在出版发行,是日本最古老的历史学专门期刊。但是,日本的历史学要成长为学院派研究仍然需要一段时间。在当时,历史学家们只是把西方的实证主义研究方法作为武器,以对抗那些不加思索一味崇古的汉学家们②。在接下来的十年间,帝国大学的史学研究法既有倾向于欧洲的实证主义研究法的,又有墨守日渐衰退的汉学研究法的。究竟哪一种影响更大,关于这个问题,直到现在,研究者们仍然是见仁见智,莫衷一是。里斯的得意门生白鸟库吉(1865—1942)于1890年毕业于帝国大学历史系。在他的倡导下,成立了研究东亚的东京学派。然而,该学派真正将其所推崇的方法应用于实际的研究工作,则是很久以后的事情了。

近代日本第一部关于中国历史的学院派著作的作者是那珂通世(1851—1908)。值得注意的是,这本题为《支那通史》(*Comprehensive*

---

① 沼田次郎,"Shigeno Yasutsugu and the Modern Tokyo Traditon of Historical Writing," pp. 273, 277. 也有如星野恒这样以"事实考证主义"为立场的学者,但在19世纪90年代的历史研究中,重视因果论已经成为一般的倾向。小泽荣一,《近代日本史学史的研究 明治篇》,531页。
② 桑原武夫,《解说 历史的思想序说》8—9页。户川芳郎,《汉学支那学的沿革及其问题点——近代学术界的成立与中国研究的"系谱"(二)》15页。青木富太郎,《东洋学的成立与发展》,148—149页。五井直弘,《近代日本与东洋史学》,15, 18, 24页。中山久四郎,"东洋史学发达的回顾与展望",385—389页。

19

History of China,1888—1890)的著作①一方面受西方学术方法的影响而客观地叙述历史事实,另一方面则继续承袭着汉学的传统而用汉语来写作。在该书的"首篇　总论"中,那珂概略地介绍了中国在东亚的地理位置及其地形学的意义,描述了生活在中国及其周边的各民族情况,简要介绍了中国各个朝代的兴衰历史。随后,那珂把到宋代为止的中国历史分为两个时期:一个是上世史时期(到战国时代为止);另一个中世史时期(从公元前221年秦朝统一到南宋时代)。大概那珂觉得自己还没有充分具备在元朝方面的知识,所以本书的研究内容只叙述到蒙古军队入侵之前为止。也正因为如此,后来那珂曾经长期致力于从事与蒙古族历史有关的翻译与研究工作。② 那珂的这本《支那通史》甚至在中国也颇受好评,并引起了中国学术界的震动。1899年,中国近代历史学的开拓者罗振玉(1866—1940)在介绍此书的时候曾经感叹道:"中国的历史不是由我们中国人自己来写,而是由一个外国人来写! 这是怎样的耻辱啊!"③

在那珂的《支那通史》之后,接踵而来出版的是由帝国大学古典讲习科的两位毕业生市村瓒次郎(1864—1947)、泷川龟太郎(1865—1946)所撰写的《支那史》。市村后来成为东京帝国大学的教授,在东亚史方面做过许多独创性的研究。泷川则终生致力于司马迁《史记》的注释工作,作为其成果的《史记会通考证》,是一部登峰造极之作。这两位学者撰写的《支那史》,在很多方面将那珂的研究工作又推进了一步。比如,这部著作是用日语写成的(尽管没有句读),采用了西历纪年和脚注、地图、插图等,并一直写到了清朝为止。不过,这本书与《支那通史》一样,是按照朝代来书写中国历史的,不同之处是没有进行时代划分。④

---

① 桥本增吉,《先秦时代史》,400页。C. Y. Tao and Sung Shee, *Sinology in Japan and the United States*, pp.1 - 2. " Bibliographie:Japon", pp.607 - 608.宫崎市定,《总论》44—45页。
② 那珂通世著,和田清译,《支那通史》上,中,下,《岩波文库》1938年。那珂著有关于蒙古史的不朽名著《成吉思汗实录》,参照有高岩的《元代史》481—483页。
③ 引自三宅米吉,《文学博士那珂通世君传》27页。原文为,"呜呼,以吾国之史,吾人不能作,而佗人作之,是可耻也"。
④ 市村瓒次郎,泷川龟太郎纂著《支那史》。

在1889年与1892年之间,日本出版了许多关于中国史的学院派研究著作,其背景是因为当时日本出版了众多与欧洲史和"世界"史有关的著作。中国史研究著作的出版热表明了当时学界为平衡这种倾向而做出的努力,或者说是一种来自于根基深厚的汉学传统的反击。这些著作包括北山三郎的《支那帝国史》(1889)和《新撰支那国史》(1891)、谷口政德的《支那小历史》(1890)、前桥孝义的《支那历史》(1891)和棚桥一郎的《中等教育支那历史》(1892)等。①

1894年,那珂通世在中等和高等师范学校的教师会议上提议将中等教育中的"外国历史"课程划分为"西洋史"和"东洋史"两个部分。这一建议对日本的学院派汉学的未来是具有深远影响的。那珂所谓的"东洋史"概念是以中国为中心的所有东亚国家的历史,但是其中不包括日本。他的提案得到了与会者的赞同,由此也诞生了一个新的词汇,即"东洋史"。1897年,文部省(日本的教育部)接受了那珂的建议,并在中等教育的课程中设立了"东洋史"。于是,以"东洋史"为题的教科书就逐渐开始出版了。②

文明史

在明治初期的日本,一批非学院派的历史学家也十分关心日本以及东亚在"文明史"中的地位。由于他们与德富苏峰所创设的民友社之间关系密切,因此也经常被称为"民友社史论家"。从学术的角度来看,不得不说他们的研究缺乏历史学家的深厚素养,这主要是因为他们所追求的目标与学院派史学家是不同的。由于西方文化的影响在他们的思想中占据着绝对优势,他们与福泽谕吉一样,严厉地批判那些不关心国家民族而只是评论政治得失的儒教型的历史学家们。当时,一般欧洲人都

---

① 青木富太郎,《东洋学的成立及其发展》,147页。杉本直次郎,《关于本国的东洋史学之成就》,429—431页。桥本增吉,《先秦时代史》,400—401页。
② 三宅米吉,《文学博士那珂通世君传》,32—33页。

相信历史法则是"普世"的,并且认为物质文明"前进的步伐"也会带来精神文明的发展。这种过度单纯化的信念也为"文明史"家们所接受,致使确信只要以一种科学的方法研究过去的历史,就可以对现在乃至未来有一个明确的认识。站在这种"文明史"立场撰写的第一部著作,就是田口卯吉(1855—1905)的《日本开化小史》(1877—1882)。①

自1891年史学会创立以来,田口就是其会员。尽管他本人是一位亲欧美的学者,他在史学会年会上却指出,日本的历史学家过分地热衷于研究西方历史,因而需要用更多的时间来研究日本历史。他甚至还说道,历史研究的对象不应该是贵族与将军,而应该是普通的人民。② 但是在以汉学为主导的史学会中,他所能得到的支持是微乎其微的。

在1883年至1887年之间,作为"民友社史论家"的研究成果而问世的第一部中国史著作也是出自田口之手,该书的出版甚至要早于那珂的《支那通史》。这部题为《支那开化小史》的著作在叙述形式上承袭了《日本开化小史》。在该书卷末的简短"总评"中,田口显然试图站在人民的立场上来评价整个中国的历史,认为秦朝统一之前的一千年是"埋没于封建割据祸害之中的时代",而接来的两千年是"沉沦于专制政治腐败之中的时代"。最后,他提出了这样一个疑问,即中国人是否能够"打开眼界"克服君主专制呢?③ 此后不久,反映这方面思考的另一著作出版了,这就是青山正夫的《支那文明史略》(1889)。

尽管一般而言,我们认为日本人在军事、政治以及道义方面产生相对于中国人的优越感是中日甲午战争(1894—1895)之后的事情,但是从报纸和期刊上来看,其实早在明治前期,日本人就已经开始把中国人视为不懂礼仪的低等动物了。这种蔑视中国人的思想在福泽谕吉的"脱亚

---

① Peter Duus, "Whig History, Japanese Style: The Min'yūsha Historians and the Meiji Restoration," pp. 416 - 419. 塚谷晃弘,《田口卯吉》,19—26 页. Serge Elisséeff, "Japon," p. 566.
② 五井直弘,《近代日本与东洋史学》,25—26 页。
③ 田口卯吉,《支那开化小史》,鼎轩田口卯吉全集刊行会编《鼎轩田口卯吉全集》第二卷,1927年,286—287 页。

论"中有过最为清楚的表述。他认为,亚洲是日本必须摆脱的地区,因为日本与落后的中国和韩国之间的继续交往只会使日本给世界留下一个不良印象。用其原话来说,即"亲恶友者总不免有恶名。我从心底里谢绝亚细亚东方的恶友"①。在明治前期,类似"Chankoro"(中国人)这样的轻蔑称呼已经在日本人中开始流行。在同样面对西方帝国主义列强入侵的情况下,日本人成功地实现了近代化,中国人却失败了,从而助长了日本人的优越感。② 在其他方面十分理智的日本知识分子之所以偏好以欧人眼光来看待中国,正是因为其内心深处有这样的优越感。

访问过中国的日本人和中国的改革论者

有一个时期,学者们在就如何描述东亚各民族的性质这一问题上表现得颇为慎重。然而,明治初期那些访问过中国的日本人,在这个问题上却敢于直抒己见,有的甚至还经常主张中日两国人民应该联合起来反抗欧美侵略者。他们此时的一个共识,是在中日合作关系中,必须由日本来起领导作用。因为在他们看来,相比于中国而言,日本的近代化步伐更快,而且顽强地抵御了欧美的侵略③。

最初的中国访问记是由两位汉学者用汉文撰写而成的,他们尊称中国为"精神上的母亲",并对中国文化表示出了最大程度的敬意。第一本中国访问记出版于1879年,是由竹添进一郎(1842—1917)所撰写的《栈云峡雨日记》。该书是竹添对自己在1876年为时三个半月的中国游历所做的记录。尽管竹添十分赞同中国正在推进的近代化事业,也赞同中

---

① 福泽谕吉"脱亚论",1885(明治18)年3月16日,引自五井直弘的《近代日本与东洋史》34—35页[日文版译者引自《福汉谕吉选集》第七卷,岩波书店,1981年]。Miwa Kimitada, "Fukuzawa Yukichi's Departure from Asia: A Prelude to the Sino-Japanese War," pp. 1-26. Hashikawa Bunsō, "Japanese Perspectives on Asia: From Dissociation to Coprosperity," pp. 328-330.
② 山根幸夫,《日本人的中国观——从内藤湖南与吉野造作来看》,1—2页。
③ Marius Jansen, "Japanese Views of China During the Meiji Period," in *Approaches to Modern Chinese History*, p. 166. Marius Jansen, *The Japanese and Sun Yat-sen*, Chapter 1.

国的改革家们拒绝全盘西化的思想,但是他也主张中国有必要选择性地接受西方的物质文明。①

之后,冈千仞(1832—1913)于1884年5月出发来到中国,开始其历时一年的旅行。1892年,他的十卷本《观光游记》终于付梓出版。不过,冈与竹添在对中国的理解上存在着分歧。最大的不同在于他不仅对中国的现状提出了批评(当然,竹添也曾指出过中国的弱点),而且还开始主张从学术的角度大幅度修正日本人的中国观。冈对中国信心的动摇源于旅行初期他在上海与当时著名的改革论者王韬(1828—1897)的会面。王韬告诉冈,自己也吸食鸦片。得知这样一位较为开明的中国知识分子也感染上了这种恶习,冈感到大惑不解。在完成漫长的访问记后,冈最后得出的结论是,日本应该"脱离"中国,而这一观点与福泽谕吉的主张如出一辙。②

在明治初期的日本,在日本社会中还出现了另一批人。他们不是专门的学者,但是也同样对中国抱有兴趣,并热衷于研究中国文化的各个方面,因此而来到中国大陆从事活动。这些非学者身份的旅行者,就是所谓的探险者或者"中国浪人"。在精神上,他们以佐久间象山(1811—1864)及其弟子吉田松阴(1830—1859)等伟大的幕末志士的后继者自居。这些幕末志士是汉学者、国学者或是兰学者,其中象山和松阴还主张为了使日本强大起来以抵抗西方的侵略,有必要在一定程度上引进欧美的先进技术。明治初期,这些不满于政府的政策,且以志士的后继者自居的人们,一方面由于共同的汉学传统而对中国怀有亲切感,另一方面也意识到中国正在急剧衰退的事实。最终,他们思考并得出了自己的一条解决问题的路径,那就是一方面反对明治

---

① 竹内实,《日本人眼中的中国形像》,234,243—244页。1880年,竹添曾经帮助过在琉球归属问题上与清朝谈判的驻清公使宍户玑。同年,他被任命为天津领事,与李鸿章进行过直接谈判。1882年他又被任命为驻韩办理公使。参照东亚同文会编,《对支回顾录》第二卷,原书房,1968年,198—202页。
② 同前竹内实书,249—251,262页。

政府的西化政策,另一方面则致力于与以孙逸仙为代表的开明的中国人合作,以期在日本的保护下打开中国改革的局面。①

说到"大陆浪人",人们一定很快就会联想到头山满(1855—1944)、内田良平(1874—1937)等人物的形象,他们所从事的那些活动总是像谜团一样令人费解。但是,早在他们之前,1886年就有一个名为荒尾精(1859—96)的人物被陆军参谋总部派往上海,并在当地开设了名为"乐善堂"的分店。表面上,乐善堂是由荒尾精和岸田吟香(1833—1905)在东京开设的一家药房。他们在上海开设分店的目的是为了振兴贸易、援助中国人并让世界了解中国。1889年,当荒尾被召回日本时,他便辞去了陆军的职务,全力投入乐善堂的中国研究事业和商业计划。荒尾以其在汉口设立的分店为据点,和他的代理商们一起收集了大量有关中国社会习俗和活动的资料。他还在多年研究的基础上开始构想中国未来的改革模式。1890年,岸田、荒尾与他们的另一位同志根津一(1860—1927)共同设立了日清贸易研究所,以培养通晓中国的语言、地理及其他重要事务的专家。他们分派几组人员前往中国各地收集各种情报信息。其努力的成果之一,是根津负责编纂的一部长达两千页的大著《清国通商综论》。荒尾于1896年去世之后,根津与其他同仁们一起成立了东亚同文会,以继承荒尾的遗志,并继续从事收集中国情报的工作。②

1880年,作为泛亚洲主义的组织,相当于东亚同文会之前驱的兴亚会在东京成立了,该会以促进中日文化交流为其宗旨。曾根俊虎(1847—1910)是在创会过程中起到中心作用的人物。他曾经于1873年访问过中国,并从翌年开始在上海住过一段时间。曾根的泛亚主义植根于一种真诚的亲中国情感,因此在华期间他乐于与王韬等人保持亲密交

---

① Jansen, *The Japanese and Sun Yat-sen*, chapter 1. 渡边龙策,《大陆浪人——明治浪漫主义的荣光与挫折》,番町书房,1967年。渡边龙策,《日本与中国的百年》,讲谈社,1968年。
② 川合贞吉,《中国革命与日本人》,134—135页。E. Herbert Norman, *Genyosha: A Study in the Origins of Japanese Imperialism*, pp. 278-280. Jansen, *The Japanese and Sun Yat-sen*, p. 50.

往。① 在因越南的归属问题而爆发的中法战争期间,作为日本海军军官的曾根,被日本政府以正式的观战武官的名义派遣来到中国。当时,他对日本政府没有支持中国属国越南的做法持批评的态度。② 为了对抗西方入侵者对中国领土的蚕食,曾根及其同志们设想过各种各样的方案,认为当务之急是开办以日本人为对象的汉语学校。在兴亚会成立之初,他们曾经从黄遵宪(1848—1905)等中国知识分子那里获得不同程度的支持与帮助。然而,正如蒲地典子和佐藤三郎所批评的那样,兴亚会不久就沦为受过汉学教育的文人们饮酒赋诗和会友的例行月会。因此,当1880年代后期中日关系日益紧张的时候,该会就从内部开始瓦解,其部分成员最终被东亚同文会所吸收。③

在访问过中国的日本人中,樽井藤吉(1850—1922)的风格略有不同,但其在历史上的重要性方面并不逊于他人。作为一位泛亚主义者和扩张主义者,他热衷于唤醒在如狼似虎的西方列强摧残下奄奄一息的东亚各民族。在中法战争期间,他来到香港,策划与哥老会结成同盟。他参加了1885年发生的大阪事件,试图使朝鲜在日本的督导下实施改革。他在《大东合邦论》这本小册子中描绘了自己的构想。该书的日文版于1885年出版,中文版在增补内容后也于1893年得以出版。樽井所谓的"大东",意味着日本与朝鲜两国在"对等"关系的基础上构建的新国家。然而不言自明的是,由于日本拥有帝国制度和宪法的优越性,日本自然将成为该新国家中的主导。正如闵斗基所明确指出的那样,樽井所谓的"对等"并不是真实意义上的平等,而只是掩饰其扩张主义的修辞而已。樽井还曾预想有朝一日中国也会加入这一新国家。闵教授经过辛苦研

---

① 冯自由,《中华民国开国前革命史》第一卷,303页中记载着,"在日本人中,没有人会像曾根这样对中国问题抱有强烈的关心。他认为自己的原籍在山东,是古代儒者曾子的后裔"。
② 曾根俊虎,《法越交兵记》。Paul Cohen, *Between Tradition and Modernity: Wang T'ao and Reform in Late Ch'ing China*, pp. 103 - 104. 曾根曾经在1870年代中期到中国旅行,并做过一些记录。参照东洋文库近代中国研究委员会编,《明治以后日本人的中国旅行记》1—2页。
③ 蒲地典子(Noriko Kamachi), *Reform in China: Huang Tsun-hsien and Japanese Model*, pp. 45, 122—124. 佐藤三郎,《关于兴亚会的一个考察》,1—14页。

究,发现康有为(1858—1927)等中国的君主立宪派也曾经被这一观点所吸引。也许在1890年代前期,与让人倍感恐惧的俄国军事扩张相比,来自日本的威胁尚被认为是微不足道的。因此,他们甚至在修改书中诋毁中国人的言论之后,再次出版了《大东合邦论》。在世纪转换之际,当许多中国思想家们在思索如何避免瓜分之时,与日本合邦确实也曾经是他们所考虑的途径之一。虽然他们已经充分了解到日本的最终企图,但是由于当时来自日本的威胁看似较小,所以他们也将与日本"合邦"看作是暂且可以使中国应对主要威胁的一个有效手段。①

早在1884年,自由民权派的知识分子,也是后来的众议院议员杉田定一(1851—1920),就呼吁过中日应该联合起来对抗西方白人的入侵。正如桥川文三所指出的那样,杉田的早期著作对从康有为到秋瑾(1867—1907)的中国的激进主义改革论者产生过广泛的影响。然而,在他首次访问中国之后,他的评论反映出与明治初期访问过中国并提倡改革的汉学者们截然不同的中国观。在其后期著作中,这种思想变得更为明确,下面便是其中的部分内容:

> 其制度、习俗以及人情之所见所闻,与平生所读书籍及所见诗文中之情形乃有天壤之别。(接下来杉田就当时中国的军事、政治、思想各方面正在衰退的情形都作了举例说明)。西人来兹(东亚),欲争利试霸。吾辈同胞,在此必争之地,欲坐而为其肉,或欲进而共为膳上之客乎。与其坐而为其肉,不如共为膳上之客矣。②

因此不难想象,杉田将会就日本下一步应该采取的政策做出怎样的提议。他认为日本应该以1884年中日在朝鲜问题上的对立为口实攻击

---

① 闵斗基(Min Tu-ki),"Daitō-gappō-ron(Tract on the Great East Confederation)and Chinese Response," pp. 1 - 22. Jansen, "Japanese Views of China During the Meiji Period", pp. 169 - 171. Tadashi Suzuki, "Profile of Asian Minded Man, Tōkichi Tarui" pp. 79 - 100. 关于樽井的各种活动,在田中惣五郎的《东洋社会党考》(吉野造作序)中有详细记载。
② 括号内为原著作者所加之内容。——译者注

中国,从而使自己成为"膳上之客"。①

当然,日本在与中国的文化学术交流以及个人的交往等方面,水平都远超于欧洲。实际上,当时的日本在某些领域的水平已经超越了中国。比如,那珂的《支那通史》的出版要先于出自本土中国人之手的中国通史,如夏曾佑(1865—1924)的著作。而且,虽说是通史,但夏的著作局限于中国古代的历史。另外,日本也先于中国引进了西方的史学研究法。结果,在 20 世纪的很长一段时间内,日本学者取得了远比中国历史学家更为优秀的研究成果。但不能忘记的是,日本是在长期高度地分享中国文化的历史前提下才可能形成这些成果的。

高杉晋作(1839—1867)作为吉田松阴的高足,也是一位著名的长州出身的激进派尊王家,同时还是首位敢于渡海访问中国的汉学者。1862 年从长崎乘船出发的高杉,5 月份到达上海。当他看到中国人之意气消沉以及任由其所深恶痛绝的欧洲人使唤,自己文化上的母国——中国沉沦于崩溃与衰退的深渊,不由得产生了一种绝望之感。他还亲眼目睹了太平天国的军队攻打上海的情形,因而确信中国即将发生一场大的变局。他又与一些中国人作了"笔谈",这使他从三个方面得出了清王朝即将灭亡的结论。第一,中国人甚至不再讨论如何对抗西方列强的入侵;第二,他们没有建造能够将欧洲船舰逐出中国港口所必需的远程大炮;第三,魏源(1794—1856)的《海国图志》是当时中国最好的一部国家战略论著,却被禁止出版。② 高杉带着一本在中国得到的《海国图志》回到了日本,并将这本已经在日本广为人知的书籍赠送给自己已故恩师吉田松

---

① Hashikawa, op. cit., pp. 331 - 333. 另外,杉田的文章笔者也有英译,与桥川相对自由的英译相比,彼此没有重要的差异。杉田定一,《游清余感》,582—585 页。引用文在 582,584 页。
② 高杉访问中国的五篇日记,在东行先生五十年祭纪念会所编的《东行先生遗文》之《日记及手稿》72—124 页中有收录。关于高杉的上海之行,参照如下。池田论,《高杉晋作与久坂玄瑞——变革期的少年像》,大和书房,1966 年,116—126 页。东行高杉晋作先生百年祭奉赞会编,《东行高杉晋作》,1966 年,19—23 页。古川薰,《高杉晋作》,新人物往来社,1973 年,70—90 页。近年来,在中国,对 19 世纪时期日本如何看待西洋的方式的关心逐渐高涨起来。与此相关联的是,高杉对 19 世纪中期中国的印象也因此而受到关注。参照吕万和,罗澍伟,《西学在封建末期的中国与日本》,18—30 页。

阴的老师佐久间象山。《海国图志》可以说是近代中国所诞生的地理政治学的经典之作,读完该书之后的象山在其《省謇录》中却如是评说道:

> 海防之要在炮与舰,而炮又最居其首。魏氏之《海国图志》中,辑铳炮之说,类粗陋无稽之谈,如儿童嬉戏之为。盖因其未尝亲自实践其事,故不能得其要领之故也。惜乎魏虽有才识,然未能察其精要。处当今之世,不亲学炮学,而贻此谬妄,反误后生,吾深为魏氏惋惜。①

从这一时期开始,在日本人当中,认为自己比当时的中国人更了解中国的意识开始萌生。在学习汉学的过程中,日本人总是会很自然地产生一种自我认识与自我界定的意识,同时也会在潜意识中产生一种认可中日文化同根性的思想。所以,当面对西方列强入侵的时候,这样的汉学意识很快地就转变为中日两国为同一命运共同体的思想。另一方面,明治时代的西化主义者们却认为,为了日本的国家利益,应该无视和非难中国这一怠惰的邻居,必要时甚至牺牲之也未尝不可。于是,对这种全盘西化主义持反对态度的汉学家们,一方面将中国衰退的原因归咎于其他因素而依然保持着对中国文化的高度评价,另一方面则努力摸索能将中国拯救出困境的道路。然而,事态的发展并未如其所愿,结果他们也不得不承认中国的确已经身陷绝境。与此同时,他们中的大部分人认为中国的危机也是日本的危机,所以作为中国同盟者的日本,应该承担起改革并复兴中国的使命。其实,早在甲午战争之前,这种意识就已经形成了。只不过由于中国被日本迅速而屈辱地击败之后,那些早已潜藏于日本人内心深处的,认为中国是文化上的巨人与政治军事上的懦夫的意识,就变得更加显著了而已。

如上所述,在明治时期,那些正在探索日本未来前进道路的思想家

---

① Charles S. Terry, "Sakuma Shozan and his Seiken-roku," p. 75. 另外,同前川合著作,9 页。[引文引自植手通有校注的《省謇录》,收录于"渡边华山、高野长英、佐久间象山、横井小楠、桥本左内",《日本思想大系》55,岩波书店,1971 年。]

们,不管他们的立场如何,都在思考着一个同样的重要问题,那就是中国未来的命运以及中国传统历史文化的走向问题。由于日本长期深受中国文化的巨大恩惠,那么对明治初期的日本来说,是应该继续将之当作宝物呢,还是将之当作应该排除的障碍物呢?这些问题都迫切需要日本的有识之士们来做出回答。

第二章　青少年时期的湖南

在本章中,我将首先考察湖南在学校受教育的情形,然后考察他作为政论家开始重要著述活动之前的情况,即他在新闻界工作的初期情况。对于当时那些试图就时政发表意见的人们来说,新闻报纸的确是一个主要的工具,湖南也因此而选择新闻记者这一职业作为自己活动的平台。

当时的日本为了抵抗欧美各国的侵略和避免重蹈中国的覆辙,正在急速推进以富国强兵为目标的近代化运动。中国虽然也采取了同样的近代化政策,但是并没有取得日本那样的显著成就。在中国近代化失败以及西方帝国主义侵略步步紧逼的情势下,湖南向自己提出了这样的一个疑问,即正在推进富国强兵政策的日本究竟能否抵挡住来自西方的进攻呢?明治中期,在文化方面以中日文化同一论作为自己立场的湖南,在政治方面也主张中日两国的未来是紧密联系在一起的。既然如此,那么日本究竟应该选择怎样的前进道路呢?在探讨他如何解答这些疑问之前,首先必须对湖南青少年时期如何形成自己的学问和政治观的概况有所了解。通过这一考察,既可以对学问和政治观在湖南思想中的相互关系有一个清晰的认识,也可以了解到对年轻的湖南来说,中国在其心目中究竟是一个怎样的存在。

内藤湖南（名虎次郎）出生于一个叫做毛马内的小镇，属于南部藩领的鹿角地区。现在的毛马内则属于秋田县，与岩手、青森两县也很接近，恰好是处于本州北部中央位置的十和田湖的正南面。现在如果要去毛马内的话，需要从秋田县的县治秋田市坐火车和汽车穿越山麓才能到达，仍然需要花费将近四小时的时间。从地理条件来看，德川时代的毛马内，不仅远离德川将军的权力根据地江户，而且也远离天皇的"权威"所在地京都。尽管如此，那里依然有很好的人文环境和学术传统。日本汉学界无论是京都学派创始人之一的内藤湖南，还是东京学派创始人之一的那珂通世（1851—1908），都出身于南部藩。所以，该藩因其高水准的儒学教育而备受赞誉。①

鹿角地方的学问传统与湖南的祖辈

一般说来，鹿角地区所盛行的儒学属于折衷学。当时，折衷学是一个以江户为中心的全国性流派，影响广泛，弟子众多。从18世纪初期到中期[中期相当于田沼意次（1719—1788）执政的时代]，伴随着荻生徂徕（1666—1728）学派的衰微，各学派围绕经书的"真意"争论不休，折衷学派应运而生，涌现了一批富有独创性的思想家，如富永仲基、贺茂真渊、本居宣长、安藤昌益和三浦梅园等等。他们都不同程度地受到过徂徕学派的影响，特别是其学问方法的影响。另一方面，折衷学派也试图通过综合各派学说来克服彼此之间在学问方法上的巨大隔阂。② 正如广濑淡窗（1782—

---

① 三田村泰助，《内藤湖南》33—34页。青江舜二郎，《龙的星座——内藤湖南的亚洲生涯》352页。我曾经向三田村教授请教过关于南部藩与支那学之间的深刻关系，他则十分慎重，没有作出明确肯定的判断。对三田村泰助的采访，于立命馆大学，1978年4月20日。
② 衣笠安喜，《折衷学派的政治以及学问思想》（上）28—29页，同（下）28页。高桥克三，《近世鹿角学统考》50—55页。

1836)所评述的那样,"当时高名之儒者,十之七八为折衷学也",①可见折衷学在19世纪初期隆盛至极。

折衷学派的创始者是井上兰台(1705—1761)。荻生徂徕对春秋战国时代的思想家们采取了一种宽容的态度,目的是为了将此前思想家们关于圣人之教的不同见解整合起来。井上兰台也沿袭了荻生徂徕的这种学问态度,而最终使折衷学派在江户获得发展并闻名全国的则是兰台的学生井上金峨(1732—1784)。② 金峨认为,为了追求真理就应该有选择地从各学派中吸收其可取之处。比如,他主张在学习经书的时候,不仅要看汉注,还要看唐疏;即使观点互异的孟子之性善论与荀子之性恶说,程朱与陆王,伊藤仁斋与荻生徂徕的学问等等,也要兼收并蓄,取其精华。③ 诚如中村幸彦所指出的那样,正是从金峨开始,折衷学才开始成为一种兼有解经的方法论与探求正道的道德论的学问。④

金峨在理解古代经典方面并没有设定"规矩准绳"等绝对的标准。这也就意味着他放松了徂徕关于古代"礼乐"所做的严格界定。金峨确信,古人之道是容许个人自由与自主的状态的。金峨的这种观点弱化了折衷学的政治论性格。不过,相对于徂徕最著名的弟子太宰春台(1680—1747)将徂徕的"圣人之道"转变为以"经世济民"为目的的实践性学问,金峨及其弟子们最终依然停留在思辨哲学的范围。对徂徕来说,所谓"道"就是践行"礼乐"这一古代规范,而且在寻求实现"道"的这一过程中应该以具体的社会实体("物")为其基础。然而,金峨在批判徂

---

① 相良亨,《近世日本儒教运动的系谱》222页中所引用的《儒林评》。中村幸彦,《近世后期儒学界的动向》487页,同上衣笠论文《折衷学派的学说以及学问思想》(上)28页中也有这样的引用。参照同相良书,225,229页。Tetsuo Najita 认为,关于折衷学,与其将之看作是一个"学派",不如说将之看作一个思想的潮流。但是,正如广濑淡窗所说,当时的"折衷学"非常具有优势地位,那么是否 Najita 的"学派"之解释有过于不严密之嫌呢? Tetsuo Najita, "Method and Analysis in the Conceptual Portrayal of Tokugawa Intellectual History," pp. 14 - 15.
② 同上相良书,222,235页。同上中村论文,481,484—485页。同上衣笠论文(下),36页。
③ 井上金峨,《师辨》,引自同上相良书,226页。
④ 同前中村论文,485页。

徕时，则将"道"与作为其社会表象的"物"相互分离开来，结果去除了徂徕思想所具有的历史性。换言之，由于折衷学派以这种无视其历史性的方式对徂徕等学派的思想进行选择取舍，结果割裂了徂徕学派所强调的道德论与政治经济论之间的相互关联性，并剥离了思想的历史性因素。①

首位决意游学江户并最终将折衷学派思想带回毛马内的学者是伊藤为宪(1767—1839)。他出身于没落的武士家庭，1796年离开故乡，投到金峨的弟子山本北山(1752—1812)的门下学习。此前，当秋田藩主为了听取藩政改革的意见而将北山招募到秋田时，为宪可能也见过北山。之后，为宪在江户着手撰写关于鹿角地区的首部地方志《鹿角缘起》，并于1838年将其完成。②

朝川善庵(1781—1849)是山本北山的另一位著名的高足，也是后来到江户学习的众多毛马内出身的武士的老师。在朝川的门下，有两位最优秀的毛马内出身的弟子，即内藤天爵(1793—1849)与泉泽履斋(1778—1854)。天爵是湖南的祖父，而履斋则是湖南外祖父的叔叔。履斋的兄长织太(号绿泉，1777—1840)在毛马内创设了以折衷学为中心的汉学塾，从而确定了泉泽家在当地学术和教育方面不可动摇的地位。他还指导樱庭家的政教，而樱庭家是南部藩的重臣，也是毛马内的馆主。据传说，织太是一位形象严肃的硬汉武士，而履斋则不同，因

---

① 同前衣笠论文（下），30—33,35—35,48页。关于徂徕学派的政治经济论与太宰春台的思想，参照源了园，《德川思想小史》，中央公论社，1973年，149—152页。
② 伊藤为宪，《鹿角缘起》，收录于《秋田丛书》8,41—185页。内藤十湾，《鹿角志》111页左。曲田庆吉，《鹿角乡土志》，52,61—62页。安藤德器，《西园寺公与湖南先生》80页。高桥克三编，《湖南博士与伍一大人》2页。同前三田村书，12,22页。小畑勇二郎，《流芳千载》31页。森鹿三，《内藤湖南—日本文化论》14—38页。藤泽义美，《内藤湖南博士与我国东洋史学的发展》96页。现在，在毛马内还树立着彰显伊藤为宪的大碑。同时代人大町桂月读了《鹿角缘起》，曾评价为宪是"少见的博识之人"。同上曲田书，52页。参照《秋田新魁报社》，1974年，27页。1802年，鹿角地方花轮出身的奈良圆藏(1780—1843年)来到江户，并投入到山本北山的门下。同上曲田书，50,63页。同上内藤十湾书，118页左—119页右。另外，关于北山，可参照同前中村论文，485页。

为他不像其兄长那样负有继承家业的长子责任,所以人生也更为轻松自由。26 岁的时候,他在母亲的叔父伊藤为宪的帮助下到江户游学。在那里,他向朝川善庵和其他著名的汉学家学习,而后带着江户的学术新风回到了毛马内,向那些怀有强烈兴趣的同乡们介绍了江户学界的新潮流,他的好友内藤天爵也是其中一人。①

从天爵这一代开始,内藤家族在学问上都坚定地以实学为其志向。实学在当时的日本已经大行其道。天爵对于那种被动消极的折衷学派心生厌倦,思考着如何能够将自己的学问在实践中发挥作用。因此,他不仅学习汉文、经书、史书,中日两国的诗歌以及中医学等,而且还学习兵法。② 对于那种完全出于个人兴趣而做学问的折衷学派作风,天爵深感不满。他强调做学问不但要博览综观,而且要注重其实践性。他的这一学术态度对其后来未曾谋面的孙子湖南所产生的影响是很大的。湖南十分崇拜他的祖父,不仅奉之为内藤家学的奠基人,而且视之为将家学引入实学方向的导师。在织太的儿子泉泽修斋(1806—1870)从其父亲手中继承学塾的时期,鹿角地区重视实学的倾向日益加强。当天爵于 1849 年去世的时候,修斋已经成为鹿角地区教学方面的权威。在其生前,天爵将其儿子(湖南的父亲)十湾(讳调一,1832—1908)送到修斋的学塾学习。而后在 1851 年,十湾与其导师修斋的女儿容子结婚了。③

---

① 同上内藤十湾书,124 页左—126 页右,117 页左—118 页右;同上曲田书,55—56,59 页。参照同前三田村书,13—14 页。在泉泽履斋的门人中有狩野亨吉的父亲狩野良知。狩野亨吉担任过京都帝国大学的校长,是 1907 年湖南能够就任京都大学的最有力的推荐者。同上三田村书,19 页。
② 同上内藤十湾书,119 页右—120 页左,同前三田村书,15—17 页。
③ 同前安藤书,81—86 页,同前藤泽书,97 页,同前三田村书,18,20—21 页,同上内藤十湾书,136 页左—137 页右。

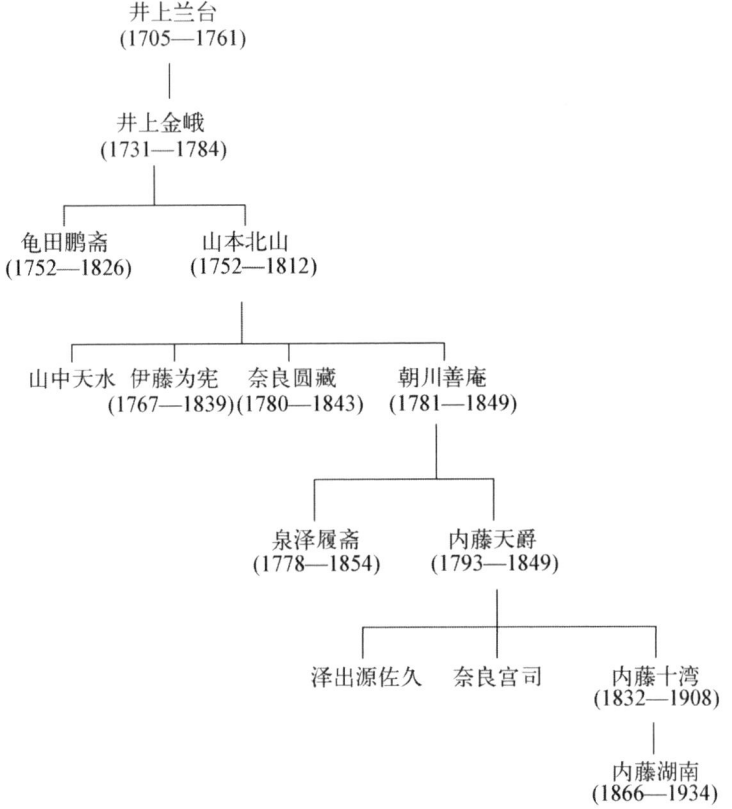

折衷学派的系谱

当折衷学在毛马内以至整个鹿角地区都占据主导地位的时候,内藤的祖父没有给予其积极的支持。1897年,内藤湖南出版了他的首部大著《近世文学史论》。他在书中对折衷学派的学问传统所做出的评价,与其祖父的观点是一致的。他说:"故博涉或有余,而见地则不定,童习白纷,埋首于蠹册之间,而无发明之功者。"①换言之,内藤湖南批判了折衷学派在实际行动方面毫无建树的消极之处。

虽然湖南在《近世文学史论》中没有提及,但是折衷学派还存在着另

---

① 《全集》1,33页。

一个更为严重的方法论缺陷，并且这一缺陷与日后湖南的更为成熟的历史观是截然对立的。这一缺陷是对儒学的所有学派的思想进行任意取舍，恰好忽视了各个思想学说中具有独自意味的历史背景，即其所固有的时间性要素。因此，不得不认为，作为一种方法论的折衷学基本上是非历史性的。

内藤十湾与明治维新

早在8岁的时候，十湾就进入泉泽修斋的私塾接受儒学教育。在12岁之前，已经修完了四书（《论语》《孟子》《大学》《中庸》）、五经（《易经》《诗经》《尚书》《礼记》《春秋》）、《春秋左传》和《史记》，并且开始学习中国的诗歌和散文的写作。① 尽管十湾也许比大多数的同龄人天资聪颖，但是他的这种学习路径在背景相仿的少年之中，并无出奇之处。因此，后来他对自己的儿子湖南提出了同样的学习要求。不过，他的父亲天爵认为仅仅掌握学问是不够的，因此还要求他学习武艺和日本剑术。天爵曾经希望自己的儿子最终成为一名医生，因为当时那些有学问的人为了学有所用，一般都会选择做儒医。在十湾14岁时，天爵将其送至盛冈的奈良宫司门下学习。奈良是天爵以前的一位学生，既是才华横溢的学者，同时也是财政改革家。而最重要的是，他还是一位隐性的勤王家。② 此后三年间（1846—1849），十湾潜心于学习各种文武之艺，包括医术。

1849年天爵的逝世使十湾不得不放弃他的学业，为了维持家计而回到故乡毛马内。从那时开始，他的家庭生活陷入了贫困，这种状况将持续25年之久。但是，凭借父亲的藏书，他从未中断过自己的学习。而且虽然地处偏远，远在江户的学术动向和政治动向也不时地传到毛马内。这些消息令十湾坐立不安，他终于在1854年逃离故乡来到江

---

① 同前三田村书，24—25页，同前高桥书，《近世鹿角学统考》28—30页。
② 《亚细亚》46（1892年7月4日），《全集》1,603—605页。在这篇论文中，湖南以热情的笔触回忆了奈良宫司。参照同前内藤十湾书，127页右—128页左。

户，投身于正在那里涌动的时代潮流之中。他原本计划在江户继续自己的医学教育以不负父亲的遗愿，但是，作为家长的泉泽履斋却反对他的这一计划。意志消沉的十湾转而来到盛冈的奈良宫司家中，并在那里继续学习医学与汉学。

大约也就是在那个时期，十湾遇见了那珂梧楼（1827—1879），一位父亲童年时代的好友。那珂也是当地出身的一位有着超常禀赋的学者，也不满于折衷学派的清静无为，而更倾向积极有为。1851年，他逃到江户，在那里参与了长州藩志士的活动，还见到了幕末勤王派的伟大领导者吉田松阴。这次见面给他留下了终生难忘的印象。当那珂回到南部藩的时候，藩政府不仅赦免了他的"脱藩"行为，而且还任命他为藩校的教授。当时，十湾正在这个学校就读。当地的折衷学派原本强调做学问者应当博览群书、见多识广，不过后来随着山本北山思想的传入，他在经书中特别重视《孝经》的学风逐渐成为当地学问的主流。那珂则不然，他最重视的是司马迁的《史记》和《孟子》。在他看来，由于孟子认可人民革命的权利而导致否定儒教中所特别强调的孝悌之道，因此即使是中国本土的当权者们也深为忌讳。① 但是，出于排斥折衷主义的同一理由，那珂致力于从实学的角度来教授经学。

十湾十分崇敬那珂，在他的引导下开始阅读赖山阳（1780—1832）的著作。赖山阳是一位汉学家，也是《日本外史》一书的作者。他不仅以其优美的汉文著称，还是一位有名的历史学家和诗人。他模拟司马迁文体的作品，成为日本许多汉文学习者的范本。与此相类似，他崇拜天皇（其实隐含着对德川将军的批判）的态度也鼓舞着那些为倒幕维新而奋斗的人们。尽管他的著作中也包含着不正确的历史内容，但是从19世纪初

---

① 同前三田村书，22，29—32页，太田孝太郎，《湖南先生与旧藩》24页。小川环树，《内藤湖南的学问及其生涯》10页。湖南曾经对前来访问的赤川菊村说过，"如果我死了，请将孝经一卷誊清后在我枕边朗读，然后将之放入我的棺中。孝经以玄宗皇帝作注解的为佳"。同上青江书，423页。

期到明治时代,他的著作始终得到广泛的阅读和很高的评价。[1]

在十湾受到那珂的影响中特别值得一提的是,十湾对吉田松阴和勤王倒幕运动所怀有的崇敬之心与日俱增。由于松阴是寅年出生的次子,所以取名为寅次郎。因此,在36年后同样的寅年,当自己的次子出生的时候,十湾也将其命名为虎次郎。

这位日后因其湖南之号而闻名的内藤虎次郎,出生于1866年7月18日,也就是在明治维新发生的两年之前。在"戊辰之役"爆发时,南部藩站在德川幕府一边,十湾也从了军,并在《出阵日记》中记载了自己的亲身经历。对于当时年幼的湖南来说,当然很难理解父亲的情怀。但是多年以后,当了解到父亲当年的行动中所潜藏的思想矛盾时,湖南深深地感动了。

根据当时的记录,由于佐幕派的南部藩与勤王派的官军之间发生了激烈的战斗,导致当地产生了大量的人员伤亡。尽管这一记载略带夸张的成分,但是在恢复和平的过程中,鹿角地区也确实发生了巨大的变化。[2] 在湖南的自传中,也有关于武士地位没落情况的记载。作为一个阶层,武士的身份已经被废除,士、农之间的差别也不复存在。在1868年明治维新之后,鹿角地区在行政区划上也几经变化,终于在1871年被编入秋田县,一直延续至今。当十湾从战场归来之后,等待他的首先就是其家臣身份的被剥夺。于是,为了维持艰难的家计,他不得不去田间劳作。1870年8月,妻子容子在产后突然去世。对于当时年仅4岁的湖南来说,这真是一种撕心裂肺般的悲惨体验。而就在同一年,湖南的

---

[1] W. G. Beasly and Carmen Blacker, "Japanese Historical Writing in the Tokugawa Period (1603-1868)", 其中由 Blacker 分担执笔的赖山阳部分, pp. 259-263. Herschel Webb, *The Japanese Imperial Institution in the Tokugawa Period*, pp. 217-218. Burton Watson, Historian and "Master of Chinese Verse: Rai San'yo," pp. 228-242.
[2] 同前三田村书,35页,同上曲田书,77页。

外祖父泉泽修斋也去世了。①

1871年,十湾在客栈中遇见了江刺县的大参事国府义胤。由于两人意气相投,内藤家的家运就开始好转。国府给十湾提供了一个在花轮新设的小学分校的职位,不久十湾便将一家都搬来花轮。然而第二年,十湾却又失去了这一职位,而其母亲也于此年以76岁高龄去世了。1873年1月,年仅20岁的长子文藏也去世了。十湾与年仅8岁的湖南相守两个月之后,便与一位出身于花轮近郊的女性再婚了。据湖南后来的回忆,他十分厌恶这位继母。此后,十湾出乎意料地被调到设在附近的尾去泽矿山的行政部门工作。因为这份职位收入颇丰,所以数年之后十湾得以在故乡毛马内建造新居。如今该处房屋依然保存着,并仍然为内藤家所有。②

尽管湖南幼年的生活可谓艰辛,但是在1873年之后,家境逐步获得了改善。据湖南后来的回忆,年幼的他因为与继母的关系不好而倍感苦恼。他非常瞧不起那位出身于商家的无知女性。由于自己的母亲出身于书香门第,即以学者和教育家著称的泉泽家,所以湖南觉得与之相比,继母是一位毫无品位的女性。1889年,湖南将自己所写的一部小说《冬夜的烦恼》投给女性杂志《以良都女》,获得了一等奖。该小说描写的内容就是关于继母与不幸的继子之间的关系。据自传中的叙述,年幼的湖南因为继母没有给予如今已经身为长男的自己以应有的礼遇而深感不满。然而,他对继母所抱有的这种不满却意外地产生了一个积极的作用——使他越发专心致志地投入到自己的学习之中。③

---

① 内藤湖南口述、内藤耕次郎笔记,《回顾我的少年时代》,见《全集》2,699—700页。另外参照高桥克三的《内藤湖南—东洋史学的权威》352页,同前青江书,29,31—33页,同前三田村书,37—38页。
② 同上《回顾我的少年时代》703页。另外同前三田村书,40—45页,同前青江书,34—35,39页。
③ 同上《回顾我的少年时代》702—703,706页,同前青江书,40页,同前三田村书,47—49页。短篇小说《冬の夜のまとみ》,发表于《以良都女》20号(1889年),收录于《全集》1,445—448页。

青少年时期的教育

幼年时期的湖南所受到的汉文和经书方面的训练负担很重,但是像他这样出身于武士血统的学者型家庭的孩子都习以为常。湖南的学术天赋源于毛马内两个最著名的热心教育的家族,即泉泽家和内藤家。他自幼便对学问表现出一种异乎寻常的热忱与勤奋,也是毫不奇怪的。湖南4岁时,父亲就开始教他汉字和假名。在母亲去世之前不久,湖南以《二十四孝》作为入门书开始学习汉文。据湖南的回忆,当时父亲十湾时常吟咏赖山阳的《纪事诗》以及白居易的《长恨歌》。①

这个时候,长兄文藏(1853—1873)也会教导湖南。5岁时在父亲的指导下学习《大学》,据说他仅仅用了四个月的时间就学完了全部内容。翌年,他的兴趣转向了"四书"中的《中庸》。7岁时,他跟父亲的一群学生一起②开始读《论语》和《孟子》。

1874年,湖南进入尾去泽新建的又新学校,此后六年间,他一直在这所学校读书。据他自己的回忆,在这个学校里有一位名叫越津直治的老师,因为学识广博而赢得了学生们的尊敬。1877年夏天,即湖南11岁的时候,每到晚上,父亲就会教他阅读赖山阳用汉文写成的《日本外史》,这是他此前从未读过的最为艰涩难懂的文章。在劳累了一天之后,这样的学习,无论是对父亲还是对儿子而言,都是疲惫不堪的重负,于是在坚持了一个暑期之后就中止了。翌年,湖南自己继续读《日本外史》,偶尔也会请求父亲的帮助,一年之后终于大致读完了这本著作。③ 内藤父子将《日本外史》当作教科书来阅读的主要目的,似乎是为了提高自己的汉文读解能力。当然,十湾自己早在幕末时期就读过山阳的著作,并为

---

① 同上《回顾我的少年时代》700—701页。
② 高桥克三,《内藤湖南与石川伍一》,30页,同上《回顾我的少年时代》,703页。高桥克三也是毛马内出身,他写有许多关于故乡出生的著名学者的著作。
③ 同上《回顾我的少年时代》,703—704页。

其中所隐含的反幕思想所倾倒。虽然当时湖南还只有12岁,但是他肯定知道赖山阳的著作对其父辈们所曾产生的影响。不过,对于他们来说,赖山阳的价值主要还是体现在其出色的汉文写作能力上。毫无疑问,出于同样的教育目的,十湾又积极地鼓励湖南彻底学习《春秋左氏传》。

从12岁开始,湖南阅读了用汉文写成的各种各样的文献。据自传中的记载,湖南还热衷于阅读被誉为幕末四大汉文家之一的斋藤拙堂(1797—1856)的散文。① 另外,十湾还开始让湖南练习用汉语来写诗作文,并让他试着将日本的战争故事翻译成汉文。据说京都学派另一位代表人物狩野直喜(1868—1947)在四五岁的时候就会作简单的汉诗了。如果这些传说不带有夸张成分的话,可见在那个时代从事汉文学习的优秀少年当中,这样的早慧并不算什么特别的例外。② 日后,湖南把自己的这段时期描述为大量阅读的年代,他说:"我读了我所能读到的所有东西。"③其中包括二十卷用日语写成的当时"最详尽的西洋近代史",即《万国史》。1880年,湖南还首次阅读了《荀子》,并背诵了一些赖山阳所写的诗文。

在尾去泽工作和生活了七年之后,1880年,十湾举家迁回12公里之外的毛马内。翌年,他又应邀回到尾去泽,在又新学校的分校任教。这时,他让15岁的儿子担任自己的助手。不过,对年轻的湖南来说,回到自己的小学担任父亲的助手绝不是愉快的事情,远不如当时他的几个友人前往东京求学更让人感到振奋。④

在回到尾去泽前不久,湖南撰写了对前往东北地区和北海道巡幸的明治天皇的奉迎文。据说,当天皇的侍讲元田永孚读到湖南的奉迎文

---

① R. H. van Gulik, "Kakkaron: A Japanese Echo of the Opium War," p. 485.
② 吉城贞吉,《狩野博士与我》70页。
③ 同前《回顾我的少年时代》705页。
④ 同前《回顾我的少年时代》,707—707,709页,同上三田村书,56—57页。

时,也十分惊异于作者的过人才华。① 在作为尊皇家的父亲的思想中,天皇理应恢复其本来的崇高地位,而湖南也深受其教诲。因此,对年轻的湖南来说,在天皇巡幸之际撰写奉迎文,既是自己的一份献礼,也是自己莫大的荣耀。

翌年,湖南为了参加秋田师范学校的入学考试而忙于学习。其间湖南仅有的一次出行,是随父亲到盛冈参加祖父天爵三十三周年忌的法事(1882年)。当时湖南为纪念祖父而用汉文所写的祭文成为其父亲最大的骄傲。在尾去泽做应试准备期间,由于湖南在汉文方面已经十分熟练,所以他还辅导同乡考生的学习。在1883年的入学考试中,湖南以最高分的成绩入学秋田师范学校(三部制)的中等部。关于这次考试,湖南的评价是"并不太难"。②

进入师范学校还不到一个月,就发生了高年级学生要求"同盟休校"的罢课事件。事情的起因是这样的,由于当时为了纪念维新战争中的殉难者,每逢5月2日,整个日本都要举行招魂祭。按照惯例,师范学校在这一天都要停课,而这一年该校校长不同意停课,于是引发了学生的罢课。罢课的带头人决定向县知事(事后证明他也是比较支持学生行动的)提交请愿书,于是他们找到了文笔最好、有"名文家"之称的湖南来起草。结果是校长辞职了,而一些学生也被退学了,事件在一个月之内就平息下来。当湖南在自传中回忆这一事件时,说"起因实在是一件小事"③。或许这是为自己当时的行为做辩解吧!不过,为何在入学后仅仅一个月左右的时间内,湖南就能在学校确立其名文家的名声呢?这大概

---

① 据说元田读了湖南的奉迎文,十分惊叹地说道,"东陲之地,竟然有如此英才"!朝日新闻社史编修室编《上野理一传》440页。记载着这一故事的唯有《上野理一传》,所以真伪难辨。
② 同前《回顾我的少年时代》707—709页。引用文,见"书简12 1883年3月9日 与父亲",《全集》14,341页。
③ 同前《回顾我的少年时代》710页。另外参照同上三田村书,67—68页,同上青江书61—63页。根据三田的描述,"在招魂祭的时候,也正是北方开始走出冬天,令人有一种解放感的好季节,而且在节日的氛围中也让人倍感热闹。"根据青江的回忆,招魂祭当天,"其他的学校都放假了"。

是在师范学校就读的那些出身于毛马内和尾去泽的同学,将湖南在入学考试中获得最高分及其出色的汉文能力等情况在校内传播的缘故吧。17 岁的湖南就这样以自身的学问水平赢得了同学们的赞赏。而为学生运动起草请愿书的经历,对他来说,或许可以算作是日后作为政论家活跃于报界的最初体验吧!

在寄给父亲的信件中,湖南曾说在师范学校所受的教育绝非高水准的教育,教学内容也不能称之为学问。在自传中他也曾回忆说,自己的国语水平比教师还要高。然而,他在学生中结交了几位密友,其中两位是在罢课事件中最活跃的吉田秀方和岸田吉藏(后以笔名畑山吕泣闻名),他们成了湖南最信赖的朋友。他还非常尊敬一位曾帮他修改文章的老师西宫端斋。与罢课事件中的积极分子的亲密往来,自己在该事件中的参与,以及特别倾心于西宫老师等等,都可谓是湖南对自己当时所处的学问环境不满的表现。在落款为 1883 年 6 月 22 日的致父亲的信中,湖南曾说"西宫的学问显示其看穿了维新以来的陋习"。西宫认为折衷学是陷入考证的一种文学游戏,他以对折衷学派的强烈批判而闻名。①

由于当时高等部出现了几位除籍退学者,所以其名额需要加以补充。湖南在补缺考试中轻松胜出,被编入了高等部。不过,后来湖南曾带着钦佩之情回忆道,当时秋田师范最优秀的学生名叫后藤佑助,因为他总能在考试中取得第一名。总之,从以上种种议论中可以看出青年时期的湖南积极向上的性格特征:他绝不是一位任性的自我中心主义者,但是他对自己的才能有着充分的自信。一旦有发挥自己写作才能的机会,他是绝对不会放过的。

也正因为如此,湖南试图通过自己的努力来弥补他认为秋田师范学

---

① "书简 18",《全集》14,347 页。参照同前《回顾我的少年时代》711 页。在落款是 1884 年 4 月 10 日的"与父亲书"中,湖南谈到了他与岸田吉藏的关系,他说,"我们两人的关系可谓亲密无间,什么事情都能坦诚交谈"。"书简 30",《全集》14,360 页。关于岸田(笔名畑山吕泣),参照千叶三郎的《内藤湖南与畑山吕泣——以他们的交友为中心》,87—89 页,秋田师范时代参照 88—89 页。

校在教育方面的不足。首先,他努力地学习汉文和汉学典籍。在《内藤湖南全集》(以下略称《全集》)中所收录的1883年、1884年湖南致父亲的信件中,含有不少汉诗,这是他为了得到父亲的批改而试作的。在一封落款为1883年3月23日的信件中,他询问父亲是否可以用四十钱购买一本宋代哲学家朱熹(1130—1200)注解的《诗经》。在一个月后的信件中,他向父亲报告说,自己已经用三十五钱买了这本书。① 在同年随后的信件中,他又说,已经根据十湾的要求购买了赖山阳的《日本政记》,正在阅读。《日本政记》是一本用汉文写作的史书,记载了从神武时代(神话中的神武天皇,据说公元前660—585年在位)到后阳成天皇时代(1586—1611年在位)期间107位天皇的政绩及其解说。此后,湖南还向父亲报告购买了朱熹的《易本义》、《五经集注》、《十三经注疏》和《山阳增评 唐宋八家文读本》等书籍。而且,他还将自己从学校图书馆借来《全唐诗》《唐诗别裁集》等书籍,自己能读《史记评林》了,以及在《秋田日报》社的阅览室检索《康熙字典》等事情告诉父亲。②

1884年依然是他热衷于读书的一年。年初,他寄给父亲两本汉文书,即川田甕江的《高山仲绳祠堂纪》和赖山阳的《立志论》。父亲在回信中说,川田的《斯文记》是承袭赖山阳的著作,不过《祠堂纪》则是一部平庸之作。尽管如此,内藤在同年3月14日给父亲的信中说,他已经读过寄给父亲的这两本书了,也同意父亲的观点,认为9岁就写出《立志论》的赖山阳是一位不同凡响的天才。③ 山阳9岁就已经能够如此娴熟地写作汉文的事实,对当时试图突破秋田师范学校的课程范围而学习汉学的湖南来说,无疑是一个很大的激励。

1884年,在湖南身上发生了一系列事情。这些事情是他对父亲的关心、年轻人的反叛与羞怯心理以及解脱束缚的思想在内心积聚的结果,

---

① "书简13",《全集》14,342页,"书简15 1883年4月24日,与父亲书",《全集》344页。
② "书简21,1884年9月21日,与父亲书",《全集》14,349页,"书简23,1883年10月30日,与父亲书",351—352页。
③ "书简29",《全集》14,358页。详细情况参照75—76页。

其表现与其一生中的行为特征可谓浑然一体。这些事情主要发生在湖南与其继母之间。那一年,湖南曾经在1月份和5月份两次写信给他的继母,这显然是他决心改善彼此关系的表示。① 然而,收到这些信的继母却感觉自己受到了羞辱,因为这些信都是用复杂难懂的"候文体"(一种日文的特殊文体)写的。她认为继子明明知道她不识字,可能是出于羞辱的目的而写这些信的。事情果真如此,那么也就意味着湖南是一个冷酷无情的人。但是从另一方面来考虑,也许湖南预料有人会为她读一读这些信吧!姑且不论这些推测,就信的内容本身来说,无非是一些日常话题,如天气、学校的功课、生活情况等,平庸的调子不像是给自己母亲的信。虽说是给继母的,信也写得十分见外。那年夏天,十湾有过一段短暂的外出时期。就在那期间,继母想让自己带过来的孩子,即与前夫所生的女儿礼子(音译)与18岁的内藤湖南结婚。湖南唯恐与毫无学识的礼子结婚,为避免发生这种最令其厌恶的情形,同时也不满于继母的包办婚姻,湖南逃到了盛冈。当时也在秋田师范学习的湖南的表兄弟和密友泉泽恒藏,将湖南的处境和心情向当时已经回到毛马内的十湾作了解释。放下心来的十湾来到盛冈带回了自己的儿子。其结果使得湖南与父亲之间的关系变得尴尬起来,从而促使湖南更加坚定了尽快出走东京的决心。②

要了解青年时期的湖南,最主要的史料是他的信件。信件中读书的事情谈得较少,关于地方与中央的政治以及学校的事情等则谈得较多,

---

① "书简27,1884年1月28日"《全集》14,357页,"书简32,1884年5月10日",《全集》,361—362页。
② 湖南在《回顾》中,丝毫没有提及与礼子结婚的话题。不过,为《回顾》作笔录的次男耕次郎,在湖南提及礼子的地方以注的方式提及了这一结婚的话题。同上书《回顾我的少年时代》703页。详细的情况,参照同上青江书,66—67页;三田村书,80—82页,"书简35,36",《全集》14,363—364页。另外,在"书简36,1884年10月1日,与父亲书"中,湖南一方面为逃避到盛冈而致歉,另一方面则对此作了解释,并说如果父亲能理解他出走的原因的话,那么毛马内的人也会对此表示理解。当时他的出逃似乎在当地引起了轩然大波。另外,在这里出现了一个人物,即泉泽恒藏,他在1887年跟随湖南来到东京,但是不久又返回毛马内,并成为当地的一名小学教师,终生在那里生活。

还屡屡可见其请求父亲"稍稍惠赐零钱"等语。①

初期的政治关心——内政与外交

毫无疑问，青年时期的湖南对于地方与中央政治的关心，显然是受到了早就加入秋田改进党的父亲十湾的影响，同时也是出于对当时试图将学生与政治隔绝开来的学校当局表示反抗的结果。1885年，湖南开始对中国的事情特别感兴趣。他在同年3月4日写给父亲的信中说，由于去年的朝鲜甲申事件以及本年正月井上馨所做的外交努力，中日关系迎来了巨大的转机。不过，他认为两国关系的真正改善是"极其艰难的事情"。在4月初的一封信中，他评论了伊藤博文在北京、天津与李鸿章进行交涉的经过，并高度评价了中国方面的代表李鸿章。然而，他也对中法之间不战不和的局面最终将不可避免地影响到日本而深表忧虑，认为"(日本)民众的不安并非是毫无理由的"②。这时的湖南已经意识到欧洲列强在东亚的侵略将会步步深入，而中法之间的问题也不可能在短期内获得解决。

在5月份写给父亲的一封信中，湖南说道，"您得到了王紫诠的笔迹，我不胜欣喜"③。至于其父亲十湾是如何得到王紫诠，即王韬(1828—1897)的著述的，我们不得而知。王韬确信中日两国的友好关系是维持东亚和平的关键所在。④ 由于王韬是明治时期最早访问日本的中国人之一，所以他在1879年为期四个月的访日活动被日本新闻界广泛报道。

---

① "书简33,1884年5月21日,与父亲书",《全集》14,362页。
② "书简42,1885年3月4日,与父亲书",《全集》14,370页;"书简44,1885年4月8日,与父亲书",《全集》371—372页。
③ "书简46,1885年5月22日,与父亲书",《全集》14,373页。
④ Cohen, *Between Tradition and Modernity*, 102,108页。在王韬的著作中,最早传到日本的是1873年首次出版以及1878年再版的《普法战纪》。另外,在18世纪70年代到80年代,他的其他著作也在日本刊刻。另外,由他所主导的改革派新闻报纸《循环日报》于1874年1月5日起在香港开始刊行,该报纸在日本广为人知。同Cohen, pp. 70-76, 100,301. 同前三田村书,86页。

因此，身在偏僻的东北山区而且年纪还不满19岁的湖南，也十分了解王韬的情况。然而奇怪的是，湖南所尊敬的王韬在当时的中国却是一个"不受欢迎的人物"。而此时王韬所提倡的中日友好确实成为日后湖南改革主义思想的一个要素，这是颇为耐人寻味的。

就这样，湖南在信中很少再像以前一样谈及自己热衷读书的事情，取而代之的是对地方与中央政治以及国际政治的强烈关心，以及将国内政治与外交问题联系起来的讨论。此外，也开始表现出日后藉以闻名的批判精神。这种以深入研究为基础，对同时代的诸问题，特别是对中国急需的改革问题进行评论的作风，成为湖南日后言论活动中的一贯特征。

由于不满足于师范学校的教育水平，并对外部世界日益关心，他开始下功夫学习课业以外的学问。1883年当时，师范学校还没有设置英语课程。于是，湖南与岸田吉藏一起，向多少懂些英语的任课老师川名庸谨求教英语。川名很乐意，于是就在课外教他们学习英语。这样，湖南从秋田的中学教师那里学到了英语。①

出于了解西方世界及其哲学的需要，湖南热切希望掌握英语。在1884—1885年期间的信中，湖南屡屡提到这一点。而引导他产生这种兴趣的，就是他的第一位英语老师川名。1892年，湖南写过一篇感人至深的悼文来纪念川名老师，其中提到，正是川名老师教给了自己达尔文进化论以及西方科学和哲学的概论，"先生之教诲实在是为我开辟了一个学问思想的新时期"。② 由于对秋田师范学校课业之外的学问越来越感兴趣，他不再是学校中特别优秀的模范生。他在1885年正月末写给父亲的一封信中说，尽管其他学生热衷于学习法律、政治学以及理化学等，而"我则是（学校中）唯一对西洋人所谓的哲学感兴趣的学生"，③他还说

---

① 同前《回顾我的少年时代》712页。同前高桥书《内藤湖南—东洋史学的权威》31页；同前三田村书，87—88页。
② 《亚细亚》28(1892年1月4日)，《全集》1,578页。
③ "书简39,1885年1月27日,与父亲书"，《全集》14,367—368页。

到,通过阅读外国书籍和研习哲学(包括佛教),可以大大提高一个人的学识,"如果能够在东亚古来的一大哲学上有所发挥,实在是一件可喜之事"。①

尽管湖南与他父亲一样接受的是汉学教育,但是嗜好读书的他对同时代的各种问题和需要绝非不予关心。对西方哲学突然产生的强烈兴趣为湖南的学术追求提供了一个打开新视野的机会,也助长了他对时事问题的关切。而原本在湖南所受的汉学教育中,并没有对于关心时事的强调。在湖南的自传中丝毫没有提到当时自己对哲学的关心。不过多年以后,他曾经对儿子耕次郎说过,19岁左右是人生的重大时期。当时,湖南逐渐认识到,自己最新接触到的西方哲学和进化论与儒教、佛教之间的差异(即西欧的唯物论与东洋的观念论)是可以辩证地统一起来的。在明治中期的日本,这种试图将东西方思想的对立统一起来的倾向十分普遍。耕次郎认为,在湖南的思想中,西方哲学思想归根结底只是起到了一个思想认识上的催化剂作用而已,他的思想基础依然深深地扎根于儒教与佛教思想的土壤之中。② 虽然我也基本上赞同他的这一观点,然而不应忽略的是,西欧哲学这一催化剂大大推动了湖南思想的发展。

在毕业之前的 4 月到 7 月期间,湖南在师范学校的附属小学当了三个月的实习老师。正好在他 19 岁生日的那一天,学校公布了毕业生的成绩排名。他排名第六,远低于自己的预期。即便自己仅仅用了一半时间,也就是说用两年时间修完了四年的课程,湖南也对此成绩深为不满。③ 也许湖南对校方有点想当然了,但是如果综合考虑到他自己对课程外学问的着迷、入学后不久就获得汉文名文家的声誉、对"师范"教育的失望以及两年内修完四年课程等情况,那么他大概也不会在乎自己在师范的成绩是否能得第一名吧!而且,随着他对政治以及哲学问题的兴

---

① "书简 39,1885 年 1 月 27 日,与父亲书",《全集》14,368 页。另外,参照同上三田村书,89—91 页。
② 内藤耕次郎,《关于人间湖南的断章 其一》7—8 页。
③ "书简 49,1885 年 7 月 20 日,与父亲书",《全集》14,375 页。

趣日益加强,加之与家庭的感情日渐疏远,家族的存在已经不太能够左右他的心情,这些情况无疑也都是他不再重视自己在师范学校成绩的原因所在。在毕业典礼上,斋藤山三郎被指定为高等部的代表致告别辞,但是学校当局却依然让湖南来起草原稿。① 可见,湖南自始至终都是学校公认的名文家。

根据当时的教育规定,师范学校毕业生一般要回故乡从事两年的教学工作。因此,毕业生们在奔赴各地任职之前,一般都会先返回故乡。但是,由于父子关系紧张,当时还没有确定任地的湖南就仍然滞留在秋田市。几个月之后,湖南作为秋田县北部缀子小学的首席训导前往赴任。另外,由于教员可以免于兵役,这也是教职更具有吸引力的实际原因所在。对湖南来说,在缀子小学的两年时间是一段非常快乐的时光。"因为他很喜欢学生,所以高年级的学生每晚都会过来与他聊天,每次他都会买价值十钱的点心,并且聊到很晚……在学生离开之后,他才开始学习,总是直到深夜十一二点之后才会上床睡觉"。这是当时的学生们对他的回忆。②

由于每月的薪水只有微薄的十圆,而他还需要将其中的四圆寄回家,三圆用于房租以及租赁家具,所以湖南在缀子的生活实在是十分窘迫的。他后来回忆时曾说,当时自己是多么希望能够多用一点钱来买书啊。由于收入实在太少,他不得不向当地的寺院和神社借阅书籍。如前所述,湖南曾经试图在"东亚古来的一大哲学"方面有所发展,因此佛教也担负着重要的作用。根据湖南自身的回忆,缀子时代才是他正式开始有系统地学习佛教的时期。在当地的宝胜寺中,他发现并阅读了大量有关"唯识宗"的著作,以及《碧岩录》十卷(由宋代僧人圜悟收集的佛教教义,以禅宗临济宗的教义为其重点)。在缀子的这两年时间里,湖南经常访问当地一个神道主祭的旧宅(也许是内馆塾吧),那里收藏着有关神

---

① "书简49,1885年7月20日,与父亲书",《全集》14,375页。
② 同前三田村书,96页所引用的三泽定治的回想。另外,参照佐藤德治的《内藤先生》85—86页;同前青江书,77—79页;秩父威仙,《湖南先生的缀子时代》15—17页。

道、佛教以及儒教的1 200余卷书籍。他后来回忆说,自己当时特别喜欢阅读国学家平田笃胤(1776—1843)的著作。笃胤是秋田县北部出身,在绫子这个地方依然声名不坠。①

随着自己对神道以及佛教的兴趣日益提高,湖南对基督教的态度则变得日渐排斥起来。他在来绫子赴任前给父亲的一封信中写道,"我曾听闻,在当时的科学亦即推理的学问世界里,学者同行已经视古代的宗教为无用之物,是为西洋的一般景况"。可见他对"古代的宗教"即基督教是持怀疑态度的。他还说,"将科学与宗教视为同一,且将民权与僧侣传道师看作一伙的见识,多有悯笑不堪之处"。② 湖南对于基督教所持的否定态度早在他对那些在鹿角地区传道的基督教新教和东正教的传教士所抱的反感中已经初露端倪。随后,通过对达尔文主义的接触与认识,湖南更加确信了自己的观点。因而,在绫子时代里,随着湖南对佛教和神道书籍的深入阅读与理解,更强化了他之前已有的否定基督教的意识。

这段时期,湖南还阅读了卢梭的《民约论》。在1883年之前,这本书在日本就已经被三个人翻译过了。其中,以中江兆民(1847—1901)于1882年翻译出来的《民约译解》最为有名。至于湖南阅读的是哪个版本,我们不得而知。不过,湖南曾经熟读这本著作则是可以肯定的。③ 卢梭对湖南的世界观究竟产生过怎样的影响呢?严格地来说,我们只能做一些推测而已。但我们可以确定的是,卢梭的思想并没有动摇湖南否定基督教的态度。熟读《民约论》或许也是湖南对明治专制政府干涉地方事务表示反感的早期迹象。如果没有别的因素,那么在湖南专注于学习佛

---

① 同前三田村书,93—99页;同前《回顾我的少年时代》,711—712页;内藤湖南,《关于慈云尊者的学问》,《先哲的学问》,《全集》9,395页;同前高桥书,《内藤湖南—东洋史学的权威》356页。
② "书简44,1885年4月8日,与父亲书",《全集》14,371页。在秋田县,特别是在鹿角地区,基督教的传教活动十分活跃。其中,在与毛马内比较接近的大汤,东正教信徒的数量在明治末年的秋田县是最多的。同前三田村书,99页。
③ 三田村推测湖南所读的《民约论》是中江兆民所翻译的版本。同前三田村书,101—102页。

教和神道的这段时间里却一度熟读卢梭的著作,其主要动机也许还是在于他期望早日了解西方新思想的迫切愿望吧。

与在师范学校的两年时间相比,在缀子的这段时期虽是让湖南感到幸福的两年,但他内心深处一天也未摆脱过思想斗争。一个简单的辩证法已经不再能够解决纠缠于其心中的唯心论与唯物论对抗的两难困境。这段时期,湖南熟读了1886年出版的井上圆了(1858—1919)的《佛教活论序论》。井上出身于僧侣世家,他因基督教中的非科学性因素(比如耶稣之死而复生等等)而攻击之。在《佛教活论序论》中,井上大为赞赏华严宗与天台宗,而无比辛辣地批判基督教。他是最早崇拜黑格尔的日本人,在该书中还认为大乘佛教的"理"的概念与黑格尔的"泛理性"十分接近。[①] 在接下来的几年间,湖南阅读了一些接受了西方思想洗礼的同时代日本人的著作,并开始致力于以辩证法来克服佛教思想与西方知识之间的复杂矛盾。不过,这样做尚需要一些时间,此后十年间湖南所写的著作如实地表明了这一点。[②] 另外,在明治初期,政府在实行西化政策的同时,采取了压制佛教的政策。因此,佛教徒们通过攻击占据着优越地位的神道而加以反抗,并试图在一定程度上恢复佛教所失去的影响力。在接下来的几年间,湖南通过参与佛教阵营的活动,不仅加深了对佛教教义的理解,而且也提高了对于当时佛教运动所处政治环境的认识。

对湖南来说,缀子时代是他从事教育实践的最初机会。尽管学校所规定的教育课程很少给人以创新的空间,但是他努力教给学生自己认为重要的知识。湖南在这段时间的信件一封也没有公开出版,不过从他的学生们以及缀子村的村长们那里,还是了解到了一些当时的情形,因为他们仍然记得这位诚实的老师与学生们谈论甚欢直至深夜的往事。湖

[①] 同前《上野理一传》400—441页,Gino K. Piovesana, S. J., *Recent Japanese Philosophical Thought, 1862-1962: A Survey*, pp. 33-34。

[②] 同前内藤耕次郎书,《关于人间湖南的断章 其一》7页,《关于人间湖南的断章 其二》5—7页。另外参照吉川幸次郎,《唾手封侯志已灭——读内藤湖南全集第一卷第二卷》3—4页。

南在缀子小学时教过历史,然而当时没有现成的历史教科书可供使用。结果,湖南不得不为了备课而研究历史。湖南后来回忆说,这是自己进行历史学思考的最初体验。据他的学生佐藤德治的回忆,湖南曾经以中国史为题材进行历史教学。在这段时间所写的汉诗中,湖南表达了自己对司马迁和班固的憧憬之情,可见他当时已经阅读过《史记》和《汉书》了。① 尽管对于从幼小时期就开始接受汉学教育的湖南来说,学习中国史的时间已经很长了,但是这时候的他才开始考虑要成为一名研究中国史的历史学家。这种志向从其对司马迁和班固的憧憬之情中可见一斑。

来到战场东京——作为记者崭露头角

为了使自己的东京之行能够成功,湖南毫不懈怠地做着精心的准备工作。早在三四年前,湖南就开始考虑前往东京的事情了。通过他在秋田师范学校和缀子小学期间认识的熟人们的帮助,湖南获得了前往东京所必需的介绍信。作为师范学校的校长,同时也是汉学家的关藤成绪,早在1884年就已经十分欣赏湖南的非凡写作才能了,所以当湖南请他帮忙写介绍信的时候,他欣然应允。另外,在缀子小学的两年生活即将结束的前一个月,当初邀请湖南来到这里任教的村长高桥武三郎曾对他说过这样的话,对于像湖南这样有才学的青年来说,缀子并不是一个合适的地方。因此,村长鼓励他前往东京奋斗,以便使自己为世人所知。尽管湖南知道这样的举动将违背父亲的意志,但他还是在1887年8月开始为其东京之行准备行装。②

对湖南来说,期望在政府机关就职一事,与其说是困难的,不如说几乎是不可能的。因为湖南既不是萨摩藩出身,也不是长州藩出身,而构

---

① 同前佐藤德治论文,86—87页。
② 同前《回顾我的少年时代》,713页;同前三田村书,77—79页;同前青江书,89—90页。数年之后,湖南带着感伤地回顾了刚刚来到东京且未谋到职位之前的数月间,客居在神田时候的生活情景。罔两生,《答日京君书》,《亚细亚》35(1892年2月22日),《全集》1,615—618页,同前三田村书,104页。

成当时所谓的藩阀政府,执国家权力之牛耳的都是这两个藩的人。此外,对于积极推进西化政策的政府来说,像他这种有志于佛学尤其是汉学的人物并不是必需的人才。尽管当时也有几位批判政府的著名活动家被政府所雇用,但是对于类似湖南这种喜欢研究哲学与历史,并关心时事问题的人来说,主要的出路还是在新闻出版界。明治初期以来,任职于新闻界成为那些没有在政府中谋到职位的人们的次佳选择。而且,由于新闻界的工作还能为他们批判政府提供良好的舞台,所以对于像湖南一样试图在政府之外来评论国家政策的人们来说,无论是出于生计还是出于自由意志的考量,进入新闻界都是一个极其自然、同时也是极富学术挑战性的选择。①

如前所述,关藤帮湖南写了一封介绍信。他写信的对象就是他自己以前的雇主和导师大内青峦(1845—1918),一位明治佛教界的中心人物。青峦强烈地主张信仰自由,积极地投身于反对神道统治地位的运动之中。为此,他在1874年创刊了《明教新志》,从而将佛教徒所提倡的宗教信仰自由运动推广为一项民众运动。因此,该运动对于佛教徒的影响自不必说,而且对于佛教徒以外的许多民众也产生了很大影响。②

青峦让关藤所推荐的湖南担任《明教新志》的编辑助手和执笔工作。在这之前,湖南对佛教的兴趣主要是在学问方面。如今则是在现实的新闻界中置身于佛教阵营,并为追求信仰自由而战斗。这样的经历对于21岁的湖南来说如同初次上战场一般。青峦所组织的明教社在拥护佛教的同时,也攻击基督教。至晚从1872年开始,青峦就已经发起了反基督教的言论活动。而如前所述,湖南也是一位对基督教持否定态度的人物。

---

① Kenneth Pyle指出明治初期的欧化主义教育产生了新闻界这样具有崭新魅力的职场。见Pyle, pp. 10—12.
② 池田英俊,《近代社会中佛教的实态》234—238页,251—253页;同,《明治的新佛教运动》112—135页。另外,参照宫本正尊《明治佛教的思潮》,30页,平川彰《佛教的历史》265—266页。

根据日后的回忆,青峦对湖南所产生的主要影响,与其说是在记者工作与政治活动方面,不如说是在他的思想方面。在青峦的不懈指导下,湖南开始了解青峦所喜爱的德川时代的学者及其著作,并以此为视角开始学习日本佛教。在这些著作中,有 18 世纪最著名的僧侣慈云尊者的《十善法语》,有才华横溢的偶像破坏论者富永仲基的著述,后者从方法论的角度对佛教进行尖锐批判的《出后定语》一书,对日后湖南的历史观产生过很大的影响,还有普寂德门的《显扬正法复古集》等。①

湖南晚年不太愿意详细提及自己在青峦报社工作时所写的文章,也许是觉得自己当时作品的质量不如人意的缘故吧。他在《明教新志》上最早发表的评论是《宗教与教育家》,虽然曾分两次发表于 2301 号(1887 年 12 月 18 日)和 2309 号(1888 年 1 月 8 日)上,但内容未完却不再刊登了。其理由也许正如三田村泰助所指出的那样,是因为其文章论旨平凡,行文生硬的缘故吧!② 他在该杂志发表的下一篇评论是《明治二十一年到来了》(2307 号,1888 年 1 月 4 日)。这篇文章显然得到了青峦和读者们的好评。以上两篇评论文章,都以教育与宗教为主题,且都是以青峦的思想以及湖南作为学生和教师期间的切身体验为其主要依据的。在第一篇分两次登载的文章中,湖南批判了基督教方面对佛教的偏见,指出其认为佛教是多神教偶像崇拜的观点是错误的。此外,湖南还主张教师应该为教育而献身,并主张日本必须确立新的教育,教科书的内容应当不限于英文书的翻译而已。

---

① 内藤湖南,《听闻大内先生的全集出版》,1934 年 2 月,《全集》2,720—721 页;同,《蔼蔼居士大内先生碑铭》,1921 年 9 月,《宝左盦文》,《全集》14,14—16 页;同,《蔼蔼居士哀词》,1918 年 12 月,《湖南文存》卷十五,《全集》14,253 页。另外,也参照了内藤湖南,《慈云尊者的学问》,《全集》9,395—396 页。关于慈云尊者,参照 Paul Watt, "Jiun Sonja: Life and Thought."关于富永仲基那富有魅力著作的唯一的英语研究著作则是:Shūichi Katō, "Tominaga Nakamoto,1715 - 46: A Tokugawa Iconoclast," pp. 177 - 210. 不过,强烈主张护持佛教的大内青峦却为何要高度评价对佛教持尖锐批评态度的富永仲基呢? 其中的理由,即使在现在,我也百思不得其解。我只能说,也许富永仲基在批判儒教、佛教、神道的时候,不是全面地给予否定,而只是批判了其各自所应批判之处而已。

② 同前三田村书,110 页。

在第二篇评论文章中,湖南用人类的成长规律来比喻明治维新以后日本的历史发展。这一比喻也成为他日后经常使用的方法。运用该方法,湖南将维新后的前二十年称为"教育时期";从明治二十一年起则称之为"实业时期"。他说,如果明治是"良人"("丈夫"),那么佛教就相当于"妻子"。在"教育时期"中,佛教起到了"家政整理人"的作用,使国内经济发展逐渐步入正轨,有序进行;而在接下来的"实业时期"中,佛教则应当起到"慈悲善导人"的作用。湖南认为,在此前的二十年间,"佛教的不幸"也是"天下万世一切众生之不幸"。但是,如果这种消极的局面一旦得以克服,那么佛教就会成为"良人"明治的"好细君"(即"好妻子"),并因此而迎来她的复兴期。①

在湖南的第二篇文章中,有几点是值得注意的。明治初期,佛教运动的指导者们认为佛教正在从"护法"时代走向"破邪""显正"时代。"护法""破邪"与"显正"这些说法均来自于佛典的用语。按照佛教的说法,如果迎来"显正"时代,那么佛教就可恢复其本来应有的地位。② 不过,大内青峦进而将近代佛教的发展过程划分为几个时期,即在1879年之前为"护法期",在1889年之前为"破邪期",在1899年之前为"显正期",从1900年开始则是"新佛教期"。③ 也就是说,原本关于佛教发展过程的说法只是纯粹从教义上所做的解释而已,而青峦则将之与现实联系起来,并据此来区分时期。大概是受到青峦思想的影响,湖南粗略地将1887年(明治二十年)当作一个时代的分界线。尽管这还不能算作严格意义上的时代划分,但的确是他日后进行时代区分的初步尝试。值得注意的是,在湖南基本上单纯地以明治二十年当作整个明治史分界线的时候,

---

① 《明教新志》中最早刊登的湖南所写的文章是《宗教家与教育学》,该文并没有收录在《全集》中,所以我是通过复印国立国会图书馆的资料而得到的。《明治二十一年到来了》收录于《全集》1,429—431页。另外,参照贝塚茂树,《内藤湖南—开化的国民主义者》,3,19,22页;同前青江书,90,105页;同前三田村书,109—11页。

② 同前池田书,《近代社会中佛教的实态》,238—247页;同,《明治的新佛教运动》,97—102页,140—156页。

③ 同前三田村书,111页。

划分各个时期的指标不再是佛教教义中的用语,而是使用了"教育""实业"等世俗语言,并且还以人类的成长过程来比喻历史的发展。

青峦为《明治二十一年到来了》这一文章的成功而倍感欣喜,于是任命湖南担任明教社的另一出版物《万报一览》(1883年创刊)的编辑。湖南发表于《万报一览》的首篇文章为《万报一览改正之旨趣》(164号,1888年1月15日)。在这篇文章中,湖南宣称该杂志今后将在此前发布国内外新闻摘要的基础上,增加时事分析的"评论体"文章。他不仅直抒抱负,指出"为关注世事变迁的人们竭尽全力乃余辈之责任",而且还就国内外形势做出了如下分析:"(在国内)离日本人所翘首跂足等待的明治二十三年(1890年)仅有一年之隔了(日本国会将于该年首度召开)。……(在国际上)欧洲的形势正杀气腾腾(即将奔向亚洲)。条顿人,拉丁人(即意大利),以及斯拉夫人都在磨其爪牙,铁与血的势力将从日耳曼的山林开始蔓延四方,并终将有搅扰东亚云雾之状。"

湖南觉得新闻界有责任为读者提供兼具公平性和批判性的新闻,这"不仅是余辈之幸福,而且是(读者)诸君之利益,抑或是日本帝国之利益"。[①] 湖南十分关注各种事件发展过程中的"变迁"性,并将之看作是理解事件重要性的基本途径。内藤对于变迁的敏感性来自很多东亚信息资源的启发,其最近的一个事例就是,明治维新所发生的变化及其后果引起了众多人的广泛关注。实际上,就湖南而言,历史的进步与变化及其对同时代的现实社会所产生的影响,将成为其日后工作中所关注的中心主题。

进入明教社四五个月之后,湖南已经在青峦那父爱式的引导下脱颖而出。《万报一览》时代的湖南,已经不再局限于站在佛教的立场上来发表批判性的言论,而开始对展现在眼前的整个世界发表评论了。接下来,湖南在《万报一览》的"时事评论"栏目中连续发表了三篇评论(《全

[①]《全集》1,432—433页。另外,青峦对该文章给予了高度的评价,结果湖南从1888年2月15日起,就成了《万报一览》的编辑名义人。同前三田村书,112页。

集》中未收录)。在这些文章中,湖南从一个广泛的视野就同时代发生的各种时事发表了自己的看法。这些时事包括关于地方议会的混乱,格罗弗·克利夫兰(Grover Cleveland)总统的"元旦咨文"演说,战事不知何时发生的模糊的欧洲形势,日本征兵令改革的传闻,日本政府应该在欧洲列强扶植其势力的南洋地区采取怎样的对策,等等。①

随后,湖南发表了一篇题为《小世界》(1888年2月25日)的评论文章,其中以下几点特征颇为重要。第一,在这篇文章中,湖南首次提到了中国历史;第二,这是在他所发表的文章中首次利用历史来分析当代现实;第三,他尖锐地批判了日本政府、西欧列强以及中国;第四,他把日本的命运与中国联系起来。然而,尽管文章以一半以上的篇幅讨论中国问题,然而议论的核心归根结底还是着眼于日本的将来。湖南在日后45年间为报刊撰写了大量的评论性文章,而这篇具有上述特征的《小世界》或许可以看作其日后这些文章的雏型。

在《小世界》中,文章开门见山地写道,"孔子登泰山而小鲁,登嵩山而小天下,这是支那人所崇尚的豪言壮语",以此来隐喻文章题目的来意。随后,湖南展开了以下讨论。他说孔子之所以感到鲁国、天下之小,是因为他站在泰山、嵩山之巅的结果,这只不过是视觉上的幻影而已。但是随着现代西方科学技术的发达,作为其产物的铁路和运河等的出现使得人们感觉现实中的世界的确变小了。正因为如此,欧美列强牺牲黄色人种以吞并东亚的危险也许将很快变成现实。虽然运输和通信的发达给人类带来了巨大的利益,但是铁路也为往东亚运送军队提供了便利。因此,让湖南深感威胁的问题是,跨西伯利亚大铁路仅需十日左右就可将军队从圣彼得堡运送到平壤,这对中国和朝鲜而言是灾难性的事态。而事实果真如此发展的话,那么"日本也将被一口吞下"。湖南不无担心地表示,当时的中国在抵抗欧美时由于无依无靠而十分无助——

---

① 《时事评论》,《万报一览》165,1888年1月25日,2—6页;《万报一览》,166,1888年2月5日,3—5页;《万报一览》,167,1888年2月15日,2—3页。以上复印资料是从立命馆大学图书馆得到的。

"回头看看支那,四万万人张口结舌无能为力"。他还举例说,由于中国人的冥顽不化,李鸿章甚至不能在北京与天津之间铺设一条道路。回顾中国的历史,他不由得大发感慨:"盘古以来能制服北狄的唯有汉武帝与唐太宗",那么,面对这一山雨欲来风满楼的局势,日本又该怎样应对才能幸免于难?湖南认为,日本必须加强自己在经济与军事方面的实力,并且在各个政策领域都应当制订可与欧洲人相抗衡的计划。① 简而言之,湖南认为日本一定要自强。

因此,在此后发表的短文《防御论》中,湖南探讨了国防计划问题,并对日本政府提出了从未有过的强烈批判。他认为日本的防御不应当依赖于炮台等"固定物体"。德川幕府的锁国政策就是依赖炮台的国防政策,结果阻碍了日本人的海外发展。因此,今后应当采取的战略中绝对不能无视海军等"流动物体"的威力。在该文的最后部分,湖南从中国历史中引用了以下史实。即宋高宗时期,宰相李纲(1083—1140)努力整顿国家体制与边境防御,并在此基础上推行以武力夺回被金国侵占土地的计划。但是,他的举措却遭到了朝廷内部保守派的弹劾。由于李纲拒不与之妥协,因而其雄心勃勃的计划终于受挫。② 这篇文章最终没有得出明确的结论,而是留给读者自己去思考。也许湖南认为国民应该对无视舆论而推进防卫计划的明治政府表示出更大的愤慨才是,或许他是在暗中对日本政府过度自信的顽固作风提出警告。

在1888年9月末停刊之前,湖南在《万报一览》上发表了各种各样题目的评论文章,反映了他的社会责任感与现实关心的广度。③ 虽然湖南是该报的编辑,但是作为社主的青峦仍然对该报所讨论的主题发挥着一定的影响力。而且一般来说,在文章的选题方面还存在着需要配合时事动态的制约。尽管如此,湖南仍然能在看似无聊的题目下写出生动的

---

① 《万报一览》168,《全集》1,434—436页。
② 《万报一览》169,1888年3月5日,《全集》1,437—439页。另外,参照山内正搏,《李纲》,《亚洲历史事典》9(平凡社,1961年),204页。
③ 内藤乾吉编,《著作目录》,《全集》14,674页。

和具有民族主义思想的文章,例如《小世界》《防御论》等等,这是饶有趣味的。湖南发表于《万报一览》的最后一篇时论是一个更好的例子。

这篇短文的题目为《新杂志与新闻》,其写作目的是为了介绍新近创刊的两份定期刊物,即《日本人》和《东京电报》,同时也一并介绍了刊物的执笔人(不过《日本人》杂志的思想指导者三宅雪岭的名字并未出现)以及编辑宗旨等。《日本人》和《东京电报》都与标榜文化民族主义的政治团体政教社(创立于1888年)有所关联。政教社以三宅、志贺重昂(1863—1927)、陆羯南(1857—1907)等为其领导人,该社的成员们对于日本在急剧推进近代化的过程中会否失去本民族的真髓深感危惧,因而对浅薄的欧化主义提出了自己的异议。湖南指出,"其主义在于日本应当是日本人的日本,而不是西洋人的日本"。在湖南看来,这两个定期刊物的创刊意味着在言论出版界发起了以鼓舞日本人发展自己国家为目的的正式的反欧化主义运动。这些运动后来被冠之以"国粹主义"之名。"国粹"是"nationality"①一词的翻译,是一个非常难以理解的词语。或许可以认为,此处的"国粹主义"意在强调日本要有自己的发展模式,而不是简单地模仿西欧制度。与之相对应的是,当时流行的欧化主义思想则认为,由于所有的社会都会朝着一样的路径发展,所以作为后进国的日本应该学习西方的先进制度与文化。对于这种思想,湖南指出,"或云应学习德国,或云应效法英国,众说纷纭,互相喧哗,然其为模仿主义则一"。接下来,湖南显然脱离了该文的初衷而大发感慨,指出即使一般的社会都会走上同样的发展道路,但不应忘记的是,在这个过程中,各国的"国体"依然会有"特别"的"缓急正变"之相异。于是,最后他总结说:"呜呼!日本既非德国,亦非英国,日本即为日本,日本国有相应于日本国之政体,相应于日本国之产业,日本人亦有相应于日本人之教育,相应于日本人之宗教、美术和工艺。今

---

① 关于这点,Kenneth Pyle 有过相当详细的论述。同前 Pyle 书,pp. 54—97. 另外关于"国粹主义"及其倡导者,以及该系统的杂志,岩井忠雄在《国粹主义的成立》41—52 页中作过扼要的总结。

逢此《日本人》与此《东京电报》刊行之际,余辈实在不无凤鸣朝阳之感。"①

反政府民族主义与明治时期的新闻

《万报一览》的停刊对湖南来说是人生中的一大转机。先前的研究强调指出,在接下来的十年间(1888—1897),三宅雪岭、志贺重昂、陆羯南、杉浦重刚(1855—1924)、高桥健三(1855—98)等人对湖南产生了巨大的影响。② 不过,如果说这些人的日本主义对湖南产生过影响,那么,早在湖南结识大内青峦并参与他所领导的佛教复兴运动之前,日本主义的种子就已经在他的心中萌芽了。在他遇到这些"国粹主义"运动的领导者们之前,心中已经有着强烈的民族自豪感了。因为他是由崇拜吉田松阴的父亲培养长大的,此后又曾亲身体验过由明治藩阀政府造成的旧士族家庭在身份上和经济上的困窘。不能简单地认为,湖南的民族主义是他1887年来到东京之后才产生的。事实上,他的这一思想的根基绝非浅薄。而且,在湖南对于中国历史、中国的现代政治以及哲学的兴趣方面,情况也同样如此。只不过,湖南在东京结识的文化民族主义者们的经历较为特殊,他之所以能接受其思想影响的基础早在青年时期就已经具备了。也正因为他早就具备了这一坚实的基础,所以只用了一年左右的时间,就很快掌握了记者工作的技能,还在思想上克服了记者的职

---

① 《新杂志以及新闻》,《万报一览》173,1888年4月15日,《全集》1,440—441页。《日本人》创刊于1888年4月3日,《东京电报》创刊于同年4月9日。
② 作为这些观点已经定论化的例子,参照上田正昭编的《津田左右吉》17页。三田村虽然略显慎重,但思考的方向是一致的。不过,三田村在讨论湖南与政教社的"国粹主义"之间关系的时候,详细探讨了"国粹主义"的内容,并认为"国粹主义"本来并不包含着国权主义这种"护教的"含义,"应该说,它并不是付诸于非合理的热情来发扬国威,而是基于冷静的理性,为避免为西欧所埋没而做出的自我防卫"。同前三田村书,116—119页,124页。另外,三田村在探讨"国粹主义"之际,多次提到了湖南的民族主义,但不太提及政教社的领导者们。此外,关于湖南与三宅学岭之间复杂的关系,可参照拙稿《内藤湖南与三宅雪岭》193—198页。最近,原宗子在这个问题上发表了非常出色的论文。关于这方面的思考,我将在以下的行文中阐明。原宗子,《〈亚细亚〉时代——以政教社时期的湖南为中心》。

业局限性,从而迅速超越了他在东京结识的友人们。当时的湖南在思想上大致与政教社的文化民族主义以及主张强硬对外政策的立场相符合,但是,正式开始与他们一起工作则是两年之后的事情了。不过,我们也可以将他们的合作上溯到湖南于1888年4月对政教社创办的两份杂志(《日本人》和《东京电报》)给予高度评价的时候。

1889年4月,大内青峦刚完成组建尊皇奉佛大同团的工作,5月便马上任命湖南担任该组织的机关杂志《大同新报》的编辑。《大同新报》虽然是佛教杂志,但是湖南的执笔范围却不限于佛教。现在的青峦显然已经充分认可了湖南惊人的写作才能,在写给三宅雪岭的信中对湖南倍加赞赏,称其为"猛兽"。①《全集》中只收录了湖南在《大同新报》(1890年7月停刊)上发表的12篇文章。实际上,除了这些文章之外,湖南至少还在该杂志上发表过76篇文章。② 写作湖南传记的三田村泰助将收录于《全集》的12篇文章分为佛教、政治批判以及现代文学论等三类,并以此来考察这段时间湖南的思想。其实,那些未被《全集》收录的文章也均可归入这三类。湖南的88篇文章(笔者只见到其中的73篇)从整体上来看,都强烈表现出批判性地分析时事的倾向,即使是被归入佛教和现代文学论的文章,也很难说它们不具有政治批判性。

比如说,在与佛教有关的文章中,他大力支持佛教,并严厉批判基督教,表现出前所未有的辛辣。他还暗中将中国与日本联系起来以支持佛教反对基督教,这种将中日关系联系起来的写作倾向,在湖南日后的言论活动中表现得越来越显著,形式也更为多样化。首先,湖南在许多场合都运用自己的汉学知识来阐明观点,引用中国的历史故事和哲学思想作为参照。其次,他在讨论支持日本佛教发挥作用时,经常引用中国历

---

① 三宅雄二郎,《关于内藤湖南君》21页;另外参照前述三田村书。
② 同前内藤乾吉,《著作目录》,674—677页。在《全集》未收录的76篇论文中,我从国立国会图书馆、东京大学明治新闻杂志文库以及其他东京的大学图书馆复印到了61篇。湖南以各种笔名执笔的61篇论文列举在参考文献中。另外参见 Warren Smith, Jr., *Confucianism in Modern Japan: A Study of Conservatism in Japanese Intellectual History*, p. 68.

史上可资比较的事例来增强说服力。同时,他也从未忘记日本文化的源流在中国,当他试图说明中国佛教对日本的影响比儒教更为强大时,必定会强调这一历史事实。①

至于第二类的政治批判性文章,即便我们考察未被《全集》收录的那些文章,也会发现其意义仅仅是在于数量上有所增加而已,至于质的方面并没有表现出相异的倾向。这些评论性文章都毫不留情地猛烈攻击条约的修订,并高声呼吁弹劾当权者,总之,从整体上表现出一种带有民族主义情绪的反政府论调。不过,这些论调在其他的反政府报刊上也是经常可以见到的。② 然而,湖南文章的出奇之处在于其行文风格上。湖南在《万报一览》工作时所形成的独特文体,如今在这些文章中日渐完善起来。后来,到1890年代末,当湖南成为当时最有名的报纸《万朝报》的主笔之后,他的这一文体便完全成熟了。

湖南在《大同新报》上所发表的第三类文章属于现代文学论。正如三田村所指出的那样,其特征是在谈论日本文学的同时,也阐明了自己的哲学思想与美学观点。的确,这些文章让人印象深刻,其文风轻妙洒脱。从中也可以看出,当时的湖南仍然在继续学习西方哲学、佛教、英语,甚至还有西方文学。这些文章还给人以另一种感觉,即湖南在尝试构筑他曾经在写给父亲的信中提到的"东亚古来的一大哲学"了。然而,这一尝试未必对其日后的政治观和历史观产生很大影响。三田村饶有兴趣地详细探讨了湖南文章中所使用的"美""善""感情""知性"等用语,

---

① 与中日两国有关联的论文,参照《国家将兴必致祯祥》,《大同新报》5(1889年5月16日),153页;《不测的过害》,同,8(1889年7月1日),281页;《殷鉴不远》,同,9(1889年7月16日),315页等等。以上论文,在《全集》中都未收录。其次,列举中国史上有作比较之可能的事例的论文,参照《青年的佛教徒》,《全集》1,512—519页;《现时的观察者》,同,466—472页。另外,强调日本文化的源流在中国的论文,参照《文学上佛教的功绩》,《大同新报》18(1889年12月10日),287页(《全集》未收录)。

② 比如,参照《条约改正议》,《大同新报》11(1889年8月16日),1—11页;《再论条约改正》,同,12(1889年9月1日),41—45页;《宪法的解释法》,同,45—48页;《大臣的责任》,同,13(1889年9月16日),83—86页(均未被《全集》收录)。

以此来分析他的美学意识。① 但是,正如前面所说,这类文章的重要意义不在于其内容上的这些独特性,而在于湖南所使用的这些术语在此后几年中因其导师三宅雪岭的推崇而广为人知。

在湖南为《大同新报》写作最后一篇文章之前,也就是在该杂志停刊的大约两个月之前,即 1890 年 6 月,在以爱知县的陆羯南为领导的政教社系报纸《三河》上,湖南发表了题为《空想的国民》的三连载文章。在一封家信中(落款为 1890 年 10 月 18 日,盖有爱知县三河地方的印戳),湖南向父亲介绍了近况和自己如今在三河的缘由,并对自己正在交往的政教社人物进行了评价。由此可知,当《大同新报》停刊之后,湖南就转而开始为政教社系的《江湖新闻》撰写文章了。不过,湖南在该报纸上只发表了两篇短文。一篇是由"觉""美""力"三部分组成的《佛子、外道》;另一篇是《诗人与真理》。很快,他就在 1890 年夏天被派往爱知县的冈崎町,并担任地方报《三河新闻》的主编。② 他之所以接受这一职位,也许是因为俸禄优厚以及在编辑写作方面更加自由的缘故吧。但是,不久《三河新闻》就停刊了,而湖南也在此之前就辞职了。③ 这一方面是因为政教社的主张在爱知县并不怎么受人欢迎,另一方面也许是因为曾经在东京生活过三年的湖南已经不太习惯地方上的生活了。

文化民族主义与中国

1890 年 12 月,湖南回到了东京。在此后的三年多时间里,湖南先是

---

① 同前三田村书,124—127 页。
② "书简 54,1990 年 11 月 18 日,与父亲书",《全集》14,381—384 页。另外,刊登在《江湖新闻》上的论文,收录于《全集》1,341—342 页。
③ 内藤乾吉,《后记》,《全集》1,691—692 页。不过,为了收集湖南发表在《三河新闻》中的 23 篇论文,我联系了爱知县的几个图书馆。结果,各图书馆的工作人员虽然努力地查找,但是最后却告知我在日本的任何一个图书馆都没有收藏《三河新闻》。来自于鹤舞中央图书馆(名古屋市)的书信(落款为 1978 年 2 月 10 日),以及来自于冈崎图书馆的书信(落款为 1978 年 3 月 11 日)。另外,参照冈崎市教育会编《冈崎教育小史》200 页,冈崎市政府编《冈崎市战灾复兴志》1176 页。

成为政教社的代表性刊物《日本人》的记者,而在该刊物于 1891 年 6 月起被禁止刊行之后,则成为《亚细亚》的编者。在此期间,湖南成为政教社同人的时间为两年。当时,为应对抱怨"在政教社工作过于繁忙"的编辑们的要求,志贺重昂很快雇用了好几位年轻人担任执笔者,其中包括湖南、畑山吕泣(湖南的老朋友)、长泽说等。在原宗子看来,相比雪岭、重昂那一代,这批属于政教社第二代的年轻执笔者们在思想上更具有批判性。然而,他们却不能在《日本人》和《亚细亚》等杂志上充分表达自己的思想。于是,他们采取了一种隐晦曲折而且富于机智的寓言式写作手法来辛辣地讽刺萨摩、长州出身者主导的藩阀政府。他们采用一个共同笔名,即"罔两窝同人"(一丘之貉),就同时代发生的事情直言不讳地表明自己的观点和批判性姿态。政教社的第一代领导们或者出身于东京帝国大学,或者有留学海外的经历。与他们相比,这批第二代的执笔者(大部分出生于日本的东北地区)则没有这样的学习机会。对第一代人而言,只要他们自己愿意,就有进入政府工作的可能性。但是对第二代人来说,这种愿望基本上是不可能实现的。于是,年轻的执笔者们经常嘲笑帝国大学是施行高压政治的官僚的培养机构。而这样的文章一般是不署名的。①

"罔两窝同人"为他们自己未能推动日本发生有意义的改变而感到焦躁不安。畑山吕泣在写于 1891 年 6 月的文章中说,"日本若出大恶者,终究于二百年后就应无命脉了"。而自己与湖南虽然性格迥异,但是二人均"成不了恶者,即皆为无用之物,这点上毕竟同一"。② 他们中的许多人,包括湖南在内,都提倡"社会主义"。他们认为社会主义意味着政府会保护被多数派所支配的少数派。关于这一主题,他们共写了四篇评论。其中,长泽说在自己的文章中指出,"社会主义"可以分为过激的与稳健的两种,并认为日本应当选择的不是前者而是后者。在湖南那篇著

---

① 同前原宗子论文,4,7—8,16 页;内藤湖南,《杉浦重刚先生与我》,《日本及日本人》183(1929 年 8 月 15 日),《全集》2,724 页。
② 畑山吕泣,《与炳卿》,《亚细亚》1(1891 年 6 月 29 日),12 页。参照同前原宗子论文,13 页。

名的文章《采取社会主义》中,他所主张的"社会主义"也是长泽所说的稳健型一类,即通过建设繁荣富强的国家来帮助贫穷者。①

这些年轻的执笔者们对那些遭受欺压的穷人们所怀有的同情是真诚的,因为他们认为自己也属于这一阶层。他们的这种关切还超越了日本这一国家的界限,甚至准备与那些受压迫的亚洲兄弟们团结起来推进"社会主义"在亚洲的传播。从这一立场出发,他们提出了如下主张:日本无论在传统文化方面还是在自然资源方面都十分贫乏,与此相反,中国在这两方面都十分富有。但是,就目前形势来看,这两个国家同样处于内外交困的崩溃边缘。如果日本用自己的"国粹"给中国以良性刺激,同时能够从中国那里获得日本所欠缺的精神和物质的双重资源,那么黄色人种的将来还是有希望的。在《日本人》以及《亚细亚》的杂志封面上,此类将日本之存亡与进军中国大陆相联系的论调可谓屡见不鲜。

不过,关于进军亚洲大陆一事,政教社的第一代领导者们也痛感有其必要性。比如三宅雪岭就是有这种关切的人物之一。在1891年1、2月间,雪岭正在着手写作他那本有名的《真善美日本人》一书,其中就有进军大陆的构想。考虑到自己右手肌肉僵硬以及本来写作速度就慢,雪岭担心不能尽快地将自己的思想如愿发表出来,于是他通过自己口述而由湖南及长泽记录的方式完成了这部著作。

湖南虽然仅比雪岭小六岁,但对他来说,这份秘书工作绝不意味着无聊与屈辱。因为雪岭显然把湖南视为与自己有着同样思想的知己,而且充分认可湖南在写作方面的天赋,所以才会让他担任这份类似于代笔者的工作。在日语中,"代笔"与"速记"之间是有着明确区别的,而湖南

---

① 长泽说,《社会主义一斑》,《日本人》10(1893年3月3日),11—18页;同,11(1893年3月18日),23—28页;同,12(1893年4月3日),17—22页;同,14(1893年5月3日),27—32页。湖南的论文,笔名卧游生,《采取社会主义》,《亚细亚》37(1892年5月2日),《全集》1,624—630页。另外,参照同前原宗子论文,22—24页;鹿野政直,《资本主义形成期的秩序意识》,350—372页。

和长泽所承担的工作是属于"代笔"性质的。雪岭把自己的大致思想口述给湖南和长泽,然后由他们二人负责写成文章。① 这种著述方法,需要代笔者能够完全理解作者的思想和意图才有可能实现,而且文字表达之优劣也完全取决于代笔者的能力。

由于雪岭对1890年召开的第一届帝国会议的结果深感不满,他试图在《真善美日本人》一书中从文化的角度评论日本在世界上的地位及其作用。为此,他在讨论该问题时首先提出了一个总的理论假设,即世界上所有的民族都应该参与建设人类理想的文明。所谓理想就是使"真""善""美"达到极致完美的境界,而在这一方面,日本的"国粹"尤其能够发挥出充分的作用。具体说来,在"真"的方面,日本可以"探究东洋的新事理";在"善"的方面,日本可以"毅然"抵抗"欧洲诸强国"对"东亚"的"压迫";在"美"的方面,日本可以把自己固有之"轻妙"的美学观念在世界上发扬光大。② 在这一思想立场下,主张将"真"与"善"这两个概念结合起来的雪岭觉得日本迫切需要派遣一支"学术探征队"前往亚洲大陆收集资料,以期创建一个更为广泛意义上的"东洋学"(Sinology)。总而言之,雪岭认为,作为人类一部分的日本有责任站在全人类利益的立场上,为实现人类理想文明的繁荣昌盛而贡献自己的力量。在这些思想中有一个特别值得关注的特征,即雪岭彻底否定了亚洲文明比西方文明低劣的观念。对雪岭来说,文化民族主义是日本的使命,因此也是进步的思想。③

那么,雪岭在《真善美日本人》中谈到文化民族主义的时候,其中的

---

① 《三宅雪岭集》(改造社版),215,239 页。
② 《三宅雪岭集》(改造社版),223—224,227—228 页,237 页。参照鹿野政直《民族主义者们的肖像》49 页。
③ 关于当时雪岭的思想,参照如下。鹿野政直《民族主义者们的肖像》,49—51 页;丸山干治《三宅雪岭论》,349—352 页;柳田泉《哲人三宅雪岭先生》,54—65 页。本山幸彦,《明治二十年代的政论中的民族主义》,57—66 页;柳田泉,《日本的美—三宅雪岭的美的思想》387—423 页;佐藤能丸,《三宅雪岭》,54—55 页。同前 Pyle 书,pp. 150—156. 一直以来,三宅雪岭被看作是贯穿明治、大正、昭和三个时代的最富有学识的新闻人物。关于这点,参照木村毅《明治的新闻人素描》,48 页。

"文化"究竟指的是东洋的文化,还是日本的文化呢?显然,这个问题很难得到直接的答案。在该书中,雪岭认为日本人是"蒙古人种"(蒙古族)的一部分,事实上也是其中最优秀的一部分。因此,既然成吉思汗曾经能够征服世界,那么日本人同样也具有这种可能性。他以很大的篇幅探讨了"蒙古人种"悠久的文化渊源,其跨度从古代中国的黄河文明一直延续到当时的清王朝。然而,在这个过程中,他对日本的事情却只字未提。① 与之相反,在分别讨论"真""善""美"的时候,他只叙述了日本人的事情。

如上所述,雪岭虽然在该书中强调了日本人的优点,但是他的文化民族主义思想同时也主张日本人需要改正自己的缺点。雪岭正面讨论这一问题的著作,即为《伪恶丑日本人》一书。该书同样由湖南和长泽代笔,并且在《真善美日本人》出版几个月之后,于1891年5月就得以出版。在"伪"的方面,雪岭指出了学术界以及学者的堕落。在他看来,学者们已经从其本质上变得与商人以及明哲保身的官僚们同样堕落。另外,由于当时的大学十分优待那些从"欧洲"招聘来的洋教授,所以他也毫不留情地批判了明治政府的文部行政。在"恶"的方面,雪岭主要的批评对象是"绅商"集团。他认为,由这些"绅商"们所领导的西式近代化是通过破坏"士族的风尚美德"而得以实现的,其结果则使得日本国民日益贫困化以及国力日衰。在"丑"的方面,雪岭则批判了汲汲于"模仿"西方之日本人的形象。②

从1890年12月开始到次年中期,湖南的文章都与雪岭有着共通的关心和主题。他在《日本人》杂志上所发表的首篇具有代表性的文章是《亚细亚大陆的探检》(1890年12月23日)。在这篇文章中,湖南建议日本也应当派探险队前往欧洲人正在大行其道的中国以及中亚地区。这个建议与雪岭在"真"的方面所提出的主张如出一辙。另外,湖南预想在

---

① 《三宅雪岭集》(改造社版),221—223页。
② 《三宅雪岭集》(改造社版),240—257页;同上鹿野论文《民族主义者们的肖像》,50—51页。

白色人种("银色")与黄色人种("金色")之间将会产生一场种族斗争,因此他认为日本具有唤醒贪图安逸和怠惰的五亿东亚黄色人种之"天职"。如果日本不足够重视这一问题,那么日后也将陷入严重的麻烦之中。湖南还指出,如果日本不着手实施国家与社会的全面改革,那么国内的政治集团必将争相为维护自己的势力而殚精竭虑。这点与雪岭在"恶"的方面所描述的情形也大致相通。湖南说道,日本可以通过"伐俄人南下之谋,拒遏其以朝鲜为保护国之图",而使日本在东亚扩大影响力的同时,也向西方列强展示自己的力量。① 这一点也与雪岭之"善"的内涵大致相当。不过,湖南写作这篇文章却是在他为雪岭代笔《真善美日本人》之前的事情了。由此可见,二者思想中所能见到的共通性,并不是他们思想交流和相互影响的结果,而应当是他们原本就有着共同见识的缘故。此外,湖南在写作有关该主题的文章时,依然保持了自己在加入政教社以前的那种独具特色的政论家的风格。

在完成这篇文章的两周之后,即依然是在他为雪岭代笔之前,湖南在《日本人》上发表了另一篇题为《新年之际论日本人的地位》(65号,1891年1月6日)的文章,指出日本人与中国人同属蒙古人种。他主要采取人物对比的方法,对蒙古人种与雅利安人种做了比较。比如,他比较了孔子与苏格拉底,周公与伯里克利,道教的炼金术师与阿拉伯的占星家,以及从三国时代到唐朝末年的中国史与近现代的欧洲史,等等。事实上,这些内容都可以一字不差地在雪岭的《真善美日本人》中见到。除了开头数行之外,该书第一章"日本人的能力"的内容几乎与湖南的这篇文章一模一样(《全集》中未收录)。② 由此或许可以解释以上在讨论"文化"概念时所提出的疑问了,即《真善美日本人》中的文化究竟是指广义的东亚文化还是日本文化。换言之,这个疑问也就是为什么在文章中存在着相悖之处,即前面讨论的是中国历史,而后面却只讨论日本的美

---

① 《全集》1,535—538页。
② 《三宅雪岭集》(改造社版),219—223页。

学品质。该疑问的答案是,《真善美日本人》的最初部分基本上采用了湖南文章中关于中国文化的意见,而后面关于日本文化的分题论述则是雪岭思想的展现。在此,并不能将雪岭几乎原封不动地采用了湖南观点的做法看作是西方意义上的剽窃,因为这二者的执笔者均为湖南。不过,让人觉得饶有趣味的是,雪岭同意将原本不属于自己的湖南思想当作自己的意见写入自己的著作这一事实。由此可见,湖南从雪岭那里所受到的思想影响,并不如先前的研究所认为的那么重大。

不过,在与雪岭的交往中,湖南确实加深了自己对于哲学以及人生观的兴趣,也的确十分尊敬作为哲学家的雪岭。不过,他翌年便开始冷静地评价雪岭。湖南也未曾料到自己会这么快就对雪岭另眼相看,这令他心情变得复杂起来。《我观小景》是雪岭阐述自己哲学思想的著作,该书同样出于湖南的手笔。当湖南在《亚细亚》上向读者介绍此书的时候,他指出了该书的局限性:雪岭的哲学只是在特定的时代中适用于特殊之需要而已;将来当不同的状况需要人们做出不同的思考时,雪岭的思想将不可避免地遭受被人遗忘的命运;[1]而且,在雪岭所论述的有机体论哲学中,事实上也完全没有谈到个人的地位与作用,或许唯一的例外之处就在于他曾指出个人是"轻妙"这一美学观念之主体。湖南认为,就像如果日本不与东亚各国合作并利用亚洲大陆的资源就不可能存立一样,个人离开国家就会变得无足轻重。他还批判道,与福泽谕吉等人所明确主张的"脱亚论"相比,雪岭的思想是肤浅的。

在介绍《我观小景》的文章中,湖南丝毫没有对雪岭进行个人攻击的意思。但是,从这篇文章中可以明显地看出湖南的思想开始逐步脱离雪岭的影响。他认为哲学这种形而上学的解释仅仅只是一种智力游戏而已,与同时代人们的现实生活是相互偏离的。湖南与雪岭的共鸣之处在于,他也认识到文化民族主义是亚洲在坚决抵制西方列强入侵之时所必需的。但是当雪岭由此走向形而上学的时候,湖南就无法跟从他了。

---

[1]《灯华记(三)》,《亚细亚》63(1892年10月31日),《全集》1,650—651页。

湖南之所以有这种认识上的发展，是因为他的思想深深植根于其青少年时期对崇尚唯理智论的折衷学派的批判以及对能动性实学的偏爱之中。对湖南来说，所谓知识必须是理解同时代诸问题所不可或缺的东西。与未到东京之前一样，湖南在与政教社人士的交往过程中也曾经一度迷恋于哲学的思考。但是，他最终明确地意识到，真正理解人类的途径不在于哲学，毋宁说历史在各种文化的表述上要远胜于哲学。经过这些年的思考，湖南的文化历史观日趋明朗，而这种文化历史观原本就植根于其日中文化同一论的基本信念，从更加根本的角度来说，是植根于他早期所接受的汉学教养。原宗子曾从另一个迥异的视角强调，湖南最终选择了历史而非哲学的理由，乃是出于他更为现实的考虑，即"为实现'罔两窝同人'共通的、以日本的对外侵略为前提而进行体制变革的志向，湖南选择了从理论上能对此给予支持的行动科学，即更具实践性的历史学，而非雪岭的'哲学'"。对此，我不能赞同。①

在认识雪岭后的数月间，湖南曾经被他的有机体论所感化，尝试以人的成长规律做比喻来阐述历史。在以《今日》为题的文章中，为了确切地把握1891年春天日本所处的"形势"，湖南考察了夏、殷两朝以及殷、周两朝的交替等历史上的变动期。他把"石器时代"比作"胎儿期"，把"青铜器时代"比作"孩提期"，把"铁器时代"比作"少壮期"。总之，他把原始古代的人类发展比作人的生长发育，认为各个时代皆有与年龄相符的特征。湖南把发展到汉朝的中国社会比喻为从孩提时期发展到青年时期的阶段，并指出在各个时期都有与其年龄相符的行为方式与习俗。他解释说，"秦"王朝以其所向披靡的"势"力征服了周王朝，并趁"势"统一中国，建立了中央集权的郡县制，结果却步入了"混混扰扰"的"过渡时代"，直到刘邦建立伟大的汉王朝。②

这篇文章也反映出湖南在认识历史发展意义及其成因方面的困惑。

---

① 同前原宗子论文，42—43页，45页。
② 《今日(上)》，《日本人》，69页(1891年3月24日)；《今日(中)》，《日本人》，72页(1891年5月26日)，《全集》1，547—555页。

历史的发展究竟是自然而然的,还是有组织的?是循环往复的,还是螺旋式上升的?或者正如他在文章中所暗示的那样,历史的发展是时而出于时代的巧合,时而却又与理论相符合的吗?在认识雪岭之前,湖南就曾经以根据人的成长规律作比喻的方式来写作,但是他却从未如此清晰地将这种方法运用到中国历史的描述上。于是,湖南的思想最终落实到这样一个观念上来,即变化才是历史的本质,而改革则是影响历史发展的根本途径。正因为如此,在历史发展的进程中,个人应该拥有,而且也必须拥有自己的地位与作用,即个人是变迁、改革以及近代化的承担者。历史并不如植物那样单纯地发生和成长,历史学的对象并不限于同时代人的各种问题。甚至,历史也不是单纯的循环往复与螺旋式上升。历史是发展的,也是进步的。总而言之,湖南当时的历史观大致如此。尽管湖南后来在写作时偶尔也会以人类成长作比喻,但那只是比喻而已,并无更深的含义。

湖南是难以被简单地归属于西方阵营或是反西方阵营的。他一直在寻求最适合日本的发展道路。他经常提议采用西方的机器,而这恰恰是出于担心西方列强入侵的结果。他在近代化方面的观点与文化民族主义十分类似——日本要实现近代化,但是绝不能以牺牲日本的固有文化为代价。只不过对湖南来说,由于他的汉学背景以及对中国文化的深沉迷恋,在他所谓的日本固有文化中其实隐含着一个前提,即这种文化与中国同属一个文化传统。

当时的湖南刚开始着手将自己的东亚文化知识运用于分析同时代的各种现实问题。他主要关心的问题是日本将来的命运,但是由于中国形势发展的不明朗而使得他不能确定等待日本的将是什么,他也将日本当时的命运与中国的命运联系在一起,正如他在文化方面主张中日文化同一论一样。这种在文化与政治两个方面将中日两国联系起来的认识,潜藏着湖南的思想将往某个方向进一步发展的可能性。这一方向就是日本必须帮助中国,否则中日两国都将在西方列强的侵略下崩溃。可以说,这是运用"多米诺骨牌理论"来说明问题的一个早期事例。

尽管湖南知道中国在近代化道路上的发展不如人意,但是他从未想过要拒斥中国。相反,他深深地认同自己是东亚共有文化传统中的一部分。然而,在1890年代,他也一度产生如高杉晋作、佐久间象山在1860年代所曾有过的那种绝望感。于是,他产生了这样一种认识,即日本也许比中国更了解中国需要什么,正如一个孙儿也许比其病中的祖父母更能清楚地判断他们最需要什么是一样的道理。在这种认识的基础上,湖南从1890年代中期开始着手探索日本在东亚的使命问题。

在本章所讨论的这一个时期里,湖南曾经接受的实学型思维方式得到了进一步充实和发展。在师范学校毕业之前,湖南曾经屡屡因为不知将所学用于何处而陷于一种茫然困惑的境地。而当湖南来到东京的新闻出版界后,他终于发现这不仅是一条适合自己从事研究工作的道路,而且还能借此运用所学来观察、理解周围的世界。不过,即使在出版界,他也并不十分满意自己的境遇。也许在他的内心世界里,他觉得自己并不是一个真正的记者,而是一个政论家,或是一个学者。[①] 从1890年代中期开始,湖南开始把关注的焦点转移到中国。由于湖南善于利用其汉学知识理解当代政治的特点,因此他在其后的人生阶段中,即他享誉新闻界的年代里,我们可以见到他尝试运用自己对中国历史的深刻理解来探讨日本在中国的改革中所能发挥的作用这一问题。不过,这个时候的湖南用以分析问题的武器已经不仅仅只有汉学,同时还有记录时代发展变迁的历史学,而也正是历史学赋予了湖南以令人惊叹的深刻洞察力。

[①] 政教社的第二代执笔者们在以略带戏谑的笔触写作时,一般都会采用比较奇特的笔名,湖南也有"お学者様"这样的笔名。

第三章 1890年代
——中国的改革与汉学家湖南的诞生

当今的新闻记者　湖南内藤虎次郎先生

古人云,胸藏万卷书而目无天下之奇山异水者,未必善于作文也。若于现时之新闻记者中,求一胸有万卷书与天下之奇山异水者,首屈一指者非(湖南)先生莫属。先生好书如饥似渴,海内所存之典籍大概无未经其目者。其读书常常秉烛达旦而孜孜不倦,而平时若有暇,则涉猎于书肆或友人家中,以求未见之书。友人皆曰,予等之债大抵负于酒楼旗亭,唯湖南之债则常负于古本书屋。其嗜书之状可见一斑。

先生通国文,通英文,善诗歌,工书法,兼好美术,且富鉴识,可谓多才。然先生之特长在于其汉学,其于支那一切文物典章地理风俗及近代实情形势无不通晓,不若以往汉学者流之跼蹐于唐宋以前经学史学之狭小范围。前年游历清国之后,其学术造诣更深一层。故先生论及东亚之事,言皆凿凿,有根有据,切中肯綮。若夫至其文章之劲炼雅健,当代可比肩者甚稀。

先生虽身材矮小,丰采亦不甚扬,然乃温厚之君子,其待人亦和蔼可亲也。羽后之人,年龄三十七八,现在大阪朝日新闻。

　　　　　　　　　　(无署名)万朝报　明治34年11月26日

如果借用湖南写给父亲信件(1885年3月4日)中的表述,1884年发生在朝鲜的"甲申事变"是"非常重大的事件"。翌年,即1885年,通过李鸿章与伊藤博文的中日谈判,事态暂时得以平息。但是,在此后的十年间,一方面日本加强了对朝鲜的介入,而另一方面中国也在努力提高自己的军事近代化水平,于是东亚的紧张局势变得更加严重起来。此时,明治日本迎来了其成熟期,意识到自己所具备的军事实力和经济实力已经足以加入西方帝国主义列强瓜分亚洲的行列。这时候,唯有曾经在1875至1876年间被日本强行"开国"的朝鲜(江华岛事件,1875年;《日朝修好条约》,1876年)尚未被西方所染指,因而可供日本进行扩张。自从丰臣秀吉试图征服朝鲜和明王朝的梦想破灭和17世纪早期颁布反基督教的禁令以来,日本与世隔绝了将近三百年。因此,对如今的日本人来说,对外扩张是一种新的冒险。

尽管在明治中期之前,报纸上经常有反对日本政府海外扩张政策的声音,但是进入1890年代以后,海外扩张政策却获得了日本国民的广泛支持。如今,大家都赞成解决日本所需才是最重要的,而获得殖民地就可以一举解决许多问题,例如国内人口过多、人才过剩以及构筑抵御西方入侵的防火墙等。那些崇尚文化民族主义的团体也经常提出日本在亚洲拥有自己的使命以及日本应该在亚洲赢得繁荣的机会等主张。比如,作为政教社领导者与文化民族主义者的志贺重昂在研究南海地区后指出,日本应该将此处开拓为自己的殖民地。福本日南(1857—1921)是另一位政教社人物,也同样提倡日本应该在太平洋地区追求自己的国家利益。此外,就连亲西方的民友社指导者德富苏峰,也在1890年代初赞同曾被其视为劲敌的政教社的主张。① 总之,在1890年代初期,日本的民族主义通过各种各样的形式表现出来,并将不同立场的人们统合起来,从而使日本走上了海外扩张的道路。

---

① 同前 Pyle 书, pp. 157-159, 169, 172-173. 另外关于同时期中国在军事方面的自强运动, 参照 Thomas Kennedy, *The Arms of Kiangnan: Modernization in the Chinese Ordnance Industry, 1860-1895*.

在1890年代初期,特别是中日甲午战争(1894—1895)之后,湖南在热心于研究中国历史的同时,对同时代中国问题的兴趣也与日俱增。在1893年至1899年期间,湖南出版了首部关于中国历史的著作,在日本最初的殖民地台湾从事了一年记者工作,随后又首次造访了中国大陆。从这个时期开始,直到他1934年去世为止,湖南一直关注着有关中国改革以及日本应如何在其中发挥作用的问题。可以说,中国问题贯穿了他作为政论家的整个生涯。

在1890年代后半期,湖南始终在探究的是这样一些问题:中国能否改革并实现近代化？日本对此能够提供什么帮助？对湖南而言,他思考问题的一个基本前提就是日本能够在中国的改革过程中发挥作用,尽管起初湖南并不完全清楚这一作用(或者说"天职")应该是怎样的。然而当湖南将中国历史、中日关系以及自身的学养背景等因素结合起来之后,最终构想出关于中国社会与政治制度改革的四种模式,并指出日本在任何一个模式中都能起到或多或少的作用。具体而言,这四个改革模式就是:经由战争的改革;经由殖民地化的改革;通过中国人自己实行的改革;经由中日"文化"协作的改革。正如有人评价的那样,在1893年至1900年间,湖南自身也发生了很大的变化,从一个对同时代中国问题感兴趣的汉学者转变为一位学识兼备的"支那"学家。姑且不论这一评论是否得当,但可以肯定的一点就是,湖南在这段时期里一贯发挥着他作为一个政论家角色的作用。此前的湖南,作为一名汉学者也曾致力于以汉学传统为基础来理解中国的改革问题和中国的近代化过程。在1890年代及其后的岁月中,湖南的这一学问姿态不仅始终未变,而且在其坚持不变的过程中,对于中国历史的兴趣还与日俱增了。可以说,湖南的这一学术思想发展过程也正是他以历史来检验自己所设想的四个改革模式的过程。

虽然进入1910年代以后,湖南才开始明确地引用中国经世学派的思想来讨论中国的改革问题。其实早在1890年代,经世思想的影响就已经明显地表现在湖南文章的立论方法、选词达意和改革构想等各个方面,只不过那个时候的他还没有明确地提到经世派学者而已。中国的经世思想源于17世纪,而后在19世纪得以复兴。其主要观点如下:中国最大的弊端在官僚制度的最下层,即"中饱"税金欺压民众的"胥吏";中央政府在实施本籍回避制度的同时,也缩短了地方官僚的任期,结果使得地方行政陷入任由这些胥吏摆布的境地;因此首先必须改革这种地方行政制度,而理想的地方行政应该以由富有教养的乡绅所领导的地方自治为其根本。我们从这些经世思想中所能见到的改革精神,是以回归中国古代"封建制"为目标的。① 另外,在19世纪经世学者的改革论中,也包含着对在明代达到顶点的中央集权官僚制国家的批判。但是,具有代表性的经世学者顾炎武(1613—1882)也不得不遗憾地承认,使明清时代的中国回归到周代封建制时代的原初体制已经是根本不可能的事情。也正因为如此,顾炎武才会考虑"将封建制的意味包含于郡县制之中"。②

从湖南的著作中,我们无从得知他究竟是从何时开始接触并了解经世思想的。不过,我们多少可以推测到他将二者结合起来的思想背景。湖南的父亲、祖父以及他的一些恩师们都是"实学"思想的倡导者,即主张学问的目的应该是为实践服务。与中国的经世思想一样,日本的实学思想也以儒学传统为基础,并积极地参与同时代改革问题的讨论。此外,二者的相同之处还在于都主张改革应该从位于社会根底的深层次开始实行,并为此而积极探索必要的且具有实践性的改革构想。1900年,湖南首次提及著名的经世学者魏源(1794—1856)的著作。由此可以肯定,他在此之前就应该已经读过魏源的著作了。在1914年出版的《支那

---

① 关于经世思想的概要,参照了以下著作。Hao Chang, *Liang Ch'i_ch'ao and Intellectual Transition in China, 1890 -1907*, pp. 7 - 34. Frederic Wakeman, Jr., *The Fall of Imperial China*, pp. 32 - 33, 167. Suan Mann Jones and Philip A. Kuhn, "Dynastic Decline and Roots of Rebellion," pp. 149 - 154. Philip A. Kuhn, "The Taiping Rebellion," pp. 281 - 285. Philip A. Kuhn, "Local Self-Government Under the Republic: Problems of Control, Autonomy, and Mobilization," pp. 257 - 298.
② 顾炎武,《郡县论》,唐敬果编《顾炎武文》1页。关于封建论与郡县论的历史,参照了杨联陞的出色研究,L. S. Yang, "Ming Local Administration," pp. 1 - 10。

论》一书中,他说:"征诸以往创立经世论之识者的论述时,令我等深受感动之处在于,他们不仅切身认识到弊端,而且亲自研究出救治这些弊端的方案。从中,我不由得感到一种不可动摇的权威。"①

改革的序曲——高桥健三与湖南

高桥健三(1855—1898)出生于尾张藩的一个剑道师范世家。年轻气盛的时候,他逃离故乡来到东京,学习书法和绘画。在那里,他结识了埃内斯特·费诺罗莎(Ernest Fenellosa),一位波士顿美术馆的日本艺术收藏的奠基人。1880年代初期,高桥在东京创立了一所美术学校,接着又创刊了一份美术杂志《国华》。尽管他游历广泛,并且阅读过许多当时已经引进日本的西方思想著作,但是最后他发现自己仍然钟情于日本文化,特别是美术,于是站到了批判明治西化主义的立场上。

1891年5月,高桥健三与以三宅雪岭为首的政教社领导者们一起组织了东邦协会。在成立之际,该会表明其目的在于收集有关东亚和东南亚地区的地理、商业、军事组织、历史以及经济方面的情报。② 这等于是日本即将对这些地区实行扩张政策的预告。于是,高桥对于日本古代美术的那份热爱也不免沾染上当时的政治意味。正如湖南在数年后所作的高桥小传中曾经指出的那样,日本古代美术具有与日本"国体"紧密相联的历史意义。③ 1892年初,高桥在《亚细亚》杂志上痛切地批判了星野恒以及重野安绎(参照第一章)等学者,指出他们将历史研究等同于科学实验,因而也就等于将史料视为枯燥无味的客观记录。由此可见,高桥的历史理论与唐朝伟大的历史学家刘知几(661—721)有着很大的共通

---

① 《支那论》,《全集》5,295页。在这里湖南主要谈到了顾炎武、黄宗羲与冯桂芬。
② 《东邦协会报告》1(1891年),1页。该报告在1891年终刊行8册之后就终结了。在第7册的报告(100页)中,湖南的名字被列在新会员的名单之中。另外,畑山与长泽似乎没有成为该会的会员。
③ 《高桥健三君传》(1899年作),《全集》2,671,691页。

之处。基于此,他说,

> 修史要三长,曰才、学、识。此固为千年不易之理,然所谓才学识,岂易道之也,而识又最难道也。(中略)。故有识者,读史未必读其形,而读其神。①

也就是说,高桥认为研究历史的要点在于理解其中的"神",即精神。因此,他认为"国体"也是精神的表现之一,理解历史的时候不能将之割裂开来考虑。作为民族主义者与扩张论者的高桥,或许也是引导湖南以现代的眼光来阅读历史的一位人物。

1892年12月,高桥接受了《大阪朝日新闻》社的编辑职位。因为这层关系,他结识了当时言论界的反政府领袖陆羯南。于是,两人协同向政府施加压力,要求政府与列强之间"切实履行条约"。此前,即从1888年到翌年期间,在反对外相大隈重信推进条约修正案的运动中,陆羯南起到过领导性的作用。他当时提出,在完全不平等的基础上与欧洲列强签订的任何条约,对日本来说不仅是耻辱的,而且也是有损于日本的"国粹"的。1889年10月,大隈因为恐怖分子(玄洋社成员来岛恒喜)所投的炸弹而受伤,并因此辞去了外相一职。于是,他已经开始着手的条约修正谈判也不得不因此而中止。以陆羯南为首的政教社成员们将这一事件当作自己运动的成果。在这次要求"切实履行条约"的运动中,陆羯南发挥了中心人物的作用。他与高桥以《日本人》(1889年2月由《东京电报》改名而来)和《大阪朝日新闻》为舞台互相呼应,推进运动的发展。②

但是,由于高桥没有受过新闻记者的专门训练,因此他十分需要一位精通新闻界事务,且具有丰富执笔经验的秘书。可能是出于陆羯南推

---

① 高桥健三,《僻论派的史家》,《亚细亚》28(1892年1月4日),7页。原宗子也曾简单地提及湖南与高桥的关系。同前原宗子论文,31—32页。另外,关于刘知己的所谓史家三长,即才、学、识,参照 E. G. Pulleyblank, "Chinese Historical Criticism: Liu Chih-chi and Ssu-ma Kuang," p. 149;David S. Nivison, *The life and Thought of Chang Hsüeh-ch'eng*, p. 230.
② 同前,《高桥健三君传》,661—671页。同前 Pyle 书,pp. 99—117。朝日新闻社史编集室编《村山龙平传》289页。木崎好尚,《朝日与我》36—39页。

荐的缘故,高桥邀请湖南担任他的执笔兼秘书。湖南接受了这一邀请,于1892年12月底与高桥一起来到大阪。高桥自己担任《大阪朝日新闻》的主编,而湖南则是他的执笔人。① 高桥首先安排给湖南的工作是让他去奈良旅行,②因为他打算让湖南写作一系列以日本艺术和文化为主题的文章。③

1894年2月,高桥创办了杂志《二十六世纪》(在日本的神话故事中,公元前7世纪是神武天皇即位元年,如果按照从此时开始纪年的年代表记,那么日本当时正好处于第26世纪。高桥以此来暗中批判政府追随西方的态度)。从其创刊号开始到1896年10月最后一期结束,《二十六世纪》只发行了22期。这主要是因为在其发行的32个月期

---

① 内藤湖南,《回忆往事》,《大阪朝日新闻》(以下简称《朝日》),1927年1月3日,4日,5日,7日,《全集》2,736—737页。同上《上野理一传》,443页。
② 1893年春,在造访奈良前不久,湖南考察了唐代的音乐。大概随着奈良之行的临近,于是湖南考虑要调查一下在奈良时代与日本有着密切关系的唐代文化。在《亚细亚》杂志上以"むだがき"("信笔涂鸦"之义——译者注)为题所写的短文集(1893年5月1日)中,有一篇文章以"唐代的开化"为题,讨论了唐朝的音乐。他就从前未曾见到的"唐乐之巧妙"论述如下:"六朝的衰世,从治乱上来说的确是毫无顾忌的时代,然而也正因为如此,西域的文化物产得以大量地流入,人们甚至在肃初就能见到矗立着的景教寺,旧世界开化而带来的混一融合的状态可谓空前绝后,也难怪音乐之发达了。"《亚细亚》2—4,《全集》1,317—318页。以上这一观点,与湖南数月前同在《亚细亚》杂志上发表的关于历史认识的短文中的观点略有不同。他在那篇文章中指出,根据时代的不同,有时候重视"学殖",有时候重视"创才",情况是会发生转换的。他还说道:"从春秋战国到汉初,是崇尚创才之世,然而从东汉到六朝,则大为珍重学殖之价值,唐朝则一转其枢纽,至宋朝创才达到极盛,而至明清时代,又可见转为崇尚学殖之风。"然而他又说,"虽说前代的学殖与后代的学殖不同,正如前代的创才不同于后代的创才,但一来一往总不能免于常数",湖南最终以这种略带决定论的语调结束了这篇短文。因此,在这篇文章中,湖南似乎有回到他已经克服了的历史认识之嫌疑。《创才与学殖》,《亚细亚》2—1(1893月1日),《全集》1,359—360页。

不过,在以上两篇短文中,湖南试图根据特定的基准对中国史进行时代划分。在《创才与学殖》中,虽然他使用平易的笔触来论述包含复杂内容的题目,但是他也试图使用王朝兴替以外的基准来说明中国史上的变化。湖南指出六朝以来的文化发展在唐代达到了巅峰状态,而如果在该文化一词前添加上"贵族的"这一修饰语的话,那么这正是他的时代划分法的核心要素。也就是说,在他的时代划分法中,以唐宋之间为一界限,中国开始从"中世"的贵族政治时代朝着"近世"的君主独裁政治时代过渡。
③ 《宁乐(一)》,《亚细亚》2—7(1893年7月15日);《宁乐(二)》;《亚细亚》,2—9(1893年8月15日),《全集》1,361—366页。

间,其中将近一半的时间处于被政府停刊处分的状态之中。1896年9月,第二次伊藤内阁因为受到舆论界的猛烈攻击而总辞职,紧接着诞生的则是以大隈为外相的第二次松方内阁(松隈内阁)。在新内阁中,高桥将就任书记长官一职。大隈在加入该内阁之际,也曾提出三个条件,即言论自由、任命符合民望的国务大臣以及政府用人唯才是举,而不问其出身地。对此,出身萨摩的首相松方正义均表示接受。高桥和陆羯南都对新首相的态度给予高度评价,相信这将是一个崭新转变的开始。而且,高桥担任书记长官一事也最终实现了。于是,高桥在10月辞去了《大阪朝日新闻》社的职务,与秘书湖南一起在明治藩阀主导的政府中就职了。高桥就任后的首份任务就是起草新内阁的施政纲领,其实该工作最后是委托给湖南来完成的。在他们起草的施政纲领中,言论、集会以及出版的自由得到了强有力的保证。然而,许多内阁大臣不愿意接受如此自由主义的方针。最终,该纲领草案被修改得面目全非。随后,于10月末出版的《二十六世纪》杂志公开发表了批判宫内大臣的文章。11月9日,由陆羯南主持的《日本》杂志转载了这一文章。于是,政府对《二十六世纪》杂志做出了禁止发行的处分,并给予《日本》杂志停刊处分。这一明显的政治方向转变从一个角度反映出松隈内阁的脆弱性。翌年,该内阁也总辞职了。另一方面,被停刊一周后再度刊行的《日本》杂志则从此走上了攻击政府统制言论的道路。①

高桥因为这次"《二十六世纪》事件"而广为人知,他也出于对该事件负责的态度而辞去书记长官一职。此后,因为疾病恶化的缘故,高桥就把自己的专栏交由湖南负责。1898年7月,高桥去世了。湖南作为秘书跟随书记长官高桥的时期,也是他一生中最接近权力中枢的工作机会。但是,由于经历了与明治藩阀政府的小冲突,他对于在政府部门工作一

---

① 同前《高桥健三君传》687—688页。同前《回忆往事》737—743页。同前三田村书,164—166页。Barbara Teters,"Press Freedom and the 26th Century Affair in Meiji Japan,"pp. 337 - 351. 同前青江书,148,152—155页。

事倍觉反感。尽管他曾经认真考虑过进入政府部门工作的机会,但是有鉴于这次的经验教训,他决心重新回到"罔两窝"里从事自己的记者工作。①

在湖南跟随高桥工作期间所发生的最重要的事件是1894年爆发的中日战争。从此以后,湖南对中国的事情特别关注。之所以如此,是因为作为他所设想的四个改革模式之一,"经由战争的改革"的机会终于来到了。湖南就此问题所写的首篇文章发表于《二十六世纪》的第七号。阅读该文,我们不难发现高桥的确给了湖南充分自由的写作空间。我们还可以在这篇文章中看到,湖南表明了言论界所主张的"对外强硬"立场。

经由战争的改革②

1894年夏天,在朝鲜南部爆发了由排外宗教组织"东学党"所领导的农民起义。于是,中日两国都以镇压叛乱为由派遣军队前往朝鲜。日本军占领了王宫,并逼迫李朝向中国宣战。以此为导火索,8月1日,甲午战争终于爆发了。但是,这一战争并不仅仅是中日两国围绕朝鲜宗主权而发生的对抗,更是两国为了检验各自所推进的改革,尤其是在军事改革方面所获成效的最初试验场。

在战争爆发后的数月间,湖南写了四篇歌颂日本军取得胜利的文章。在这些文章中,湖南试图对日本在促进中国近代化过程中所能做的和应该做的事情做出正确的把握,为此他做了如下论述:尽管日本在中国有着应当承担的使命是确定无疑的,但是这一使命归根结底必

---

① 在陷于失意之谷底的湖南,于1896年8月与同为毛马内出身的田口郁子结婚了。她的父亲多作也曾在那珂梧楼处学习,与湖南的父亲十湾是亲密的朋友。由于受到过较多教育,郁子在当时算得上是一个不寻常的女性。她曾经自己亲自教长子乾吉(1899—1978)学习《论语》与《孟子》。

② 关于这个主题以及以下本章所讨论的诸问题,与以下拙稿中的视点略有不同。"To Reform China: Naitō Konnan's Formative Years in the Meiji Press," pp. 177 - 219.

须以中国长期的历史文化发展为其基础。因此,明确了解中国历史文化发展的过程就成为应当关心时事问题的学者们所面临的课题与责任。①

湖南在这段时期所写的文章中,最有名的就是《所谓日本的天职》一文,发表于甲午战争爆发的三周之后。该文章以强烈鼓舞日本人的爱国心为基调,歌颂了在丰岛与牙山湾海战中使得中国北洋海军全军覆灭的日本海军,称赞其作战勇猛。他还提出了自己的预想:一方面,日本军将很快突破鸭绿江,然后向西往奉天(现在的辽宁省沈阳市)甚至北京进军;另一方面在海上,日本舰队应当在辽东半岛南部、渤海湾口等处堂堂正正地巡警,并"相机冲往天津"。总而言之,湖南对战争的发展持非常乐观的态度。在同时发表于《二十六世纪》第七号的《朝鲜的经营》(未被全集收录)一文中,湖南就上述内容做了更加明确的表述。"不击碎北洋舰队,就不能破坏威海、旅顺、大沽,不能攻陷天津也。不能扫荡清兵,就不能使鸭绿江投鞭而绝,亦不能蹂躏辽东,结燕京城下之盟也"。他还认为即使日军已经进入中国北部,日本也"不能将经营朝鲜之事遗忘"。由此可见,湖南充分强调了经营朝鲜的重要性。②

在上述《所谓日本的天职》一文中,湖南试图对日本在东亚以及世界的"天职"做出明确的界定。他并不赞同这样的观点,即中国派兵前往朝鲜等于是在侮辱日本,所以日本应当兼并中国。在湖南看来,这种思想不仅不利于维持东亚和平,而且弱化了日本抵御西方入侵的力量。他采用一种与前面歌颂日本海军胜利之截然不同的语气,批判了日本军队深入东亚大陆内部"建立大日本乃必成之势"的想法。他认为,持这种意见

---

① 有许多围绕中日甲午战争时期的湖南与日本帝国主义之间的关系的研究。首先,批判湖南的文章如下。Shumpei Okamoto(冈本俊平),"Japanese Reponse to Chinese Nationalism: Naito(Ko'nan)Torajiro's Image of China in the 1920s,"pp. 160 - 175;同前原宗子论文,45 页以后。另外,拥护湖南的文章有,同前三田村书,158—163 页。另外,持较为折中的观点的有,池田诚的《关于内藤湖南的国民使命观——日本民族主义的一个典型》,52—92 页。
②《所谓日本的天职》,《二十六世纪》7(1894 年 8 月 25 日),《全集》2,127 页。《朝鲜的经营》,《二十六世纪》7,30 页。

的野心勃勃的军人或者"浪人",都是"不愿享治平之泽者,或者自弃于法度之外者"。对湖南而言,日本的"天职"不在于以日本之"人口劳力资本"来殖民地化中国。因为中国的"风土"气候过于险恶,非一般日本人所能承受,而且强制四亿中国人说日语也几乎是不可能的事情。① 他援引丰臣秀吉的例子来说明骄傲自大("夸大")与战略失算("方略之失")的危险性。他在《朝鲜的经营》一文中指出,"留一军警卫义州,而使鸭绿江之南民众皆得安宁,而邻邦扶植之目的大半已成,东洋经纶之事业,亦就其绪也"。② 可见湖南似乎认为当时日本的军事行动应当以限定于朝鲜为上策。

湖南进一步批判了当时日本社会中存在的一些思潮,比如将中国视为"守旧的代表",而将日本看作是执"东洋进步之先鞭"者,以及日本在亚洲的使命就是"警醒四亿生口,使之趋于进步"等等。但是,当时颇有些人将中日战争视为"守旧进步二主义之冲突"。比如,内村鉴三(1861—1930)将日本当作东洋与西洋两种文明的"媒介者",认为日本是能促进这两种文明精华相互交流的理想的、同时也是重要的国家。对此,湖南举出以下几个理由加以批判。首先,中国的文化史一直在"进步",而且各个时代均有其特色,这点与西方文明是一样的;其次,早在数个世纪以前,中国人就已经通过耶稣会传教士了解西方文明,并从那时候起开始摄取他们自认为有需要的东西;而且,最近中国也派遣学生前往欧美各国留学,"其采西洋文明而日趋进步,若谓其必待我之介绍,不亦怪哉!"再次,湖南对"西洋思想"的价值表示了怀疑:"近世西洋之思想,以怀疑为之始,以放纵为之行,而称思想之自由,研究之自由"。因此,西方文明完全是"形而下之文明",欠缺真正的"美""善",以及"和谐"或者说"为公众谋福祉"的精神。湖南还批判了西方文明中所内含的残酷性,即"以征服他人、征服异邦,而求达其身家、其邦国之逸乐富饶,偶或纠结不通,则爆燃轰炸,

---

① 《全集》2,128—129 页,131 页。
② 《朝鲜的经营》,31 页。也参照了《全集》2,129—130 页。

相残虐杀,而毫无怜恤之心,彼亦不堪其弊也"。①

湖南进而说道,"以西洋之弊而救支那之弊,可谓奇法",显然是在暗示日本才是真正可以指导中国改革的国家。他还指出,"支那虽迂腐,然所谓文武之政,布在方策,前时文明之迹,典籍所存者,汗牛充栋,仍未全然得其头绪"②。可见在他看来,尽管现在的中国已经"腐败不堪",但是仍然可以从其文化遗产中找到改革的头绪。以上的论述多少有点委婉曲折,但湖南毕竟还是否定了日本的"天职"在于合并中国并成为东西文明之中介的观点。他认为日本独特的使命,即"天职",在于日本应当在中国必须实行的改革中充当行政官的角色,因为唯有与中国拥有共同文化传统的日本才能够在深刻理解中国的制度和惯例的基础上来推进改革。因此,在《所谓日本的天职》一文的最后,是以下这段著名的结论:

> 日本之天职即日本之天职,不在于介绍西洋文明以传之于支那,弘之于东洋,亦不在于保支那之旧物以售之西洋,而在于使我日本之文明、日本之趣味风靡天下,光被坤舆也。我国位于东洋,东洋诸国,以支那为最大,故宣传工作必以支那为主也。③

在湖南所构筑的这一天职论的前提中隐含着两个命题。第一个命题是,东洋文明必须抵抗汹涌而来的西洋文明;第二个命题与前一命题密切相关,即日本应该在这一抵抗过程中成为东洋文明之代表。第一个命题为那些反对明治欧化主义的日本人所普遍支持,在湖南等文化民族主义者的思想中表现得特别显著。因为,他们认为西洋文明的本质只是物质文明而已。就第二个命题而言,湖南认为日本是东亚文化圈中的代表,因此重新发扬东亚文化的伟大性才是日本的天职所在。为此,日本

---

① 《全集》2,133—134 页。
② 《全集》2,134—135 页。另外关于文王的仁政,见于《孟子》的《离娄篇》。金谷治,《孟子》(朝日新闻社,1975 年),226—227 页。
③ 《全集》2,135 页。

首先必须对中国,即作为"东洋诸国"中"最大"之存在的国家履行自己的职责。可见,湖南的"天职"论与沙文主义者的立场是根本不同的。因为他的理论是以这样的认识为基础的,即中日两国在以中国为中心的东亚文化圈中拥有共同的汉学传统。从某种意义上而言,对于在这一认识前提下的中国,湖南已不再将其当作一个拥有国民的国家,而只是一个生产"文化"或"文明"的国家而已。因此他得出了这样一个结论,即为了保护这一"文化"或者"文明",日本必须保护甚至统治中国。湖南之所以展开这些讨论,是有其时代背景的。日本在甲午战争中获得的电闪雷鸣般的胜利极大地激起了他的民族主义情绪。从《所谓日本的天职》和《朝鲜的经营》这两篇评论中可以发现,在湖南的头脑里存在着模糊的甚至是冲突的思想,即对日本在东亚地区所应起到的文化作用的理性认识与其民族自豪感之间的矛盾。对于湖南的这一日本天职论,有一些批评者称其为帝国主义论,而更多的研究者与分析家们则竭力为湖南辩护。后者似乎期望从这位28岁的年轻人身上看到其年长时才具有的那种成熟和稳健。从今天的观点来看,这些文章带给我们的印象是相当复杂的。但不可否认的是,这些文章在很大程度上反映了湖南诸多不负责任的言论。

在湖南论述日本的天职时,他否认了中国文化处于历史停滞状态的观点。而那珂通世就是当时持这一观点的人物之一。那珂在世界上最早的一本中国通史,即《支那通史》(出版于1888—1890年)的序言中说:

> 秦汉以下二千余年,历朝政俗殆皆一样,文化凝滞,不复进动,徒反复朝家之废兴而已。(中略)国民之情态固定不变,无进无退,恰如在模型之中,此支那开化大异于西国之处也。①

另外,田口卯吉也在较《支那通史》更为人们所熟悉的《支那开化小史》(出版于1883—1887年)中,表达了与那珂类似的观点,认为中国文

---

① 那珂通世,《支那通史》上册,"总论",31页。另外,三田村提示,由于南部藩的内藤、那珂两家保持着长久的亲密关系,湖南应该清楚地认识到其与那珂的这种观点之间的差异。

化处于停滞的状态。

类似的观点在日本逐渐流行起来,并在此基础上产生了另一个观点,即日本在东亚的天职就是要唤醒处于昏睡状态中的中国。尽管湖南反对这种认为中国处于历史停滞状态的观点,并指出以此为前提而构想的日本天职隐含着潜在的危险,但是他也主张日本天职的终极目标在于建设东亚的世界文明,即"坤舆文明",而且日本应该在以自己为代表的东亚文明中发挥主要的作用。正因为如此,湖南倡导日本人应该向亚洲大陆进发。然而,我们不能忘记的是,湖南讨论这些问题的前提在于他认为不论王朝如何兴替,中国文化从未停止过前进与发展。与此相关联的是,文化发展与政治变迁并不相关的观点构成了湖南日后成熟的历史哲学观的中心思想。可以说,形成湖南这一思想的背景正是他早先的汉学教育,随后的文化民族主义,进而以纯粹的民族主义为基础的日本扩张主义。

1894年11月,为了阐释这一观点,湖南在《地势臆说》一文中,不仅从理论的角度考察了中国的文化发展,同时也从实践的角度探讨了该问题所具有的现实意义。从理论方面来说,湖南主要依据赵翼的"颇为崭新之论"来探讨中国自立都长安以来首都变迁的原因。根据赵翼的理论,中国首都自长安以来变迁的原因在于"地气"的变化。当京城的"地气"达到其顶点的时候,首都必定变迁,即"盛极必变"。赵翼以此理论为基础分析了首都自长安开始的中国历史,即从建都于长安与洛阳的周朝开始直到唐代臻于全盛的整个过程。湖南则根据赵翼的"地气说"进一步考察了宋明时代的历史。湖南得出的结论是,在这个时代里,中国的政治中心与文化中心已经分离了。① 换言之,从北宋初期开始,中国的政治与文化不再是一个统一的整体,而是按照各自的轨道发展着。尽管政权在中国的北方交相更迭,但是文化却在江南地区获得了稳固而

---

① 《朝日》,1894年11月1日、2日,《全集》1,117—124页。另外,参照《近世文学史论》,《全集》1,22—23页。

持续的发展。渐渐地,以广东为首的南方地区也开始融入中国文化圈内,而不论其是否归属于中央政府统治。湖南在文章的最后提出了一个疑问,即中国的文化中心未来将往何处发展?

这篇文章有几个特点是值得关注的。首先,文章完全以中国文献史料为依据展开讨论。① 其次,在结论部分,文章强烈地暗示中国的文化中心也许将跨越中国的国境,甚至可能转移到日本。此外,湖南显然已经开始意识到自安禄山叛乱(755—762)之后到10世纪宋朝成立的这段时期里,中国已经发生了一些基本的重要变化。虽然数年之后湖南才开始详细阐释这些变化的本质,但是在他此时的思想中已经形成了文化与政治具有意义相对性的观点。如果撇开该文章的题目不谈,《地势臆说》一文的中心主题在于阐明作为历史研究对象的文化所具有的涵盖一切的超越性质。

有关这一主题的最后一篇文章是《日本的天职与学者》,其中再次讨论了《地势臆说》中所提出的文化中心移动论。湖南在文章的开头写道,"日本将降有大命,有识者须久审此事"②。接着,在之前的地气说和江南隆盛说的基础上,他进一步提出了如下看法:"若谓文明中心之移动,后之中心必定因于前之中心而有所损益,前者特色或失,而后者之特色所以取而代之者也。"但是,赋予文明中心的主要使命总是相同的,即在于"将人道与文明的系统维持万世"。因此,无论今昔,学者

---

① 湖南介绍了赵翼、计东(明末清初人)、顾祖禹(1631—1692年)、章潢(1527—1608年)的见解。关于赵翼,参照增井经夫,《赵翼》,同上《亚洲历史事典》,6,337页;Tu Lien-che, "Chao I," *Eminent Chinese of the Ch'ing Period. (1644—1912)*, Ed. Arthur Hummel. Washington, Government Printing Office, 1943. (以下将此文献简称为 ECCP). pp. 75 - 76, Virginia Mayer Chan, "Hisrorical Consciousness in Eighteenth-Century China: A Case Study of ZhaoYi and the 'Zhexi' Historians." 关于计东,参照同上诸桥编,《大汉和辞典》卷10,338页。关于顾祖禹,参照日比野丈夫,《顾祖禹》,同前《亚洲历史事典》3,393页。参照 Tu Lien-che, "Ku Tsu-yü", ECCP, pp. 419 - 420。关于章潢,参照 L. Carrington Goodrich and C. N. Tay, "Chang Huang," pp. 83 - 85。
② 《朝日》,1894年10月9日,10日;《全集》1,126页。

的任务都是"稽古揆今",为应对文明中心之移动而"创造新思想"。①

湖南又把话题转向了明治时期的日本,仿佛又回到了"罔两窝同人"时代。湖南认为日本学者有责任将东亚学术提高到其应有的地位,"表现东方学术的特色",而不应总是听从那些海外留学归来不久的所谓名教授们的可憎的"新学说"。由此也可以推测,湖南认为从理论上来说,文化中心将要或者已经转移到日本,因此日本学者应该如同过去的中国人那样为构筑"新思想"而努力。所以他呼吁日本学者,特别是鼓励那些"在野"的民间学者们前往亚洲大陆探险,并收集学术新资料。为此还援引了间宫林藏(1775—1845年)的事迹作为例子。早在1809年,间宫林藏就曾前往桦太地区探险,收集了俄国人进入亚洲的有关资料。以前,日本学者只是试图在学术上对抗"傲慢的白人",而随着日本实力的逐渐增长,湖南认为日本"成就东方的新极致,以代兴欧洲,成为坤舆文明之新中心,岂非在反掌之间耶?"②由此可见,在湖南看来,东亚新兴文明的将来一如既往,与学者们的关键性作用是紧密地联系在一起的。

《地势臆说》和《日本的天职与学者》这两篇文章所关心的主题都十分具有湖南特色,即以学术性考察为基础来理解、解释同时代的问题。因此,从探讨当时的政治形势、甲午战争以及日本的将来等政治课题出发,湖南的研究逐渐推进到文化移动说等汉学考察领域。他在这方面所做的考察为他从事政治分析提供了坚实的基础,同时也帮助他更深刻地

---

① 《全集》1,131页。另外,湖南从1896年4月17日到11月29日,在《大阪朝日新闻》上以《关西文运论》为题共发表了34次(30篇)文章。日后,将这些文章增订并加以出版,即为《近世文学史论》。在此不便讨论其详细内容,不过需要指出的一点是,在这些文章中,湖南将赵翼的"地气说"与他自身的文化中心移动说适用于德川时代的文化史发展。他在同书的"序论"开头这样写道:"夫文物者,为民种之英华,方土之果实,或应其时而荣,(中略)或因其壤而宜。"《全集》1,19页。湖南在文章中说到,在德川时代以前,政治和文化的中心都在关西,但是在此后的三百年间,两者的中心互相分离,文化的中心依然在关西,而政治的中心则转移到了江户。《全集》1,19—23,46—48,59—60页。另外,由于本书从汉学的立场深入研究了日本文化史的整体状况,其研究水平达到了明治时期(及以后)学者所没有达到的高度,因而引起了许多评论者的关注。

② 《全集》1,128—132页。

来理解对中国以及日本来说怎样的改革才是最佳的选择这一问题。

1898年12月23日和24日,作为对甲午战争之既有观点的补充,湖南发表了题为《非战论》的文章。迄今为止,一般认为,这篇文章表明湖南已经摒弃了1894年时期的主战论姿态,而转向了基本上持和平主义的思想立场。但是情况果真如此吗?事实上,如果更加仔细地研究这篇文章,可以发现其中的论调完全是带有讽刺意味的。比如在文章的一开头说道,"吾尝同世上某种识者,就战争之效力,怀抱迷谬之意见"。接着说道,中日战争仅仅带来了"一国经济之紊乱""国民的夸大心"以及"奢华之风",而并没有给日本带来"国力充实"。而且,作为战争两大成果的"疏通社会沉滞"与"鼓舞国民公义心",也在战争结束后失去踪影而回复旧态。他说,唯有将校士兵们因为论功行赏而有所收获,然而那却是通过牺牲国民利益之增税而得以实现的。他的这些"非战论"总体上来说似乎在否定自己在战争爆发之时的姿态。但是,文章的着重点在于对日本政府失策的抨击,即因为政府没有在战后采取果断强硬的对策,而没能使日本达到战争的本来目的。换言之,湖南所攻击的绝对不是战争本身,而是萨长藩阀政府。他认为正是由于他们的外交失策而导致日本失去了本已得到的战利品,即"辽东半岛"。①如果这样来看的话,便可以说湖南的立场在这段时期基本上没有任何改变。

走上汉学研究之路——湖南的中国史试论(1895—1897)

自1895年至1897年前往台湾工作为止,湖南在积极致力于政论活动的同时,开始着手《近世文学史论》的写作。虽然在这段时间里有关同时代中国问题的文章写得不多,但是他所发表的每一篇文章都十分值得关注。

---

① 《万朝报》,1898年12月23日,24日;《全集》2,213—215页。

在《马关条约》缔结一周之后，湖南发表了三篇有关时局的评论（均未被《全集》收录），都以1895年4月发生的"三国干涉还辽事件"为其主题。该条约的缔结使得当时日本的舆论与言论界愤慨异常。因为在他们看来，辽东半岛是日本在东亚舞台上与帝国主义势力进行抗争的过程中正当获得的领土，如今却被剥夺走了。同年8月，湖南也愤怒地表示，日本外交官们应该停止他们"被动的外交"，而推进亚洲政策（具体内容没有详细展开）。① 在发表于1896年2月的文章中，湖南进一步对日本政府归还辽东半岛一事进行了指责："辽东还附之伤害国家面目，盖称足利义满以来所绝无仅有"。这里提到"足利义满以来"云云，大概暗指当年足利义满与明朝交通之际自认日本为中国的朝贡国是一件屈辱的事情。② 随后，在发表于同年5月的文章中，湖南认为《日俄协定》的缔结使得中日战争的成果丧失殆尽，而日本则几乎已经不再可能自由地进入并经营朝鲜了。③

这段时期，湖南也写作以历史为题材的评论。这些文章体现了两个方面的特色：一是以大量的研究为基础，二是虽然与以前一样时刻关注着现实中的政治问题，现在的湖南则更倾向于以一种寓言性的手法来写作。在1896年2月末3月初，也就是湖南写作以上那些文章期间，他还发表了一篇看似无聊的《读宋史》，其中引用艰涩难懂的原始史料，讲述了北宋王朝的当权者们即便在全盛时期也未能恢复被北方异族所掠土地的故事——当时由于契丹族（辽）的攻击而事态告急，北宋皇帝（真宗）在无奈之下甚至考虑放弃首都开封府。然而首相寇准竭力反对这种迁都论。寇准不仅积极鼓励皇帝亲征以震慑契丹，而且由他所率领的军队也大破契丹军，而使契丹对其风闻丧胆。这就是著名的澶渊之役。恢复自信的宋朝皇帝，对前来求和的契丹使者表明，如果契丹提出领土要求，那么唯有开战而已。在寇准的外交斡旋之下，契丹最终臣服于宋朝，双

---

① 《被动的外交》，《二十六世纪》16(1895年8月11日)，3—5页。
② 《伊藤侯不适合出使之任》，《二十六世纪》20(1896年2月11日)，6页。
③ 《日俄协定条约可恃乎》，《二十六世纪》20(1896年5月11日)，11—12页。

方结为君臣关系。然而,由于畏惧将来的关系破裂,寇准的政敌们却最终说服皇帝每年向契丹赠送大量的银两和绢匹,以安抚他们。由此决定了宋辽之间的关系为兄弟关系。湖南认为,正是这一次宋朝的示弱(澶渊之盟,1004年),使得契丹在四十年之后,即当宋疲于应付西夏入侵之际,趁机提出了分割土地的要求。尽管当时在宋朝使者富弼的斡旋下,宋朝与变得更加傲慢贪婪的契丹之间达成了暂时的和平协定,但是却不得不为了避免割让领土而增加给予契丹的岁币。心灰意冷的富弼回到京城后,竭力推辞了朝廷奖赏给他的翰林学士一职,因为他觉得签订这样的协定实在是一种耻辱。湖南感慨地说道,富弼十分深刻地理解向敌人割让领土所具有的危险性。最后,湖南以意味深长的启发式问题来结束这篇寓言式的出色文章:"赵氏(宋朝)之盛衰,与吾人有何相关哉。然而吾人之思其古人,察其际遇,揆其心事,禁不住涕泪滂沱者,何故也?"①

迄今为止,人们经常把这篇文章视为湖南把宋朝看作中国史上重要朝代的早期著作之一。但是,实际上,在这篇文章中,他根本没有提及宋朝在中国史上所占有的重要地位问题。他之所以写到宋朝的历史,只不过因为他认为宋代中国有着与当时日本相似的政治状况而已。或许可以这样来理解,即该文章将契丹比喻为俄罗斯,将中国比喻为日本,而将寇准和富弼比喻为伊藤博文。显然,湖南试图通过这篇文章来批评日本软弱的外交政策,期望日本能够对敌人保持警惕,并采取具有预见性的强硬外交政策。更何况,在湖南看来,割让领土与叛国无异。通观全文,该文章最值得注意的要点在于其说明了一个以史为鉴的道理。湖南期望告诉读者的是,在东亚过去的历史上也曾经发生过类似的事件,唯有通过对过往历史的研究,才能够正确地认识现在以及将来可能发生的事情。这种以史为鉴的写作方式在中国传统的史学著作中颇为常见。另外还必须指出的是,以历史事件作比喻来评论日本现代政治的这种影射手法,正是以湖南为首的"罔两窝同人"所曾经使用的方法。

---

① 《朝日》,1896年2月28日,3月1日,《全集》2,213—215页。

以类似于《读宋史》的同样手法,湖南又写作了《北京城的沿革》(《全集》未收录)一文。这篇意味深长的文章于1895年12月发表在月刊《太阳》上。《太阳》创刊于日本在甲午战争获胜之后的1895年正月,以那些敏感的知识分子作为其读者群。这些人对战后日本所追求的新的国际地位以及各种世界问题都抱有十分关切的态度。在创刊号上,以"战胜国日本的新职责"为题出版了特集,福泽谕吉、谷干城、坪内逍遥、久米邦武、井上哲次郎等著名知识分子都发表了文章。[1] 在同年底,湖南在该杂志上发表了《北京城的沿革》一文,他从地名的变迁入手,详细讨论了从古代到清代为止北京地区的历史变化。为什么湖南要在这个时候写这篇必须以深入研究为基础才能写成的文章呢?对于当时的湖南而言,是不会仅仅出于一个学者的历史兴趣而写作史论的。因此,该文章同样也包含着寓言式的深刻内涵。为了清楚地表明自己的这种意图,他在发表这篇文章的时候以笔名"卧游生"来署名。在1890年代,湖南曾经多次使用这一笔名。所谓"卧游"就是指一个人一边躺着翻阅旅游书籍或地图等,一边想象着自己身临其境地享受着旅游所带来的快乐;而所谓"生"则指的是学生或者年轻人。这篇文章发表于日本战胜中国之后不久,正是日本人还在回味着胜利之喜悦的时候。因此,这篇文章也许正是在暗示北京有朝一日也会改变其名字并成为日本地图中的一部分。[2]

1897年6月,湖南的著作《诸葛武侯》付梓出版。这是湖南第一部关于中国的著作,主要围绕着诸葛亮(181—234)及其所处的三国时代(220—265)来写作。那么,为什么湖南会选择以诸葛亮为话题来写作呢?在1890年代,诸葛亮并不像如今这样在中国和日本都大受追捧。此前有观点认为,这时的湖南刚刚完成了日本文化思想史著作《近世文学史论》的写作,为了使自己旺盛的创作精力再有一席用武之地,于是湖南试图探寻一个截然不同的研究课题。因而,以自己的中国史知识为背

---

[1] Marius Jansen,"Changing Japanese Attitudes Toward Mordenization,"pp. 74 - 76.
[2]《太阳》1—12(1895年12月5日),2291—2296页。

景,湖南选择了他认为通过一个人物就足以反映"时代精神"全貌的三国时代。① 也有观点认为,在经过了一段时期大量研究日本史之后,湖南为了实践自己于1894年提出的日本应该在东亚履行天职以及日本学者需要为树立东洋学而尽力的倡议,还有就是为了数月之后即将前往台湾做准备,所以他选择了中国史中自己未曾研究过的,各色人物为争权夺利而激烈交锋,并导致局势动荡不安的三国时代作为研究课题。② 其中的情形诚如湖南在该书题词中所写的那样,"三国为千古罕见之奇局,武侯为千古间出之奇才"③

除了以上各个理由之外,我认为还有一个理由是前人所未曾考虑过的。在此几年之前,当时政教社曾策划一项大规模的出版项目,即发行《东大陆人豪传》。完全可以认为,湖南是因为受到这一计划的刺激而对诸葛亮产生了浓厚的兴趣。但是,这一计划仅仅在出版了三宅雪岭的《冒顿》(在战争中包围汉高祖,并迫使汉朝签订屈辱和约的匈奴首领单于)和国府犀东的《文天祥》(拒绝归顺蒙古族的元朝而为南宋殉国的富有魅力的爱国者)这两册书后就中止了。在当初预定的选题计划中,原本要陆续刊登唐太宗李世民、曹操、诸葛孔明、汉武帝、曾国藩等人的传记。其中,湖南的挚友畑山吕泣原本负责的是刘邦和项羽两册传记的写作。饶有兴味的是,三宅雪岭除了写作《冒顿》之外,原定还要写作成吉思汗、忽必烈、努而哈赤这三位征服中国、建设王朝并统治汉民族的伟大

---

① 同前小川论文,31—32页。
② 同前三田村书,172—173页。
③ 《全集》1,142页。除了在本文中论述的理由之外,也许还有湖南青少年时期的生活环境与诸葛孔明青少年时期的生活环境相类似的缘故吧。两人都是幼年丧母,都各有一个兄长、弟弟与妹妹,并且也都有一个继母。而且,湖南还曾经说过,在秋田师范学校时代,湖南的住宅类似于孔明的"草庐"。在本书的"例言"中,湖南曾提到,孔明在27岁的时候接受刘备的邀请,从而为自己的隐居生活划上了句号,而同在这个年纪,湖南"回到"了作为日本文化之故乡的奈良,并且访问了镰仓。《全集》1,146—147页。另外,关于孔明,参照了如下资料:吉林大学历史系诸葛亮编写组编,《诸葛亮》,人民出版社,1976年;诸葛亮与武侯祠编写组编,《诸葛亮与武侯祠》,文物出版社,1977年;宫川尚志,《诸葛孔明——三国志及其时代》,桃源社,1966年;姚季农,《一代奇才诸葛亮故事》,文化书舍。不过,关于《三国志演义》,湖南完全不认可其作为历史史料之价值。

的异族领袖的传记,但这一计划最终未能实现。①

《诸葛武侯》是湖南唯一一部聚焦于一个人物及其所处时代的著作。这部著作的特色体现在以下三个方面:第一,湖南首先关心的是诸葛亮的出身地及其自然环境。因为湖南认为三国时代的人际关系是以地方社会为舞台而形成的,如果要阐明诸葛亮独特的性格与才能,首先就要了解生他养他的那个地方社会的特质。② 第二,湖南十分详细地讲述了 207 年冬天刘备"三顾茅庐"请诸葛亮出山的故事。正是以此为契机,诸葛亮结束了自己的隐居生活,而打算辅佐刘备,以图打败曹操,乃至统一天下。为了理解这一次历史性会见的社会背景,湖南对比了此前公元 2 年(元始 2 年)与公元 140 年(元和 5 年)中国的全国户口数。湖南指出,研究结果表明诸葛亮了解当时刘备拥有的"荆、益二州"具有建设国家并对抗曹操的充足经济实力。③ 第三,在评价三国时代过着戎马生涯的诸葛亮和刘备等人物的时候,湖南特别注意分析他们是如何认识自己所处的时代,以及他们又是如何采取应对措施之类的问题。

如果深入探讨第三个特色,我们可以发现在《诸葛武侯》的全篇之中隐含着大量具有寓言性写作意图的内容。在讨论诸葛亮策略奏效而击败曹操的时候,湖南十分关注各方势力之核心人物的年龄问题。比如,湖南认为在赤壁之战(208 年)中决定胜负的力量,也是诸葛亮取胜的秘

---

① 在《冒顿》和《文天祥》中,都刊登着《东大陆人豪传》系列的预定发行公告。在《冒顿》的"例言"中,雪龄论述如下:"在吾东大陆人豪传中,欲以铁木真、忽必烈、努尔哈赤等作传。然铁木真非胡帝国创造者,且所成之事非所成之日而成,必有其所起之处。清之前有元,元之前有金,金之前有辽,辽之前有回鹘、突厥,渐远则可及于匈奴。匈奴之冒顿乃与秦始皇南北相对开创东大陆国家史之纪元者。若不先作冒顿之传,则无以明铁木真之地位也。"在这里所论述的民族谱系并不是同一民族的系谱,但都是中国北方的非汉民族,并包含着构建政府王朝而统治汉民族的民族。他们是长期以来使汉民族感到不安的原因所在。
②《全集》1,151—164 页。
③《全集》1,164—206 页。关于"三顾之礼",参照川胜义雄《魏晋南北朝》(《中国的历史》3,讲坛社,1974 年),152—153 页;冈崎敬,《魏晋南北朝的世界》(《图说中国的历史》3,讲谈社,1977 年),44 页;同前《诸葛亮》,18—19 页。

密在于"三少年",即诸葛亮、周瑜、鲁肃三人。周瑜和鲁肃是当时占据江南之大势力的东吴孙权手下的名臣,而当时东吴与刘备、诸葛亮所在的蜀国则是同盟关系。在这场战争中"少者"们发挥了决定性的作用,并取得了对曹操等"老者"们的胜利。湖南指出,"世运转移,甚至于其治平之日,大抵每三五十年以画一期,而生变态;当其动荡扰乱之际(如三国时代),十年十五年即面目全改,致旧物荡然无存者,绝非稀觏事也"。赤壁之战当时,"四五十龄之人,耳目犹习闻惯睹于前代之风者",因而无法理解时代之变化。与此相对应的是,"二十三十,少壮锐果之徒",有"为其时运所陶化之天禀材能",特别是如孔明、周瑜、鲁肃等头脑敏锐之人,他们拥有与"老者"们不同的感性与思想。对于其中的差异,诸葛亮能够敏锐地感觉到,而年长的刘备则不能够明白。①

湖南曾说,"吾友吕泣尝曰,凡所谓更始革命,一切世局之动荡,只是少者与老者之争斗而已"。可见,他在上述文章中所提出的有关年龄的见解,是得自其友人畑山吕泣的启示。不过,在《诸葛武侯》的"例言"中,湖南暗示他其实是在将三国时代与明治维新前后时期做比较。"第一大期,可比拟为嘉永癸丑以后至文久末年时期(1848—1863),以藤田东湖、佐久间象山为此时期的代表者,存封建士大夫之遗风,兼有改革之抱负"。至于这"第一大期"相当于中国史上的哪个时代,湖南没有明言,或许他认为大概相当于后汉时代吧!"第二大期,为自庆应以至于今日时期(约1865—1884年),以西乡南洲(隆盛)、大久保甲东(利通)、木户松菊(孝允)等为此时期的代表者,犹如曹刘(曹操、刘备)诸氏"。在此之后向第三时期过渡阶段中的人物(1897年当时42至55岁左右的人物)则以"伊东某(巳代治?)、林某(有造?)、犬养某(毅?)"为代表,并将他们看作相当于中国的孙权、曹丕之辈的人物。之后的"第三大期",则为1884年以后的时期。湖南认为,在这一时期中,与三国时代的孔明、周瑜、鲁肃等相当的年轻人,日本"尚未出也"。湖南写道,"著者今将经南荒,有

---

① 《全集》1,194—196 页,215,218 页。

欲跋涉禹域之志,若足及胜迹所存之所,得踏三分之国、千秋人物龙盘虎踞之地",表明了自己对访问中国一事的期待。在"例言"的最后,湖南讲述了自己于"吾年二十七岁早春"访问镰仓的鹤冈八幡宫时的感慨。从这一记述中,我们可以得知当时的湖南正好处于与诸葛亮年龄相当的时候(《诸葛武侯》执笔当时,湖南31岁),或许是以此来巧妙地宣示正是自己这一代年轻人肩负着日本未来的使命。[1]

在《诸葛武侯》中,湖南非常用心地引用原典史料来展开讨论。因此,很难判断这部著作的主要目的是为了依托过去的历史来批判现代政治,还是出于纯粹的学术研究动机。但是,从他之前写作的一贯态度来看,这部著作与他以往利用汉学知识来批判政治的文章一样,其意图仍然同时在于政治批判与汉学研究这两个方面。

经由殖民地化的改革——台湾时代(1897—1898)

1897年4月,湖南作为《台湾日报》的主笔被派往台湾。如上所述,湖南在《诸葛武侯》的"例言"中(写于1897年3月)曾经写道,"著者今将经南荒,有欲跋涉禹域之志"。但是,结果他却没有前往中国。究竟是因为湖南觉得自己到了台湾就足够了呢?还是觉得访问中国本来就只是希望而已呢?对此,我们不得而知。不过有一点是可以明确的,即上文中的"南荒"指的不是日本的九州,而是通过《马关条约》所获得的最初殖民地台湾。"禹域"从狭义的角度来看,指的是夏之禹王所支配的领域,但这里则是指中国。因此,湖南当初的确计划途径台湾前往中国。而且,这一事情也可以在长泽说为《诸葛武侯》所写的"序"(写于同年5月末)中得到确认:"四月某日友人内藤湖南将往南方之台湾转游支那"。[2]

当时湖南下定决心前往台湾也许还有其他的理由。鉴于湖南是日

---

[1]《全集》1,145—147页。另外,湖南原本计划从中国回国后就执笔写作孔明的后半生,但遗憾的是,这第二卷未见出版。

[2]《全集》1,143,146页。

本通过慎重的扩张主义为中国改革作贡献这一观点的积极支持者,因此前往能够亲眼目睹这一改革成就的台湾,并在那里从事言论活动,应该是促使他决心离开日本的最大诱因吧。而且如上文所述,湖南曾经作为高桥健三的秘书而有过在松隈内阁的短暂工作经历,然而最终因为对内阁转变施政方针感到失望而决意不再从事政治活动。但就在此后不久,湖南却决定去台湾,这不能不引人注意。对当时的湖南来说,与《台湾日报》社约定在社内有不受任何人掣肘的执笔自由无疑是该工作吸引他的最大魅力。而他在1894年提出过日本在中国有必须履行之"天职"的主张,也许这次台湾之行正是他履行这一"天职"的一个环节吧。①

早在台湾之行前的1896年9月,他就已经对改造台湾表示关切。当时日本政府担忧在"近日土匪之骚扰"面前"云林守备队举动怯懦",正在考虑如何处分守备队将士的问题。湖南则根据自己对台湾情况的研究为他们的行为做出了如下辨解。要理解将士们的行动,必须对台湾"炎氛瘴热"的风土有所考虑。台北的物价不下于日本本土的三倍,相比之下将士们的薪水实在是太低了。更有甚者,台湾的行政长官名声恶劣,他们"诛求土人,收不法之货珍,连丑业妇之横行,人夫之恣睢亦不能禁"。② 总之,湖南在就日本政府的台湾政策提供自己的改革建议的同时,也采取了批判的言论态势。这种写作风格在湖南日后有关台湾的文章中贯穿始终。

台湾的生活环境甚至比湖南想象中的还要恶劣得多。在《台湾日报》社执笔的首篇文章《必须纠正的误解》对日本施行改革之前的台湾做了这样的描述,"康衢大路,到处放尿放屎,而其屋则低湿暗黑,臭秽冲鼻,其热度则百二三十度,非人可居之地也"。湖南也提到,通过殖民地当局的各项改革措施,情况正在迅速改善之中;然而唯一令人遗憾的是,

---

① 三田村根据内藤乾吉的话(出处不详)论述道,《台湾日报》的社长是小岛硕凤,他是湖南在东京时最初的导师大内青峦的门人。因此背景,湖南进入了《台湾日报》社。同前三田村书,176页。
②《台湾守备队的失职》,《朝日》,1896年9月4日,《泪珠唾珠》,《全集》1,406—408页。

由于"台湾风土险恶","淳良之人"不敢贸然渡台,结果在台湾的日本人中"行险之徒"增多,而他们对改革台湾起不到任何作用。①

在台湾,湖南首次见到了几个汉人(或者是满族人),并十分惊异于他们的风俗习惯。因此,他屡次呼吁日本当局禁止他们缠足、留辫子和吸食鸦片。由于实际施行的各项改革已经取得了一定效果,所以湖南认为当局不应该对这些风俗习惯采取容忍的态度。但是,当局则认为"辫发缠足等风俗习惯无害于政治,不妨保存之",因此没有对此采取任何措施。特别是关于缠足的问题,湖南与当局的意见相左,指出"吾当局则不仅无矫正此缠足之意,或至于强辩曰其无害于身体,曰缠足之女亦有长寿者,不妨碍提重物及劳动。(中略)所谓不妨碍其劳动,殆非亲眼目睹缠足女子之言论。若一旦见其跟跟跄跄,险些坠倒,勉强移步者,以及听闻无知孩儿,遭足指扎紧,叫苦号呼者,谁不怜悯其为陋习所误人种之不幸,而若强辩其无害者,不仁之甚也。"②

令湖南更为惊异的是,中国人依然没有改变那种被视为满洲人统治之象征的留辫习俗。在湖南的思想中,殖民地行政本来就需要临机应变("变通"),而不应当奉行"一视同仁说"。至于其原因,湖南解释道,"社会之发达,人民之思想,有高下之差",不可能无视这种差别而同等对待。他说,譬如"爱一小孩,而欲快速成长之,直使之取与成人同样之衣食居处,彼岂堪哉"。③ 而且,统治台湾的目的不在于将文明强制于当地居民,而必须在考察"时情"与"理势"的基础上经营台湾。台湾的居民不是"劣等种族",只不过"其长久放饲于肆慢之支那政治下,为贪恶吏人所戕害,甚至于生命财产之保护亦不得托于负责任之政府"。④ 于是,他们变得只考虑自守,而没有"国家的观念"。不久以后,当湖南正式展开对中国本土改革的批判时,也可以看到他的这一主张。湖南的改革论十分重视建

---

① 《台湾日报》,1897 年 7 月 6 日,《全集》2,383—384 页。
② 《移风易俗的一策》,《台湾日报》,1897 年 7 月 27 日,《全集》2,388—389 页。
③ 《无变通的一视同仁》,《台湾日报》,1897 年 7 月 31 日,《全集》2,394 页。
④ 《无变通的一视同仁》,《台湾日报》,1897 年 7 月 31 日,《全集》2,395 页。

设地方社会的自我防卫组织,这种观点与中国经世学者的思想也是相通的。

湖南也抨击清朝"萎靡不振"的行政管理,认为这是导致台湾交通状况恶劣的原因。他说,"此清国弛慢之政治乃其常态,其结果则置道路桥梁等一切交通机关之政于不顾"。他认为日本当局必须把台湾岛内的交通机关整备得如同日本本土一样,还特别强调在此基础上建设"南北纵贯的铁路是台湾所必要的,(中略),此乃其独立生理所必需之最不可欠缺处。苟不使其足以经营独立之生理,则领有台湾于本国无毫末之益处也"①。

或许是因为对殖民地当局在推进改革方面进展缓慢而感到心烦,或许是因为对于在台湾的生活逐渐变得厌恶起来,1897 年 8 月,湖南发表了一篇关于台湾经营的评论《台湾政治的大目的》(由四章构成),就日本统治台湾问题提出了以下疑问:"是其(明治)二十七八两年间(1894—1895 年的甲午战争),殒数千人命,糜一亿数千万国帑,而后更年年投入民政费数百万圆,经营此土。若其原因尽是为悯此三百万土人于清国秕政下呻吟者,难道说为此则不能避免增加本国国民之负担者也?"对此,湖南的答案当然是否定的。他指出,"近世殖民政略"的目的不在于牺牲日本的利益来追求三百万台湾居民的福利,而在于最终能够使日本"溢出剩余之人口"。② 只是因为现在日本把台湾作为殖民地而统治着当地的居民,所以才将台湾社会的改革当作日本的责任。正因为如此,在推进自上而下地改革各地区弊端的艰难事业的同时,还应该促进与教育、合作有关的提高台湾居民素质的工作。不过,湖南强调不应忘记经营台湾的目的不止于此。"割取台湾,决非廉价购得之也,自丰岛开战至台南平定,费一年有余之日月,杀人万千,糜帑巨亿,而辽东之地则失于三国

---

① 《交通机关扩大之急务》,《台湾日报》,1897 年 8 月 1 日、3 日,《全集》2,398 页。另外,参照该文 397,399—400 页。10 个月之后,湖南再次呼吁道,在台湾铺设铁道等是"经营台湾的最大急务"之一。《关于台湾的铁道》,《万朝报》,1898 年 5 月 31 日(《全集》未收录)。
② 《台湾日报》,1897 年 8 月 5 日,《全集》2,401—403 页。

之违言,所剩仅台土,国民珍重之,以为南方经略之根据,以其为利业兴起之美壤,属大希望者,非一日之故也。"换言之,如果从中日战争以来日本付出了极大牺牲才获得台湾的角度来考虑,那么台湾的经营归根结底必须以重视日本的国家利益为前提。①

首任台湾总督乃木希典上任后,为彻底一扫此前台湾官界的腐败现象采取了严厉措施。湖南不仅从总体上支持这位乃木总督的强硬措施,有时还将其比作诸葛亮。1897年8月末,当乃木被召回日本时,湖南有感而发,作文呼吁日本政府所派遣的后任者必须"得其当",即要有与乃木不相上下的水平。同年10月中旬,在新任的曾根民政长官上任之前,湖南指出台湾有待处理的要务堆积如山,并对新任长官提出了如下期待:由于"庶政沉滞"是由官僚("吏员")们的怠惰引起的,所以有必要"洗新"殖民地官制,开放"在野人士之言路",实行"行政之大厘革"。只有这样,才可能使官僚无法以权谋私。"台政之大病患,不在官吏之腐败,不在土匪之劫掠,实在于立此大本('行政之大厘革')也"。值得注意的是,湖南在这里所使用的"言路"一词正是经世学者们所好用的词语。此外,湖南认为,政府没有认真思考台湾改革问题的另一理由,在于日本人不仅"喜新厌旧",而且"十分健忘"。因此,如果台湾当局者在位"三年五年而不更动",那么他就很容易忘记自己是来自于日本,而如今所在之地是殖民地台湾。②

当儿玉源太郎总督和后藤新平民政长官为统辖殖民地行政而来到台湾上任时,湖南在发表于1898年3月末的文章中对此二人给予了高度评价,同时也提出了自己的要求,期望他们制定良好的计划以促进台湾稳步有序地发展。与此同时,湖南也十分清楚儿玉和后藤赴任时所面临的困难

---

① 《台湾日报》,1897年8月5日,《全集》2,408页。
② 《台湾施政的革新》,《台湾日报》,1897年8月29日,《全集》2,410—411页。《乃木总督的责任》,《台湾日报》,1897年8月31日,《台湾日报》,412—413页。《欢迎曾根新局长》,《台湾日报》,1897年10月16日,《台湾日报》,415—416页。《断而行之,鬼神避之》,《台湾日报》,1898年4月17日,《台湾日报》440页。

局面。他们不仅要对付来自国内咄咄逼人的严厉问责,还要在预算削减的窘迫情况下经营台湾。所以,后藤长官在请求国内政府谅解"殖民政略"之难度的同时,也表明自己是抱着"背水一战"的思想准备来台赴任的。① 同年年底,在对台湾有了一定了解之后,后藤提出了如下建议,即为了削减殖民地行政支出和解决各项问题,有必要深入研究台湾社会的经济结构。后藤的这一提案或许受到过湖南的影响,因为他在这个问题上也一直持有改革的主张。

在离开台湾之前不久,湖南写了一篇由七节内容组成的评论《革新杂识》,把自己在"经由殖民地化的改革"方面的思想做了一番整理。我们可以从中发现,这些思想无一不具有浓厚的经世论色彩,反映了传统性的改革构想。以下就此做一简要介绍。第一,关于"淘汰官吏"。湖南认为必须裁减那些利用职位之便从人民身上榨取钱财的多余的官僚和胥吏;重整官僚机构,废除不必要的部门机构;征税简单化,并使财政运营顺畅化。第二,关于"地方行政组织"。湖南认为"行政区划细分狭小,施治周密"的民政局方针,只会导致弊害丛生,而无任何益处。所以应该统一所辖事务,授予尽可能少的官吏以职务权限,并应该有效利用当地的保甲制度。②

第三,关于"移民措置"。湖南认为对移民台湾的日本人不应只将之当作"临时居住者来对待",而应该采取以"户籍地籍"为主的一些方针措施。由于日本移民往往不堪忍受台湾的生活环境,所以应该划定与日本相当的"内地人居住地区"。如果一些善良农民和值得信赖的投资家希

---

① 《明治三十一年的台湾》,《台湾日报》,1898年1月4日,《全集》2,417—420页。《臆断新当路者的性情》,《台湾日报》,1898年3月30日,《台湾日报》,1898年3月30日,《台湾日报》,421—423页。同上《断而行之,鬼神避之》439—441页。
② "保甲"制是宋代设置的制度。该制度是为了在居民的连带责任下维持邻近地区的治安而设置的。比如,清代的"保甲"制,以10户为1牌,10牌为1甲,10甲为1保的方式编成,并各有其保长。也就是说,保长负责监督1 000户居民,"保甲"的成员互相监督,如果发现有可疑的事情,则各自向其保长报告。这些报告最终会送达至州县的长官处。因此,这一制度确立了地区社会的连带责任体制。

望来到天然资源丰富的台湾开垦荒地,当局应该给予奖励。湖南还以其一种少见的语气说道,"由来精悍好武之邦人,以屯田组织垦拓藩界而不得遂行,此乃无稽之谈也"。

第四,关于"司法制度"。湖南认为台湾的司法制度应该尽早实施全面改革。在社会发展状态上落后于日本的台湾,没有必要如日本一般设置独立于行政部门的司法部门。将日本的制度强加于台湾是无视殖民地行政之特殊性的措置。

第五,关于"财政规划(上)"。湖南认为,财政再建是最困难的问题,也是需要集中精力解决的最重要的问题。在清朝统治时期,由于台湾远离清朝本土,为了不招致台湾居民的反感,所以没有对台湾地区增税。而后,当台湾升格为省的时候,增税成为清朝财政改革中的一环,但是,"中裦私囊之胥吏,往往有败其业者,颇损民望"。如果现在意欲实行公正的课税评估,那么首先就有必要对土地所有的实际状况进行调查。而且就征税的方法而言,湖南认为可以沿袭清朝的方法,即使征税成为"保甲自治体之承包事项",实际征税的人选也必须由当地居民所信任者担任。

第六,关于"财政规划(下)"。湖南说,为使"增税勿滋人民之烦累""宜先精查土地所有沿革之迹,确定地籍,使人民自认增税之至当"。如果"撤废彼之百货厘金、盐税等",当地居民就可渐"生富力之余裕"。此"富力之余裕",不仅是新的税收之源,而且也是人民对殖民地当局产生信任之源。然而最令人担心的事态就是,"于国家组织、财政原理等皆不通晓之人民,怀种种之思虑,疑其身之所出,一旦归官府之手,则入官吏囊中,而不复归还"。此外与财政问题相关的问题还有,在"台湾岁计缩小、国库补助减杀"的状况下,"至于若彼之纵贯铁道、筑港等大事业"所必需的特别财政措置,必须在本国议会中审议。但是"若鸦片收入,由于以渐禁为法之精神,将之系属于经常收入,似应避之为宜"。

第七,关于"剿匪抚藩之方略"。湖南认为,在台湾"最应关心之匪类,即从政治意义而言,乃抗拒我政府之清国遗民",对他们应该通过"保甲之制"镇抚之。"招致(台湾居民)怨恨者,每每于讨伐土匪之际,或有宪兵警官误杀误捕良民等之故也"。若能阻止类似情形发生,并能妥善利用"保甲之制",就可以改善之前产生"匪徒"之"跳梁"的社会背景。①

1898年正月,湖南为了看望秋田师范学校时候就已结识的友人畑山吕泣而急速回国。吕泣当时已经处于病危状态,最后于同月23日去世,当时湖南也在场。1892年冬天,吕泣因为批判政府干涉选举而被关入监狱,并在那时患上了肺病。而后,由于此病拖延日久而未能康复,最终夺去了他的生命。为了友人而短期逗留日本的湖南,看到当时政府对台湾漠不关心的态度,以及报纸上常见的充满误解的台湾观,十分愤慨。② 湖南对台湾一直抱着爱恨交加的感情,始终在认真地思考台湾改革的问题,并期望殖民地当局能够采纳自己的改革方案。但是,台湾严酷的气候和风土逐渐消耗着他的精力。1897年11月至12月,当他在岛内旅行时,不幸患上了疟疾。于是在翌年正月,湖南回到了日本,并做了短暂的逗留。此时湖南开始思考在台湾继续这种艰难生活意义何在。之后又回到台湾的湖南于3月10日写下了《虽然台湾是一个不太会让人怀念的地方》一文。③

《台湾日报》是一份相对独立的报纸,这也可以从湖南对政府以及殖民地当局持一贯批判的态度上看出来。但是,就在湖南辞去该报社工作回到日本的1898年4月,该报社与政府系报纸《台湾新报》合并的事情闹得沸沸扬扬,结果在同月29日,两家报纸都废刊了。合并后的《台湾

---

① 由以上七节组成的《革新杂识》在1898年4月的《台湾日报》上连载。《全集》2,424—438页。
②《黑头尊者的来信》,《台湾日报》,1898年1月18日,《全集》2,464—469页。《仰笑天俯哭地》,《台湾日报》,1898年2月3日,《台湾日报》,472—475页。《仰笑于天俯哭于地》,《台湾日报》,1898年2月26日,《台湾日报》,476—477页。
③《笑哭小牍》,《台湾日报》,1898年3月10日,《全集》2,483页。另外,1868年6月8日,湖南在《万朝报》上发表了评论文章《台湾当局的地位安全策》(《全集》未收录),其中湖南如是写道,"台湾当局的土匪招降政策,正如吾辈所料想,亦正如世人所危惧,渐次露出破绽来……"。随后,他用略为强调的语气讨论了与此前同样的议论,并感叹在平定与统治台湾上所耗费的战争费用以及牺牲士兵的人数之多。

日日新报》在5月1日诞生。① 该年4月17日,是湖南在台湾所写的最后一篇文章登在《台湾日报》上的日子,无巧不成书的是,他乘坐的船只也正好于这一天到达了日本。

经由中国人自己实行的改革——戊戌变法与明治维新

应当说,湖南在台湾的记者生涯及其对台湾问题的探讨,为他此后研究中国改革这一更大的课题做了很好的准备。所以,当1897年以康有为(1858—1927)、梁启超(1873—1929)等人为首的维新派推进戊戌变法的时候,湖南以此为契机对中国问题有了更加深刻的认识。对于从台湾回到日本的湖南来说,首要的事情就是求职。当时,作为"东京销售量第一"的《万朝报》②正在寻找一位新锐的"中国问题"专家,以加强评论员阵营。③ 时任《万朝报》社社长的黑岩泪香(1862—1920)也是一位对日本在亚洲地区推行扩张政策的积极支持者,并以中国问题专家自居。他推动旗下的评论员们不断发表那些容易成为争论焦点的话题,从而使《万朝报》的销量大增。为此,他十分希望能吸引更多的优秀人才加入报社,以增强评论员阵营的力量。④ 有此背景的黑岩社长自然十分认可湖南在写作方面的见识与能力,于是湖南如愿以偿地进入了该报社。其时在《万朝报》报社工作的主要评论员还有内村鉴三、幸德秋水(1871—1911年)等人物,他们的主要任务就是批判政府。

---

① 木村泰治,《内藤湖南先生与我》,77—78页。同前三田村书,177—179页。
② 同前《仰笑天俯哭地》,474页。
③ 同前三田村书(179页),书中说到,"另外,这个时候湖南是主笔一事从《燕山楚水》来看的确如此"。但是,在湖南的年谱中,只是记载说,"五月,成为《万朝报》的记者"。(《全集》14,662页)于是,青江在同前书(197—198页)中说,"我想湖南不是这样的人物(主笔),他的身份应该是特约记者,也就是这些评论家阵营中的一人而已。如果是主笔,那么《万朝报》当然会因为有名人的加入以及宣传其'大陆之行'而大加庆祝,自然也会负担其费用"。实际上,《万朝报》社并没有出资旅费。关于旅费,正如青江所指出的那样,是在湖南的老朋友中村木公的斡旋下,由榊田清兵卫给予援助的。值得一提的是,这位援助之士既是秋田县出身的代议士,也是畑山吕泣的朋友。
④ Hyman Kublin, *Asian Revolutionary: The Life of Sen Katayama*, pp.159-160.

从湖南为《万朝报》所写的文章来看,他当时已经被当作一位专家来看待了。他不仅被认为是关于中国内政问题的专家,而且也是关于中日关系和日本与西方列强之间外交关系问题的专家。在《万朝报》时代,湖南一如既往地以其历史知识为基础来评论当时的政治问题,他这种独特的政论家风格日趋成型,臻于圆熟。同时,他也从未像现在这样对如此众多的读者表明自己的思想与言论。①

当时,西欧帝国主义列强正处于在亚洲大肆扩张的阶段之中,特别汲汲于争夺在中国的利权。在发表于《万朝报》的文章中,湖南所表现出来的那种关切的语气也深刻地反映了这种情形。不过,甲午战争失败的屈辱迫使中国对自己以往的自强运动进行反省,西太后和光绪皇帝也不得不接受实施彻底改革的计划。于是启用了康有为、梁启超等变法派人物的光绪皇帝于1898年(戊戌之年)6月11日发布了以大规模改革为目的的四十多道谕旨。但是,由于朝廷内部的保守派和官僚们预料这些政策将很快被西太后废除,所以他们不仅对于执行这些政策十分谨慎,还设法阻止这些改革措施的实施。对康有为和梁启超来说,从6月11日开始的一百天是他们个人生涯中最为光辉灿烂的一百天。因为,他们如今已经成为"民声"的代言者,成功地将要求改革的(与他们所考虑的)民

---

① 比如说,在《福建口岸的警备》(1898年5月10日)一文中,湖南说,"台湾是东南七省的门户",表明他仍然高度关心台湾的事宜。并且,他还主张为了平定海盗以及提高日本在东亚地区的地位,就应该加强福建沿岸和台湾沿岸的警备。甚至,他还建议,如果日本能够以台湾为据点向福建扩大势力,那么日本就可以在中国获得超过预期的更大影响。在此,像往常一样,他列举了历史上的例子以作参考。他说,"当郑成功以残败之余取得台湾之时,诏谕沿海居民,三十里外者尽徙内地,且忍受禁止渔舟商舟出海之烦扰,以杜沟通,总督李率泰,遂将同安之排头、海澄之方田,边境八十八堡迁往内地安置(顺治十八年),其后康熙十七年,郑锦患侵袭,诏谕旧禁,复迁滨海居民"。与以上清朝所采取的对应措施相反,"胡元(元都)奠都以来,命系于南方之运转,明祖(朱元璋)据有江淮,旌旗向北,无前之大帝国,一朝崩溃,故支那全土命系之所,在南不在北"。《全集》,489—491页。

另外,在《我邦对沙市暴动之处置》(1898年5月18日)中,湖南向日本政府提出警告说,在这次"沙市暴动"中不能因为日本人受到了损害而对清朝"撒气"。这些对应"属于极其羞愧的事情,进而,只能使清国上下,认为我国有吞噬之意,而与诸外国无异,然则于不久之将来,不晓得辅车相依之义的清人,将完全对我绝望,进而给予其认为我有比诸列国更上之无限贪欲的口实,此绝非轻举妄动而逞一时之快之秋也"。《全集》2,492—493页。

第三章 1890年代——中国的改革与汉学家湖南的诞生

意越过拜占廷帝国式的官僚机构,直接与皇帝的意志结合了起来。总而言之,他们觉得在自己的手中实现了提倡经世思想的先辈们所未能实现的宿愿。但是,在该年的9月21日,他们所有的计划都归于失败,改革运动迎来了悲剧性的结局。这一天,西太后联合掌握清朝军事大权的荣禄发动了武装政变,光绪帝被囚禁,康有为和梁启超二人则被迫流亡日本。

从9月中旬开始,湖南开始着手写作以康有为等的变法运动为主题的文章,认为他们通过皇帝颁布谕旨的方法确实推动了制度改革,对之表示了深深的敬服。其实,在湖南与康有为之间,在某些方面的确存在相似之处。首先,他们虽然都曾在政权内部工作,但最后都置身于政府之外,并选择了与政权最上层直接对决的道路。其次,两人都主张改革才是当时中国的发展方向与出路,而且一致认为,不管当时的改革如何激进,都必须以中国传统文化为其基础。有此共识的两人在各自政权内部的短暂努力最后都没有成功。康有为继承了"清议"派的政治批判,[①]继续为推进以经世思想为基础的改革而努力。湖南则以政论家的身份对政府进行政治批判,在台湾工作期间积极提倡改革。通过这些与康有为相似之处的比较,可以帮助我们更好地了解湖南对于1898年戊戌变法的理解。

湖南最早提到变法运动的文章是《清国改革之风气》一文,其中对变法派做出了具有两面性价值的评价,并就裁撤冗官、中央官制的统废合、再建地方行政、财政改革等问题进行了集中探讨。他的主张无一不是深受经世学者的改革构想之影响的结果。[②] 湖南指出,那些"交其朝野人士,视察内情形势"的日本人认为,"清国改革之气运,往往未甚足恃也。

---

① 关于"清议"参照了以下文献。Lloyd Eastman, *Throne and Mandarins: China's Search for a Policy during the Sino-French Controversy*, 1880 – 1885, pp. 16 – 29. Lloyd Eastman, "Ch'ing-i and Chinese Policy Formation during the Nineteenth Century," pp. 595 – 611. Paul A. Cohen, "Ch'ing China: Confrontation with the West, 1860 - 1900," pp. 49 – 52.
② 关于这个课题,湖南引用了可谓经世思想之"圣经"的顾炎武《日知录》中的思想。

为改革派领袖之康有为、汪康年等年轻人,皆非有扭转乾坤之大气魄、大力量之人物,加之一国人民柔惰怯懦之风,不容易拔除之也。虽改革之言议层见叠出,以此为其风气大开之征,则言之过早也"。①

接着,湖南将戊戌变法当时的中国与明治维新前后的日本作了比较,指出中日两国的"改革风气"都始于海防论,"以富国强兵为第一要义"。因此,两国都把西欧当作改革的模范,逐步引进其科学技术。但是,无论是幕末时期日本的改革,还是甲午战争以前中国的改革,都没有将改革深入到政治、社会和经济等领域,这种无视文化传统的表面上的改革最终都难免以失败告终。总之,"在国势危急之际,改革成功之所期,存于其国民潜势力之厚薄也"。因此,湖南认为在研究中国改革问题时,首要任务就是要探讨中国的"潜势力"问题。湖南的以上观点中包含着他对日本那些视西欧式改革为万应灵药的评论家们的强烈批判。在他看来,那种无视文化根基的改革注定是要失败的,因此是应该竭力避免的。②

在10月末,即戊戌变法失败之后,湖南做出了比较中肯的分析。他以直截了当的方式将中国的改革与日本的明治维新作了比较,提出了中国的改革应该以明治维新为范本的观点。正如该文的题目——《支那改革说的两个时期》所表明的那样,湖南将中国的改革论分为两个时期来加以讨论,即以从甲午战争开始到百日维新为止这段时期为分界线,划分为前后两期。第一期的改革论是在太平天国之后。当时,通过"拥有伟大头脑、地位以及名望的当权者们,如李鸿章、张之洞之辈"的努力,开始大规模地建设西欧式的军需产业。湖南列举了同治、光绪两朝在建设造船厂和兵工厂、敷设电信铁道、设置总理衙门等方面所进行的轰轰烈烈的改革。但是,这些超人们的改革努力终因甲午战争的失败而化为泡

---

① 《万朝报》,1898年9月11日,《全集》2,517—519页。山根幸夫认为,在这一评论文章中表现的这种意见是当时日本社会对于戊戌变法的一般见解。不过,他没有提到评论文章的执笔者,即湖南的名字。山根,《戊戌变法与日本——以康有为的明治维新把握为中心》,23,26页。
② 《全集》2,519—522页。

影。"日清战争之后,其携带毛瑟枪、雷明顿等精良武器之欧式练军,百战百败,如禽奔兽窜;其备有东洋无比坚船之海军,挫败投降,归于歼灭;其新式炮台,架置克虏伯式和阿姆斯特朗式巨炮之沿海要害,守不足三日而溃"。① 湖南认为中国改革的第一期与日本的幕末时期十分相似。当时德川幕府也拥有位列东洋第一的军舰,将军也拥有足以"威慑域内诸侯"的强大军事力量。虽然德川幕府也实行了改革,但仍然不免败落的命运。其评述如下。

> 兵仗一旦接于伏见鸟羽,改革派资于关西二三诸侯之力而轻举暴发,使德川氏无遑用其欧式军队与有力舰队,无由救助三百年宗社之覆灭。何故也?时势之潜运默移,既达其极,则必经一大斡旋之机也。从前之沿习,非必从根底刷新则不足以应其气运之流行。若以苟且之手段,试图屑屑于细节之修补,以为顺适大势之运行,则免于败衄者寡也。若近日之清国与往日之我德川氏是也。②

由此可见,湖南认为,局限于技术层面的第一期改革最终难逃被"破坏"的命运。日本曾经验过此事,而现在的中国也正在经历之中。以康有为等为代表的这些"破坏时期"的人物,主要都是些"慷慨激昂"之人,他们终将让道于而后"建设时期"的那些"弘毅深厚"之人。但是,如果没有这些"慷慨激昂"之人,也就不可能有"弘毅深厚"之人的登场。从这一意义上来看,"慷慨激昂"之人也是绝对必要的人物。"明治初年,纷更百端,有朝令暮改之讥的政府,竟能于三十年间,使一切制度文化面目一新,充实元气,以致居然成东方一强国者,岂非因彼慷慨激越之徒而有驱除之功也"③。幕府末期日本的"草莽志士"正是起到这一作用的人,"康有为一派人士"也是这样的一批人。他们甚至能够越过繁杂的官僚机

---

① 《万朝报》,1898年10月27日、29日、30日,《全集》2,232页。另外,北山康夫认为该文是湖南就戊戌变法所写的最初的文章。这明显是错误的,最初的评论文章应该是《改革的风气》。北山,《中国革命的历史性研究》,80页。
② 《全集》2,519—522页。
③ 《全集》2,233页。

构,而与最高权力者皇帝直接联合起来谋求行动。因此,"单视现在之维新党为轻举暴动,而料其最终不能成功者,可谓愚哉!"持有这一观点的湖南不由得感慨地说到:"能奋发坂本龙马之伎俩,以决支那百年保国之大机者,果其谁也?"①湖南提议道,对现在正处于改革第二期即"建设期"的中国来说,正是应该准备适合中国国情的改革论的时候。②

湖南在《助成支那改革的一个手段》一文中继续指出,对改革派来说,最为欠缺的就是能够保证改革实施的军事实力,而这也是导致戊戌变法失败的主要因素。因此,在湖南看来,如果今后有稳固的军事力量支持改革运动,就不能"断言以其之一败而终不能成功"。这样的道理可以从以往的历史事例中明显得知。(他从前汉和唐朝的历史中各举了一例)。③ 总而言之,"第二期的改革说,即康有为一派之主张,若能在(军事)威力(支持之下)实行之,且勿恐其有所过失,假以十年、二十年取信于上下之岁月,则何谓不可期其之成功必不若我明治维新之成功也?"④在这里,湖南将康有为当作中国第二期改革论的代表人物,而在先前的那篇文章中则将其当作第一期改革论中的人物,由此出现了前后矛盾之处。显然,湖南认为,与李鸿章、张之洞等为代表的第一期人物相比,至少仅就改革论本身而言(姑且不谈戊戌变法失败这一现实),康有为等本应属于第二期的代表人物。从这一意义上来看,可以说康有为与日本的坂本龙马十分相似。明治以后所实施的各项改革措施事实上都曾经为坂本龙马提倡过,然而可惜的是,他未曾亲眼见到明治维新的实现就被暗杀了。

---

① 《全集》2,234 页。
② 《助成支那改革的一个手段》,《东亚时论》5(1898 年 2 月 10 日),《全集》4,425 页。
③ 《支那改革说的二个时期》235 页。窦武与陈蕃作为后汉高级武官中以反宦官为标榜的"清议"派领袖,奋然而起决心一扫朝廷内部的宦官,但却为反对派所杀害(168 年)。但是,随后袁绍(? —202)实现了他们没有实现的目标。同样地,在唐代,李训与郑注也试图铢灭宦官,却反而被杀害。但是在唐末,朱温,即朱全忠消灭了全部的宦官。关于后汉,参照同上川胜书,99—103 页。关于唐朝,参照同上诸桥《大汉和辞典》卷 10,327 页。
④ 同上《支那改革说的二个时期》,235 页。

第三章 1890年代——中国的改革与汉学家湖南的诞生

1898年末,康有为和梁启超逃亡到日本,此后他们接触到了众多信奉改革主义的日本人。对于他们亡命日本一事,湖南的评论如下:既然康有为等人已经逃亡到了日本,那么日本政府就应该援助他们。在中国命运濒临危机的现在,如果日本不断然采取措施,他们就会落得跟从前的朱舜水一样的下场。这里提到的朱舜水①,是一位在清朝攻打明朝之际来到日本向德川幕府求援的汉人,由于未能得到日本方面的支援而滞留于日本,最终再也没能回到故国。

同年12月,梁启超在政教社的《日本人》杂志上发表了题为《论中国政变》一文。但是,这篇文章没有被收录在梁启超的全集中,在以英文所写的众多有关梁启超的研究论文中,也未见有提及该文的。就在该文发表的一周内,湖南也写了一篇文章,即《读梁启超之政变论》。文中首先表述了自己对梁启超的强烈印象,认为他是"(逃亡者中之)最年少者",但却是"最具能任将来大事之资质者",②并对他来到日本后取名"吉田晋"(结合了吉田松阴之姓与高杉晋作之名)以及在寓所悬挂松阴墨宝等事宜感到很有意思。梁启超在文中提倡改革论时,也提出了要考虑到"东洋的安危"与"日本的利害",并表明为中国而"欲向我(日本)借力"等。可以说,梁启超的这些主张无一不是此前湖南所主张过的。

在该文中,梁启超还指出在改革运动的根底之处存在着四个方面的对立,即"帝与后之争""新与旧之争""满与汉之争"以及"英与俄之争"。在现实之中,"帝"(光绪帝)党以"开新""用汉人""联日英"为其主张,而"后"(西太后)党则以"守旧""用满人""托露西"(俄国)为其立场。湖南认为梁启超所分析的这一中国现状与幕府末期日本的状况十分相似。在当时的日本,也存在着孝明天皇(相当于"光绪帝")与将军(相当于"西太后")之间的对立,幕府官吏(相当于"满洲族")与公武合体派以及尊王

---

① 《如何处置康有为等》,《日本人》80(1898年12月5日),《全集》4,419—420页。
② 《万朝报》,1898年12月10日、11日,《全集》2,538页。

讨幕派（相当于"变法派"）之间的对立。但彼此不同的是，日本的天皇与将军分别存在于京都与江户两个地方，而中国的光绪帝与西太后则同时居住在北京，湖南认为这也是此次变法运动中的障碍之一。总之，不仅湖南在中国的改革问题上极力推荐明治维新模式，梁启超也在与明治维新作比较的基础上来论述中国的改革问题，比如他不仅以"合为一体""志士"等语言来描述日本的明治维新，还将中国的湖南省比喻为日本的"长门"（长州）等等。①

对梁启超抱有好感的湖南，甚至赞同梁启超认为湖南省、广东省的青年改革运动家们是"爱国心切者"的意见，尽管这样的意见并不为日后的湖南所取。湖南还将中国的存亡与梁启超等人的改革成功与否联系在了一起。出于这样的理由，湖南主张日本必须援助他们的改革运动，以对抗西方帝国主义列强的入侵。其实在这一点上，梁启超的观点也是完全相同的，他说：

> 支那安则日本安，支那危则日本危，支那亡则日本亦不可问矣。然支那之能自立与否，全系乎改革不改革；支那之能改革与否，全系乎皇上位权之安危。然则我皇上位权之安危，与日本全国之相关，其切近也如此。（中略）深有望于同洲同文同种之大日本也。②

湖南对梁启超的这些意见深表赞同，因此他写文章呼吁日本方面应当援助中国改革派以维持东亚秩序，以保护东亚免受西方列强的侵略。③

1899年初，湖南再次执笔写作以中国变法运动为主题的文章，即

---

① 根据蒲地典子的研究，梁启超（以及康有为）的明治维新观、以及对萨长出身志士们的活动所持的看法等均深受黄遵宪的影响。参照同前 Kamachi 书，p. 215；Richard C. Howard, "Japan's Role in the Reform Movement of K'ang Yu-wei," pp. 280 - 312。
②《论中国政变》，《日本人》80（1898年12月5日），24页。
③《全集》2，542—543。另外，参照同上北山书，81—82页。另外，关于梁启超的这一论文，在以下用英语写作的三个研究中完全都全没有提及。同前 Hao Chang 书。Joseph R. Levenson, *Liang Ch'i-ch'ao and the Mind of Modern China*. Philip C. Huang, *Liang Ch'i-ch'ao and Modern Chinese Liberalism*.

《清国改革之风气未烬》一文。在该文中,他把自己的一贯见解重新加以整理复述,并着重强调了以下一些观点:改革应该以明治维新为模范;近年发生的变法运动,是19世纪后半期的"清议"之"定论"越过了那些无益的官僚机构而与皇帝直接联合起来的结果;日中两国的相互理解是最重要的。① 如上所述,在1898—1899年期间,湖南亲眼目睹了那些深受儒家思想浸染的中国知识分子们为了拯救清朝而积极推进近代化改革计划的努力。尽管有时候他也对部分改革派的做法深表忧虑,但是他毕竟是强烈地支持改革的。因此,当流亡日本的梁启超表示将日本的明治维新当作改革典范加以学习的姿态时,湖南感到欣喜异常。之所以如此,是因为湖南认为中日两国不仅拥有共同的文化传统和共同的现代命运,而且日本的历史经验是能够在中国的改革中起到重要作用的,而梁启超的主张恰好证明了毕竟也有中国人是能够理解他的这一思想的。1899年秋,湖南一边思考着中国的改革和近代化进程,以及日本在其中所能发挥的作用等问题,一边踏上了他的中国旅程。

经由中日文化交流的改革——潜移默化的作用

1899年3月12日,由于被邻家火灾所殃及,湖南位于小石川区江户町的住宅全部被焚毁,其数千册藏书也全部化为灰烬,包括写作《近世文学史论》时所用的史料在内。湖南的许多友人以及后来的一些研究家们认为,湖南正是以这次遭灾为契机而开始全力投入中国史研究的,而且这也是促使他此后不久做出访问中国决定的因素。不过,其实在这几年间,湖南已经逐渐将其关注点集中到中国问题上来了,而遭灾只不过加快了他朝这一方向前进的步伐而已。不管怎么说,事实上,于1899年秋天访问中国之后,作为政论家的湖南几乎就不再写作

---

① 《万朝报》,1899年2月9日、10日,《全集》2,558—562页。

与中国无关的文章了。

因为湖南已经把中国文化视为自己不可分割的一部分了,访问中国并亲眼目睹中国文化无疑是一件令他感到兴奋的事情。这种喜悦之情在他的访华日记和信件中随处可见。同时,当他看到中国文化的颓废状况时,也流露出某种愤怒情绪。因为湖南早已将中国文化认同为自己的文化,所以会有这种爱之深而责之切的态度。这次访问也加深了湖南的危机感:中国必须尽早改革,否则整个东亚都将在西方列强的侵略下崩溃。受这种危机感所驱使,湖南更加坚定地主张中国必须进行制度改革。在他访问中国的日记中不断地重复着这样一些问题:中国应该改革什么,如何实现这些改革,等等。他访问中国的大部分记录收载在《燕山楚水》这部颇有经世思想家风范的书中。①

1899年8月30日,湖南乘坐轮船"仙台"号从横滨出发,途经日本的几个海港,9月9日清晨,当山东的海岸线从水平线上浮现出来的时候,望着那植被稀疏山体裸露的景观,湖南不由得心生感慨:"故国荒凉如此,皆二千年郡县制之余弊也,实令人无限痛惜也。"②湖南此语批判了始自公元前3世纪秦朝的郡县政治,而这也正是中国经世学者们在责难专制政治时所常见的一种批判。

到达中国本土的湖南从塘沽改乘汽车前往天津,在那里见到了秋田师范学校时期的友人小贯庆治。小贯当时在日本正金银行天津支店工作,在他的介绍下,湖南会见了许多在天津以及中国各地的日本人,其中有的是受日本政府派遣来华工作的,有的则是在民间公司任职。通过这些接触,湖南从一个新闻记者的角度得到的第一印象是,由于过去数年间日本在中国进行了大量投资,使得日本在中国的事业利益大增。湖南

---

① 如果把旅行记《燕山楚水》以及日记《己亥鸿爪记略》看作是湖南徒步访问人迹罕至的佛教寺院以及乡间石碑等之后所作的史迹见闻记录,则是错误的。另外,所谓"鸿爪"即"雪泥鸿爪",来自于苏轼的诗句,其意思是正如百鸟在雪后的泥地上留下的足迹一样,人们的所作所为也都是暂时性的和空幻的。参照《新字源》(角川书店),1083页。
② 《燕山楚水》,《全集》2,19—22页。《己亥鸿爪记略》,《全集》6,327页。内藤戊申编,《内藤湖南记 己亥鸿爪记略(上)》115页。

第三章 1890年代——中国的改革与汉学家湖南的诞生

认为日本投资事业的这种发展来自具有特殊性质的中日关系,或者说是甲午战争带给日本的好处,也显示了日本人是怎样选择收益率高的事业来进行投资的。

但是,作为学者的湖南所抱有的感怀绝不是短短的新闻报道所能容纳的。比如说,当他比较芝罘和威海卫等港湾城市在战略上的长处与短处时,很快就将注意力转移到了对于明代在此所建炮台的历史性考察上,甚至还从《史记》的记录着手详细论述了当地的历史情况。当他在记录关于寺院和观光地的印象时,也总是详细地引用有关史料来丰富文章的内容。①

湖南在中国会见的在华日人,吃过饭的日本料理店,用过的日式澡堂和住过的日式旅馆数量是如此之多,以至于读过湖南访华录的人们都对当时日本人大举进入中国各个城市的状态印象深刻。不过,访华录中最有意思的部分在于湖南与中国知识分子之间的"笔谈"。"笔谈"是一种富有魅力的会话方式,是那些语言不通的志同道合之士,通过手写作为东亚文化圈共通语言的古典"汉文"来交换意见的一种交流方式。

湖南十分幸运地见到了众多中国的著名学者和改革派人士。9月13日,通过小贯的介绍,湖南在天津首次会见了非官僚的中国人。此人就是方若(1869—1954),浙江省出身,当时是《国闻报》的记者。该报纸站在亲日的立场上议论国内外的问题,也是属于改革派的报纸。② 在9月15日,湖南在小贯和方若的介绍下,见到了著名的翻译家和改革论者

---

① 《燕山楚水》,《全集》2,23—24,25,42—43,48页。值得注意的是,其中参照顾炎武的《天下郡国利病书》、《昌平山水记》和《日知录》中的思想。
② 《国闻报》于1897年由严复、王修植以及夏曾佑创刊。方若领导的执笔阵营没有直接参与前一年康有为等领导的变法运动。如果参与的话,那么在1899年是不可能如此自由行动的。《燕山楚水》,《全集》2,28—30页。《己亥鸿爪记略》,《全集》6,328。内藤戊申,《代游清诸记之注》(上)6—7页。小川环树编,《内藤湖南》446页。同上内藤书《内藤湖南记 己亥鸿爪记略(上)》115,122页。另外,关于《国闻报》的复杂历史,参阅王栻,《严复传》52—55页,59页。《国闻报》在1898年12月停刊,义和团事变后于1900年在日本的援助下复刊。Benjamin Schwartz, *In Search of Wealth and Power: Yen Fu and the West*, pp. 82-84, 131.

115

严复(1853—1921),以及的《国闻报》主笔王修植。幸运的是,湖南与二者之间的"笔谈"记录被保存了下来。严复曾经游历过日本和英国,由于他所翻译的书籍广为人知,所以湖南很早以前就曾听闻他的名字。而且方若在其会谈之前,就已经将《天演论》(严复所翻译的赫胥黎著作《进化与伦理》)赠送给了湖南。

正如所预期的那样,他们两人的"笔谈"内容始终围绕着中国的改革问题。首先,湖南指出日本的明治维新应该成为中国自强运动的模范,对此王修植和严复也表示同意。随后王修植指出,在去年戊戌变法之际,康有为和梁启超由于"只知进而不知退"的缘故,即连连发布谕旨而使改革走入极端,结果导致了失败。对此,湖南也表示同意。他说,"康(有为)意气过锐,所以招败,开百年太平之基,务在育英也"。①

其次,湖南对严复表达了自己对《天演论》的赞赏:"大著《天演论》,(中略),奉读时见文字雄伟,不似翻译,真可见大手笔也"。不过,严复把话题转到了财政问题上,指出了中国的国家财政收入太少、通货膨胀率过高等问题。对此,湖南也表示赞同,并从经世思想的改革论的角度补充说,消除官吏"中饱"的现象也是十分重要的。严复回答说,要消除官吏"中饱"就必须提高官吏俸禄。不过,在他自己也承认的财政拮据状况下如何来增加俸禄,并没有给出回答。当湖南问起在北京与谁会谈时局问题会比较好的时候,严复回答说,"政变以来,士大夫张口结舌,安有言时务者,吾不知也"。②

次日即16日,湖南与小贯一同前往北京。由于在当时的北京与中国人谈论时局确实是一件困难的事情,所以湖南在北京的时间基本上就

---

① 《笔谈》的原文最近公开发表了,与《燕山楚水》中所收录的内容相比,量略为多了一些。书论编集室编,《内藤湖南·王修植笔谈》153—154页。
② 《燕山楚水》,《全集》2,29—34页。另外,湖南在为时11周的中国旅行期间向妻子邮寄了17封信件或者明信片。在其中一封信中说,严复、王修植和方若等"为此地第一流之名士"。《书简66 1899年9月16日》,《全集》14,393页。

用于观光了。① 在北京及其近郊消磨了十来天之后,湖南于10月1日回到天津,并在此逗留了四日。4日晚上,在方若的推荐之下,两位对时局比较了解的年轻人前来拜访湖南。其中一位是蒋国亮,当时他在育才馆担任汉文教习。育才馆是1895年由直隶总督奏请设立的一个教育机构。同时,他也兼任《国闻报》的执笔。另一位是陈锦涛(1896—1939),当时是京师大学堂(北京大学的前身)的西文教习,后来去美国哥伦比亚大学和耶鲁大学求学(1906年获得耶鲁大学博士学位),此后一直在财政界工作,最后还曾经在南京成立的日本傀儡政权(汪精卫政权)中担任财政总长一职。②

湖南与蒋、陈二人的笔谈从极其平常的问题开始。二人询问湖南,在中国面临的诸多问题中,首先应该从何处入手解决。湖南回答说,现在中国的诸多问题绝不是清朝才开始有的,而是自商鞅(?—公元前338年)"变井田开阡陌"以来就存在的。其言外之意是指中央集权体制才是问题的根本所在。湖南接着指出,在秦朝以来持续了两千多年之久的中央集权体制下存在着大批官僚,他们根本不顾自己所管辖的人民之"休戚";在科举制度下选拔官僚的依据不在于实干能力而在于文学及学问上的才能。其实,湖南所指出的这些问题都是过去一千多年以来中国的改革论者们所探讨的问题。

接着,湖南将话题转到北京的问题上来,陈述了自己关于中国历代首都及"地气"论的观点。他将自己在1894年所写文章中的观点在此又重复了一遍,指出北京虽然是世界上屈指可数的大都会,但是其地力已经耗尽,"若有真王者出,必不复以此为都也"。对此,蒋国亮也表示了赞同之意。他说,北京"水陆均不便""北京建都,气运当与满清俱尽""满清政府灭亡,则北京亦就此作废,君见甚是,佩服佩服"。③

---

① 《燕山楚水》,《全集》2,34—57页。《己亥鸿爪记略》,《全集》6,328—330页。《书简67 1899年9月25日 与妻》,《全集》14,393—394页;《书简68 1899年9月30日 与妻》,同,394—395页。
② 《燕山楚水》,《全集》2,57—58页。同前小川书《内藤湖南》446页。同前内藤书,《代游清诸记之注》(上)6—7页。
③ 《燕山楚水》,《全集》2,58—59页。同前小川书,《内藤湖南》,362—363页。

在此，湖南巧妙地将话题转到了日本，指出与日本茂盛的山林相比，北京周边的山林实在是荒凉得很。陈锦涛对此表示认同，并回答说，自然保护的问题最终是如何动员"人力"的问题。然后，他询问湖南，在日本方面，"保守党"与"进步党"哪一方更具有优势。湖南回答说，在日本并"没有真正的保守党"，实际上日本人"长于进而短于守，是乃敝邦（日本）之深患，犹如贵邦（中国）保守人多之深患也"。蒋国亮也许是为了寻求两国的共通点而非相异点，主动插话，提到了将日本书籍翻译成中文的有益性。他说，现在许多中国人都在购买和阅读冈本监辅（1839—1904）的《万国史记》和那珂通世的《支那通史》，而且中国人十分期待有更多的日本书籍，尤其是与明治维新有关的书籍能够翻译成中文。对此见解，湖南表示了默认。①

由于蒋国亮也赞赏明治维新的改革模式，所以会谈逐渐朝着湖南所期望的方向进展。湖南接着说道，在德川时代，"旗本"（将军直属的武士）与"谱代"（将军信赖的）大名虽然掌握着实权，但是当原本为亲藩的水户藩转变为支持尊王论后，德川幕府最终倒台了。然而，中国问题的痼疾在于存在着满汉相互牵制的统治机构。即使有"英主"登场，问题也难以解决。又有与列强的关系问题，日本"人士"在中国"革命"问题上难以置喙。但是在"革命"发生之际，日本人士就能预先就"'以何治术'与民更始"的问题给予建议。但是，"其维新之机，须由贵国人士先作之"。接着，湖南重复了他于1898年所写的第一篇关于戊戌变法的文章中的思想：虽然幕府末期日本众多"舍生取义"的志士们的行为多少有点过激，但是如果没有他们的存在，日本也就不会有如今"应付近日时势"的力量。②

湖南在此想要表达的意思也许就是，现在已经不再是发议论的时候

---

① 《燕山楚水》，《全集》2，60—61 页。《万国史记》之书名大概是著者冈本模仿司马迁的《史记》有意加上"万国"二字的，意即"万国"之"史记"吧！另外，湖南与那珂通世（参照本文）及冈本也有私交。冈本在明治初期曾两度访问中国，并曾到访孔子的诞生地，即山东的曲阜。1899年当时，他得到清朝驻日公使李盛铎的支持，在东京的善邻译书馆从事翻译工作。
② 《燕山楚水》，《全集》2，61—62 页。

了,积极行动起来酝酿革命才是中国知识分子真正的责任。他接着说,"若设曩日特科,贵国人士往往视同从前科目,以为仕官之捷径,此病不治,国遂不兴也"。即他认为清朝的科举制度已经不足为恃,顺便询问了蒋陈二人有无参加科举。蒋国亮随即回答说,"陈君所见甚高,以此为小道,不作此恶剧。如弟则未能免俗,曾应试为举人"。始终以主人的姿态引导着这次会谈的湖南,最后向二人询问是否愿意访问日本。蒋国亮回答说,"甚愿,但苦于无此机会,(中略)然望东方蓬莱,时时心向往之"。①

此后一周内,湖南沿着海岸乘船南下,途中会见了居住在中国的数名日本人。10月12日,湖南在上海见到了佐原笃介(1874—1932)。佐原毕业于庆应大学,当时是东京《时事新报》派驻上海的通信员。经他介绍,湖南于次日拜见了一位伟大的学者文廷式(1856—1904)。13日,湖南在佐原和井上雅二(1877—1947,荒尾精的弟子,是年,他参与了上海同文会的创立)的陪同下前往文廷式家中拜访。会谈时在场的还有宋伯鲁(1854—1923)。不过,在湖南与文廷式进行笔谈的时候,他始终保持着沉默。宋伯鲁是山西人,光绪十二年(1886)进士,也是一位画家。文廷式则是光绪十六年(1890)进士,1894年至1896年曾任翰林院侍读学士。戊戌政变之后,他也曾因为与康有为的关系而不得不暂时逃亡日本,后来才回到中国。在作了颇有礼貌的问候之后,湖南很快将话题引到中国的改革及其承担者的问题上来。湖南提到严复曾经告诉自己,上海有很多精通洋务之人,请求文廷式介绍合适的人物。但是,文廷式拒绝了他的请求。湖南显然感到十分失望,但还是向文廷式表达了自己希望会见张之洞的想法,尽管严复曾经忠告过他,不要对戊戌政变后的改革派抱有太大的期望。于是,笔谈的气氛由此变得微妙起来,文廷式的文字转而变为日本所没有的官样文章,笔谈的内容也不再能够触及中国问题的核心。对于湖南期望会见张之洞的请求,文廷式也只是作了如下隐晦的回答,"禅家云,水浅非是泊船处,贵邦贤哲,何故津津于以南皮尚

---

① 《燕山楚水》,《全集》2,62—63页。

书(张之洞)卜吾国之隆替也"。①

湖南不希望笔谈的内容就此偏离自己的目标,于是将话题转移到了日本。他列举了日本过去一百年间众多"志士仁人""舍生取义"的例子,以此来说明日本的"志士"不是"坐待机势",因而取得了明治维新的成功。并询问文廷式,如果中国维新的"机势果真到了,当从何处下其手?"对于这样的质问,文廷式并未明确回答,只是说"时机尚远"。至于"何处"的问题更没有直接回答,而是批判了改革需借助日本之兵力的"近人"主张。接着说道,对改革来说,事先详细探讨计划是非常重要的,在这一点上,中国期待日本方面的"人才"能够给予帮助。湖南对此也表示同意,并回应说,"藉(日本之)兵力之谈不过乃一时之权宜,贵国革弊之事,非一时权宜所能济,用邦人(日本人)办各事,以为一定之成例(如明治维新),先生所见甚是"。不过,湖南也以台湾为例指出,如果将日本成功的经验原封不动地适用于中国,那么这种做法是有危险性的②:"邦人通贵国之情弊者,未必甚多,若一概以敝邦(日本)成例行之贵国,则枘凿不容,殷鉴已在台湾"。对此,文廷式也表示同意,并作了如下的回答:

> 贵国(日本)一姓相承二千余年,故先定国是,而后渐渐修改;敝邦(中国)今日之事,其例非也,定法治在今日也。采列国之长,救千年之弊,规模既立,宪法自行,亦非难事也。

当湖南试图再度借中日比较来讨论中国的"宿弊"时,文廷式或许是被激怒了,或许是疲乏了,在说了"仆之(宿弊)怀之已久,管子八观之篇,

---

① 《燕山楚水》,《全集》2,64 页;《己亥鸿爪记略》,《全集》6,331 页。同前内藤书《内藤湖南记 己亥鸿爪记略(上)》124 页。同前《代游清诸之注》(上)7—8 页。1900 年文廷式访问日本的时候,曾几次会见湖南,并且因湖南的介绍见到了白鸟库吉、那珂通世以及桑源骘藏等具有代表性的汉学家。期间,文廷式还向那珂赠送了《元朝秘史》的原文(将蒙古语转写成汉语)。湖南在他们的交往中起到了牵线搭桥的作用。因此,那珂在《元朝秘史》的日语翻译本《成吉思汗实录》的序言(1—3 页)中提及此事,向湖南表示了感谢。关于这次文廷式访问日本的情况,在他的《东游日记》中有过详细的阐述。参照最近在台湾出版的《文廷式全集》1,《日记三种》35—68 页,以及神田喜一郎的富有魅力的论文《内藤湖南与文廷式》,32—37 页。
② 《燕山楚水》,《全集》,2,62 页。

舰国者当如者是也"之后，就提议待他日再会，以期结束这次会谈。两人在11月初有过再次会谈的机会，但是当时的笔谈记录却没有留存下来。①

在此后的一个月内，湖南游历了杭州、苏州、武昌、汉口、九江等地，沿途购买书籍，观光赴宴，然后于11月20日返回上海。在上海，湖南见到了罗振玉、刘学询、张元济等三人，并与之进行了笔谈。其中，湖南与张元济（1866—1959）之间的笔谈记录保存得最为完整。张元济出身于浙江省，是光绪十八年进士。但是，由于他与湖南巡抚陈宝箴以及康有为的变法运动有关，所以在戊戌政变之后就被列入了北京政府的黑名单。此后，他成了著名的藏书家，并且出版了百衲本《二十四史》。湖南称呼他为"白皙美好之丈夫，(中略)能通英文，盖亦江浙间之俊才也"。②

张元济在会谈时，先询问了湖南到上海之前在各地游历的情况。湖南一五一十作了回答后，随即将话题转移到自己所希望的方向上来。他问道："如此江山，乃使他人（西欧列强）放言为我之势力范围，以为贵国士大夫之耻也，先生以为如何？"张回答说："国事至此，夫复何言。"然后，他问湖南有否到访长安等华北各地。湖南解释说，因为时间关系，所以还没来得及去这些地方，就马上又回到正题上来，说"关中（长安一带）民物不复昔日之盛，其地力人材，不能如江南。"而且明知张元济与康有为的变法运动有关，却故意提及此事，说"近日如康南海（有为），乃一度提倡迁都关中之说，为弟（湖南）所不解，愿听高见。"对于这样的质问，张也

---

① 《燕山楚水》，65—67页。《书简71 1899年10约14日 与妻子》，《全集》14，395页。另外，湖南在《燕山楚水》中谈到了《管子》的《八观篇》，《全集》2，110页。
② 《燕山楚水》，《全集》2，69—73，101页。同前小川，《内藤湖南》368页。《己亥鸿爪记略》，《全集》6，332—335页。同前内藤书，《内藤湖南记 己亥鸿爪记略（上）》124页。同前内藤书，《内藤湖南记 己亥鸿爪记略（下）》88页。另外，最近，笔谈的原文（比《燕山楚水》中收录的内容略长）也公开发表了。书论编集室编，《内藤湖南·张元济笔谈》147—149页。关于张元济，参照 H. L. Boorman and C. H. Richard, eds. *Biographical Dictionary of Republican China*, I, pp. 138 - 140 中的相关词条。

没有表现出丝毫狼狈之相。他同意湖南的意见,认为"关中王气已尽",另一方面则就迁都关中之意见解释道,最近"中朝士夫,亦有言之者,则为暂避外人锋锐之权宜之计耳。康南海近日亦不作此言"。①

湖南几乎不给张以喘息的机会,又接着提出以下主张:

> 故积习难移,为贵邦在朝之大弊。且不论迁都之议,以弟之见,以东南十省之力,养其余诸省以及塞外荒原之地,贵国财政已周济不足,意此亦为一大原因也。若以东南之殷富,而为自卫之计,则财足兵精,数年能成也。②

对于南方各省以"自卫之计"而图自强的主张,张元济也表示赞同,不过他认为有能力和有意愿成"此大业"者大概很难找到。对此,湖南也表示认可,并认为这是中国这样一个领土广大和人口众多的国家所固有的问题。两人一致表示同意的是,如果中国以西欧各国作为改革之模范,将会弊端丛生。湖南主张说,"人材养成,以学校为先;士风之陶铸,尤当于生员在校舍之日励行之"。③ 于是,张元济对近年来的学风表示了不满:"只知(西洋思想之)皮毛,而不能得其神髓也。"此话正中湖南下怀,他赞同地说到:"洋务人材多轻佻浅薄,敝邦前十年,亦复如是也。专敏于语言,而不会读书绎意也。"④

湖南接着将话题转移到张之洞的改革事业上来,并对张去世后恐怕无人继承其事业表示了深刻的担忧。张元济勉强同意他的看法,并问湖南有没有看过张之洞的《劝学篇》。张之洞的《劝学篇》著于 1898 年,书中对康有为的激进改革论作了批判。湖南回答说:《劝学篇》文字老成,然其议论则于泰西事情一知半解,有贻笑识者也。何君启书后(何启所写之《劝学篇》后记),虽攻之过刻,而其切当之处则张尚书亦难措辨者,且何君泰西学

---

①②《燕山楚水》,《全集》2,101 页。同前小川编,《内藤湖南》,369 页。
③《燕山楚水》,《全集》2,102 页。同前小川编,《内藤湖南》,370 页。
④《燕山楚水》,《全集》2,102—103 页。同前小川编,《内藤湖南》,370 页。

术深邃精博,盖非张尚书之流可比也。"①

继而,张元济向这位傲慢的日本客人询问其对康有为的看法。湖南回答说:"其人才力有余,而识量不足,乏沉稳之态。又志欲共济一世,而必以学义之异同,喜自我标榜,与人辩驳,其事所以易折。大凡事功之人,必忌于学义立偏见。是自限其势力,而不能大行其道也。"张就此回应说:"康之为人,欲以所学强加于众人,转而授人以暇隙,以致生意外之衅,正如先生所言也。"可见他完全赞同湖南的意见。②

接着,张元济对当时梁启超在日本创办《清议报》进行了严厉的批判。对此,湖南说,梁启超是优秀的文章家,只是他在交往中感染了日本"人士近日急躁之风"而已。与此相关联,湖南本想详细介绍一下日本自明治维新以来三十年间"士人亦渐惯于久安,弊病百出"的状况,而张却在表示"尊论极佩服"之后,询问湖南是否见到过梁启超的同志王照(1859—1935)。湖南回答说:"见过一面,盖倔强之人,才气甚短,禀性率直,非任大事之人也。"张又表示想了解梁、王等这些逃亡日本之人的近况。湖南回答说,他们现在都在大隈重信的庇护之下,据说"(王)思乡之念太切,与东方诸友,多有违隙,殆欲发狂,可怜之至也"。张在与湖南之笔谈将要结束之际,当场作了一首七言绝句赠送湖南。其诗如下:③

> 海上相逢一叶槎,
> 慎谈时事泪交加。
> 愿君椽笔张公论,
> 半壁东南亦辅车。

湖南与罗振玉(1866—1940)的笔谈几乎始终围绕着金石文的话题。当时已经是该领域之硕学的罗振玉,在1900年殷代甲骨文字发现之后,又成为这一新领域的开拓者。由于当时湖南在金石学这一艰涩难懂的

---

① 《燕山楚水》,《全集》2,103—104 页。同前小川编,《内藤湖南》,370—371 页。
② 《燕山楚水》,《全集》2,104 页。同前小川编,《内藤湖南》,371—372 页。
③ 《燕山楚水》,《全集》2,104—105 页。同前小川编,《内藤湖南》,372—373 页。

学问领域里还是个新手,在笔谈的时候虽然提供了一些有关日本书法、石碑、墓碑拓本等方面的话题,但是在整个谈话过程中基本上处于恭听者的角色。他们在此后的35年间始终保持着互相尊敬的朋友关系。当辛亥革命发生之际,罗振玉与其高足王国维(1877—1927)受湖南之邀访问京都,并在那里居住了七年之久。在这次最初的笔谈中,湖南将日本著名书法家(比如日下部鸣鹤、多田亲爱等)的作品赠送给罗振玉。罗振玉看到这些作品后给予了高度的评价,认为其水平不下于中国的优秀书法家。①

湖南与刘学询的笔谈内容与前面二人迥异。刘是广东出身的富商,同时也作为李鸿章的宠商而闻名。在与湖南会谈的数月之前,刘曾奉清廷之命,以商业考察的名义访问了日本。但是实际上,他是奉有在日本人协作下逮捕并暗杀康有为等人之密令的。但是,派驻东京的中国公使李盛铎(1858—1935)不仅对之盛情款待,以试图打消他暗杀康有为等人的念头,而且向伊藤博文透露了其访日密令的情报。因而,李公使的行为可谓完全与清廷的意向相违背。② 所以,当刘学询与湖南进行笔谈时,他激烈地批判了李公使的不忠行为。1900年,孙文在惠州起义失败时,刘学询曾被两广总督李鸿章派往东京,劝说孙文与两广(广东、广西省)的独立计划保持步调一致。当他回到中国以后,他又以受到李鸿章委托

---

① 《燕山楚水》,《全集》2,105—106页。同前小川编,《内藤湖南》,373—374页。罗振玉的回想录谈到过自己曾经与湖南以及其他许多日本人会谈的事情,但是不知为什么没有提到在1899年与湖南会谈。而且,在中国人中,像他这样偏爱日本的人是十分罕见的。关于这点,参照其《罗雪堂先生全集续编》册2。
② Chou Jen Hwa, *China and Japan: The History of Chinese Diplomatic Mission in Japan 1877-1911*, pp. 199 - 200(该研究的根据是日本外交文书)。Marius B. Jansen, *The Japanese and Sun Yat-sen*, p. 245.

为名,给予孙文在广东的代理人宫崎滔天以三万银两的资助。① 为什么湖南会对刘学询感兴趣呢? 其动机仍然是个谜。而刘学询本人的经历也是一个谜。但是,如同孙文对之感兴趣一样,显然,刘学询与李鸿章的关系,以及他拥有的可能对中国改革起到作用的丰富资产都是引起湖南兴趣的原因所在吧。

湖南与刘学询的笔谈记录没有留存下来。因此,我们只能依靠湖南的丰富记忆了。湖南事后回忆说,刘学询曾经说过,自己访问日本的"第一目的在于开设日清银行,以及从事矿山铁道等事业"。但是,事情并未如其所愿,他也因此感到十分失望。湖南又向他询问中国通商银行与盛宣怀(1844—1916)之间的关系。刘回答说,在该银行开设时自己也曾尽过力,但是结果却变成了盛宣怀个人的银行,因此现在自己与该银行已经没有任何关系了。由此可见,刘学询对盛宣怀是抱有不满的。湖南转变了一下话题,向刘询问庆亲王(1836—1913)与荣禄(1836—1903)之间关系不和的传闻是否真实。对此,刘回答说,庆亲王已经对中国的发展尽力了,而因为荣禄拉拢盛宣怀和袁世凯(1859—1916)等人,结果庆亲王就被孤立了。另外,刘对李鸿章倍加赞赏:"张之洞顾虑声名,优柔寡断,李则无此弊病。所传李主张与俄国结盟之议云云,全属讹传。李深为东洋百年大计所忧,暗中为李并无敌视日本之意辨疏。"②但是,刘的这些辩明与历史事实是相反的,显然他是为了博取日本人湖南之欢心而歪曲了事实。

湖南与刘学询的笔谈成为他这次访问中国时笔谈的尾声。综上所

---

① 同前内藤书,《内藤湖南 己亥鸿爪记略(下)》88 页。同前 Jansen 书,pp. 86 - 87. 关于此事,宫崎滔天的名著《三十三年之梦》中有所言及。Etō Shin-kichi and Marius Jansen trans., *My Thirty-Three Year's Dream*: *The Autobiography of Miyazaki Tōten*, pp. 202, 238 - 240. 另外,关于刘学恂的经历不是十分地清楚。Albert Feuerwerker 说"关于此人,除了名字之外就无从所知了",这也有点言过了。Feuerwerker, *China's Early Industrialization*: *Sheng Hsuan-huai(1844-1916) and Mandarin Enterprise*, p. 235.

② 《燕山楚水》,《全集》2, 106—107 页。同前小川编,《内藤湖南》374—376 页。据我的推测,刘学恂为了推行改革而并不在乎接近的人物是为何人,而他与李鸿章关系也是由此生发出来的。如果这一情况属实的话,那么他对李鸿章的忠实程度究竟如何也就没有太大的意义了。

述,在此期间,湖南会见了西欧政治学、社会学著作的优秀翻译家严复,支持康有为变法运动的数位青年人士,持改革主义的众多记者,清末的著名学者文廷式,近代中国考古学的鼻祖罗振玉,以及抱有政治野心的富商刘学询等人。在湖南会见过的这些中国人中,尽管热情程度各异,但是大多数都主张中国应该与日本合作,而且都痛感中国有改革的必要性。虽然湖南亲耳从这些中国人的口中听到了这些见解,但是其所会见的中国人以及众多的日本人,只能代表1899年当时中国的一个方面而已。尽管如此,湖南已经感到大为满足了。只是在那个时点,湖南还没有来得及就这一方面的情况详细阐述自己的见解。而对于中国的其他侧面以及应当将各方面整合起来加以改革的中国整体,湖南也还没有从正面进行阐述。因此,湖南暂时只是将这次访问中国的情况与感受写成了若干印象记以及报刊评论。

这些印象记只不过是湖南将自己访问中国的感怀写成了一些漫无边际的杂谈而已,而并非如一些湖南研究者所批判的那样,体现了湖南对中国人的轻视。① 在这些印象记中,最为有名的一篇是《支那人与狗》,是湖南在参观了只对外国人开放的天津的公园时所写的报道。在该公园的入口处挂着一块告示牌,上面写着"中国人与狗不得入内"。湖南在文章中只是说道,该公园风景之优美不下于上海之公园。不过说到上海公园,只要是学习过中国近代史的学生都知道,大概在20年后,该公园曾令被拒之于门外的毛泽东十分愤怒。即上海公园与天津的公园一样,门口也立有这样的一块告示牌。根据湖南在文章中的记载,唯一有资格出入上海公园的中国人是"看护外国人小孩的中国妇女"。于是,"上海的支那人,为满足其奢华傲慢之情,于外国人公园附近别设公园,其构造殆不劣于外国人公园,以为游步之地"。可见,湖南在有感于公园门口之告示牌的同时,也为不甘受此屈辱的上海的中国人之作为而感动。这正

---

① 有学者认为这反映了湖南的偏见。关于这样的批判性见解,可以举出竹内实的《明治学者的中国纪行》268—269页。

第三章 1890年代——中国的改革与汉学家湖南的诞生

是他将此短文收录于中国访问印象记中的原因所在吧。①

然而另一方面,湖南对北京那令人难以忍受的恶臭表现出明显的厌恶之情。湖南明确无误地指出产生恶臭的原因是下水道设施的不完善,并进一步评论道,明代的都城北京拥有"规模庞大的下水设备",但在1899年当时则几乎没有派上用场。"胡同之屏侧到处皆成粪便放撒场",因此"粪便之臭弥漫空中,全北京若成一大便所,其气息几乎令人窒息"。② 于是,湖南提出了北京需要大规模敷设下水道的主张,而北京的改革论者提出这一要求则是在二三十年之后的事情了。

在这些短短的印象记中,记录着湖南在接触到中国社会某些侧面时所发出的种种感叹。在北京、天津地方,湖南见到了"我邦所无可比照之处"的壮丽景观。在上海的剧场,他观赏了音乐和动作都十分优美的戏剧。湖南对中国各地方言之迥异也感到十分惊奇。他还为中国人那令人难以置信的读书量而咋舌,因为即便一个普通中国读书人所读之书也要超过日本的"一般藏书家"。③

在这次访问中国的过程中,湖南几乎没有考虑到与中国普通民众的交流问题,认为他们只是毫不起眼的大众而已,其行为习惯与统治他们的君主专制政府一样都处于必须改革的状态。尽管如此,湖南绝没有轻视其力量的意思。他认为在1899年中国所面临的种种问题都是历史遗留下来的问题。几年之后,抱有这一想法的湖南便开始从普通民众的层

---

① 《鸿爪记余》,《全集》2,111页。在湖南的印象记《体面的意义》中也曾这样论说到,"在我们(日本的)北京公使馆的门卫中,有曾为五品官的老爷,虽然是宗室的贵族,但只要给予五元左右的工钱,就会教给日本人官话。面子、体面等等对于今日之支那人而言,已经毫无意义了"。《鸿爪记余》,《全集》2,113页。
② 《一大围圊》,《鸿爪记余》,《全集》2,113页。但是,如果因为湖南描述了北京的恶臭,便认为这是日本帝国主义者妄自尊大的中国观,则是错误的。因为,随后在1919年李大钊(中国共产党的创立者之一)也曾经说过,"苦闷,干燥,污秽,迟滞,不方便,不经济,不卫生,没有趣味,是今日北京市民生活的内容"。《北京市民应该要求的新生活》,《新生活》5,(1919年9月21日),《李大钊选集》,人民出版社,1962年,239页。另外,关于李大钊的这一文章,得自戴维он特兰德(David Strand)的赐教。
③ 《风景的概观》,《沪上的演戏》,《不是塔》,《支那人的笃学》,《鸿爪记余》,《全集》2,120,117—120,122—123,125—126。

面来分析中国的社会问题了。

就这样,湖南逐渐开始在报刊上就中国的改革问题发表自己的意见。这些评论大部分都是湖南在1899年访问中国归来之后发表的,仅有少数几篇是在此之前的。其中第一篇是访问中国三周之前所写的,文中对关于应该"保全"还是"分割"中国而议论纷纷的情形作了批判,认为这些议论根本无视中国应该如何改革这一关键性的现实问题,因而是毫无意义的。他指出,中国自唐宋以来尚未有一个人物取得过改革的成功,要解决中国问题必须"鉴于支那历史与现状,及其与世界文明之接触,明辩慎思之"。① 在两周之后的另一篇评论中,他反复重申了中国改革的重要性:"清国改革之难,不在其推行,而在其成功也。不在使其人民知改革之必要,而在不知从何处着手也。"湖南还援引了中国历史上的事例加以说明。这种评论风格后来成为湖南独具一格的行文特色。湖南从中国历史上的改革中发现了一大问题,即中国的改革者往往只关注某个特定地方的事情。比如北宋神宗时期(1067—1085),王安石和李参在不同的地方取得了改革的成果。但是,当王安石的改革在全国大规模推广的时候,却遭到了失败。而且,王安石、王莽(公元8—23年在位)、方孝孺等人所推行的改革无一不是以回归"理想的"周朝政治制度为目标,但是周朝的制度实行的范围实际上仅限于"方畿千里之间",只适用于其首都周边的狭小地域而已。

以这一认识为基础,湖南开始提出具有自己特色的改革方案。他说:"若支那,其人民富实而其政府患穷乏之邦国,未曾有也。故支那改革之第一着,在整顿其财政,相比现在政府岁入,至少得增五倍以上。"但是,湖南的改革方案也仅仅谈到此处为止。此后,除了说到"不可系望于读书人"之外,就中国改革的承担者问题等,他几乎不再有任何提及。② 另外,湖南也指出赫德③(Robert Hart)在海关行政方面所取得的功绩,

---

① 《关于东洋问题的讲究》,《万朝报》,1899年8月14日稿,《禹城论纂》,《全集》2,136—137页。
② 《支那改革的难易》,《万朝报》,1899年8月27日稿,《禹城论纂》,《全集》2,146—150页。
③ 赫德,英国人,任晚清海关的总税务司。——译者注

但这不过是他为了举例说明改革在特定领域里比较容易获得成功而已，并不是试图借此提倡改革需要外国人援助的必要性。当时的湖南还未就外国人的援助问题形成自己具体而明确的看法。

在访问中国归来两周之后，湖南开始认真探讨中国的改革问题。在中国期间曾经考察过日本专管居留地（租界）实际状况的湖南，在文章中批判了日本租界所具有的自我孤立倾向："上海居留地中国人之富有，不知几十百倍于居留外国人之富有也，而彼等未有参与上海市政之权利"，甚至"动辄蹂躏其权利，被侮蔑枉屈"。但是，这种做法不仅从经济的角度来看是愚蠢的，而且从道义上来看也是不公平的。"更有甚者，莫若外人所设立公园不准支那绅士之出入"。不过，在外国租界，"警察缉捕有效，无盗贼之患"，比清朝统治下的地区更为安全。但是，由于在中国的警察界，弊害已成常态，所以即便照搬外国租界的制度，其改革也只能是表面的模仿而已，不能造成根本的改变。于是，湖南提出了如下建议：首先，以日本租界"为模范行政区，以变法之利益，展示于清国官民，启其向慕改图之途"；其次，邀请中国人来租界，让他们亲眼目睹租界的实际状况，他们或许也会希望拥有与租界同样水准的警察、卫生条件和行政服务。湖南认为当时的中国人的确拥有建设这一人人向往之理想生活环境的充足资金。只要在调查现状的基础上制定合适的计划，并以坚强的决心付诸实施，改革的成功是可以期待的。① 在以上论述中，湖南认为自己曾经视察过的日本租界所取得的改革成果应该成为中国改革的模范，不过需要让中国人亲眼目睹日本租界的成果，以唤醒改革所不可或缺的中国人之公共意识。不过，湖南并没有就日本在中国改革中的作用问题向日本政府提出更为具体的政策建议。

为了证明日本在援助中国改革方面的诚意，湖南强烈主张日本派驻中国担任领事的外交官应当是不仅精通国际关系，而且精通中国内政的

---

① 《在清国的专管居留地　其一》，《万朝报》，1899 年 11 月 8 日、9 日稿，《禹城论纂》，《全集》2，140—143 页。

人才。因此,湖南对那些轻视驻扎中国之职位的外交官的态度进行了严厉批判。他说:"从来领事官之地位,承袭彼崇欧之余习,重欧洲驻扎,轻清国驻扎。不唯轻视,且有鄙厌之风,此弊尤急须更改之。"并说如果能够提高派驻中国领事官的地位,拔擢"有伎俩之人材",以此来向中国人表明日本人之诚意,那么中国人就可能会在各地的学校中招聘日本人当教官。①

在湖南提到的日本可以援助中国的改革事业中,"内河航路的扩张"这项风险事业也是其中之一。他认为,通过这一事业可以扩大商品流通,从而对中日两国都带来利益。他还认为如果日本人能够在这些事业上表现出自己的热心,就会提高日本以及日本商人在中国的信用。他进而提议,现在派往中国的留学生,不应当是"胆气豪放之英雄汉",而应当是"谨厚着实,警敏圆滑,适合于讲习实际业务者",他们应该为了将来的通商而前往各地调查实情。湖南预计将来当日本在中国各地,特别是在北京和南京等地设立日语学校的时候,这些留学生将起到重要的作用。②

与其他到中国旅行过的汉学家们一样,1899年到访中国的湖南也确实感觉到现实中的中国与经书、史书中的中国几乎完全是两个不同的世界,而北京的臭气或许更加深了湖南的这一具有两面性的认识。对中国的实际观察使得湖南认为现实的中国远远逊色于"支那文词之虚饰"。于是他说,对中国的理解不应当仅仅停留于表面,直面"实际实物"等诸问题(比如"学堂、铁政、纺织诸局"等)才是当务之急。他还强调说,那些漫无边际的议论必须消除,否则事情将永远得不到切实的解决。③

与中国大多数改革论者们一样,湖南也认为,越了解中国社会的根干,就越觉得要解决问题,只审视清代的中国显然是不够的。举例而言,清朝

---

① 《清国的领事馆》,《万朝报》,1900年1月4日、13日稿,《禹域论纂》,《全集》2,146—150页。
② 《支那的内河航路》,《万朝报》,1900年1月30日稿;《支那留学生的简择》,《万朝报》,1900年2月26日稿;《支那问题与南京北京》,《万朝报》,1900年3月20日稿,《禹域论纂》,《全集》2,151—156页。
③ 《今后的支那观察者》,《万朝报》,1900年3月20日稿,《禹域论纂》,《全集》2,159—161页。

财政问题的根本不在于作为权力中枢的北京,而在于征税官吏与民众互相接触的地方社会的底层。但是,这些官吏却"若树木内皮之寄生虫,除之则树亦一并枯死"。可以说,正是因为湖南获得了这一认识,才使得他对此前一些漠然不得其解的事情变得明白起来。而湖南的这一想法与经世思想的观点也是相通的。因为经世思想家们也认为,在中国掌握实权的正是与民众关系最为接近的下层官吏。但是,正如湖南在访华期间与严复所达成的共识那样,不可能期待下层官吏自行停止"中饱私囊"的行为。因此,湖南认为康有为变法运动失败的原因在于其没有成为有益于地方社会的改革,而只是停留于纸上谈兵的空论。但是,要改变这种中国社会的根干,还必须有超越改革之上的东西。① 但究竟这样的东西是为何物,至少在湖南的这篇文章中还没有得出结论。直到数年之后,他才认识到这一问题的答案所在。

1900年当时,虽然湖南也在大声呼吁必须改进中国研究,以便从中国的历史脉络中来理解中国问题,但是他也不得不抱怨当时的日本汉学水平至少落后中国一个世纪。湖南认为中国"义理之发明尽于宋明",然而明治时代的汉学家依然在这些问题上纠缠不休。此外,湖南认为"考证之精致穷于乾隆(1736—96年)",而日本的"经学家亦仍为乾隆之遗风而已"。与中国学者在历史学、校勘学、金石学、小学等领域所取得的令人瞩目的成果相比,日本的历史家们依然只能做一些编年史、纪事史的记录而已,"殆若不遑及于志书之研究"。简而言之,湖南认为,假如将来日本能够援助中国之日到来了,日本至少必须将其此前理解中国的程度提高到今日之水准。②

在湖南看来,当时最重要的课题是阐明日本在中国存在的各个问题、特别是改革的问题中能起到怎样的作用。因此,湖南批判了当时一

---

① 《支那调查的一方面〈政治学术的调查〉》,《日本人》101(1900年3月20日稿),《禹域论纂》,《全集》2,162—164页。
② 《支那调查的一方面〈政治学术的调查〉》,《日本人》101(1900年3月20日稿),《禹域论纂》,《全集》2,164—165页。

些日本学者的作风,他们对于这些问题毫无兴趣,而沉迷于一些不合时宜的课题之中。湖南坚持主张,为了正确地把握日本在中国改革中所能起到的作用,就必须从中国的历史脉络中来正确了解中国改革的必要性。湖南的这一认识成为其思想的一大特征。湖南对明治时代日本汉学的批评也许或多或少地存在有欠公允之处,但是他的这种批判归根结底是想以更加明确的形式来表达自己在这一问题上的意见,以及汉学者应当把关注点转到同时代中国的现实问题上来的信念。可以说,湖南对当时大部分汉学者们敲响了应该关心时事的警钟。

访问过中国并与众多杰出的中国学者们有过交流之后,湖南深切体会到清朝学术的广度与深度,并意识到日本的学者有责任收集中国史料仔细研读。湖南认为,与富有批判精神的中国学者不同的是,日本学者对史料基本上持有一种无批判的态度,因此有必要纠正。在湖南看来,当时日本的考证学"譬若爱箱庭(小庭院)者"。但是,尽管一个人可以随心所欲地建设自己的"箱庭",但是那终究不是实际的"天地"。也许是有感于访问中国时所见中国人读书量之大,湖南说,日本人是"现在文明国民中最不喜读书之民族",其结果是只能写出"死气满纸"的著作。这个批评隐含着他的一贯信念,即学者应该在现实世界中发挥其应有的作用。让湖南感到十分不满的是,日本的学术界倾向于优先研究欧洲事物,导致日本学者对自己的东亚文化传统反而缺乏足够的认识。连过去三百年的日本历史都说明不了的日本学者,又怎么可能教授长达三千年的中国历史呢?如果日本学者安于状态裹足不前的话,日本不仅可能永远到达不了援助中国的境地,而且甚至对日本本国的治理也会失去把握。因此,为了改善这一学术状况,就有必要大力加强汉学教育。湖南建议那些"笃学之士"从张之洞的《劝学篇》开始学习。[①] 其理由也许不在于《劝学篇》中所主张的稳健改革论,而是在于其书名所示的观点,即"劝学"是使制度改革成功的前提。加之,该书还认为教育是中国必须改革

---

① 《邦人关于读书的弊习 附汉学的门径》,1900年3月稿,《禹域论纂》,《全集》2,162—164页。

的领域之一,并且认可日本在这个领域里可以发挥重要的作用。毫无疑问,这也是湖南推崇此书的原因所在。①

1890年代中期,即本章讨论的对象时期里,湖南还写过一篇短小的论文《支那学变》。这是他到当时为止就中国学术所写的最为详细的一篇文章。湖南在文中通观了中国历史上的"文体"变迁,指出各种文体反映了各自的时代特征。他认为,由于不同的时代都有造成其"沉滞"的原因,其结果就过渡到了下一个时代,所以对历史的潮流应该给予辩证的理解。由此可见,各时代的"文体"既是各时代的产物,表现了各时代的特征,同时也随着时代的变迁而发生变化。因此,湖南主张从历史主义的视点来把握"文体"的变迁。几乎就在同一时期,湖南还执笔写作了另一篇文章,即《学变臆说》。他认为历史的运动方式不应简单地看作是直线型的、循环式的或者是螺旋式的,提出了自己独特的历史观,即"天运螺旋形循环说"。② 总之,这个时期的湖南,在集中精力研究中国问题的同时,也将自己的历史观淬炼得更加精致。

在1894年至1899年间,通过对当时发生的一连串事件的思考,湖南设想了中国政治社会改革的四个模式。湖南在逐个考证这些模式的时候,对形成同时代中国诸问题的历史背景产生了强烈的兴趣。1920年,湖南曾经明确地表示,"余之所谓东洋史即支那文化的发展史"。③ 此处所谓的"支那文化"其实指的就是湖南自己所曾接受的汉学教育内容。在湖南看来,万一中国不能荣耀地承担起维持这一伟大文化传统的使命,那么国力强于中国而文化上属于晚辈的日本必须肩负起保持东亚文化传统的伟大使命(即"天职")。由于光靠中国人自己之力已无法完成内政改革,所以为了完成这一使命,日本也许不得不对中国的内政改革施加压力。不过,湖南认为中国的改革必须以强烈批判专制政治的经世

---

① Y. C. Wang, *Chinese Intellectuals and the West*, *1872—1949*, pp. 52-53. Marius Jansen, "Japan and Chinese Revolution of 1911," p. 349.
②《支那学变》《学变臆说》《泪珠唾珠》《全集》1,351—357页。
③《支那上古史》《全集》10,10页。

学家的改革构想为其基础。这既是因为惟有经世学家的改革构想才是以中国的社会及文化结构为其基础的,并是具有实践性的重要思想遗产,同时也是因为经世思想与湖南所主张的学问必须为解决现实问题发挥作用的实学思想相通的缘故。

在以往的研究中,一般认为湖南所提倡的是经由战争的改革模式,而且这一点也总是最为引人关注的。但实际上在 1895 年以后,湖南从未积极提倡过对中国行使武力的言论。即使在甲午战争如火如荼之际,他的态度也是左右摇摆的。有时候他似乎主张行使武力,而有时候他又主张要抑制武力的使用。而且,他以台湾为例的经由殖民地化的改革模式,虽然在后来谈论朝鲜"改革"时曾经被再次提起过,但是在讨论中国本土改革问题时,他有关这一模式的议论就逐渐消失了。在 20 世纪早期的数十年间,关于日本或其他国家援助中国的质与量,以及列强对中国各城市实行共同管理的可能性等等问题,湖南自己也把握不定,因而也就没有提出明确的看法。在此期间,他偶尔会说依靠中国自己来改革并非是不可能的。但是,在 1911 年辛亥革命之后中国内部极度混乱的局面之下,湖南几乎不再提及在没有外国尤其是日本的援助之下进行改革这一问题了。最终,在湖南所设想的关于中国改革的四个模式中,唯一剩下的可行的模式,就是中日两国在相互信赖的关系下通过文化交流方式来实施改革。流亡日本的梁启超也曾经有过这样的改革构想,并深为湖南所认同。湖南自己在 1899 年访问中国之际也曾向众多中国人提及,并从他们的口中听闻过这一观点。由此可以证明,这是最具有持久生命力的改革构想。最近邓小平表示,即使现在,日本的明治维新也可以作为中国效法的榜样。[①] 如果湖南对此有知的话,他应该会感到十分欣喜吧!

---

① "China and Japan Hug and Make up," *Time* 112 (6 November 1978), p. 56.

第四章　就任京都帝国大学教授与清史研究

> 第一敬服者乃君不断之努力精进也。了不起处在于始终不变之用功,此终究非常人之所能企及。成就湖南君者乃此不绝之精进努力,无他也。且其并非自我强矫而使然,实乃自然而然成之,或谓其生来而为一纯粹之学者,亦不为过也。
>
> 　　　　　　　　　　　幸田露伴　一九三四年①

在20世纪初之前,湖南的学问水平就已经达到了很高的程度,此后,无论是作为记者,还是作为学者,湖南的关注点始终集中在中国问题上,而且通过从政论家的立场执笔写作评论和学术著作,形成了自己独具特色的汉学。正如1890年代清朝发生变法运动一样,发生于1900年代的清朝衰败与崩溃的历史过程也吸引了湖南的注意。正是这一历史过程将其知识生产中作为记者的关心与作为学者的研究有机结合起来。当然,其中或许还有其他因素的作用。但不管怎样,从此以后的湖南就开始专注于清史的研究了。

1907年,湖南到日本设立的第二所国立大学——京都帝国大学(以下略称京大)就职,并在其中的文科大学史学科担任东洋史学第一讲座

---

① 幸田露伴,《回忆湖南君》27页。关于湖南与露伴的关系,参照盐谷赞《幸田露伴》。

教授。从1900年担任《万朝报》的中国问题论说委员到1907年成为京大的著名东洋史学家,他在中国史方面的学识水准大有提高,已经毫不逊色于他对当时中国政治问题的卓越见识。但是,由于当时湖南与《万朝报》《大阪朝日新闻》(湖南于1900年4月从《万朝报》退职,于同年7月再次加入《大阪朝日新闻》社)的论说委员们,尤其是编辑主任不投缘,对于记者的工作不再如从前那样充满热情。另一方面,他对大学教授的职业——具体而言,指的是东京帝国大学的教授——也有微词,认为他们为了名誉和金钱可以无所不为。然而,湖南又希望自己能够如同1899年中国之行中所会见的中国优秀知识分子那样,能在学术界出人头地。斟酌之下,湖南认为实现这一目标的最佳途径在于将自己的学术兴趣与政治关心结合起来。虽然在中国,政治家与学者可以兼而为之,但是日本的情形却与此有所不同。在日本社会中,文化依然只不过是政治的附属品而已。因此,中国知识分子的处身之道在日本几乎是行不通的。[1]

从1902年10月开始到次年正月,湖南从《大阪朝日新闻》社获得资助,再度前往中国旅行。在这次旅行中,他还首次访问了朝鲜以及满洲(中国东北地区)。他在北京和天津会见了肃亲王(1863—1921)等著名的政治家以及数名优秀学者。其中主要的人物有沈曾植(1850—1922)、刘鹗(1857—1909)、夏曾佑(1865—1924)等。在满洲,湖南观察了俄国人的势力,并且将自己坐火车从大连到哈尔滨途中所见到的俄国人的活动做了详细记录。

1902年11月5日,湖南在奉天的喇嘛庙黄寺内有重大发现,他在日记中称之为"东洋学上非常之宝物"。这一"宝物"就是用满文和蒙文两种文字所写的大藏经。当时的湖南还不懂这两种语言,但是当他于1905年再度访问此地时,已经能够通畅地阅读这两种语言了。这些文献资料后来被收藏于东京帝国大学图书馆内,但是在1923年关东大地震时被烧毁了。不过,当湖南1905年再度前往满洲旅行的时候,他还在奉天发

---

[1] 同前述三田村书,185—187页。

现了《清朝实录》、记录了鲜为人知的满族早期发展史的《满文老档》三百册、有插图且以满汉蒙三体记载的满族入关前的记录《满洲实录》、满汉蒙三体记载的《蒙古源流》、太宗庙的官文书、满汉蒙回藏五体的辞书《五体清文鉴》等许多宝贵的文献资料。①

1905年11月，当湖南还在满洲旅途之中，正在北京的日本外相小村寿太郎将其招到北京。由于当时日本刚刚在日俄战争中取得胜利，而小村则奉命担任关于东三省善后条约谈判的全权大使，所以他把湖南请到北京做自己的顾问。1906年元旦，湖南与小村全权大使一起回到了日本。同年7月，湖南被外务省委任为间岛地区历史调查员，再度来到中国大陆。但是，这次旅行对他来说，绝对不是简单的调查旅行。湖南在同行者的帮助下，对已经于1905年发现的众多文献以及此次旅行中新发现的文献，进行了笔录和拍照的工作。湖南等为了借阅《蒙古源流》而企图进入宫廷藏书库，并因此招致中国方面的不满。为此，奉天的萩原总领事虽然在发给外相林董的电报中抱怨"如果蒙文《蒙古源流》对查明间岛问题是绝对必要的话"云云，表示不理解湖南此举，但最终还是用贿赂使得盛京将军赵尔巽同意借览该书。② 从这一小插曲也可以看出，当时的湖南是在利用自己外务省委派人员的身份收集自己的研究所需要的文献资料。

"黄金时代"的京大学者生活

到京大就任以前，湖南正式的执教经验仅限于在缀子小学的两年

---

① 《游清记》、《游清记别记》、《游清杂言》、《全集》4，324—370页，引用文在364页。内藤戊申在父亲的书斋中发现了这些记录，并于1956年加上详细的解说之后公布于世。内藤戊申编，《内藤湖南记　游清记（一）》63—74页；同（二）56—70页；同（三），38—44页；同（四），66—77页。另外还参照了以下资料。同前述三田村书，187—194页。鸳源一，《湖南翁与满文老档》，43页。神田信夫，《湖南先生与满文老档》54页。M. Honda and E. B. Ceadel,"A Survey of Japanese Contributions to Manchurian Studies," pp. 62 - 63. 另外，关于关东大地震中烧毁的各文献，参照内田鲁庵《典籍的废墟——追怀失去的文献》195—200页。
② 同前述三田村书，197页所引。

(1885—1887)时间。不过,在受到京大招聘之前,湖南也曾接到第一高等学校校长狩野亨吉(1865—1942)到该校任职的邀请。从1901年11月开始,湖南就为此而与《大阪朝日新闻》社的社长村山龙平和上野理一两位商谈,并于翌年正月再次表明辞意,以敦促两位的答复。但是,因为时机不巧,此事最终没有成功。这是由于当时《大阪朝日新闻》社正在为议员预选投票的是非问题与《每日新闻》社展开激烈论战,如果在这个时候失去湖南这样的优秀人才,那么这对《大阪朝日新闻》社来说将是很大的损失。因此,在秋田县出身的财界人物(町田忠治)的劝说之下,湖南最后回心转意继续留在《大阪朝日新闻》社。作为留任的条件,湖南获得了一年一度前往中国旅行的机会与特别资助。湖南的辞职一事也就因此暂时搁置起来。①

数年之后,1907年10月京大开设史学科时,邀请湖南担任东洋史学第一讲座的教授。不过,究竟谁是这次招聘湖南的最初提议者,现在已经不得而知了。但毫无疑问的是,当时文科大学的首任学长狩野亨吉是有力的推荐人。在设立文科大学的人物当中,没有人比狩野认识湖南的时间更久并更了解他了。此外,狩野直喜(1868—1947)也是招聘湖南的强烈支持者之一。当时的他既是文科大学的筹备委员之一,也是京大的中国文学和哲学专业的教授。②

由于狩野亨吉的学长地位,他有足够的发言权来决定招聘那些没有政府背景的"在野"学者,比如湖南和幸田露伴(1867—1947)等。幸田露伴也是一位学识丰富的学者,到19世纪末,他就已经确立了"近代小说之旗手"的名声。但是,与湖南一样,他也没有接受过正规的官方教育,所以他就职京大一事曾在文学界引起热议。另外,从1908年开始,河上肇

---

① 《禹域鸿爪后记(清国再游记要)》,《全集》6,348—349页。内藤戊申编,《内藤湖南记 清国再游记要禹域鸿爪后记》69—70页。同前述三田村书,186页。同前述青江书,209—212页。
② 铃木正,《狩野亨吉的研究》193页。关于狩野直喜,参照《东光》5(1948年4月)中收录的以下人士的回忆录。这些人物为小岛祐马、仓石武四郎、青木正儿、吉川幸次郎、梅原末治、宫崎市定、新村出、神田喜一郎、羽田亨、桥川时雄、高瀬武次郎、古城贞吉等。

(1879—1946)也来到京大的法科大学(后在经济学部任教)。他后来成为日本马克思主义领域的奠基人之一。据说,当他讲授经济学和马克思主义思想的时候,即便是京大最大的教室也济济一堂,挤满了前来听讲的学生。① 后来,湖南也曾听过他关于《资本论》的讲演。

据三宅雪岭回忆录中的记载,当京大行政部门首次探询湖南意向时,湖南曾经拜访过他,并且向他表明了京大希望由自己担任教授,由三宅担任院长。湖南还恳求说,"因为官制的关系,刚开始时待遇可能不如人意","不过,我希望你忍耐一下,接受他们的邀请"。此后,虽然京大行政部门也对三宅进行了同样的劝说,三宅却说"我历来不喜欢官吏生活,大学虽然与此不同,但我还是不太想改变方向,(中略),总之,我还没有要一本正经地站在讲堂上的想法"。最终,三宅拒绝了他们的邀请。② 这段故事也让人确信,京大其实早就内定要聘请湖南了。并且,这也可以从《大阪朝日新闻》社的同事须藤南翠(1852—1920)的日记中得到旁证:"明治39年(1906年)5月29日 据说湖南已经到京都,并将在京大的文科担任史学教授。"③

与已经辞去的记者工作相比,全职的大学教授肯定会有更多的约束,但与此同时也会产生另一方面的好处,那就是湖南因此获得了比较满意的俸禄。对此大内青峦曾经调侃道,"(湖南)成了一吸金大仙"。④ 但是,成为大学教授后的湖南不得不放弃一年一度去中国大陆旅行的计划。不过,京大的职位也给他的家庭带来了稳定的生活。当时湖南夫妇二人加上四个孩子组成的六口之家,很快又要迎接他们的第七位新成员(三男戊申)了。

除了以上的理由之外,湖南选择就任京大的背景还在于他个人的学

---

① Chieko Irie Mulhern, Kōda Rohan, p. 142。同前述铃木前书,193 页。Gail Lee Bernstein, Japanese Marxist: A Portrait of Kawakami Hajime, 1879 - 1946, pp. 64 - 65, 131 - 132.
② 同前述三宅,《关于内藤湖南君》22 页。同前述户川,《汉学支那学的沿革及其问题点》,16—17 页。
③ 清水三郎,《从〈南翠日记〉看湖南》,4 页。
④ 同前述三宅,《关于内藤湖南君》,22 页。

术动机。简而言之,就是湖南对清史研究产生了非同寻常的学术热情。1901年8月,湖南以京大学者之优秀为主题而发表了其雄辩的评论。在该文中,他首先阐述了在中国(也许在日本汉学中也同样如此)被称为"朴学"的学术传统。湖南所谓的"朴学"有两层含义。首先,从语义来看,"朴学"显然就是对文献进行批判的考证学。其次,他所谓的"朴学"还包含另一层更深刻的含义,那就是"纯粹的学问"。在此意义上的"朴学",显然有别于崇尚"泰西风"而又与政治牵扯在一起的东京帝国大学之学风,而这正是湖南所尖锐批判的对象。湖南在列举清代"朴学之士"的时候,举出了顾炎武、黄宗羲、阎若璩、惠栋、江永、戴震、汪中、陈澧等大名鼎鼎的学者。但是,按理来看,在这些代表17、18世纪中国考证学的学者名单中,应该有湖南所欣赏的钱大昕,以及湖南曾反复借鉴其思想的赵翼的名字。然而,湖南却没有将此二人列入"朴学之士"的名单中。这又是为什么呢?为了解答这个疑问,有必要回顾一下湖南在"罔两窝同人"时代以寓言手法所写的文章。从中我们可以发现,除了钱大昕和赵翼以外,其他人均没有在官场上任过职。而且,除了戴震以外,其他所有的学者都没有进士资格。何况,戴震的进士资格是在他五次考试不合格之后所恩赐的。而与此相对应的是,钱和赵则是当时赫赫有名的进士。① 总而言之,湖南认为,只有那些与自己一样,虽然没有证明学识的资格证书,但始终在学术与教育方面勤奋不辍的人,才是配得上"纯粹的学问"之名的学者。而且,他们与湖南所批判的东京帝国大学的学者们不同,绝对不会因为自己置身于政治的污浊世界中而贬低了自己的学问。

接着,湖南感叹道,在明治维新时代的日本,不仅"朴学之风"已经衰退,而且自明治时代之初东京大学的教授们就汲汲于吸收西洋之学风。身处政治中心东京,又有萨长藩阀政府为其后盾的东大教授们"虽有大学教授之名誉,见其同学出入于行政府,并获一代之名利,受俗界之尊

---

① 关于这些清代学者,参照 ECCP 的相应一栏。关于在清代不当官而终生致力于教育与研究的在野学者日益增加的情况,参照了以下资料。Benjamin Elman,"The Unraveling of Neo-Confucianism: The Lower Yangtze Academic Community in Late Imperial China."

敬,与其寂寞生涯相比,不能不心动也。加之近岁以来,大学总长屡屡升迁为文部大臣,其教授则往往兼任行政官,以致收入丰裕,而其大学毕业生多以官府为衣食之源、出身之捷径也"。①

人们也许会提出这样的疑问,即使东大教授真的是如湖南所批判的那种学者,但是他们从历史的角度来理解现实问题,并在政治上发挥自己的作用,不正体现了湖南孜孜以求的学者姿态吗? 但是,湖南的批判矛头所指的是更为具体的问题,例如东大教授迎合政府喜好以赢得官职之作风,而这种风气对做学问来说是十分危险的。在湖南看来,东大教授们不是本着历史学的见地上来阐述政治意见的,反而是是为了政治家的需要而恣意地曲解历史。虽然湖南对这些东大教授的批判也许有有失公允之处,但是湖南在这一批判中所提出的在学术与政治关系方面应有的姿态问题,确是值得我们关注的。

随后,湖南提出应该将新成立的京大建设成日本"朴学"之牙城。为此,他提出了如下之要求:"(京大)总长之人物,应有俨然,无恋于学术以外名利之概,且以素来善于统驭学生之长而见称。公开图书馆及讲演,以破东京大学屡屡为世人所指责之学殖垄断之弊。"②而且,根据自己在《近世文学史论》中所提出的观点——但他没有提到自己的这一观点乃是依据赵翼的见解——湖南指出京都长期以来并没有成为"实际政治"的中心。但是,正因为如此,当政治中心迁移到江户、东京以后,京都的文化却开始繁荣起来。他说:"三百年来,文运渐兴,学术普及于处士,京都遂成朴学之先声。"而与此相对应的是,许多儒者来到江户,与其说为了教育,毋宁说是因为留恋出仕将军家之机会,于是"朴学"就逐渐衰落了。因此,湖南高调宣布道:"是故京都大学者,殆于养成朴学之士一事,非带有其最大之天职耶。吾辈粗闻京都法科大学诸教授,其趋向与东京大学教授有异,欲摆脱类似十数年来之痼疾的神权

---

① 《京都大学与朴学之士》,《朝日》,1901年8月14日,《全集》3,271—273页。
② 《京都大学与朴学之士》,《朝日》,1901年8月15日,《全集》3,273页。

说等学说之弊,不能不以之为多,(中略),其于经济学说,亦已摆脱东京大学德意志学派之偏僻也。"①

在这篇文章中,湖南并没有列举京都大学教授的名字。但是,在考证学方面足以与清代学者相匹敌的狩野直喜显然是湖南所认可的京大"朴学之士"。当时,狩野是日本屈指可数的汉学家之一,他会说中文,并以此为自豪。他还以清朝考证学传统的继承者自居,并推崇考证学是世界上屈指可数的优秀学问。② 他出身于熊本县,从幼年时期开始就在经学方面显露出自己的才能。后来,狩野在东京帝国大学学习中国哲学与文学,师从岛田篁村(1838—1898)教授,并于1895年毕业。他有出色的语言能力,因为会说流畅的英语和法语而出名。在1900年至1903年间,他曾留学于北京和上海,从而更加提高了自己的汉语水平。因遭遇义和团事件,他也曾经历危险,并一度被迫藏身。他不仅是把日本汉学流派之一引导到清朝考证学领域的开拓者,而且是以考证学方法研究清朝文学和元曲的先驱者。与湖南一样,他也对日本汉学之不振而深感痛心,并十分鄙夷东大的汉学者。③

京大支那学的源流来自于清朝全盛时期的考证学。狩野与湖南将他们自己的汉学称为"支那学"。该"支那学"一语经常被认为是从法语的Sinologie中派生出来的,实际上二者的关系只是在语言上而已。京大全盛时期的"支那学"中具有与中国学问共通的融通性特征,在中

---

① 《京都大学与朴学之士》,《朝日》,1901年8月15日,《全集》3,274页。
② 小岛祐马,《作为通儒的狩野先生》,7—12页。宫崎市定,《作为历史家的狩野博士》,35—38页。与之相关联的是,湖南主张,"时值今日,与其增设新大学,毋宁在京都大学设置未设科目之文科才是当务之急"。《京都大学的文科》,《朝日》,1901年8月8日,《全集》3,265—267页。此外还参照了以下资料,《京都大学图书馆一览记》,《朝日》,1901年4月3日,《全集》4,248—250页。《和汉书画历代对照(于京都帝国博物馆)》,《朝日》,1901年5月13日,20日,27日,《全集》4,251—258页。
③ 参照宇野哲人,仓石武四郎,吉川幸次郎,狩野直祯等四位先生所作的意味深长的讨论,《狩野直喜座谈会(讨论先学)》170—219页。参照吉川幸次郎,《狩野直喜》,同前述《亚洲历史事典》2,210页。小仓芳彦,《支那迷今昔》233,237—239页。同前述小岛,《作为通儒的狩野先生》,7—8页。高濑武次郎,《追慕君山狩野直喜博士》64,67—68页。

国文化研究中不人为设置学问领域。而且,京大的讲义一般来说都是公开的,教授们通过共同教学、轮流担任科目等方法,致力于将新的视点注入旧的问题中去。以湖南和狩野为首的京大"支那学"的教授和学生们,在与东京大学那种硬性区割分支领域且时而摆出傲慢姿态的中国文化研究进行对抗的同时,有意识地去追求更加自由灵活的学术交流与获取知识的方式。正如宫崎市定博士所指出的那样,东京大学"在不合理的学习方法驱使下,当学生们吭哧吭哧阅读着德文原著的时候,大部分学生就此被摘去其独创性的萌芽,而被植入模仿性与官学意识",也许湖南没有毕业于此正是使他的创造性得以自由发展的一个原因所在。①

当时京大在中国历史与文化方面开讲的科目范围十分广泛,甚至可以与现在日本主要大学中的课程相匹敌。但是,京大特别引人注目的一点在于其对汉文读解能力的重视,并在教育课程中也特别考虑这一点。因此,这一事实说明京大的"支那学"可谓最好地继承了日本汉学的悠久传统。时至今日,京大东洋史学科的学生们仍然以其出色的汉语阅读水平而闻名。另外,湖南、狩野等在努力培育学生们旺盛的求知欲的同时,积极推进学问交流,这也成为京大"支那学"的重要学术特征。

对京大"支那学"的教师和学生们来说,他们最怀念的是三个非正式的学问交流场所,即读书会、湖南家中每周一次的聚会以及陈列馆的地下室。这些学术交流活动都深深地打上了"支那学"精神的烙印。首先,读书会通常定期举行,参会者们一起边断句,边阅读中国历史文献,然后再进行集体讨论。读书会最初开始于富冈谦藏②(京大东洋史讲师,也是

---

① 宫崎市定,《内藤湖南与支那学》410—411页。另外,贝塚茂树认为,成为大学教授之后的湖南与以前相比,在独创性方面略有所失。但是,他没有指出具体的内容。参照上田正昭编,《津田左右吉》,55页。
②《书简 219 1908年2月25日 寄予富冈谦藏(明信片)》,《全集》14,441页。《书简 220 1908年2约27日 寄予稻叶岩吉》,同,441页。最初,《史记》的读书会,从湖南、狩野直喜以及富冈谦藏三人开始。

著名画家富冈铁斋的长子)家中,以司马迁的《史记》为课本。其次是"周二之晚"的湖南家中聚会,这是师生之间轻松交谈的好机会。那时候,湖南会让应邀来自己家中的学者、学生、记者、政治家以及实业家们就政治和学术话题畅所欲言。有时候,湖南会将自己新发现的或新得到的文献展示给来访者观看,有时也会吟诗,或是就时局问题发表意见以引起讨论。① 最后,陈列馆当时是史学科所在之处,那时的地下室现在已经成了仓库。然而在"支那学"全盛时期,这里是京大教师和学生们经常团聚的场所,也许是为了鼓舞大家的学术上进心,有时候湖南也会将自己在讲义中提到的珍贵文献带到此地下室来陈列展示。② 现在的日本,师生之间的关系似乎已经成为严格的上下级关系。但是,在京大"支那学"诞生后的数十年间,师生之间关系亲密,那是今天的我们所无法想象的境界。③

湖南等学者在京大努力确立了跨越学术领域来研究中国文化的方法,与此同时,努力使研究独立于政治,并尽可能地收集更多的文献与学术情报,从而彻底克服了东京大学的退废汉学及其傲慢的学问态度,这就是湖南和狩野等学者要在京大树立的"支那学"的最终目标。④ 在他们

---

① 杉本直次郎,《内藤先生与我》2 页。宫崎市定,《内藤史学的真价》5—7 页。同前述吉川书,《唾手封侯志已灭》1—2 页。我在京都会见吉川幸次郎的时候,他将星期二聚会中湖南所吟咏的诗歌读给我听。在星期二聚会中吉川首次见到了湖南。吉川告诉了我许多关于京大"支那学"的"黄金时代"的事情,并不时地感叹道,"啊,竟然让我想起了这些事啊!"采访吉川幸次郎,于京大人文科学研究所,1977 年 11 月 17 日。
② 神田喜一郎,《陈列馆的地下室》,510—511 页。宫崎市定,《陈列馆的地下室》,5 页。青木正儿,《夜晚的图书馆》,486—487 页。安藤俊雄,《那个时候》,499—501 页。梅原末治,《大正初年的陈列馆与史学科》,469—471 页。
③ 采访宫崎市定,于其京都自己家中,1977 年 12 月 1 日。同前述对吉川幸次郎的采访。其他参照如下,羽溪了谛,《创设当时的回忆》,478—480 页。那波利贞,《怀旧片语》,466—468 页。新村出,《五十年前的回想》,426—429 页。内田宽一,《那个时候的回忆》,487—490 页。小岛祐马,《开设当时的支那学教授们》435—437 页。泽泻久孝,《已故的先生与我》,455—457 页。
④ 吉川幸次郎,《常常想念的人(6) 内藤虎次郎》9 页。宫崎市定,《寄语〈内藤湖南全集〉刊行》,265 页。芳贺登,《近代日本史思想史》130 页。谷泽永一,《署名的纸球》15 页。同前述户川,《汉学支那学的沿革及其问题点》18,20 页。曾我部静雄,《回忆内藤湖南先生》,30 页。

的理解中,考证学绝非是枯燥无味,不着边际,为学术而学术的学问(衒学①),而是可以跨越多种学科的、具有挑战性的学问。正因为如此,他们不仅将这种考证学当作京大"支那学"之指针,而且把它当作一种学术方法论。由于湖南和狩野都十分敬爱中国文化,所以他们终生都十分珍惜与中国学者之间的友情。这种情景在以白鸟库吉(1865—1942)为首的东京大学的支那学者那里几乎看不到。② 对白鸟来说,所谓中国,只不过是用科学的、经验主义的方法来研究的一个对象而已,日本人还可以借此向世界炫耀自己能够运用新的方法论来进行卓越的研究。而且,白鸟本身对中国人(以及朝鲜人)态度非常傲慢。加之在东京大学的历史研究中占据主导地位的是尊重文献史料的兰克史学的学风,因此当中国殷墟发现甲骨文的时候,白鸟等学者对有关中国古代史的这一划时代的发现采取了全然无视的态度。③

一般而言,京大东洋史的教师都是敬爱中国文化的,不过倔强的学者桑原骘藏(1879—1931)可以说是一个例外。他出身于福井县的汉学世家,在研究中国与周边民族的关系史方面成就卓著,而且还著有主题各异的多种论考。桑原认为具备汉学素养的学者未必要对汉学的母国抱有亲密的情感。他的这一态度生动体现了19世纪末期的时代背景。桑原于1896年毕业于帝国大学的汉学科后,在大学院专攻东洋史,深受白鸟库吉的熏陶。同时,桑原还在路德威希·里斯(Ludwig Reiss)的指导下,受到在东大占据主导地位的科学的、经验主义学风的

---

① 衒学即为卖弄自己的学识而做的学问。——译者注
② 1929年白鸟就其早年留学欧洲各国时的经验抒发了如下感想:"如果说我们有必要向西方人学习西方的东西,那是毫不为奇的,但我甚感遗憾的是,我们却不得不向西方人学习东方的东西。"《后藤伯在学问上的功绩》,386页。
③ 同前述五井书,104—106页。津田左右吉,《白鸟博士小传》,107—161页。小山正明,《白鸟库吉》,78—85页。岩井忠雄,《白鸟库吉·内藤湖南·西田直二郎与对文化史的立场》,16—23页。此外,胡适及其学生们也出于同样的理由而无视甲骨文等考古学上的发现。J. Gray, "Historical Writing in Twentieth-century China: Notes on Its Background and Develoment," p. 204. Laurence Schneider, *Ku Chieh-kang and China's New History: Nationalism and the Quest for Alternative Traditons*, p. 71.

强烈影响,因而以"解明"中国历史上的"事实"之"科学家"自居。但是,驱使他研究的动机,是为了解释迄今为止尚未阐明的事实。因此,他未必是对造成这些事实的中国文化本身感兴趣。总之,他的目的不是为了从中国这一研究对象中寻找出其固有的价值,而是为了向西方人证明日本人也有不亚于西方人的运用科学方法进行研究的能力。从这一意义上来说,桑原是其恩师白鸟的忠实弟子。而且,他对中国人采取极其蔑视的态度,在讲课时以及著作中经常故意侮辱、嘲笑中国人。此外,桑原在前近代的东西方贸易和交往方面也留下了很多具有开拓性的研究成果。但是,就现在而言,桑原最为人所知的是其对中国宦官、发辫、食人肉等奇异风俗的研究。对此,他的学生曾作过如下评述:"博士的意图也许在于,作为明治时代培养出来的学者之一,在西欧近代化的旗帜下,应将摆脱此前形成我国文化之母胎的中国文明作为自己的目标吧!换言之,博士(中略)认为日本人此前醉心于中国文化,只不过是'情人眼里出西施'罢了,而他要做的只不过是还原中国文化的本来面目而已。博士(中略)列举了日本人所无法想象的奇风怪俗,包括宦官在内,并将之驳斥为野蛮行径。(中略),另一方面,博士又将我国没有引进宦官制度视为执政者之良识,并因而大表感激之情。"①如此这般嘲笑中国文化之一面的桑原经常在学会上与狩野直喜发生激烈的辩论。但是,这种论战也从另一个方面佐证了当时京大东洋史学科的自由学术氛围。

从湖南 1901 年写作关于京大与"朴学"关系的文章,以及他在京大任教长达 20 年之久等事实来看,人们也许认为湖南会因为获得了在京大任教的机会而欢呼雀跃。但是事实并非如此。一方面,对新闻出版界

---

① Taisuke Mitamura(Charles Pomeroy, trans.), *Chinese Eunuchs: The Structure of Intimate Politics*, pp. 15 - 16. [日语翻译版,三田村泰助,《宦官—亲信政治的构造》1—2 页。] 桑原因为其所著的关于吃人肉的论文而最为人所知。《支那的食人肉风习》,121—124 页。该论文与《支那发辫的历史》、《支那的宦官》等都为《桑原陟藏全集》第一卷所收录。其他参照如下,贝塚茂树,《解说》,685—686 页。杉本直次郎,《桑原陟藏》,同前述《亚洲历史事典》3,77—78 页。宫崎市定,《解说》,755—779 页。小仓芳彦,《东洋史学的战后课题》,70—71 页。

尚有留恋之情的他曾对于是否进入学术界举棋不定。另一方面，由于文部省认为湖南没有在国立大学任教所需要的正规学历，所以他的任命也就被搁置起来。虽然狩野亨吉等京大的行政领导为此做出了很大的努力，但是当局仍然声称："即便是孔子那样的人物，如果不具备（东京帝国大学的）学历就不能任命为教授。"① 尽管有此曲折，1907年10月21日，湖南在前途仍未明朗的情况下，还是决定以"讲师"身份就任京大。② 而在两年之后，他也提升为教授了。

此后不久，京大东洋史学科其他讲座的人事安排也逐渐确定下来了。第二讲座于1908年9月由富冈谦藏，第三讲座1909年4月由桑原陟藏担任。1909年9月，羽田亨成为第四个、也是最后就任的教官。③ 在京大上任后，湖南首次讲课的题目是"东洋史概说"和"清朝建国史"。

关于清朝史的初期研究

为什么湖南会把学术关注首先转向清朝史呢？其理由，第一是因为他作为新闻记者曾经长期关心过清朝末期的政治动向。他不仅亲身观察过清末的改革运动并就该问题与中国的知识分子和政治家们交换过意见，而且还在报纸上发表过这方面的见解。虽然湖南从历史的角度正面分析清朝灭亡的原因是在1911年辛亥革命爆发以后的事情，但是他能够在革命爆发仅仅一个月之后，就对引发革命的长期历史动因做出分析，这一事实充分体现了湖南多年来以史料为基础深入研究清朝史的努力。其次，第二个理由是自1890年代以来，湖南一直主张中国有改革的必要性，这是他深受清朝经世思想影响的结果。湖南早年所

---

① 狩野直喜，《怀念内藤君》，29—32页。另外，狩野亨吉在两年之后就从京大辞职了，据说其主要理由是因为这次与文部省官僚之间所产生的冲突，他认为这是对大学独立性的侵犯。
② 《书简199　1907年10月21日　寄给富冈谦藏（明信片）》，《全集》14,436页。其中湖南写道："大学就职一事将在今日定下"。
③ 京都大学文学部编《京都大学文学部五十年史》，154页。

写的关于清代长期发展的学术性论文,深受清末具有代表性的经世学者魏源的著作的影响。如上所述,湖南对清代考证学也十分感兴趣,曾在《近世文学史论》中利用了赵翼等清朝考证学者的著作。并且,他还认为从中国的学术传统中产生的考证学是世界上最优秀的学问,也是振兴日本汉学所不可或缺的学问。从考证学的源流中产生的经世思想,为那些强烈主张改革的人们所推崇。在这个意义上来说,经世思想与湖南所主张的学问必须付诸实践的实学思想是相通的,也是引起湖南共鸣的原因所在。

第三,也是最为直接的理由是,在就任京大数年前,湖南在满洲发现了珍贵的文献资料。这些文献资料大多与满族有关,特别是与清朝初期的满族有关。为此,湖南还学会了研究清朝初期史所不可或缺的满语和蒙古语。于是,当文部省要求他提交作为升任教授之条件的博士论文时,他很快就写好了关于清朝创始者努尔哈赤的论文。作为汉学家,湖南不仅对清初以降的数个世纪都有着强烈的兴趣,而且研究主题也十分广泛。① 不过,无论是作为学术,还是作为方法论,湖南对清朝的学问所怀有的崇敬之念都在与日俱增。

湖南关于清朝史的最初的学术论文,发表在以一般读者为对象的《太阳》杂志上。第一篇是分析清朝前半期财政政策的概论,发表于1900年7月1日,其中对他过去不太重视的经济史史料做了详细的分析。湖南首先批判了在历代正史即官方史书中所记载的经济政策,指出虽然司马迁在写作《史记》时也注意到经济活动,即"于平准书以外,别立货殖之传",但是包括班固在内的后世历史学家都拘泥于道德规

---

① 关于湖南打算写作有关努尔哈赤的论文一事,首先在寄给富冈谦藏的两张明信片中有所提及。《书简182 1907年6月29日》,《书简184 1907年6月30日》,《全集》14,432—433页。随后,在寄给稻叶岩吉的信件中,湖南特别提到了清初的实录。《书简227 1908年3月20日》,《全集》14,443页。其次,同样在寄给稻叶的信件中也提到了清初的诸史料。《书简235 1908年4月20日》,《全集》14,446页。最后,同样在寄给稻叶的信件中,湖南提到了关于努尔哈赤的博士论文,并告之已经取得了博士学位。《书简274 1908年12约1日》,《全集》14,457页。但是,该论文的原件已经不见了。

范,"不理解(司马迁)为货殖立传之遗志",而只是编食货志,"似单以记录素封家之事为足"。

接着,湖南主要根据魏源《圣武记》中的观点,指出明末清初的财政问题比其他任何问题都更为重要。他根据《圣武记》中的记载说,实际上三藩之乱(1673—1681)引发了中国的大混乱,清朝为了镇压叛乱而耗费了岁入的三分之一。不过,后来清朝的国库又曾再度充盈,事实上,康熙帝还经常减免钱粮(税金)。康熙末期虽然出现了"各省钱粮之亏空"问题,但是到乾隆年间国库得以重新充实起来。① 从今天的眼光来看,这篇关于清代财政史料的文章略带学究气。但是,湖南在综合考察清朝前半期财政问题的同时,也在努力阐明重要政治事件对财政所产生的影响。在该文结尾处,他表明这篇文章是为以后写作有关乾隆时期财政问题的长篇大论而做的铺垫。

这方面的第二篇文章(发表于1901年3月5日)是关于清朝兴亡的问题。近年的欧美学术界终于出现了以英语写作的相关研究成果,但是依然没有见到以其他语言来写作的研究论文。湖南首先指出,从1901年当时的现状来看,清朝的崩溃是很难避免的,并接着探讨清朝的这一衰退究竟始于何时。针对有些人认为满族人征服并统治中国的原因在于其优越的军事力量的观点,湖南表示了异意。他还批判了某些中国的地理学家和历史学家们的"北强南弱论",即认为北方人生来就比南方人要强壮。在他看来,满族攻破明朝军队未必是因为明军的软弱。的确,满族在骑射方面比明朝军队要强,但实际上由于明朝"避开野战,凭借坚城,用西洋之大炮",所以努尔哈赤要征服中国也是非常艰苦的。结果在吴三桂打开山海关引入清军之前,清军始终未能攻克此处要塞。于是,湖南认为明朝是出于失政、流贼、叛变等国内因素而灭亡的,并就这些原因一一做了详细解释。他还指出,清朝经略南方的政策是"以汉人平定

---

① 《清国创业时代的财政(支那财政通考的断片)》,《太阳》6—9,《全集》5,261—262,268—269,270—271,274,277页。

汉人之策",而且用于平定三藩的也不是满洲兵而是汉人的军队。总之,湖南认为正是因为满族人具有为达到自己目的而利用汉人的能力,所以他们能够兴起并统治中国。①

在讨论了清朝的全盛期之后,湖南开始着手写作清朝的衰退期。他再次以《圣武记》为依据,指出清廷支付宗室的俸禄逐渐成为清朝财政的巨大负担。也就是说,在顺治初期仅仅只有两千余人的宗室成员,到道光中期已经增加到了三万余人,其岁禄高达数百万两。他认为清朝衰退的"征候"早在乾隆末期、嘉庆初期的18世纪末就已经出现了。当时,白莲教的叛乱("川湖陕的教匪之乱")席卷数省,八旗子弟的无能在这个时候显露无遗。导致清朝衰退的"关键"既不在于鸦片战争以来西洋的侵略,也不在于19世纪中后期震撼中国的数次叛乱,而在于这次白莲教叛乱。②

从以上两篇论文中,我们可以看出湖南的一些思想观点,即他认为如果要理解1901年当时的中国情势,仅仅关注义和团事变和朝廷内部权力斗争等这些眼前的事件是不够的,必须从清朝的整个历史发展脉络中去寻找导致其兴亡的长期因素。具体而言,如果不正确认识清朝的财政史和军事史,那么就不可能准确地理解现在清朝所面临的财政问题与军事问题。换言之,湖南认为历史研究是非常具有现代意义的。

清朝衰亡与清朝史研究的进展

清末长达15年的革命派武装起义在1911年10月10日爆发的武昌起义中达到高潮。比起当事者的感觉,后世人们脑中的形象往往会发生一些偏差。这一情况也适用于武昌起义引发的辛亥革命。今天,我们理

---

① 《清朝兴衰的关键》,《太阳》7-3,《全集》5,278—283页。
② 《清朝兴衰的关键》,《太阳》7-3,《全集》5,286—288页。关于这个问题,近年来总算有用英语写作的研究成果出版了。即,Susan Mann Jones and Philip A. Kuhn,"Dynastic Decline and the Roots of Rebellion," pp. 143 - 144,148 - 154.

所当然地认为中华民国成立之日是1912年1月1日。但是在1911年中期,甚至在以后的10月、11月期间,革命派对于是否能够推翻清朝以及帝王政治本身并没有把握。在中国历史上,叛乱军队在被中央政府成功镇压之前,在某一地区统治一定时期的例子并不在少数。何况清末的革命派本身在武昌起义之前也有过数次起义失败的经验。

在1911年5月举行的一次重要讲演中,湖南从比较历史学的角度阐述了立宪政治这一迫在眉睫的问题。立宪政治不仅为当时的地方咨议局所大力提倡,而且在中日两国的报纸上也是引起热议的话题。(讲演内容登载于6月25日的《大阪朝日新闻》。)该文虽然从形式上来看是比较粗略的,但是湖南在此凝练地提出了有关君主独裁政治的终结与共和政治的诞生的历史性观点。以后数年中,湖南就在此提出的共和革命及其对现代中国的历史意义问题进行了更为详细的阐释。湖南提出了这样一个假设,即与某一个国家相符合的立宪政治形态是由该国家的文化和过去的历史情况来决定的。比如"日本兴盛的原因"在于拥有在大阪这样的商业都市发展起来的"健全的中等阶级",他们成为明治日本"顺利推行立宪政治的基础"。而且,日本的富裕农民(最上层的农民)也是"中等阶级"的一员,他们继承了下级武士("最下级的士族")未能完成的改革使命。

与此相对应的是,刚刚开始推行立宪政治的中国,其实际状况与日本有着很大的差异。"支那没有像日本士族这样的阶级。虽然读书人也可算作是一个阶级,但是支那的读书人与日本那种受到过新教育、具有新思想的人们是不一样的。日本有与士族关系密切的最上层的农民,而支那是否拥有类似的中等阶级则是值得怀疑的。支那的百姓终究还是百姓,出身百姓而进入国会,并形成新时代的中等阶级这样的事情在支那是很难发生的。"[1]因此,湖南提出了这样的疑问,即使中国在形式上建立了立宪政治,但是"目前是否存在维持其立宪政治的阶级

---

[1]《清国的立宪政治》,《全集》5,415页。

还是一个大问题"。

接着,湖南以中国的历史、文化发展脉络为背景探讨了以设立国会为核心的整体性问题,指出尽管中国是"无限的君主独裁国家",但还是拥有"能够成为立宪政治之根底的思想"资源。其理由是,第一,中国是"非常有舆论的国家"。这里的所谓"舆论"指的是根据任地的口碑来判定"地方官之善恶"的官僚制特征。① 为了增强说服力,他还列举了最近的事例以作说明:"支那的大官们虽然也指责报界很是无聊,但是一旦报纸上大作文章,他们就会感到十分恐惧。所以,几乎什么事情都是——盲从报纸的意见。"与此相反,日本很多时候,"报纸上反对的事偏要一意孤行,(中略),日本这样实行立宪政治而极端无视舆论的国家简直是绝无仅有的"。湖南对日本新闻舆论界所持的这种略带倾向性的看法,无疑来自于当他身为政论家而不能明显地改变政府政策的苦涩体验。

作为中国固有思想能够成为立宪政治之基础的第二个方面,湖南认为是中国的"种族思想"。在他看来,这一思想的历史并不长,是在元军入侵之际,在那些为南宋殉国的人中开始产生的。但是,与那些被清朝灭亡的明末"忠臣义士"相比,南宋末年"种族思想的发现"也并不是什么"特别的事情"。他根据两位伟大的明末遗臣黄宗羲(1610—1695)和顾炎武(1613—1682)的思想,阐明了抵抗清朝统治的"种族思想"与立宪政治之间的关系。其中,湖南把焦点集中在黄宗羲的《明夷待访录》上。他说,

> 此小册子写有经世的意见。其大意是,虽然明朝灭亡是很遗憾

---

① 《清国的立宪政治》,《全集》5,417—418页。与这个问题相关联的湖南论述如下:"即使在支那,自古以来作为政治家而实际取得成功的人,是不会在其思想中顾及他人之评价的。这样的人有管商,即管仲商鞅一派,他们都有被人恶评的倾向。人人都知晓的诸葛孔明,此人十分重视政治上的实效,实施十分严肃的治理,也有论者将之称为管商派。尽管如此,孔明之政治仍然有因为受他人评价之影响而用人失策之处。在《三国志》等书中有孔明挥泪斩马谡的故事,说的就是依据他人评价而用人,并因此导致失策的事情。"

的事情,但如果仔细思量,明朝也有其所以灭亡之原由。此后治世者不仅要借鉴明朝失败,而且要借鉴历代政治,才可能出现新的政治。其意见出自于以上考量,可谓为离奇的极端思想。①

湖南在此基础上详细分析了《明夷待访录》中的《原君》与《原臣》两篇文章,对黄宗羲的君臣论作了如下介绍:黄宗羲首先考虑的问题是天下的私物化,即"天子"不再是"天下万民"之"召使"("仆人"),而是把"天下"当作了自己的财产;"臣子"也不再是"为天下而辅助君主",而是等同于"天子"之"召使"("仆人");加之,在明代以前,天子对"宰相"多少是以礼相待的,而明太祖则"疑臣下而不置宰相"。可见黄宗羲对明太祖朱元璋是持批判态度的。

《明夷待访录》在20世纪初期得以再版,并在中国的改革派与革命派之间广泛流传。因为他们从黄宗羲的反满、反专制思想中发现了现代意义。当时,在反对清朝统治的抵抗运动中,因为对中国人的不团结而绝望自杀的革命家陈天华(1875—1905),将黄宗羲称为"中国的卢梭"。如果湖南知道这一事实的话,一定会欣然同意的吧!不过,湖南警告说,对于与中国有着不同传统、并维持着与中国不同之君臣关系的日本来说,黄宗羲的思想的确是一种"不可思议的过激思想"。②

如上所述,湖南指出中国存在着反对专制政治的思想,与此同时他也认为中国存在着作为"民主思想之最大要素的平等主义"传统。他特意以"平等主义"一词来描述在"义勇兵"组织中总司令官与将校们之间的关系。但是,"义勇兵"一开始是为了镇压白莲教的叛乱而组织起来的军队,当后来清朝的"常备军"实在无法镇压"太平天国叛乱"("长毛贼之乱")的时候,该军队在曾国藩的整编之下逐渐完备起来。这就是"湘军"

---

① 《清国的立宪政治》,《全集》5,421页。
② 《清国的立宪政治》,《全集》5,424页。参照岛田虔次《中国的卢梭》123—124页。另外,关于陈天华的资料参照如下。Earnest Young, "Problems of a Late Ch'ing Revolutionary: Chen T'ien-hua," pp. 210 - 247.

的由来。①

实际上,湖南确信曾国藩等人所实行的"平等主义"深深地扎根于中国社会的习俗之中,曾与太平天国的过激社会政策有过尖锐的对抗,并将之打破。不过,也许是由于与日本社会等级森严的阶层差别作比较的缘故,所以湖南对湘军人际关系中"平等主义"的评价有过高之嫌。

在有关中国共和政治基础的讨论中,湖南强烈地否定了将来的中国有发展成为"共产主义"的可能性。在他的理解中,太平天国之所以失败,就是因为他们不能理解渗透于中国社会的"平等主义"传统而试图推行"共产主义"的结果。② 在湖南的描述中,太平天国对民众的统治,尽管存在着相异之处,也表现出与清朝同样的独裁性。也就是说,湖南提出"共产主义"在中国没有未来这一结论的背景,是"共产主义"与独裁主义——虽然他知道这将很快在中国消亡——之间的某种关联。在此必须注意的是,湖南对"共产主义"有着自己独特的理解。他在文章的结尾处指出:

> 总之,成为支那立宪之根柢者,为其恐惧舆论之风俗、黄宗羲《明夷待访录》中之民主思想及为其国所习惯之平等主义,尤其是曾国藩所实行之官民平等思想,此等思想由来已久,而今成为支那立宪政治之根柢,并将以某种形式表现出其结果。③

爆发于 10 月 10 日的武昌起义,不到一周消息就传到了日本。于是,湖南很快就写作了以革命之将来为主题的文章,并把这篇由四个部分组成的文章连载在《大阪朝日新闻》上。为了避免过早地得出结论,湖

---

① 关于这一点,如果与(托克维尔)Tocqueville 描述的美国社会形像相比较,就会觉得颇有意思。出身法兰西名门的托克维尔,认为虽然存在着奴隶制等显而易见的不平等,但是从整体来看,美利坚合众国仍然还是一个"民主主义"的国家。另外,关于曾国藩整编湘军的方法及其与地方绅士的合作关系,参照如下,Philip A. Kuhn, *Rebellion and Its Enemies in Late Imperial China: Militarization and Social Structure, 1796-1864*.
② 《清国的立宪政治》,《全集》5,429 页。
③ 《清国的立宪政治》,《全集》5,431 页。

南表现得十分慎重,他在文章中指出了革命爆发于武昌这一"长江地方最为枢要之土地"的重要性。他以太平天国为前例,认为如果太平天国在与胡林翼的战斗中取得胜利并占领武昌,那么清朝也许早在那个时候,即辛亥革命爆发大约半个世纪以前就灭亡了。随后,湖南就革命的发展趋势作了如下分析:革命军是否"以武昌为根据地",然后向南进发,特别是能否扩大到湖南长沙等地是决定革命成败的关键。另外,他认为从北京派来的大规模官军是很难阻止革命军前进的。因此,革命军在官军中能够赢得多少同情者,以及是否拥有"精良的武器",将决定革命的归趋。同时他也认为,革命军必须将农民训练成为兵士,并必须夺取汉阳的制铁所。他还指出,革命军没有"海军"是"很大的弱点"。因为,如果不能确保长江的交通权,那么革命军就不能输送军队、武器和军粮等。总之,革命成功的关键是夺取长江交通权、编制优质的军队,为从国外购买武器而筹措必要的军费等。关于从国外购买武器一事,湖南指出,"即便是日本等海军国家中已经废弃的军舰,或许也比支那现有的军舰要精良得多,如果能购入这些武器进行对抗的话,那么成功的希望就会更大"。①

数周之后,革命运动急速地扩大到了中国南部。虽然汉口被官军夺回,但是革命军依然保住了武昌和汉阳。在这种状况下,湖南更坚定了清朝的命运已如风前残烛的观点。在他看来,剩下的问题只是统治阶层内部的政权移交而已。当下野的袁世凯登上了正面舞台后,事态无疑已经基本上确定下来了。当时湖南对中国的革命运动在国内能得到多大程度的支持抱有比较怀疑的态度。但是,当他得知各省的咨议局都向清朝施加压力的事实后,就打消了这样的疑虑。因此,他认为对清朝来说,最善之策就是解散"禁卫军",以避免"悲惨的冲突"。但是,当时在大部分人的预想中,中国的将来在很大程度上会受制于袁世凯的动向。但是,湖南很快就对此提出了异议:"西洋人多少都寄希望于袁世凯,他们

---

① 《革命军的将来》,《朝日》,1911 年 10 月 17—20 日,《全集》5,432—440 页。

认为只要袁一出山,就可以维持现状(即支持朝廷继续存在)。"他还指出,假使袁世凯当上了"总理大臣",那么形势的发展也许就会与日本幕府末期流行"公武合体说"时的情形相类似了。

接着,湖南将"南北分立的预想"斥责为对中国历史全然无知的"大谬论"。他说,"金能维持百余年,有赖于南宋的岁币","元则不堪江南之叛乱而灭亡"。中国历史上的事例说明,如果没有"江南之米与租税",那么北方的政权根本就无法存续。于是,湖南警告列强诸国,特别是日本,不要对"东洋之和平"过于忧虑,以至于"逆支那之大势"而"对濒临灭亡之朝廷给予援助"。他还说,日本的干涉必然会招致国际纷争。确信革命将会成功的湖南在文章的最后说道,"假设支那成立共和国,那么对于将来的预测则是一件饶有趣味的事情,但是耽于其趣味则为时甚早,故在此暂时先打住"不论。也就是说,他认为种种难题正等待着这一新成立的共和国政府,而这些由统治中国达两百数十年之久的清王朝所遗留下来的难题,可谓是前所未有的。[1]

《清朝衰亡论》

在武昌起义正好过了六周之后,湖南于1911年11月24日以"清朝的过去与现在"为题作了第一次演讲。这一题目的演讲共分为三次,都在周五下午举行。翌年,演讲的内容以《清朝衰亡论》为题出版了。演讲开头,湖南与那些以东大学者为代表的日本汉学家一样,表明了自己长期以来对中国现代政治所抱有的关心,说道:"直到数年前为止,由于职业上的关系,我曾专门留意于清朝现在的事情。但是,自从忝为京都大学教官以后,我的研究范围逐渐扩大,现在的事情不再是我主要的研究对象了。"[2]话虽如此,与如今的记者所不同的是,作为记者的湖南从未仅仅只关注于"现在的事情"。在记者时代一直跟踪研究清朝衰亡动态的

---

[1]《支那时局的发展》,《朝日》,1911年11月11—14日,《全集》5,441—449页。
[2]《清朝衰亡论》,《全集》5,195页。

湖南,眼见辛亥革命将要导致清朝灭亡,再也无法保持沉默;作为一位汉学家,他也无法抑制自己从历史角度更加深入地理解这一重大局面的欲望和激情。

湖南从"兵力上的变迁""财政经济上的变迁"以及"思想上的变迁"等三个侧面来讨论清朝衰亡的问题。早在1901年,湖南就曾尝试写过这方面的文章(《清朝兴衰之关键》),从各个侧面对清朝开始出现衰运的时期作了解析。因此,在12月8日举行的最后一次演讲中,他肯定地表示,革命派即将取得胜利是确定无疑的事实,所以中国君主独裁政治也因长达三百年的清朝史之不可逆转的灭亡而终结,新的共和国就要诞生了。

在《清朝衰亡论》的"第一讲 兵力上的变迁"中,湖南讨论了清朝的兵制,①首先论述了努尔哈赤所创设的八旗制度。与1901年所写的论文相比,也许是为了更鲜明地表达清朝军事力量衰退的观点,湖南在此处对清初的军事力量给予了更高的评价,而对明朝的军事力量则评价更低。不过,相同之处在于,二者都论述了明军加固城墙、购买西洋武器等备战措施使得清军大吃苦头的历史。事实上,努尔哈赤正是在宁远一战中打了败仗,并因此而负伤去世。在湖南看来,与蒙古族征服中国不同的是,满族是乘中国国内混乱之机,并利用了汉人的叛变而征服中国的。

1673年,因率先投降清朝并立下战功而被封为云南藩王(平西王)的吴三桂,与同样投降清朝有功的福建藩王(靖南王)耿继茂之子耿精忠,以及广东的(平南王)尚可喜之子尚之信一起举起了反清的叛旗,这就是有名的"三藩之乱"。湖南认为"三藩之乱"正是可以了解清朝军事实力的最早事例,并指出,虽然在这次镇压叛乱的过程中,"清朝的士兵打得异常艰苦",但是三藩方面也有自己的弱点,即"吴三桂年事已高,过于习惯军事生涯;一旦习惯过度,则容易谨慎过度"。而当时年仅19岁的康熙皇帝,"其征伐大将主要用汉人",并亲自率军大战,最终于1681年平定

---

① 《全集》5,196—214。

了叛乱。虽然湖南认为此时"断言满洲人已经陷入腐败还言之过早",但他特别强调说,"满洲人的确不是以真正强大的实力平定大乱的"。

在康熙以后的皇帝中,雍正皇帝也同样善于利用汉人为大将,而此后的乾隆皇帝则由于担心汉人叛乱而开始"大力重用满洲人"。但饶有趣味的是,湖南认为在征服台湾、西藏的战争中,"与其说是由于满洲人的强悍而立下战功,毋宁说是由于当时清朝财政十分充裕的结果"。

在乾隆帝的长期治世结束之后,他的儿子嘉庆帝刚一即位,叛乱即再度爆发。这就是席卷湖南、湖北、四川、陕西四省的白莲教教徒的反叛("白莲教匪之乱")。由于这次叛乱,不仅导致清朝国库空虚,而且满洲八旗的懦弱无能也因此而暴露无遗。不过,湖南指出,在这次叛乱中八旗子弟所表现出来的堕落,在屡屡以武功自傲的乾隆帝的时代就已经出现端倪了。最后,嘉庆帝不得不依靠"乡勇",即地方乡绅们为保护乡里而组织的"义勇兵"来镇压叛乱。① 湖南在此强调指出,嘉庆帝时期对"乡勇"的依赖是清朝历史上产生的一个新"观念",即把人民武装起来镇压叛乱。这一事态"从朝廷的大计来看是下了一步可能引火烧身的险棋",但却是为当时的清朝却无可避免的选择。

大约 60 年之后,清朝又爆发了太平天国之乱("长毛贼之乱"),八旗子弟的军队一触即溃,于是义勇兵不得不再次组织起来,其主要领导人有曾国藩、胡林翼、李鸿章、左宗棠等人。湖南重点考察了曾国藩组织湘军的方法:受命在家乡湖南省组织义勇兵的曾国藩,不采用官军式的军事训练,而是以地方社会的人际关系为基础来组织义勇兵。由于当地的青年们是以保卫自己的家族为目的而组织起来的,所以作战特别勇敢。正如湖南所指出的那样,义勇兵的军官们在行动的时候,听从的不是清朝的命令,而是大将曾国藩的命令。只不过,曾国藩与军官的关系不是"上级与下级"的关系,而是"师友关系"。所以,曾国藩的所谓命令,已经不能说是原本意义上的命令了。但是,如上所述,也许是为了更好地说

---

① Kuhn, *Rebellion and Its Enemies in Late Imperial Chinese*, pp. 37 – 50.

明义勇兵组织的"平等主义",湖南的这种描述多少有点夸大其词之嫌。

接着,湖南就李鸿章在太平天国之乱中以西式武器武装自己军队一事展开论述:由于在甲午战争(1894—1895)中他的军队被日本军队消灭,暴露了装备西式武器其实不过是装点门面的改革而已。后来的军事改革论者往往强调实施完全新式的军事教育与军队编制的必要性,于是新军就在这一方针的指导下诞生了。正是这支新军,恰好就在湖南发表演讲的那个时期,对中国正在进行的革命运动起到了关键性的作用。在早期接受这种新式军事训练的人中就有袁世凯。后来,由于战绩卓著,他拥有了忠于自己的军队和越来越大的权力。在演讲的结论部分,湖南说道,中国以往的军队往往是"由最下等的无赖汉组成",但是作为清末改革的重要一环,为了使军人成为更具魅力的职业而推行武官教育,因此派遣了众多留学生去国外,尤其是前往日本学习;但是,在日本学习军事学的留学生中,很多人一回国就投身于革命运动了。所以,清朝的改革政策意外地培育了革命运动的力量并加速了自己的灭亡,这是颇有讽刺意味的。

在"第二讲 财政经济上的变迁"①中,湖南探讨了与军事史密切相关的清朝财政的盛衰。他认为正如德川幕府不是由于萨长二藩而是因其自身的财政破绽而倒台一样,清朝灭亡的主要原因也不在于革命军,而在于其财政破绽。在他看来,明朝灭亡的主要原因也是因为岁入银两不足这一财政问题。加之,为了击退出兵朝鲜的日本所花的军事费用,导致明朝末年在财政上出现了很大的破绽,造成国库空虚。因此,当1618年满族人开始攻击中国本土的时候,明朝不得不实行增税。但是,增税却引起了各地的骚乱,所以"其结果,在被满洲灭亡之前,明朝已经因疲于应付叛乱而奄奄一息了"。②

湖南认为,满族原本是一个简朴的民族,清朝的帝室也不像明朝末

---

① 《全集》5,215—235页。
② 《全集》5,216页。

年的帝室那样颓废和奢侈无度。康熙皇帝继承了俭约的政策,大力裁减宫廷人员,使明末宦官十万人与宫女九千人的规模减少为宫中男女合计四五百人的规模。这样,宫廷费用减少了,人民的负担也减轻了。在乾隆初年,原本对16岁至60岁之间的成年男子所课的"壮丁税"也被废止了。湖南对雍正帝的财政整顿政策给予了很高的评价:当时,在土地税上还有被称为"耗羡"的附加税。所谓耗羡,是为了应付不时之需的税金,即为了避免在发生意外灾害时税金减少而影响政府收入的情况,为保险起见而额外征收的附加税。该税金原本是"地方上的税务官厅的杂项收入",雍正皇帝则将其当做政府的收入。结果,相当于"增收了平均一成至一成二、三的租税",有助于政府的财政。同时,雍正皇帝还向百官颁布了"禁止一切挪用公款的严令",并将此前仅仅是临时性实行的捐纳(买官)当作每年的常例来执行。总之,雍正年间,"国家太平,人口不断增长,食用盐的需求随之攀升,盐的消费大量增加",政府的盐课收入也增加了。此外,在太平年代,国内货物的运送也很繁忙,所以关税的收入也增加了。

但是,这一太平盛世终于在乾隆皇帝时宣告结束。乾隆对新疆和四川的军事远征使得政府的财政支出大大膨胀。这两次军事远征所耗费的银两高达一亿多两。尽管如此,国库还有充分的剩余。在乾隆当政的60年间,还有余力免除了四次作为土地税("地租")的"地丁银",两次漕粮("从南方七省往北京运送的大米")。但是,湖南不无遗憾地指出,"尽管政府作了相当程度的免税努力,但是官吏们却以各种名目来搜刮,且其附加税往往也会增加相应的额度。所以,天子虽有免税之美名,而百姓却无受恩之实惠"。

虽然乾隆留给其儿子嘉庆皇帝以丰富的国库剩余,但是清朝衰退的征兆在乾隆末期就已经出现了。从财政方面来说,导致清朝衰退的第一个原因在于,从乾隆末期到道光末期的大约60年间,皇族的数量大大增加了,伴随而来的是岁出也增加了。"清朝刚进入北京的时候皇族的数量约为二千人,然而据调查,到了道光末期这个数量增加到了三万余人"。由于清廷必须向这些皇族们支付俸禄,所以其财政负担逐渐变得与拥有十万皇族的明末朝廷同样的惊人。第二个原因在于不交纳地丁银("地租之未进")使清朝财政走向恶化。由于不交地租,所以岁入减少,支付给八旗子弟的俸禄也相应减少,因而使他们的生活每况愈下。第三个原因是由于1840年代后半期物价的高涨。著名的经世学者同时也是乡绅阶层代言人的冯桂芬(1809—1874)曾经说过,咸丰、同治年间羊的价格是康熙年间的六倍,道光初年的木匠、泥水匠等的工钱是顺治年间的三倍。最后,第四个原因,正如冯桂芬所说的那样,在于银的价格与清朝初年相比上涨了四五成。这主要是由于鸦片的不断流入和白银的不断流出而导致的。在此,湖南虽然没有提到魏源的名字,但是他关于影响财政的白银外流问题的观点,显然主要依据的是魏源的经世论。

湖南指出,清朝为解决鸦片问题所采取的政策结果却使得财政状况更加恶化。因为禁止鸦片贸易的结果引发了鸦片战争,清朝又不得不为应付战争而耗费大量的军费。

在"第三讲上 思想上的变迁"中,湖南主要探讨了与清朝衰亡有关的两个思想方面的要因,即"种族观念的勃兴"与"尊孔思想的变迁"。①湖南认为,与清朝在军事方面、财政方面的衰退开始于乾隆末年、嘉庆初年不同,思想上的重要转变出现于稍后的19世纪初期。

首先,湖南以华夷思想为基础论述了中国传统的世界观,并通过1793年马戛尔尼使团拜访朝廷时发生的故事来分析中国的"种族"观念。这位英国使节拒绝以有别于他本国的礼仪来拜谒中国皇帝(即乾隆帝)。在湖南看来,这是"夷狄"拒绝对皇帝行三跪九叩之礼的最初例子。鸦片战争以后,清朝在与外国的战争中屡屡败北,被迫签订了一些不平等条约,并不得不增加港口的开放。结果,高傲的中国官僚们终于认识到"所谓夷狄的强悍与可怕"。于是,中国也设立了可称之

---

① 《全集》5,236—248页。关于这里论述的观点,湖南在《支那时局与新旧思想》,《京都教育》234(1911年12月),《全集》4,488—494页中也曾有过简单的提及。

为最早之外交部的总理事务衙门。这样,随着与外国接触的日渐频繁,"种族观念"也开始出现了。其中,"中国国内与外国人接触最早的地方也是支那最早出现这种观念的地方。而道光鸦片之乱中最早与外国人接触的广东人等是最早持有种族观念的"。

湖南指出,这种"种族观念"的抬头在过去的历史中也曾经有过,不过19世纪这一观念的特征在于,中国人开始认识到与西洋人频繁接触的清朝本身也是"夷狄"之王朝,于是明末清初的反满思想再度燃烧起来。[①] 因而在甲午战争之后,许多明朝末年的著作再度出版,反满思想在知识分子中迅速扩大。湖南的结论是,随着清朝与西洋"夷狄"之间关系的展开,结果导致了满族本身也是"夷狄"之认识的出现,使得明末清初曾经有过的激烈的反满思想再度高涨起来。

其次,湖南指出,虽然"极端崇拜孔子的思想"即"尊孔思想"并不是清代才产生的,但是清代的"尊孔思想"是在公羊学派抬头的19世纪初期才开始出现的。《公羊传》与《左氏传》《谷梁传》并列,是儒教经典《春秋》的"三传"之一。信奉《公羊传》学说的公羊学派主张,六经皆孔子所作,《春秋》是孔子为变革旧制度并制定理想的新制度而编纂的。由于《公羊传》是用前汉的隶书,即今文写成的,所以公羊学派又称为"今文学派"。与此相对应的是,信奉《左氏传》的学派被称为"古文学派"。这是因为在秦始皇焚书坑儒时被埋藏于孔子旧宅墙壁中的《左氏传》等书在前汉末期被重新发现,而这些书都是用隶书以前的旧字体,即古文写成的。于是,在后汉时代,古文经书成为主要的研究对象。古文学派认为,六经是孔子以前的人所作,孔子不过是古代的伟大思想家之一而已,因此有"有贬低孔子伟业之倾向"。

---

① 湖南在论述清末反清思想抬头问题的时候,虽然没有举出具体的例子,但无疑他应该是了解当时广为人知的邹容之《革命军》、陈天华之《警世钟》与《猛回头》,以及陈天华、章炳麟、胡汉民等人发表在《民报》上的论文。另外,关于广东的反满思想以及排外思想的抬头,用英语写作的论文如下,Frederic Wakeman, Jr., *Strangers at the Gate: Social Disorder in South China, 1839-1861*, pp.57-58.

湖南将康有为(1858—1927)看作清朝具有代表性的公羊学者,说"康有为将孔子视同基督,尊崇其为支那之教主。这种尊敬孔子甚于尊敬帝王的极端思想,在最近非常具有影响力"。他认为,虽然康有为自己终身都是皇帝的忠臣,但是从思想史的观点来看,他开辟了将孔子奉为"教主"而加以神格化的道路。

湖南指出,虽然公羊学派极其尊奉孔子,但是其中有些人的信仰逐渐偏离了孔子,尤其是转向佛教研究方面。这一倾向早在清代公羊学派的先驱者龚自珍(1792—1841)身上就可见到。[①] 龚自珍精通佛教各派思想,他的友人,同时也是具有代表性的公羊学家魏源在晚年时也皈依佛教。康有为和梁启超也多少研究过佛教思想。而近年来,不属于公羊学派的章炳麟以及历史学家夏佑曾、沈曾植等人也在研究佛教。湖南对中国许多学者对"来世"的兴趣变得越来越浓这一现象的强调,也许就是为了暗示其对清朝的忠诚度正在相应地降低。后来湖南也指出,很多时候,清代学者埋首于佛教研究并不是出于信仰,只不过是其考证学研究的延伸而已。至少从《清朝衰亡论》的文脉来看,佛教研究是被当作清朝衰亡的思想史倾向来看待的。湖南认为,虽然视满族为与汉族不同的"种族"之"观念",以及把孔子"神格化"的"尊孔思想"的抬头等等思想上的变化并不直接意味着清朝权威的丧失,但是这些思想上的倾向与佛教兴趣的高涨一起,至少可以被当作清朝衰亡的前兆。

最后,在"第三讲下 结论"中,湖南对上述从清朝史的各个侧面加以阐明的历史过程的整体所具有的现代意义作了分析,这一部分本身也体现了他主张历史研究必须为理解现代史服务的基本学术姿态。因此,湖南肯定思考过最终走向辛亥革命的这一历史过程对中国的近代化来说究竟具有怎样的意义。湖南在这里得出的结论大多是预言性的,而他自己也是充分意识到这一点的。后来的历史事实应验了他这些预言的

[①] 至于公羊学家的佛教研究,湖南在其论文《清朝学者与佛教》,《禅宗》209(1912年8月15日),《全集》6,67—70页中有详细的论述。

准确性。而在当时政治情势完全处于浑沌状态的情况下，湖南能有这样的见识实在令人惊叹。①

可以说，湖南的重要结论都是以如下认识为基础的，即辛亥革命之前的中国已经存在着往共和政治发展的各种倾向。首先，从革命爆发后清朝宣誓的宪法来看，"像支那这样极端专制的国家一变而为极端民主的国家，君主的权力丧失殆尽"，甚至连"在支那维持立宪君主"都几乎没有可能。但是，由于这样的倾向是中国历史的"大势之推移，自然之趋势"，所以日本等外国加以干涉和仲裁等只能是愚蠢的、甚至是危险的行为。而对于南北分立是有可能的论调，湖南则重复其往日的主张，认为"这根本是无视支那历史，尤其是对支那的近世历史完全无知的人所说的话"。

随后，湖南就清朝与革命势力各自控制的地区的现状作了比较分析，判定清朝的境况比灭亡前夕的元朝"处境更加不妙"：即使清朝能确保北方九省的控制，并得到外国的援助，假使没有了"南方的财力"，那也是难以为继的。总之，湖南认为，外部势力问题姑且不论，从中国过去的历史经验可知，无论是在清朝的统治之下，还是在共和政府的统治之下，"支那总归是一个要统一的国家"。于是，《清朝衰亡论》得出了以下结论，即不管这次的革命运动能不能很快取得胜利，"无论如何，革命主义、革命思想的成功是确定无疑的。这是几百年来的趋势，今日只不过是到了终归要一变的时期而已"。②

《清朝史通论》

在1912年末所写的论文中，湖南讨论了清朝史研究所应该利用的史料问题。他在此对史料表现出来的高度关心，成为其日后清朝史研究中的一个特色。即使在今日看来，湖南的这篇论文依然在许多方面富有

---

① 《全集》5,249—258页。另外，贝塚茂树在《旧中国与新中国》(87—90页)中，就湖南写作《清朝衰亡论》的历史背景作了说明。
② 《全集》5,257页。

启示意味。湖南将清朝初期史研究的史料分为三个种类,即"成于清朝人自己之手者""成于明朝人之手者",以及"成于朝鲜等其他国家的人之手者"三种,其中第三种史料中也包括"由日本人传来的史料等"。湖南接着指出,鉴于宋朝和明朝的实录都曾经做过修改的事实,那么太祖、太宗、世祖这清初三朝的实录"究竟在多大程度上是值得信赖的呢"?他认为这些实录也存在被修改的可能性。又说,这三朝实录,"在我(日本)文化四年(1807年),由邨山芝坞、永根冰斋二人抄录出版,题为《清三朝实录采要十卷》"。但是,这一实录与"存于今日北京、奉天的(满汉合璧)实录是否同一,则有加以考查的必要"。他还指出,有必要从朝鲜的《李朝实录》中检索关于清朝的记事。①

就任京大后,湖南也一如既往地在报刊上发表时事评论,并就中国的时局发表演讲。不过整体而言,他更加倾向于从事学术性的研究,关注的时代也逐渐上溯更加久远的历史时期。1910年9月至10月间,他与狩野直喜、小川琢治、浜田耕作、富冈谦藏等一起访问北京时,调查了敦煌文书等文献史料和金石史料。这次旅行更加强了他朝这一学术研究方向发展的倾向。②

---

① 《清朝开国期的史料》,《芸文》3—11~12(1912年11~12月),《读史丛录》,《全集》7,321—327页。另外,也参照了《清朝姓氏考》,《芸文》3—3~4(1912年3~4月),《读史丛录》,《全集》7,312页。

② 关于其中的详细情况,参照《清国派遣教授学术视察报告》(与狩野,小川,浜田,富冈诸位合作),《朝日》,1911年2月5日;《目睹书谭》,《全集》12,188—208页。另外,还参考如下。Miyakawa Hisayuki, "An Outline of the Naitō Hypothesis and Its Effects on Japanese Studies of China," pp. 535. 另外清朝初期史的研究明显地将湖南引导入蒙古史的研究之中。由于他已经同时掌握了满洲语与蒙古语,所以他充分地具备了进行蒙古研究的基础。比如他在《蒙古开国的传说》《芸文》4—12(1913年12月),《读史丛录》,《全集》7,368—377页中,对蒙古族的开国故事与包含古代朝鲜在内的东北亚诸民族的开国故事进行了比较与考察。在1913—16年间,关于这类研究还有以下一些成果。《昔日的满洲研究》(1912年口授,高昌政之助氏速记),《东洋文化史研究》,《全集》8,248—262页。《关于高昌国的纪年》,《芸文》6—11(1915年11月),《读史丛录》,《全集》7,449—460页。《支那历史家的蒙古研究》,《学艺与青年》2—5(1915年11月),《全集》6,92—95页。与以上的研究相关联,湖南最早对语言学表示出强烈兴趣的研究成果,有《日本满洲交通略说》(1907年8月3—4日,《大阪朝日新闻》社睿山讲演会讲演),《睿山讲演集》(1907年11月),《东洋文化史研究》,《全集》12,194—247页。

1915年8月初,湖南在京大举行了六次暑期演讲,其内容后来以《清朝史通论》为题(在湖南去世后的1944年)出版了。不过,书中的三个方面与他此前的清朝史研究有着明显的不同之处:关于史料的记述比较多;对中国的对外关系抱有强烈的兴趣;提到了很多关于思想史与文化史方面的问题。湖南在这三个方面所叙述的内容占了该书一半以上的篇幅。

湖南每当去中国旅行的时候,都会对文献史料表现出强烈的兴趣。在1911年发表,后来汇编成《清朝衰亡论》一书的几次演讲之后,次年3月至5月,他又前往中国旅行了。这次,他不仅发现了新的史料,而且还在京大的支援下对以前发现的史料,特别是保存于奉天宫廷书库的史料进行了拍摄记录。其中尤其重要的是《满文老档》和《五体清文鉴》,都是关于满族和清朝初期史的极其珍贵的史料。①

关于西洋对中国的影响问题,湖南素来怀有兴趣,而对当时中国的对外关系尤其表现出前所未有的关心,其中的原因是什么并不清楚。不过,他强调西洋对中国的影响仅仅停留于表面而已,而这一认识应该与其主张中国与其他东亚各国的史料在理解中国历史方面的重要性是互为表里的。在湖南贬低西洋影响的背景中,有着他终生怀抱的一个独自主张,那就是中国与日本,乃至整个东亚都具有文化的同一性。从这个意义上来说,相对而言,西方与东亚地区之间不仅联系甚少,而且其影响也是微乎其微的。在《清朝史通论》中的许多地方,湖南都引用了一些以前鲜为人知的日本和朝鲜的史料,并以此来阐明清朝史上的诸多事实。

在湖南的研究中,思想史的问题逐渐成为重要的课题。他在书中对清代的思想史,尤其是经学与史学,做了前所未有的详细叙述。对湖南

---

① 《奉天访书谈》,《中央公论》283(1912年10月),《目睹书谭》,《全集》12,299—320页。《奉天访书日记》,《全集》6,439—453页。这个时候与湖南同行的有富冈谦藏、羽田亨等,此外他还得到了其他两个助手的协助,他们每天要花费大约10个小时的时间,在那个狭小污秽的屋子中一张一张地拍摄史料。其间,在报纸上曾经有过关于日本人正在拍摄史料的报道,并提出了这样的疑问,"那不是在打满洲的主意吗?"为此,湖南必须解释他们自己正在从事的工作并不是出于这样的目的。然而,新闻报道的结果导致中国方面开始表现出不太合作的态度,因此湖南等人不得不加速推进自己的工作。

来说,为了解明将来的中国必定实现共和政治的历史前提,清代理所当然是一个极其重要的时代。同时,以他为首的京大汉学家们认为清代也是产生"考证学"的时代,他们对"考证学"给予高度评价,称之为精湛的史学研究方法。①

在《清朝史通论》一书的开头,湖南首先就如何以庞大丰富的史料为基础开展清朝史研究,提出了以下几点值得注意之处。"清朝于编纂明朝历史之际,曾费时约六十载写成二百数十年之历史。清朝史料较之多达十倍以上,若编纂清朝史费时六百年,那就会超过清朝自身持续之年数"。他指出,在奉天及其近郊发现的史料当然是很重要的,但是在清朝史的研究中还有其他不可或缺的重要史料。为此,湖南列举了日本人的漂流谭。1644年,从今天的福井县三国町的港口前往松前的途中,三艘日本船只因为途中遇到风暴而漂流到了满洲的海岸。当时,包括船长竹内藤右卫门在内的众多船员被当地的土著所杀害。然而,幸运的是,其中有15人获救并被护送到了当时清朝的都城盛京。数周之后,他们被转送到北京,受到了时任摄政王的睿亲王(多尔衮,1612—1650)的热情款待。后来,他们被送回日本,但又被召到江户以接受德川幕府的调查。当时他们口述的经历被记载下来,成为流传至今的《异国物语》,或称为《鞑靼漂流记》。最近,神田信夫教授表示,"(该书)作为明清王朝交替这一千载难逢之机的见证者的实际见闻,不仅十分生动有趣,而且还具有史料利用价值。书中介绍了在当时的满人社会中还完全使用着满语的情况,并介绍了他们在当地听到并记得的一些满语数字及单词等。这是满语传到日本的最早例子,真是十分有趣的事情"。②

---

① 而后,湖南将《清朝史通论》中关于史学和艺术方面的内容做了进一步的拓展研究,发表了著名的《支那史学史》、《支那绘画史》等许多专论。
② 《全集》8,277页。神田信夫,《清帝国的盛衰》(《图说中国历史》8,讲坛社,1977年),111—112页。以下的研究也是如此,关于多尔衮以及清朝初期历史的这些史料,欧美的学者们几乎都还没有加以利用。Franz Michael, *The Origin of Manchu Rule in China*, Jonathan Spence and John E. Wills, Jr., eds, *From Ming to Ch'ing: Conquest, Region and Continuity in Seventeenth-century China*.

167

湖南认为李氏朝鲜的史料也是清初史研究的重要史料之一,比如记载满族与朝鲜之间往来文书的《朝鲜国来书簿》,以及中朝、日朝之间的外交文书《同文汇考》。这些史料记载了后来清朝为了保持自己的威信而删除的一些入关前的满族的事情。比如说,根据《朝鲜国来书簿》中的资料,"有明显的证据表明,满洲的天子在成为大清皇帝以前,称为金国汗"。但是,"在此后编纂实录时,对自称金国汗一事多少有所忌讳,于是从实录中删除了此金国汗的称号。因此,今日已丝毫见不到此种称呼了"。湖南指出,只有在朝鲜的史料中才可以看到有关这些历史事实的记录。①

清代的帝室与内政②

　　在《清朝史通论》的第一章(即第一讲)中,湖南论述了清代帝室与国内政治的关系。关于这个主题,湖南深受黄宗羲思想的影响。黄宗羲认为,明代的权力向皇帝集中是一个很大的问题。原本朝廷中设置的宰相多少能在制约皇权方面发挥一些作用,但是到了明朝,宰相制度被废除了。清朝沿袭明制,也不设宰相。在明清时代,虽然设置了相当于宰相一职的内阁大学士,但是皇帝对此职的倚重渐渐减少,到了清代已成为"虚名之官"。而且在清代,除了皇帝幼弱时期往往由摄政王与皇太后掌握实权之外,一般情况下都是由强有力的皇帝自由行使支配权。入关后的第一位皇帝顺治帝是前者的代表。他即位时才7岁,统率大军并最先进入北京城的多尔衮就成了摄政王。对满族来说十分幸运的是,多尔衮"非常优秀且有能力",到他去世前"在北京摄政的仅仅六年时间里,平定了支那大部分地区"。随后,湖南提到创设军机处的问题,指出其权力逐渐增强的事实。

---

① 《全集》8,301—302 页。另外,在用英语写作的研究中,提到《同文汇考》的仅仅只有以下一篇文章。Hae-jong Chun,"Sino-Korea Tributary Relations in the Ch'ing Period,"pp. 90 - 111.
② 《全集》8,274—298 页。

接着,湖南指出,清初关于帝位继承没有明确规定制度是日后产生重大问题的根源所在。① 太祖努尔哈赤驾崩的时候,没有决定在相当于亲王的四个贝勒中由谁来继承王位。结果,在军队中最有威望的第四个贝勒击败其他竞争对手,继承了王位,这就是太宗文皇帝。圣祖康熙帝也曾经一度立过太子,但是他的这种尝试最终失败了,结果地位继承的原则仍未能确定。此后,雍正帝将写有其视为皇太子的人物的名字的字据秘密搁置在乾清殿的"正大光明"匾额之后,但是湖南认为,虽然这个方法试图保守帝位继承的秘密,但也不是没有被轻易改窜的可能性。②

湖南在本章中所探讨的,也是直至今日仍为众多学者感兴趣的一个问题是,清初的皇帝们究竟在多大程度上被汉化了? 在他看来,顺治帝"好支那之风,不为满洲人所喜"。而此后的康熙帝"不仅精通支那学问,而且研究外语、会数学、懂天文"。"总之,对此类事情兴趣广泛,知晓世界,而又有建立世界帝国之雄图"。但是,在他之后的雍正帝却大兴有名的"文字狱",严厉取缔反满遗风。湖南详细论述了吕留良(1629—1683)事件。这一事件的发端是,湖南省出身的官僚曾静(1679—1736)因为同情吕留良的反满思想而被逮捕,并在作供词的时候说,吕留良曾经对满族口出恶言,并认为自己的父亲是为雍正帝所杀。于是,雍正帝下令挖出吕之遗体示众,而另一方面则对曾静作了宽大处理,③并写了《大义觉迷录》一书来为自己的行为辩护。该书在民间广泛流传开来。湖南在叙述此事的时候虽然没有直接提到曾静的名字,但是他介绍了记载这一事件的主要史料《大义觉迷录》。

---

① 关于帝位继承问题,湖南在1922年所写的论文中有过详细的论述,见《清朝初期的继嗣问题》,《史林》7—1(1922年1月),《读史丛录》,《全集》7,353—365页。在这一至今尚无定论的题目上,该论文算得上是最初的正式研究。另外,有中国的历史家谢国桢将此论文翻译成了中文。《清朝初期的继嗣问题》(一)—(三),《国学丛编》1-1,1-6,2-1(1931—1932年)。
② 关于这个问题,用英语写作的研究如下。Harold Kahn, *Monarchy in the Emperor's Eyes: Image and Reality in the Ch'ien-lung Reign*, pp. 231-241. 这一研究主要以湖南的《清朝史通论》为依据。另外关于康熙帝的尝试与失败,参照 Silas H. L. Wu, *Passage to Power: K'ang-hsi and His Heir Apprent*, 1661-1722.
③ 但是,后来乾隆帝为了表示对父亲雍正皇帝的孝心,而逮捕曾静并处刑。

雍正之后的乾隆皇帝"年轻时即长于文事""吟诗作文,无所不通"。但是"因自己本国为满洲,而鼓励用满语"。结果,"无论支那人与否,入翰林院者,必须会满语。如若不会满语,则无论何等英才亦入不了翰林院"。而"他自己则十分喜欢汉学,并精通汉学""这是一位将支那推到全盛时期的天子,他在位的时期堪称为黄金时代"。于是湖南认为,与明代的汉人皇帝相比,一般而言,"清朝的天子在文才上要更胜一筹",他们在臣下的奏章上所写的朱批,"皆以工整而得体的汉文书写",明显优于明朝皇帝。

清朝初期,政治上实行"满汉二重政治""设置官吏时,也是满、汉各设一同职官员"。而且公文书也用满汉两种文字书写。随着时代的发展,满族的要素逐渐萎缩,而汉人的要素更见强大。"因此,对满洲人来说产生了一种苦涩的矛盾。而这也正是清朝政治衰退的原因之一"。

湖南接着说道,"此外,还有一个政治衰退的原因",那就是存在于官僚制度底层的腐败问题,他们"完全不从政府那里领取俸禄,而是居于政府与人民之间,靠佣金生活"。问题的关键在于政府无法纠正这些下层官吏的腐败问题。经世学者和官僚们将这些下层官吏称为"吏胥"或者"胥吏"。即便在政府免除税金的时候,这些胥吏也不时地"巧立名目"搜刮钱财。① 湖南指出,即便上层官僚试图推行"口碑好的政治",也会因此而使人民失去对政治的信心。

湖南认为,采用科举制度选拔官吏的方法也是使清朝衰退的原因之一。1644年以后,特别是三藩之乱以后,清朝对汉人官僚在地方上拥有强大势力一事特别担心。因此,原本为防止地方官僚与地方社会勾结而设置的本籍回避制,在清代又兼带有了监视反满活动的新任务。因此,大部分地方官僚都采取明哲保身的态度,唯求自己经历上没有过失而已,所以他们不管在何处上任,采取的都是同样不负责任的态度。结果

---

① 关于这个题目,湖南的高足宫崎市定后来在《清代的胥吏与幕友——特别以雍正朝为中心》中有详细的论述。

一旦地方上出现叛乱,"以至于地方上的人民为了保卫自己的土地,最终不得不依靠自己的力量来平定大的骚乱",从而更加强了汉人的势力。

湖南在《清朝史通论》中也以清朝史为背景探讨了清朝衰退的原因,尽管其中的论述不如《清朝衰亡论》那么直接。不过值得注意的是,他对清朝史的理解在很大程度上受到了辛亥革命的影响。总而言之,关于清朝衰亡的原因,湖南明确提出了以下几个观点,即缺乏明确的帝位继承制度,由于需要支付俸禄的宗室成员的增加而导致的财政困难,满族皇帝的汉化,地方上反满思想的抬头和满族要素的衰减,中央政府无力纠正地方胥吏的腐败,起因于本籍回避制度的地方政治不作为以及由此导致的地方叛乱的发生,等等。湖南认为,从长期来看,正是以上所有这些因素构成了导致清朝走向衰退的历史趋势。因此对他来说,由于辛亥革命而引起的清朝灭亡,从中国史上的国家形态上来看,也意味着君主独裁政治的终结与共和政治的诞生。

清朝的外交[①]

17世纪初期,作为今日中国东北地区(满洲)之一部分的长春,仍然处于蒙古族"酋长"的统治之下。然而,正是以统治这片蒙古族的土地为起点,努尔哈赤与他的将领们开始了其建立东亚大帝国的历程。后来,他们又进入辽东半岛,占领了汉人所居住的辽阳和奉天等。湖南认为,这是"将汉人与满人一并加以统治的"最初机会。随后,在统治中国本土之前,清朝又毫不费力地收编了西藏。这是因为西藏喇嘛向清朝派遣使者,并奉上了称赞清朝皇帝为即将统一世界的"曼殊师利皇帝"的颂文。西藏以这种方式回避了与清朝的冲突,从而确保了自己的安全。在满族蓬勃发展的时期,努尔哈赤推行了"最终要占领的是人民而不是土地的政策"。因此,他一旦统治了某一片土地,就会把所有贵重物资和百姓转移到都城附近。这一政策一直延续到其开始

[①]《全集》8,299—328页。

进攻中国本土为止。

在外交关系方面,湖南首先指出的是,在清廷还未与周边各民族发生战争的和平时期,他们的外交关系具有"满语效果"。掌握了满语之后的湖南非常乐意提及这一话题。在清代,对于那些苦于汉字难懂的来华西方人来说,"虽然其文法不如西洋文法精密,但比支那语文法更易懂"的满语显然不难掌握。于是,"西洋人为了阅读支那的书籍,首先都会以满洲语阅读一遍"。比如,朱熹所作司马光《资治通鉴》的提要《资治通鉴纲目》,"因为已经有满语的全文翻译,所以西洋人就可以开始以满语学习支那书籍"。

由于对中日两国在历史上的相互关系怀有强烈的兴趣,湖南也谈到了荻生徂徕在日本研究满语方面所起到的先驱者作用:"徂徕注意到,当时传到日本的《正字通》——康熙字典以前十分流行的字典——的最前面有满语的拼法。由于其拼法都是以支那的文字来注音,所以徂徕就以黑笔标注子音,用红笔标注母音,来从事满洲文字的研究。"①随后,在文化年间(1804—1817),有俄罗斯船只来到长崎港谋求通商,其书信就是用俄语和满语两种语言写成的。"当时(日本)既没有懂俄语的人,也没有懂满语的人。为此,掌管幕府天文台的高桥作左卫门深感遗憾。由于当时满洲语字典《清文鉴》已经传到了日本,并保存在德川家的书库里,于是,高桥在接下来的十几年中全力投入满语的研究之中"②。因此,湖南认为满语在日俄关系中也曾经起到过重要的作用。同时他也指出,正如当今人们所周知的那样,清代越到后来,满语就逐渐不用了。但是,湖南强调在19世纪初期以前,满语确实曾经在西洋人的中国研究以及日

---

① 《正字通》,参照诸桥前述书,《大汉和辞典》卷6,667页。
② 另外,高桥作左卫门[即景保(1785—1829)]是一位兰学者,并主管德川幕府的"蛮书和解御用"事宜。1825年他写作了关于拿破仑的著作(《勃那把而帝始末》),其中他提出了西方将来可能侵略日本的警告。而后他为了获得拿破仑传记(《拿破仑一代记》)等著作,将伊能忠敬等所测定的日本地图作为交换赠送给西博尔德(Siebold),因此而入狱,并死在狱中,这就是"西博尔德(Siebold)事件"(1828年)。后藤末雄,《明治维新前后拿破仑的影响》,331—332页。

俄关系中起到过重要作用。

清朝对外认识的指针是以华夷思想为基础的世界观。在这一世界观下，中国与外国的贸易关系被视为朝贡关系。明朝"设置了四夷馆，或称四译馆，那里掌管着与外国交通的翻译事宜"，清朝也同样设置了四译馆。但是湖南认为，实际上除了俄罗斯以外，在19世纪中叶之前，清朝与西洋各国之间根本就没有密切的交往。① 不过他指出，在中国与俄罗斯的关系上，清朝对满洲沿海地区（沿海州）采取何种态度是理解俄清关系的重要指标。围绕这些地区的统治问题，清朝逐渐与俄罗斯走上了对立的道路。在始于1857年初清朝与英法两国的战争（第二次鸦片战争）中，"俄罗斯充当了仲裁者的角色，结果沿海州也悉数落入了俄罗斯的手中"。但是，在1880年代，西太后派曹廷杰为侦探前往俄罗斯管理的沿海洲地区，命令他在那里进行调查工作。在曹廷杰所作的调查报告《西伯利东偏纪要》中，"不仅有政治上的调查，而且也有历史上以及其他如户籍方面的调查"，提供了十分珍贵的史料。湖南认为此次调查表明了清朝在19世纪末期曾经有意要"再次恢复支那在东北地区的势力"。②

湖南提到，对外贸易转为繁盛是在明朝。至于德川时代的日清贸易，则根据新井白石（1657—1725）的《宝货事略》指出，当时日本只是进口中国的商品而已，其支付手段主要是铜，有时则是金银。尽管新井警告这样的贸易容易导致日本的铜不足，但是这种日清贸易仍然继续着，日本成为中国主要的铜供给国。不过后来，银子逐渐被用于贸易结算。"银子自古以来是天子赏赐臣下时被视为与宝玉等同等贵重的物品"。虽然"在支那，即使是金、元时代，就已经使用纸币"，在明代"也曾经特别筹划过纸币通用"，但是"在支那这样的国家，纸币很难通行"。众所周知，西洋各国最早有求于中国的是茶叶与药品（大黄等），乾隆时代中国

---

① 详细讨论俄清关系之特殊性的文章有，Mark Mancall, *Russia and China: Their Diplomatic Relations to 1728*. Joseph Fletcher, "Sino-Russion Relations, 1800 - 62," pp. 318 - 325.
② 关于这个问题的研究有，Robert H. G. Lee, *The Manchurian Frontier in Ch'ing History*, pp. 125 - 127.

在与西洋的贸易中处于出超的地位。但是,自18世纪末期起鸦片的流入量增加之后,贸易平衡表就变为中国方面的入超了。其结果,1839年鸦片战争爆发,战败的清朝再也不能像以前那样来管理对外贸易了。

嘉永年间(1848—1854),当鸦片战争的消息传来后,日本很快就对西洋的侵略产生了危机意识。湖南介绍了幕府末期日本人所写的许多关于鸦片战争的书籍,并提出了以下认识:"鸦片战争给予日本以切肤之痛,种种学者都不得不深入思考,当此之际日本应当如何应对?因此可以说这既是导致日本的维新,也是导致今日日本隆盛的一个原因。"他指出,日本人从中国的不幸历史中得到了一个深刻的教训,那就是必须通过内政改革实现富国强兵,否则日本将遭受与中国同样的命运。湖南的这一理解,即鸦片战争对明治维新所产生的深刻影响,表明他越来越确信中日命运共同体论,并将之与其一贯主张的中日文化同一论相提并论。

清代所受西洋文化的影响[①]

湖南在探讨西洋文化对中国的影响时,主要聚焦于西洋武器和科学的引进问题。在他看来,西洋仅有物质文化而已,除了武器和科学之外不能提供其他任何有价值的东西。湖南对中国文化之卓越性所抱有的绝对信念,使得他根本就不认可西方政治和哲学方面的影响。不过,他认为,中国吸收西方文化的理由之一在于中国的"国民性并不坚固,其结果,对采用外国文物相当宽容"。特别是在清代,"满洲人原本也是外人,结果使之一度非常热心于追求支那文明以外的文明"。

湖南首先讨论了元、明时代基督教传教士在文化方面的贡献。在明代,由于来到中国的传教士们并不主张基督教比儒教更优秀,所以他们被允许在中国进行活动。他们传到中国的正确的西洋历法和地理学知识都被中国采用了。明朝末年,为了防备满族的进攻,中国希望传教士

---

① 《全集》8,329—353页。

们能帮助铸造西式大炮。清太祖努尔哈赤在进攻宁远城的时候,守卫在这里的袁崇焕(1584—1630)就是用这种大炮击退清兵的。对史料问题持有强烈兴趣的湖南指出,关于这场宁远城攻防战的史料,只存在于当时的目击者即朝鲜人的记录之中。但是,他并不认为这就意味着满族在军事方面处于劣势,而是强调满族之所以能够征服中国,凭借的不是军事力而是其他因素,比如巧妙地利用汉人的投降者等等。或许湖南是试图以此来修正那些基于汉民族的民族主义思想的观点,比如说满族的胜利只不过是军事上的胜利而已等等。

在摄政王多尔衮的支持下,明朝末期来到中国的耶稣会士汤若望(Adam Schall,1582—1666年)于清朝初年被任命为钦天监,并且采用了他所制作的历书。[①] 后来,康熙帝也同样使用耶稣会士南怀仁(Ferdinand Verbiest,1623—1688年)所制作的历书。在康熙帝的命令下,他还制作了观测机(近代望远镜的前身,用于历算),[②]时至今日依然被保存在北京天文台内。不过在义和团事变时,该观测机的一部分被法国和德国所掠夺。从这两位传教士制作历法以来直到鸦片战争为止,清朝一直都在使用和传承着西洋历法。

康熙帝在采用西洋历法的同时,对西洋地理学的信任度也提高了。根据湖南的说法,传统的"支那地图不仅十分奇特,而且十分粗恶,根本就不值一提"。于是,康熙帝派传教士到中国各地去,不仅前往中原本土,而且还前往西藏、蒙古、满洲等地,编制清朝版图的地图,这一工作最终在乾隆年间完成。但是,他不无遗憾地指出,"看道光年间制作的地图可以发现,经过几代传承之后,又逐渐退回到那种支那式的旧地图去了"。

在艺术领域里,西洋对清代中国的影响也是很大的,这或许可以认

---

① 关于汤若望,参照以下写得十分优秀的小传,B. H. Willeke,"Johann Adam Schall von Bell," pp. 1153–1157.
② Joseph Needham, with the Collaboration of Wang Ling, *Science and Civilization in China*, vol. 3: *Mathematics and the Sciences of the Heavens and the Earth*, pp. 353, 379–380.

为是事关文化本质的问题,但是湖南依旧认为这主要还是停留于技法层面的东西。康熙帝时期,焦秉真运用西洋的"透视画法"创作了有名的《耕织图》(作于 1696 年)。这幅由 46 枚构成的组画中描绘了耕作农民等庶民的形象,康熙帝也十分欣赏。另外,天主教信徒吴历(1632—1718)也深受传教士传来的西洋画法的影响。湖南详细论述了西洋画法对清朝影响的同时也指出,这种影响自乾隆末期开始就逐渐减弱了。湖南还探讨了西洋音乐的影响,指出魏源在访问澳门("中国的长崎")时首次听到钢琴弹奏的音乐,不禁大为感动,作了一首长诗来盛赞钢琴。

最后,湖南探讨了东洋史上饶有趣味的问题,即"西洋文化为何进入日本要比进入中国更加容易"? 其阐释如下。

> 当然,由于日本没有如支那那样顽固的固有文明,所以更容易采纳外国的思想,而且采纳的方法也与支那存在着不同之处。此外,中国几乎所有的文明都为君王和贵族等所谓的上流社会所专有,而这些人并不重视实验科学等人们的日常生活所必要的东西。所谓贵族等,即使老百姓们过着如何下等的生活,他们也是不会太在意的。他们所从事的都是类似于数学等几近空想的东西,这已成为惯例。(中略)在支那,民间不仅与学问无甚关系,反而觉得学问等等是多余的麻烦。因此,仅仅是在天文数学方面十分发达,天才辈出,乃至影响到经学史学,但是最终于国民文明之根底则影响不大。①

总之,湖南认为西洋文化对中国的影响仅停留于最小限度内,只不过引起了统治阶层的一时兴趣而已。历法、大炮、绘画等领域虽然受到了西洋文化的影响,但是其影响最终也逐渐衰退了。与中国相比,西洋文化对日本的影响更为深刻。传到日本的西洋学问主要以荷兰医学为媒介,对日本人的日常生活起到了很大的影响。湖南一方面对西

---

① 《全集》8,353 页。

洋文化的影响给予了很低的评价,另一方面则对中国文化的卓越性抱着绝对的信念。关于这一点,今天的我们有难以首肯之处。但是我们不能忘记的是,湖南从未把中国的共和政治看作是西方的舶来品,而把它理解为从中国长期的社会文化发展趋势中培育出来的中国固有之物。

清代的文章、诗歌、艺术①

在《清朝史通论》的后半部分中,湖南主要讨论了清代的学问与思想。不过,他是结合政治史来讨论这些问题的。从这种研究方法中,我们可以看出他不想把中国史割裂成许多领域,而是尽可能加以综合研究的姿势。也就是说,湖南其实很排斥那种只研究学问与思想,而不考虑产生这些学问与思想之时代背景的研究态度。

湖南指出,清初出现了讨厌科举考试所要求的八股文(这被认为与明朝遗臣的反满思想无关)而回归古文的倾向。但是,回归更为单纯直白之文体的古文运动其实早在唐末至宋代就出现了,其大部分文章都为《唐宋八家文》所收录。如前所述,湖南在15岁前后就读过这些文章了。在清初的古文复兴运动中,以韩愈(768—824)、苏轼(1036—1101)为代表的唐宋八大家的古文理所当然成为模仿的对象。另一方面,黄宗羲、顾炎武等人则主张"不依据古法,而依据自己的学问来写文章",由此"形成了特别的清朝风格的基础"。于是,从严格的古文到自由的文体,17世纪的清朝文体呈现出一应俱全的景象。

在清代,起源于六朝时代的"骈体文"也很盛行。写这些文章的人为阮元(1764—1849)等汉学者,其写作骈体文的目的是为了批判以唐宋古文为依据的宋学(朱子学)。不过,正如湖南所说的那样,批判往往会引起反批判。桐城派的代表人物方东树(1772—1851)等古文家(即"宋学者")便攻击骈体文与汉学。只是以后的经学又出现了将汉学与宋学折衷起来的倾

---

① 《全集》8,397—443 页。

向,折衷学派逐渐占据了优势。像袁枚(1716—1798)这样的文章家往往既写古文,又写骈体文。

湖南强调说,清代的古文并不是"杂驳无味"的。在这方面最具说服力的文章家是曾国藩(1811—1872)。曾国藩及其门生写作古文的目的,绝不是其好古趣味的显示,而是桐城派对当时的政治外交持有强烈兴趣的表现。而当时的文体也并不因为骈体文的盛行而变得"轻薄"。正如在古文、经学的发展倾向中可以见到的那样,骈体文家们也逐渐能够以"卓越的语调"写出"并非轻薄"的文章。对此,湖南论述如下:

> 从明代开始也有写四六文(骈体文)者,但因为强求对仗,文章有冗长的倾向。……清朝新兴的骈体文家主张不必强作对句,只要写好文章之体便可,即骈体文的内容必须有根底、有力量以及不轻薄。因此,能这样写作的骈体文家多兼研经学。①

诗的领域也与文章一样,产生了各种派别。以"可谓清诗之元祖"的王士禛(1634—1711)为代表的清初诗家对杜甫(712—770)、李白(701—762)等盛唐诗人给予了高度评价。但是,同时代的人物中也有对王士禛持批判态度的,认为他"引用故事等来作诗,以至于故事太多,反而削弱了诗的力量"。

湖南认为,"尽管艺术有各式各样的种类,但是支那最主要的艺术还是书画"②。他把书法与绘画相提并论,视为艺术上最重要的领域之一。他认为明末之"人非常任性,过着所谓堕落生活的人渐多,不过书法方面的趣味反而发达起来,即便字写得差,也倒是各有其趣味"。而清初的书法已经改变了明末的书风,"书皆写得比较严肃认真"。于是,明末伟大的书画家董其昌(1555—1636)的书风逐渐盛行起来,在康熙年间可谓盛极一时。与文体方面的古文复兴相类似,在书道方面

---

① 《全集》8,402 页。
② 《全集》8,414 页。

也出现了临摹古碑帖的倾向。到了清朝末期,正像在文体上古文与骈体文趋向互相接近一样,在书法方面也产生了将各种书风融合起来的倾向。

在论述以上文体、诗歌和书法时,湖南始终强调的是以下两点:首先,清代一个新的倾向是对古代的关注重新高涨起来。其次,一个更为显著而具有代表性的倾向是折衷主义的盛行。这两个倾向的一致性在于它们都反映了清代知识生产中对于实用性的真挚而热切的追求这一总的趋势。在这些领域里的古代复兴运动也可以说是克服明末知识界之颓废思潮的结果,试图以此来创作出经得起时间考验的文章、诗歌以及书画。清代各个领域的大家们从各种不同的角度来寻求足以取范的手法和形式,最终走向了折衷主义。不过,这种状况与本书第二章中探讨过的日本18世纪的情形极其类似。遗憾的是,湖南在该书中没有就此二者作一清晰的比较。湖南显然认为,不管清代折衷主义的终极意义何在,都应该将之看作出于对学问实用性的强烈关心的产物。由于重视实用性正是湖南自己的学问姿态,所以他不仅认可清代折衷主义表现出来的这种倾向,而且在该书中也大书特书。另一方面,与湖南不同的是,19世纪中国的经世学者们则认为,18世纪的思想状况有知性偏重主义的倾向,因而觉得无法接受。

清代的经学①——自宋代以来

"支那这个国家,特别是自唐朝以后,虽说也有过战乱,但是几乎没有经历过因非常长期的战乱而导致的那种黑暗时代"。而且,"像支那这样拥有悠久文化的国家,一旦国家太平,国力逐渐发达,通常总是会回到自己本国文化发展的轨道上去"。持以上观点的湖南认为中国文化的真髓是学问,学问的中心则在于经学,而经学在清朝已经到达了巅峰状态。他说,"清朝的经学,从支那学术的发达上来看,可谓古来

---

① 《全集》8,354—381页。

未曾有过"。

作为对明末程朱派与陆王派的学术对立的反动,极为认真的"讲学"(通过讲课和小会讨论进行研究)活动开始盛行起来。这一学派的代表是孙奇逢(1585—1675)和李颙(1627—1705),他们都拒绝在异民族王朝的清朝当官,并试图将程朱学派与陆王学派融合起来。① 被讲学派疏远的同时代人物是黄宗羲和顾炎武。他们虽然属于有别于讲学派的其他学派,但也同样洁身自爱,绝不在清朝为官,终生从事研究和教育。这些人物所共通的处世方法,正如在清初的文体中所见到的那样,具有反对学风颓废并以严格的形式来恢复学术研究之严肃性的倾向。令湖南感到兴趣的是,尽管他们在思想上是相异的,但他们同样深感忧虑的是,学派之间由于学问方法上的过度对立而迷失了实行改革这一做学问的最大目的。

顾炎武的弟子同时也是他外甥的徐乾学(1631—1694),不仅受康熙帝之命参与编纂《明史》,也曾召集当时的著名学者编纂了《大清统一志》。湖南关注到这两位辈分不同的学者所体现出的不同政治态度:顾炎武是一位不在清朝为官的清高自傲的隐者,而徐乾学则是于1670年中了进士的清朝高官。当时,在徐乾学那些名誉心很强的门人中,有一位名为纳兰成德的满洲旗人,据说"是一位非常的天才",后来曾经编纂《通志堂经解》②。此书主要是从宋学的立场汇集编辑宋元明时期的经学著作而成的。湖南通过这些事例表明,不仅在学术方面反满思想家顾炎武的学统已经被满洲人继承发扬,而且在政治以及学术的关怀方面满洲人因素也在逐渐衰弱。换言之,湖南认为,清代的学问在一定程度上促进了满族的汉化。

考证学一般被认为是汉学派的学风,但是顾炎武以严密的史料批判为基础的考证学大大丰富了朱子学(即宋学)的内容,而这也是他对清朝

---

① 参照如下。Fang Chaoying,"sun Ch'i-feng," *ECCP*, pp. 671 - 672. Dean Wicks,"Li Yung," ibid., pp. 498 - 499.
② 《全集》8,357页。高度评价《通志堂经解》的资料参照如下。Fang Chaoying,"Singde," *ECCP*, pp. 662 - 663.

经学所作的主要贡献之一。然而,湖南并不因此而轻视宋学学者李光地(1642—1718)在国家正统教育方面所取得的成就。因为他认为李光地编纂《朱子全书》等也反映了清代在学问方面重视实用性的潮流。① 他还指出,清代汉学的隆盛并没有使同时代的学问出现明末讲学中的那种"空论"式"演说",而是回归到对史料的重视。湖南把同时代隆盛的汉学与朴学联系起来,正如他在十年前就曾经主张的那样,朴学讲究的是学问上的"实事求是"。湖南高度评价朴学的原因在前文中已经论述,在此就其中的两点再次加以说明。第一,朴学并不试图表明任何思想上的信条,而是彻底的纯学问。第二,朴学以实用性为志向,并以制度改革为目标。

而后,汉学逐渐"出现了多少皆依据地方,或是师承系统、家学系统等来划分学派的倾向"。康熙时代所播下的汉学种子终于在漫长的乾隆时代,特别在"小学"(言语音韵学)和礼学等领域发芽,并茁壮成长起来。这样,乾隆时代便成为"汉学的全盛时代"。湖南接着详述了七个地方学派(吴派、皖派、北学、扬州学派、闽学、浙东学派、常州学派),其内容在此省略不提,只想指出他对各地区的地理和社会背景在诸学派思想形成中的作用与影响作了系统的考察。比如扬州学派的代表人物焦循(1763—1820)、江藩(1761—1831)等在经学之外也研究词学和文学,而这正好反映了富裕盐商聚居的扬州地区的"奢华风气"。闽学则在福建省之外"没有多大的影响",这大概也与福建省在地理上比较孤立有关。总之,在清朝末年,清代的经学在各地形成了各具特色的学风。②

湖南把戴震(1730—1777)和章学诚(1738—1801)二人视为清代经

---

① 这种见解大约在60年后的如下研究中可见到。Wing-tsit Chan, "The *Hsing-li ching-i* and the Ch'eng-Chu School of the Seventeenth Century," pp. 543 – 579.
② 在此议论湖南提及的诸学派特征会超越本书的讨论范围。不过仍想指出的是,从整体上来看,该书与梁启超的《清代学术概论》相比略胜一筹,内容也更为丰富。参照如下,Liang (Immanuel C. Y. Hsu trans.), *Intellectual Trend in the Ch'ing Period*, pp. 412 – 428.

学中最伟大的学者。他认为,可以与顾炎武的开拓性功绩相媲美的只有戴震的经书研究,其《孟子字义疏证》不仅诠释方面,而且在"学问中所蕴含的思想"方面都值得高度评价。关于章学诚,湖南指出,"像章学诚这样的学者很难得,而且其学问也很难再有后继者,是学问上少有的杰出天才",① 其最显著的特征在于"从史学方面来看经学,并从学问组成之根底,即从学问整体的根底来研究之。章学诚做学问的方法不是从细微之处着手,而是从大处着眼,从总论开始研究"。

湖南还强调指出,清代经学的另一倾向在于许多学者对佛教研究的兴趣并不亚于对经学研究的兴趣,他们主要研究的是净土宗的学问。在湖南看来,他们的目的绝不是为了使佛教取代儒教而占据中国文化的中心,归根结底只是为了与经学调和而已。因此,佛教研究在清代并不与占优势的汉学以及逐渐兴起的折衷学派相冲突。所以,从清末的经学整体来看,一方面是公羊学者(今文学者),另一方面则是古文学者,而二者都对佛教表现出浓厚的研究兴趣。

随后,湖南以参加编纂《四库全书》的毕沅(1730—1797)、阮元、卢文弨(1717—1796)等人为焦点,对清代的校勘学进行了探讨。其中最值得一提的是,他指出了几位日本汉学者曾对清代校勘学做出过贡献的事实。如荻生徂徕的门人山井鼎(1681—1728)听说下野的足利学校里存有宋版经书,于是他就在那里闭门三年,专心校正经书。其成果《七经孟子考文》一书与徂徕之弟物观所作的《补遗》一起,于 1731 年奉将军德川吉宗之命刊行。吉宗对此颇感自豪,将之送到中国,得到了非常高的评价。据说该书展现的日本经学水准之高甚至"令支那人也大为震惊"。后来,阮元将这两百卷书籍全部加以翻刻。② 另外,山井的同学根本逊志

---

① 《全集》8,368 页。
② 当卢文弨在 1779 年读到山井的《七经孟子考文》时,曾经感叹地说,"如此海外小国,竟有如此能读书之人,实在是令人惊讶"["周易注疏辑正题辞"《抱经堂文集》卷七]。这一内容引用自 Roy Andrew Miller, "Some Japanese Influences on Chinese Classical Scholarship of the Ch'ing Period," p. 61.

(1699—1764)也将藏于足利学校的皇侃(488—545)所撰义疏加以整理和出版。这本书后来也传到中国,并被收在《四库全书》之中。更有甚者,作为德川幕府直属的昌平坂学问所校长的儒者林述斋(1765—1838)①将已经在中国失传而在日本传存下来的16部汉籍汇编成《佚存丛书》,并以活字印刷出版。该书在中国同样获得了很高的评价,并于1882年加以翻刻。因此湖南认为"日本的校勘学在复兴中国书籍学问方面功劳甚大"②。

清代的史学③

关于清代的史学,湖南在很多场合的论述都与经学部分有所重复。因此,读者很容易将他的史学研究看作是其考察详密之经学研究的附录。这也说明,他未能将传统上关系紧密的史学与经学加以明确区分。湖南将黄宗羲和顾炎武二人视为"清朝历史学总体之元祖"。黄宗羲虽然没有留下严格意义上的史学著作,但是他的门人万斯同(1638—1702)则受其影响而著有《历代史表》一书,从而构建了浙东史学的基础。湖南对顾炎武《日知录》评价甚高:"考察历史的学问,也就是对种种事实考证其正确与否的学问,顾炎武的《日知录》是最初的基石,后人从中受益良多。"湖南及其同事狩野直喜都对顾炎武评价甚高,以至于《日知录》被奉为京大支那学的"圣经"。

在清代史学的整体性倾向中,引起湖南特别关注的是,清代史学有别于以往"对昔日事实以及人物给予褒贬黜陟"的历史学,而对历史学的观点和方法论等有着强烈的兴趣。因此,在清代的史学中,一般而

---

① 关于山井鼎,参照狩野直喜《山井鼎与七经孟子考补遗》178—209页。另外参照了《日本大辞典》(河出书房新社,1968—70年)中的以下条目:松下英磨撰"山井鼎",衣笠安喜撰"根本逊志",藤谷俊雄撰"林述斋"。另外,参照前述神田信夫书,122—123页。皇侃的《论语义疏》实际上是何晏(?—249)《论语集解》的再注释。
②《全集》8,378页。关于以上学者与其他日本汉学者的贡献及其对中国的影响,详见前述Miller, pp. 56 - 57.
③《全集》8,382—396页。

言,被称为"考证学"的学风占据着统治地位。即使在编纂《明史》时,也不依据"判断正邪善恶"之历史学典范《资治通鉴》的做法,而是提倡"从新的见地来考量"。湖南对伟大的历史学家钱大昕(1728—1804)的历史研究作了高度评价:"正是从此人开始,清朝的史学才真正完全具备了史学的意味",他"模仿《日知录》的体裁写作","以实事求是的学问方法,做出特别严密的研究工作。因此,不仅此人的研究成果在今日看来大体上无甚错误,而且其研究方法即使今日也可作为支那学者的历史研究的典范"。在湖南看来,真正的"考证学"即使在20世纪的当时也仍然是上乘的研究方法。

关于清代考证史学中的史论家章学诚,湖南认为其《文史通义》作为"史学通论,是非同寻常的名著"。湖南对《文史通义》的这一"再发现",也成为中国方面重新评价章学诚的一个契机。在被称为日本考证学之"牙城"的京大文学部,《文史通义》已成为师生们最常阅读的书籍。①

湖南为何要如此详细地探讨这个问题呢?在1911年8月于广岛所做的一次演讲中,面对前来听讲的一般民众,湖南曾经对清代的学问做过相当详细的介绍,尽管是以图略式的形式来说明的。当时,他就自己为何对这一课题如此感兴趣的理由做了以下明确的说明:

> 虽说是支那的学问,那可是世界文明之一大源泉。对日本人来说,尤其是不能置之不理。这七八十年来,西洋的学问成为了有力

---

① 关于湖南对章学诚的"再发现",参照如下。David S., Nivision *The Life and Thought of Chang Hsüeh-ch'eng (1738-1801)*, pp. 2,284. 宫崎市定,《具有独创性的支那学者 内藤湖南博士》263页。岛田虔次,《中国革命的先驱者们》240页。关于其结果的中国再评价,则参照如下。Paul Demiéville, "Chang Hsüeh-ch'eng and His Historiography," pp. 176-177. 胡适,《章实斋先生年谱》。另外,在该年谱的序中,胡适曾说,"我们最感到惭愧的是,最先制作章实斋年谱的,却是一个外国人(即内藤先生)"。[川胜义雄,《史论论集》,《中国文明选》12,朝日新闻社,1973年,315页。] 湖南所制作的《章实斋先生年谱》,《支那学》1~3~4(1920年11—12月),《全集》7,67—79页[另外,湖南还著有《读胡适之的新著章实斋年谱》,《支那学》2—9(1992年5月,《全集》7,80—90页)]。另外,关于以上中日两国对章实诚的"再发现"及其意义,我曾写过以下论文。"On the 'Rediscovery' of the Chinese Past: Ts'ui Shu and Related Cases," pp. 230-233. 关于作为考证学牙城的京大学文部,参照前述小岛《作为通儒之狩野先生》7—12页。其中,小岛介绍了狩野告诉自己"我就是考证学"一事(7页)。

的学派。如果学者们没有注意到与现在有关的人物,那就不得不说这是学者的一大耻辱。如果因为是支那的学问就可以置之不理,那么像章炳麟这样的狂狷之士就会出来骂道,不了解中国最近的学术方法的日本学者都是蠢货,这样就愈加不能置之不理。①

湖南认为,"必须从根本上开始认真地研究支那的学问",尤其是近三百年来的学问。在他看来,中国的学问在清代获得了空前的发展,"显然,现在日本的汉学与支那人所研究的汉学相比,落后的程度短则七八十年,长则百年以上",在此将自己最初访问中国后提出的观点又强调了一次。

在了解到日本过去伟大的汉学者的研究有时甚至比清代经学者更为进步的事实时,湖南更加为当时日本汉学之不振而深感惋惜。他举例说,中国的诸子研究也只不过是近年来由孙诒让(1848—1908)、王先谦(1842—1918)等考证学者正式开始的。② 但是,日本的荻生徂徕却早就著有《读荀子》《读韩非子》等书③。即便将诸子学看作经学之补充,毕竟它也属于探究事实的考证学范畴,因此他认为,徂徕比中国学者更早研究诸子学的事实,说明了当时的日本汉学与中国相比达到了有过之而无不及的水准。

但是,一个更为根本性的问题依然存在:即便像湖南所说的那样应当为日本汉学不振之现状而忧虑,那么日本人为何非要如此深入地研究中国以及中国的学问呢?就湖南本身而言,这个问题是不言自明的。因为中国的学问,尤其是考证学对严密的史料鉴定和学问实用性的重视,正好与湖南自身的汉学、尤其是与其实学的根本思想不谋而合。

湖南再三强调清朝经学的实用性宗旨,并强烈批判了经学中讲究严

---

① 《支那学问的近况》(1911年8月8日,在广岛的演讲),《朝日演讲集(一)》,《全集》6,61页。
② 岛田虔次指出,这种倾向导致了孔子权威的衰退,并进一步引发了五四运动时期对孔子的批判。岛田,《辛亥革命期的孔子问题》,3—35页。另外,参照了橘朴《支那思想研究》,394页。
③ 《全集》8,382—383页。

整体系的形而上学和提倡"来世"说的宗教化倾向。他注意到,从事国家教学的宋学者们并不注重进一步发展朱子的哲学,而是致力于编纂《朱子全书》等文献史料。也许唯有揭示经书之"微言大义"的公羊学算得上形而上学。但是如果这样解释的话,那么被湖南评价为清末"一大怪人"的康有为,以及虽然水平不如康有为但个性同样倔强的谭嗣同,他们的公羊学似乎就被视为后退到清代早期的公羊学中去了。然而不能忘记的是,康有为建立具有历史和哲学体系的理论,归根结底是为了具体地论证改革的必要性。而清代佛教研究的主要现实目的也并不是要将佛教奉为国家宗教。与清末的诸子研究一样,佛教研究也只不过是考证学将佛教经典当作文献批判对象的结果而已。

清朝史研究的目的

第二次世界大战后不久,坂野正高教授在关于《清朝史通论》的书评中,对湖南深入研究清朝史的理由作了如下评述:"在演讲该《通论》的当时,这方面的研究著作主要有湖南自己所写的《清朝衰亡论》(这是一本小册子)与《支那论》(大正三年),以及稻叶君山的大著《清朝全史》上下两卷(也于大正三年出版)。君山的著作以政治史为中心,并按年代顺序仔细记录。除了这几本书之外,几乎就再无其他成系统的著作出版了。因此,《清朝史通论》作为概论,有着先驱性的意义。(中略)《衰亡论》与《支那论》的重点主要在政治经济方面,而《通论》则以文化为主来论述。(中略)该书不仅从各个方面探讨了有清一代的问题,而且还对将来提出了展望。"在1946年,也就是在《通论》初版大约30年之后,坂野教授依然认为,"对那些期望了解现代支那的社会与文化特性的人来说,这部书充分具有'现代之古典'的价值"。可见,坂野教授对《通论》一书评价甚高。[①]

[①] 坂野正高,《内藤虎次郎〈清朝史通论〉》(昭和19年),52,53,59页。

然而,湖南对清朝史的深入研究还有坂野教授所未曾指出的更为本质的原因。比如,满族王朝的清朝与其他的汉人王朝以及异民族王朝之间究竟存在着怎样的差异?特别是许多学者经常将蒙古元朝与满族清朝一并看待,统称为"北方民族"或者"征服王朝",而湖南则认为这两个王朝不能相提并论,其相异点如下:蒙古族在征服中国本土之前,已经支配了拥有高度文化的中亚地区国家,并接触到其中的先进文化了;而满族在中国之前只统治过蒙古。结果,满族的领导者们很快被中国的伟大文化与繁荣所折服,其汉化的速度要比蒙古族快得多。而了解中亚地区高度文化的蒙古族则并未被中国文化所压倒,这是因为他们能够以相对化的眼光看待中国文化。因此,元朝对汉民族采取了屈辱性的统治政策,而且蒙古族也远不如满族那么汉化。

其次,为什么在满族王朝的清朝时代,汉民族的优秀学者和艺术家会人才辈出?虽然湖南在写作有关清代的著作时始终在暗暗地思索这一问题,但是他并没有给出明确的答案。因此,如果要了解他对此问题的解答,就有必要关注其对文化与政治的看法,即他将文化与政治区别看待的独特观点。湖南认为,被满族推翻的汉人王朝——明朝,原本是靠优秀的军人建立起来的,而且明朝的军队击败侵略朝鲜的日本军是发生在明朝灭亡50年前的事情。他强调,明朝灭亡的主要因素不在于外部的进攻,而在于内部的背叛行为。但是不管怎样,满族的军队征服了中国,"夷狄"之皇帝诞生了,这是明白无疑的事实。在这种情形下,明朝的忠臣们以中国本土各地和台湾为根据地进行了长达40年之久的抵抗清朝统治的运动。对此,湖南作了如下评述:

> 宋朝灭亡之时终究是极其悲惨的。文天祥乃宋末大人物,因此虽处敌国牢笼之中,却也受到了充分优待,使之能够消磨时光而写下《正气歌》这一首长诗。《正气歌》虽写得好,然而作战却不擅长。临刑前,他从容就义。似乎支那人于被杀之时,多能从容赴死。明末之忠臣义士,在日本虽都不如文天祥有名,然而他们在任何一点

上都比之更为杰出,且擅长作战。南宋自京城陷落后,(忠臣义士)据守于今天香港附近的岛屿之中,不到三四年时间皆被杀害了。与之相比,明末忠臣义士的耐力则持久得多。郑成功家族等于明天子不在之后,仍然据守台湾达三十余年之久。曾经一度出兵征伐南京,几以水军攻下南京。虽然最终失败了,但其中一人却率军深入内地。此人名叫张煌言,纯粹是一介书生。此人从南京深入芜湖。此处今日以盛产稻米及为日清汽船会社船只的停靠处而闻名——深入此地后,他聚集明朝余党,与清军作战。由于作为其背后支持的郑成功失败了,他因而走投无路,历经辛苦艰难终于逃脱了。不屈于失败,在逃往东南岛屿、广东、广西乃至缅甸等地途中,长期坚持与清朝对抗。到完全被清消灭为止,撑了十七八年时间之久。由此可见,与宋末相比,明末义士更有耐久力,且种族思想也更为强烈。①

明末清初,那些曾经亲身经历或者听闻过类似事迹的汉人知识分子们,对于这样的义士都十分崇敬。明末忠臣中的大多数都强烈批判明末思想、特别是王阳明学派的思想中那种自我中心主义的颓废倾向。他们认为,正是这些思想从内部腐蚀了中国社会,结果招致满族的侵犯与统治。明朝遗臣的抵抗运动最终还是被镇压下去,但是汉族学者们依然从思想上对满族的统治进行抵抗,并在各种学问领域从事真挚的研究。他们虽然参加了由清朝发起的《四库全书》和《明史》等大规模编纂事业,以及收集诗歌、地理学、史学、经学等各方面资料编纂丛书的工作,但这也是他们努力保存中国文化之意气的体现。如上所述,正是出于同样的思想立场,学者们主张回归严肃的学术态度。中国文化所具有的深不可测的巨大力量,使得满洲和蒙古的八旗子弟们也都为之深深吸引,其中还出现了一些优秀的诗歌和经学研究者。这种清朝学术的独特倾向,在

---

① 同前述《清国的立宪政治》,419—420 页。另外,关于明朝遗臣的活动与思想,在小野和子的名著《黄宗羲》中有详细论述。

元、金等征服王朝的时代里是不曾有过的。

当湖南讨论清朝史之际，在他思想深处始终存在几个基本的问题。而且，当初促使湖南开始清朝史研究的动机也绝不是单一的。最初，他作为一个政论家观察了清末的一系列改革运动。但是，使他痛感有系统研究清朝史之必要性的契机是辛亥革命导致清朝灭亡。他在1911年就确信，从文化与社会传统的长期发展来看，中国必将诞生立宪共和政治。随着清朝史研究的不断深入，他发现自己在学问上的信念及假说与清朝的学问之间有着强烈的共鸣，其中特别重要的信念是学问不应该为意识形态所拘束，而必须为理解同时代史和改革之必要性服务。清初以来，思想立场不同的学者们基于各自的现状理解提出了不同的改革方案，并积极谋求付诸实施。可以说，这正是湖南所认可的学问之应有形态。正因为湖南了解到清朝学术的这个特征，才使得他全力投入清朝史的研究之中。

严格说来，与17世纪目睹满族征服中国的考证学者相比，18世纪的考证学者在现实中并没有那么强烈地感受到经世济民的迫切性与必要性。19世纪的学者们虽然向18世纪的先学们学习考证学的研究方法，却也以经世济民的实用性学问为志向，而不赞成为学问而学问。那么，对于清代的这一学问潮流，湖南又是怎样理解的呢？在他从政治方面表现活跃的政论家逐渐向学者角色转变的过程中，他也越来越欣赏考证学的学术态度。从中，我们可以窥见湖南一贯追求学问之实用性及改革之必要性的思想立场。因此，他把清代的考证学理解为自17世纪开始直到20世纪为止不断发展壮大的思想潮流。其中，湖南最为尊敬的三位学者，即钱大昕、章学诚和戴震三人，都是18世纪的学者。而他最尊敬的经世学家顾炎武、黄宗羲、魏源、冯桂芬等，前二人是17世纪的，其他则是19世纪（甚至是20世纪）的学者。然而，湖南自身并未将此当作一个问题来谈论，这是饶有趣味的事情。

在做完后来出版为《清朝史通论》的讲演之后，除了《支那史学史》中有关清代的部分之外，湖南开始以极为专业的学术态度来撰写有关清代的论文。其中较早的代表作发表于1916年7月,在这篇论文中,他网罗了常见的史料,据以分析明清时代的人口问题。正如其他学术杂志中所作的评论那样,毫无疑问这是一篇优秀的论文。但是,该论文并不能体现出湖南的广泛关怀这一独有特色来。①

但是,这样有关清代的专门性论文也只发表过几篇而已。湖南虽然循着清朝史的发展轨迹论证了辛亥革命的必然性,并预言中国必将产生一个新的共和国,但是他并不就此满足。而且,现实中的中国也没能建设成为一个共和国。在辛亥革命之后,政治和社会方面的退步状况能否使共和国经受住考验?如果可能的话,那么怎样的共和政治才是适合中国的社会和历史环境呢?不过,在回答这些问题之前,还有更重要的问题需要解答:如果说中国已经出现了"近代"的萌芽,那么这些萌芽表现在哪里,又是从什么时候开始出现的?是开始于清代,还是更早的时代呢?还有,解答这一系列问题对理解现代中国究竟又有着怎样的意义呢?

---

① 《关于支那近代的户口》,《经济论丛》3—1~2(1916年7—8月),《全集》6,123—140页。对该文的评论,见中村直胜,《介绍关于支那近代的户口》,《史林》1—4(1916年),747—748页。另外,关于清朝史,湖南所作的研究如下:

 (1)《宪台通纪考证》,《史林》2—1(1917年),《全集》7,535—547页。
 (2)《发现华夷译语》,《朝日》,1917年6月13日,《全集》12,276—277页。
 (3)同前述《清朝初期的继嗣问题》。
 (4)《秦边纪略的嘎而旦传》,《史林》3—3(1918年),《再论秦边纪略》,同,4—4(1919年);《三论秦边纪略》(执笔年不详),《三论秦编纪略补录》(1919年6月记),以上文章均为《读史论丛》所收录,《全集》7,380—425,596页。
 (5)《烧毁的蒙满文藏经》,《芸文》15—6(1924年),《读史丛录》,《全集》7,427—447页。
 (6)《大英博物馆所藏太平天国史料》,《史林》10—3(1925年),《读史丛录》,《全集》7,549—554页。
 (7)《藏书家的故事》,《书物的趣味》1(1927年),《目睹书谭》,《全集》12,359—362页。
 (8)《清朝开国期的史料补录》(1929年6月记),《读史丛录》,《全集》7,592—595页。
 (9)《关于满蒙丛书刊行》,《满蒙丛书刊行概要》(1918年),《目睹书谭》,《全集》12,161—176页。
 (10)《满蒙丛书解题》,《满蒙丛书》第一,二,四,五,九卷(1919年3月—1921年5月),《全集》12,321—344页。在此,湖南对丛书中所收录的24种史料作了解题。

中国历史学家周一良认为,湖南的考证学研究是清朝史研究的开拓性成果,给予高度的评价。之所以如此评价,是因为湖南经常指出实录以及其他官方文书中的错误。周一良,《日本内藤湖南先生在中国史学上之贡献》160—162页。

第五章 《支那论》
——时代划分与共和政治的本质

　　(湖南)先生所写之书中,我曾熟读的莫过于名著《支那论》了,而且是在其问世不久。正是因为这一本书,我才开始了解支那历史的体系,认识到以往的(日本)国史研究太过偏窄,并注意日本与支那之间的联系。这些都是深受先生学恩的缘故,感激之情铭记在心。①

牧野信之助　一九三四年

　　在此之后,湖南虽然不再写作有关清朝史的专著,但是因清朝灭亡而终结了君主独裁时代这一事实始终对他的研究有着极大的影响。首先,他曾经在《清朝衰亡论》中提出过有关革命的预言,认为中国在不久的将来就会出现君主独裁政治终结和立宪共和政治诞生的状况。随后,在辛亥革命爆发前夕的1911年初,他从历史和社会的角度对中国能够产生立宪政治或者共和政治的基础作了概观。虽然以武昌起义为导火索而爆发了辛亥革命,但是在此后的数年间,共和政治却没有在中国顺利诞生。当然,湖南从来没有认为帝制结束后的中国能够轻而易举地解决所面临的种种问题。比如,早在1898年,湖南在论述其他问题时就曾

---

① 牧野信之助,《恭仁山庄的温容》,595页。

提到过袁世凯,说他是一个"十分靠不住"的人。① 总而言之,辛亥革命之后的中国迈向共和政治的步伐踯躅不前,政局依然极其混乱。

当时,日本的一些论者认为,从历史观的角度来看,中国将不能避免被列强瓜分的命运。比如,1912年中岛端发表了他的名著《支那分割的运命》,认为中国人缺乏共和制所必需的国民性、历史、思想以及素养等等。更有甚者,他还认为中国人并没有共和制的信念,其作为国民的活力只是"虚张声势的元气"而已,他们的思想中最多只有"省份的观念",而没有"国家的观念"。于是,中岛得出了中国的命运唯有被列强分割的结论,并强烈主张日本要参与瓜分。② 值得注意的是,中岛绝不是一个蹩脚文人。他出身于汉学世家,并继承了在18世纪末至19世纪初颇为活跃的折衷学者龟田鹏斋的学统。而且他也曾经访问过中国,与许多汉学者访华时的感受一样,他也不喜欢"支那人之臭气,支那人之不洁"。③

另一位论者酒卷贞一郎也在1913年出版的著作中提出了中国分割的不可避免性。他对整个中国史作了比较周到的文献学研究,也对聚集于中国的列强的军事力量进行了比较分析,并据此得出如下结论:中国已经处于崩溃的边缘;孙文不足为信,因此共和制只是一个中国人无法实现的梦想;中国的唯一出路仍然在于专制统治,并且应当将其行政权力的一部分让渡给日本。④

以上由中岛和酒卷等人所提出的主张,是1910年代初期日本的代表性见解,也是迎合日本国家主义者们之政治需求的思想。在这段期间,中国革命风起云涌,君主独裁政治被迫终止,各省都发布了独立宣言,并提出了设立省议会的要求。结果,革命派虽然与宿敌袁世凯达成了妥协,但是袁最终还是无视临时约法,令革命派们对其大失所望。于

---

① 同前述《读梁启超的政变论》,540页。
② 中岛端,《支那分割的运命》,55—160页。
③ 增井经夫,《内藤湖南与山路爱山》,285—286页。中岛端的侄子是有名的小说家中岛敦(1909—42年)。在他的小说(比如《李陵》)中,可以见到中岛家族浓厚的汉学传统。
④ 酒卷贞一郎,《支那分割论》1—29,533—600页。参照同上述增井著,《内藤湖南与山路爱山》,285,287页。

是,不得不为在南方各省维持势力而继续努力,并于 1913 年发起"二次革命",结果却惨遭失败。当时,宋教仁(1882—1913,革命派的领导人之一)被袁世凯派刺客暗杀,许多革命派人士也不得不四处逃亡。即使是极其敬爱中国文化的外国人,当时所能看到的现状也的确是处于极端混乱状态之中的中国而已。因此,日本评论家们得出的中国分割不可避免以及君主独裁必将卷土重来的结论,绝不能轻易地看作纯粹是帝国主义的偏见。

《支那论》的执笔动机

在 1912 年夏秋之际的朝鲜旅行之后,湖南就开始构想把自己在"中国往何处去"这一问题上所作的思考写成一本书。从 1913 年 10 月开始,他请人做了五次口述笔记,于 1914 年春以《支那论》为题加以出版。

如果说《支那论》是 20 世纪出版的有关中国历史与文化的著作中对后世影响最大的一部书,或许也并非言过其实。[①] 此后的同类著作无一能与之相匹敌。不仅有许多研究者从该书得到启发,接受了书中的各种见解,而且其中的一些见解还在以后的学术界中引起了很大的争论。从这个意义上来说,《支那论》实际上可以说是在 20 世纪的中国史研究领域中提出了最重要问题群的著作。今天的欧美学术界所屡屡提出的许多观点,其实与湖南在该书中有关中国社会文化方面的诸多新见解都是相通的。不过,这些观点往往是在他们不知道有《支那论》这一著作存在的情况下提出来的。

---

① 在执笔《支那论》之际,湖南以中国的原典史料为基础展开讨论。不过,至于他的《支那论》对中国的历史学界究竟有多大影响,是一个很难判断的问题。1910—1920 年代的罗振玉、王国维以及 1930 年代的谢国桢、周一良等著名历史学家们,确实读过《支那论》,并曾引起兴趣。但是,在 1920 年代和 1930 年代的中国学界中占主导地位的是马克思主义思想和抗日氛围,中国历史学家当然不能对湖南的历史观做出积极的评价。从这个意义上来说,我对《支那论》的评价在中国历史学界看来也许也是不太妥当的。直到最近为止,我们看到的学术状况是,中国大陆、台湾和香港的历史学家在引用日本人的研究成果以及承认日本人研究中的原创性等方面等都是很困难的。但是,情况正在逐渐改变之中,这也的确是事实。

湖南在《支那论》中以明快的语言所阐明的诸多见解，往往与当时日本的中国问题专家们的一般观点以及中国的那些博学多识的研究家们的观点相左。首先，湖南认为君主独裁政治在中国的使命已经终结，今后适合中国的唯一政体是共和政治；而共和政治的基础在中国的早些时代就已经开始形成了。其次，湖南一如既往地对中国将不可避免被分割的观点进行了反驳；与此同时，对于列强中的某个国家将会在中国的最近将来发挥主要作用的可能性问题，他依然持谨慎态度。最后，湖南十分重视地方社会的存在及其作用，认为这是中国社会的本质所在。这最后一个观点，由于被认为从理论上将日本侵略中国加以正当化方面发挥了作用，而在战后的日本受到批判。但是，近年来，在中国史研究领域里也出现了为阐明中国"近代化"的各种前提而关注地方社会与地方制度的倾向。但是，他们所关心的问题许多都已经在《支那论》中提出过了。不过，《支那论》中被首次提出且在日后产生最大学术影响力的观点，是湖南关于中国史的时代划分法。虽然这一划分法在日本的学术界引起过很大的争议，然而在欧美的教科书中则被作为定论采纳。

从分量上来看，《支那论》在庞大的《全集》中仅占有其中的一百页左右而已（不过，在全集中又被加上长达一百页的附录）。该书于1914年初版的时候，在卷头登载了顾炎武、黄宗羲、曾国藩、胡林翼、李鸿章、冯桂芬、熊希龄等人的墨迹。在他看来，这些是继承了中国经世思想传统的人物，也是他在研究上作为重要依据的人物。可惜的是，这些墨迹在《全集》中却被割爱了。从全书的构成来看，在两篇序言之后，是几乎同样分量的正文。正文内容由以下五章组成：一，君主制还是共和制；二，领土问题；三，内治问题之一　地方制度；四，内治问题之二　财政；五，内治问题之三　政治上的德义及国是。

不过，湖南写作此书的目的并不是为了全面地探讨中国史，而主要是为了阐明应该如何应对辛亥革命后的混乱局面这一现实问题。如前所述，以中岛和酒卷为代表的日本评论家们认为，由于中国历史上政治

第五章 《支那论》——时代划分与共和政治的本质

混乱频繁出现,因此辛亥革命后的混乱正是这一具有长久历史的混乱发展到了极端而已。所以,他们与袁世凯的美国顾问法兰克·古德纳(Frank Goodnow)同样,认为君主独裁政治才是最适合难以管教的中国人的唯一政体。对于这一观点,湖南在1911年就已经反驳过了。然而,虽然中国在次年宣布成立了中华民国,但是在此后的数年中,局势依然混乱迷惘。而湖南开始着手写作《支那论》的时候,也正是袁世凯逐步掌握实权的时候。

在1911年5月所发表的评论中,湖南从历史上探讨中国的民主主义与共和主义的基础,他的考察上溯到了经世学家们对明朝专制政治进行批判的清代初期。当时,黄宗羲和顾炎武正在与满族这一"夷狄"侵略者进行斗争,并拒绝与他们妥协。但是,他们并不认为明朝灭亡的主要原因在于外部势力即满族的侵入。他们二人都明确地认识到权力过分集中于皇帝的君主独裁政治才是明朝灭亡的主要原因,并为阐明明朝专制政治的形成原因而不懈努力。不过,无论是黄宗羲、顾炎武,还是生活于同时代的明末遗老王夫之(1619—1692),其能使清末革命家们产生共鸣的东西就是其反满思想。虽然湖南也深切地意识到这种"种族思想"的重要性,但是相对而言,他更为看重经世学家们批判君主独裁政治的思想。而且,他在考察这个问题的时候进一步从明末清初上溯到更早的时代。在《支那论》的序言中,湖南作了如下论述:

> 考究自古以来的自然发展趋势以及内外形势,结果表明,如支那这样的国家,巨大的惯性作用在潜移默化地推动着国家的发展,并且其力量超越了人为的矫正效力。在这样的国情下,自然而然地水到渠成的前途确实应当被作为积极措施的基础,因而了解这一惯性力量的走向就成为目前最为重要的课题……
>
> 如支那这样的国家,特别是数千年以来,其国土人民所拥有的庞大的自然发动力,早已超越了以往那些著名统治者的能力。……统治今日支那的最善政策,首先在于应该看清其国情之惯性、其国

195

土人民之自然发动力正倾向于何方及正往何处发展,然后在此基础上确立方针。除此之外,别无他策。这一惯性的、自然发动力的潜移默化力量,即便在目前如此眼花缭乱、千变万化的形势中,也必然地能于其表面激烈和顺逆混杂的流水底部,朝着一定的方向,缓慢沉重而又浑厚有力地推动着整个潮流前行。透视这一潜流,即为解决目前支那诸问题的关键所在。

我绝不敢自夸已把握此中关键。但如我等专攻历史者,最感兴趣之处在于,在数千年的记录所展示的变迁中,最重要的一节将由眼前这一场戏中的角色作出演示。由于对以往的名角多少有所耳闻目见,因而对于目前舞台上的表演,即使算不上是一个懂行的方家,但也不至于会被讥为矮子看戏。而且,对于戏中的角色及其技艺的评判,并非仅仅出于自己的兴趣,而是希望或许能给一同看戏者以参考。虽然此评判可能出于一时兴起,但是其中多少包含着为这一世界及其中的人们而思虑的苦心。因此,我试图对目前被视为最重要的几大问题作一探讨,并以大惯性、自然发动力为依据标准而逐一加以解释。这就是这本小册子的来由。在支那革命之乱初起之际,我曾经在京都大学就清朝衰亡的原因作了特别演讲,而后由以文会集结出版。由于该书的内容主要是关于清朝衰亡的预断,因此仅仅在清朝一代里寻找原因并略作解释。但是,本书的立论则在于循着清朝破败的轨迹来探寻新时代的建设方向,因此必须对支那自古以来,尤其是近世的发展大势作一综合探讨。于是,文章不知不觉地变得冗长起来,也是不得已之事。①

以上就是湖南自己对《支那论》一书所作的说明,由此可见,他将处理的是一个规模庞大的课题。对湖南来说,这是他对中国历史与文化的整体形象进行建构的初次尝试。与以往的著作一样,驱动湖南作此研究的主要动机,在于如何正确地理解同时代的中国以及探究中国应当实行

---

① 《全集》5,294,306—307 页。

怎样的必要改革。毫无疑问，在《支那论》以后，湖南所撰写的中国史方面的著作，甚至于他对日本史方面的研究，其实都是对《支那论》中所提出的概括性见解进行更加深入详细的论述而已。就湖南本身而言，他对此是有着明确意识的。

中国史的时代划分法——内藤史学的活力

在《支那论》中，湖南首次提出了著名的有关中国历史的时代划分法。[①] 此后，湖南通过众多著作和论文的阐述，使得自己所提出的这一方法更加精致，并且以这一时代划分法为依据出版了《支那上古史》《支那中古文化》以及《支那近世史》等三本有关中国历史的著作。

那么，为什么要将中国史（进而将一般的历史）划分为几个时代呢？在此之前，湖南也时常地，有时甚至任意地使用各种范畴和概念来区分中国历史的时代，并对伴随时代发展而发生的各种变化作大致的说明。为了弄清湖南对中国史进行时代划分的动机，必须注意的是，《支那论》中首先提出了中国未来的政府形态应当是君主制还是共和制这样一个问题。湖南确信，要正确理解一个国家的历史，就必须研究根据时代潮流的变化而记录下来的国家状态；而现代正在上演的这"一场戏"不外是历史发展的到达之处。所以，"近世史"作为与现代直接相连接的既往历史，对其大框架的把握就显得尤其重要。那么如何来界定"近世史"呢？湖南认为，归根结底必须以中国固有的历史发展为基础来进行区分，而中国史上最重要的要素在于其文化的发展。基于这一立场，湖南认为鸦片战争只不过对沿海城市造成了一些冲击，但是并没有改变中国社会的本质，所以不能将之当作中国走向"近代"的

---

① 湖南的长子乾吉（《全集》的编者之一）曾说，"在编者的手中，除此之外，还有著者（湖南）于明治四十二年开始讲授支那近代史时所作笔记的抄本。在其绪言中曾提出支那的近世开始于宋代等观点。"《后记》，《全集》10，527页。据此，则湖南的宋代"近世"说在《支那论》执笔之前，最迟在明治42年（1909年）时就已经构想出来了。

转折点。

不过,根据增渊龙夫的观点,在湖南的中国"近世"论中可以见到原胜郎(1871—1921)的日本史研究的影响。① 原胜郎长期从事日本"中世"史研究,并与湖南一起在京大任教。他曾经在 1912 年发表过一篇有关足利时代性质的重要论文。内田银藏(1872—1919)是湖南的另一位京大同事。② 与原胜郎同时于 1896 年毕业于东京帝国大学的内田是日本近世经济史研究领域的开拓者。他在确定日本史上的"近世"时,根据的就是日本的社会和文化等方面的固有因素,而不是培理(Perry)提督的黑船来航事件。可以认为,他的这一方法对湖南产生过很大的影响。内田在 1903 年出版了《日本近世史》,而该书正是以继承原胜郎的中世史研究的形式来写作的。在该书中,内田主要以农业、工商业的发展以及社会变革等为基准来划分时代。他的这些方法或在其同事湖南的研究中有所反映。③ 在《支那论》的开头,湖南就提出划分时代应当以文化的变迁为基准。他认为这种方法在西洋史研究中已经有所实践,而且也已经成为"日本的权威历史学家的主张"④。这里提到的"权威历史学家",与其说是原胜郎,不如说是内田。如果考虑到日语表达的暧昧特性,或许也可能指的是他们二人。

总而言之,湖南认为中国史的时代划分基准应该是在社会、文化结构等基本方面所发生的重要变化。于是,湖南最终得出了这样的结论,即"比较稳当的看法是,从唐代中期开始,直至五代、北宋时期为止,即距今 1000 年前至 800 百年前的时期,近世的架构逐渐形成了"⑤。由于唐宋交替期间曾发生过巨大变革的观点已经成为我们今天的共识,所以我们很容易忘记首创这一见解的湖南的功绩。在他看来,唐宋交替绝非仅

---

① 增渊龙夫,《日本近代史学史中的中国与日本(Ⅱ)》873 页。
② 永原庆二,《原胜郎》86—94 页。岩井忠熊,《日本近代史学的形成》96 页。
③ Yue-him Tam, "In Search of the Oriental Past: The Life and Thought of Naitō Konan," pp. 266,268,274. 永原庆二,《内田银藏》95—102 页。
④ 《全集》5,308 页。
⑤ 《全集》5,308—309 页。

是李唐与赵宋两个王朝之间的交替,而是意味着中国文化与社会的方方面面都在此期间经历了巨大的质变。

贵族政治与君主独裁政治

湖南指出,中国在唐宋之间所发生的最重要的变化体现在以下几个方面,即贵族政治的崩溃、君主独裁政治的诞生,以及"平民主义"的抬头等。不过,当湖南在探讨这些变化的时候,他从黄宗羲对专制政治的批判中得到了很多启示。黄宗羲视专制政治为古代中国政治的后退而加以批判。但是,湖南在承认这些批判的同时,还认为宋代开始出现的种种变化是进步的、自然的发展。在湖南看来,一般来说,贵族政治时代的君主是众多名门望族中的一个强有力的家族而已,其地位也绝不是神圣的。因此,与黄宗羲一样,湖南也引用孟子的学说指出,在周代的封建制度中,"天子"比"公"高一个位阶,"公"则比"侯"高一个位阶。另外,"对领土中有官爵者的关系"而言,"君"比"卿"高一个位阶,而"卿"比"大夫"高一个位阶,以下关系依次类推,如此而已。① 于是,湖南如是说道:"要之,所谓内外共奉的天子的地位,即在由此几等阶级构成之贵族制度中占据了最高一阶的位置而已。(中略),因此,天子既非在此等诸侯之上鹤立鸡群拥有极大权力与地位者。(中略),也并非是拥有超越百官之上的大势力及优越地位者。"此外,孟子对齐宣王明确提出的"革命"权也必须从这一制度背景下来理解。也就是说,当"君"不听从"贵戚之卿"的谏言时,那么其地位是可以改而"易"之的。总而言之,湖南总结性地说道:"君主之地位,大而言之,为贵族阶级之私有物;小而言之,则为其中某一家族之私有物。"②

为了进一步说明宋代以前君主的这种地位,湖南提供了诸多证据。

---

① 《孟子》之《万章篇》第五下("天子一位,公一位,侯一位,伯一位,子男同一位,凡五等也。君一位,卿一位,大夫一位,上士一位,中士一位,下士一位,凡六等")。
② 《全集》5,309,313页。

他指出，与宋代以后相比，在宋代以前，天子的废立及弑逆等事件更为常见。引发这类事件的常常是外戚及宦官，他们自身也构成贵族政治的一部分。因此，虽然这类犯上作乱的行为也十分危险，但是在道义上却不如宋代以后那样被视为大逆不道。而且，自六朝至唐代谱学盛行，这也说明了当时的名门望族为了确保自己的地位而十分严格地维系着家族制度。从天子对臣下上奏所作批答的用词来看，唐朝的天子显然把臣下当作自己的同辈来看待。这与明代天子视臣下为奴仆的情形形成了截然不同的鲜明对照。

唐朝为了防止异民族的入侵及镇压内乱，在地方上设置了节度使，即所谓的藩镇。藩镇势力从唐朝中期开始逐步加强，最后几乎呈现出国中之国的态势。由于远离朝廷，节度使逐渐将自己的属下安插在地方上的官府，军队也变得职业化，并在事实上成了节度使的私人武装。节度使的地位往往由其子辈或是军队中有威望的人继承。进入五代以后，天子的地位则为养子所继承。湖南指出，这样的事情在以往的时代中几乎从未发生过，这意味着君主权已经发生了本质性的大变化。也就是说，君主已经可以自由地选择自己的后继者，甚至是自己一族以外的人选。

五代时期，汉魏六朝以来的名门望族不是自行消亡，便是被人灭亡。因此，赵匡胤统一天下，建立宋朝，不仅意味着一个新王朝的确立，而且还意味着君主权的本质已经起了很大变化。也就是说，作为此前掌握着政权的统治阶级即贵族已经消亡，结果中央的权力集中于唯一的人物，即皇帝身上。湖南说，"贵族消失的结果是君主拥有了超越于万民之上的地位"[1]。他可以来自于任何一个阶层，如宋太祖是将军，明太祖是贫农出身的僧侣，而元朝和清朝的君主则都是异民族的人物。赵匡胤曾经做过一份家谱，借此将自己的家系与天水郡的名门赵氏联系在一起。明太祖朱元璋也曾被人劝言将其家谱与著名的南宋学者朱

---

[1]《全集》5,316页。

熹联系起来,但最终被他拒绝了。湖南认为,这些事例说明了君主权力已经变得更加世俗化:

> 随着君主地位的变化,结果臣下的地位也随之发生变化。(中略),如今的天下终于彻头彻尾地成了君主的私有物。所谓天下,化为了君主的私有财产。因而,自古以来天下乃天子与名门望族所共有之形态至此也就消失了。①

湖南指出,宋代以后,天子与臣僚之间的关系已经不再是同一统治集团中的上下级关系。宋代以后的天子作为一种神圣的存在,与臣僚的地位大为悬殊,相互隔绝。

宋代以前,贵族可以作为官僚来掣肘君主,必要的时候还可以使之退位。但是,随着贵族制度的崩溃,君主在颁布诏书的通常政治过程中不再受任何制约。贵族政治时代在国政上能行使若干权力的大臣们,在宋代以后则沦为仆从一样的存在了。并且,他们不是国家的仆从,而是"独裁君主的仆从"。门下省曾经在政策决策中拥有掣肘君主权力的权限,对于君主所颁布的所有诏书都必加审议,但是这一部门"在唐以后则渐渐被废止了"。虽然宋代曾经再度赋予门下省的给事中以封驳权,然而实际上诏书却由作为天子秘书的中书省直接颁布下达。因此,在这种制度安排下,给事中的封驳权很快就变为有名无实,其结果则是使君主的权力更加强化。

湖南指出,在贵族政治时代,门第望族具有巨大的影响力。然而,这一时代特征在宋代以后就逐渐消亡了。于是,谱学衰微,天子的废立和弑逆等事件也极少发生。天子在臣下的奏折中所作批答的语气十分尊大,这种作风在明朝达到极点。这些情形都显示了君主对臣僚所具有的超越性。虽然明代的宦官以及清代的外戚也有过滥用大权的时候,但是宋代以后这二者所拥有的权力都远不如汉唐时期那么大,有时足以左右

---

① 《全集》5,316 页。

政治。汉唐时期的宦官与特定的望族相互勾结,有时甚至能够达到完全主宰政治的地步。在明代,即便如宦官魏忠贤(1566—1627)那样达到极其专横的程度,但是一旦天子严令其自杀或处刑时,宦官们也唯有受死而已。

湖南认为,君主独裁政治的另一个特征在于朝廷有意识地重复设置官僚。比如说,清代有作为一省行政长官的巡抚,也有作为两个甚至更多省份的行政长官的总督。在治理同一地方时,二者的地位是对等的。如果二者在一件事情上不能达成共识,那么他们可以分别上奏朝廷,此时二者之间并没有上下级关系。天子在阅读了二者的奏折之后,会做出最后的决定。通过这种官僚的重复设置,天子就可以对所有的官吏加以牵制与监视。湖南认为,这种配置官吏的方法,是君主将自古以来中国在统治异民族时所采用的"以夷制夷"策略运用于国内政治的表现。

不过,这种制约官僚权限的做法所产生的一个直接结果就是,在君主独裁政治下的中国出现了数量惊人的官僚。他们都是直属于天子的仆从,没有自由的裁量权,"所居之职位,去留全在于君主之一纸命令而已"。在和平年代,这样的制度能够有效地起到作用。但是,一旦外部有异民族入侵,或者国内有叛乱发生的时候,地方官僚为了避免天子的问责,往往不能采取积极的措施来应对。

> 一旦地方上发生暴动,(地方官们)只求自己的辖地不遭到破坏便可,盘算如何尽可能地将之转移到其他官僚的辖地上去。有的甚至给予流贼以贿赂,使之从自己的辖地转移到其他官僚的辖地,而不会去考虑极力讨伐以去祸乱之根。更有甚者,以为灭了流贼也就断了自己的发展前途,所以尽量采取佯追踪迹而放跑流贼的方针。

湖南指出,地方官不作为的结果导致内乱不断扩大,并最终达到连正规军也无法镇压的地步。晚清"对外关系发生在与外国人打交道的过程中,那些没有足够权限的地方官但求无过,采取权宜之计,从不考虑为了国家利益而牺牲自己的地位,以求妥善处理发生的事件"。凡此种种,"最终导致国力衰弱,清朝走向衰亡的命运"。①

综上所述,湖南指出的君主独裁政治的四个特征,即天子超越于臣子的无上地位、对君主权的不掣肘、高级官吏的重复设置以及官僚的无责任心等,无一不是从黄宗羲在《明夷待访录》中的议论生发而来的。黄宗羲认为明朝灭亡的主要原因不在于异民族的入侵,而在于君主独裁政治下文武官僚变得软弱无力。湖南不仅赞同这一观点,而且将之用于解释清朝的灭亡:"清政府越来越致力于集权于中央,(中略),并将从所有臣僚手中剥夺的权力都集中于近亲的宗室。除了这些人之外,已经没有官僚负有政治的责任。其结果最终导致了尚未懂事之幼帝的退位。"于是,在武昌起义之后,可以见到各省立刻叛离,而满族统治的君主独裁政治也终于走上了无力回天的崩溃之路。

接着,湖南将宋代以后的"近世"与以前的时代作了对比,指出王朝交替所带来的变化变得更加广泛了。在贵族政治时代,王朝的交替只是意味着掌握政权的统治阶级内部的权力转移,这对于地方政治可以说完全不产生任何影响。但是在宋代以后,由于以君主大权为基础的"天子地位,相对于臣僚而言是极其安全的,所以在这样的时代里,颠覆天子的叛乱"就不能不是大规模的。而且,由于地方官僚往往不能在叛乱之初镇压之,所以正如在元末和明末所见到的那样,"近世"所发生的叛乱就呈现出大规模化的新趋势。

贵族政治与平民主义

湖南指出,伴随着贵族政治的崩溃而出现的政治上的一个重要变化是"平民主义"的发展。我也认为,作为中国历史上的一个长期倾向,"平民主义"的发展是极其重要的问题。关于这一点,让我们先来倾听一下

---

① 《全集》5,318,322,323 页。

湖南的看法。他说,"在唐朝之前,如果某一天子的系统统治了国家,那么一国的人民就成为天子家族以及名门望族的奴隶"①。但是,以客观标准来录用官吏的制度,即科举制度的普及,成为"平民主义"抬头的主要原因。与贵族政治时代不同的是,在科举制度下的"近世"官僚制度在原则上不承认官僚的世袭。某一人物可以凭借自己的能力成为官僚,但他一去世,其官职也就终止了。在"近世"的官僚制度下,的确也存在官僚滥用权力,提拔有亲缘关系以及同年(同年科举考试合格者)关系的人等腐败现象发生。但是,作为该制度的原则,官位是不能世袭的。而且在原则上,科举应试的道路是对所有社会阶层的男子开放的。

湖南也批判了唐末出现的一种新的政治现象,即"朋党"。虽然权力斗争在汉代及六朝就已经存在了,但是那毕竟是贵族内部的争斗而已。但在宋代以后的"近世",朋党的领导者们为了加强自己的势力,往往会联合与自己政治立场相同的人。比如,宋代十分有名的朋党之争是分别以王安石(1021—1086)与司马光(1019—1089)为领导的新法党与旧法党之争,他们彼此之间围绕当时政治和经济上的重要问题而展开论争。

湖南对王安石的改革及其意义曾作如下的评价,从中可以更为清晰地看到他的"平民主义"论。

> 唐朝之前,(中略),人民的私有权以及人身自由权利未被认可。唐朝统一之时,天下田地悉归朝廷所有。所谓班田制度,即根据人口数量平均分配土地给人民,使之耕作并缴纳地租的制度。支那此时的地租,(中略),具有向国家租借的土地缴纳租金的意味。当然,居于天子之下的官吏们的位置,大体上仍为贵族所私有……但是到了宋朝以后,人民的私有权多少得到了承认。因此,王安石实施的

---

① 《全集》5,324 页。另外,把湖南的"平民主义"翻译为"populism"时,是由于该英语单词的含义与美国史研究之间有着特别的关联,这也许存在着一定的问题。为了更加正确地表达日语的含义,也许将之翻译为"对平民实力的认可 recognition of the common people"更为贴切。

第五章 《支那论》——时代划分与共和政治的本质

税法改革以及在其他政治上的大改革,如青苗法①、市易法等,都是政府先借贷给百姓,然后向其收取利息的做法。特别是市易法,必须以人民的田宅或是金帛作为抵押。因此,虽然没有明文规定来表示承认人民的权利,但是可以认为这多少带有认可百姓财产私有的意味。此外,所谓力役的征发,在宋代以前被称为差役,一年之中人民被征用来服几天力役。(中略)大家都必须从事劳役。而在王安石的新法中,允许有资产者出钱雇人代为服役,称之为免役,(中略)这其实也反映了当时已经出现部分认可财产私有与劳力自由的倾向。由于支那的事情往往不是全部依据法理办理的,所以人民的权利被充分认可的情形终于没有出现。但是,人民的实力逐渐获得承认,这却是不争的事实。②

湖南还指出,与这些"近世"的倾向相关联的是,地方官僚的任命方式也发生了变化。事实上,由名门望族主持的地方自治已经在隋唐时代消失(所谓"乡官废止"),地方官僚仿佛成了无根之草,借用湖南的话来说,就是成了"漂泊者"。唐朝中期,韩愈时常感叹,经常转任的官僚在退官后变得无家可归,而地方政治的实权则为主簿和校尉等下级官吏所掌握。由于作为"漂泊者"的县官等上级官僚对地方方言和风俗习惯不熟悉,他们必得倚赖在地方上有势力的"胥吏"。湖南由此确认,为批判专制政治的清初经世学者所厌恶的本籍回避制度,其实早在唐末就已经开始了。在几乎完全不信任汉民族的蒙古族统治的元朝,这些胥吏们依然为那些远道而来赴任的地方官僚们所倚赖,因而继续掌握着地方政治的

---

① 王安石新法之英译,参照如下。H. R. Williamson, *Wang An-shih: A Chinese Statesman and Educationalist of the Sung Dynasty*, vol. 1, pp. 139, 142, 213, 244-250.
② 《全集》5,324—325。最近的下述研究强调了王安石新法失败后文化方面的沉滞,但却没有提及新法、旧法两党的抗争所带来的巨大变革。不过,为了给予该研究一个公平的评价,必须指出的是,该作者的意图并不在于对抗争的历史地位作出评价。Thomas Metzger, *Escape from Predicament: Neo-Confucianism and China's Evolving Political Culture*, pp. 75-76, 158, 256。另外,关于王安石新法的全部内容,在东一夫《王安石新法的研究》中有详细的论述。

实权,并履行着征收税金等地方行政上的重要职务。在湖南看来,正是由于胥吏是距离人民最近的存在,换言之,是在官僚制度中距离中央政府最远的存在,所以他们才能够在地方政治中掌握实权。从这个意义上来说,胥吏的跋扈与"平民主义"的发展是有机地联系在一起的。①

湖南认为,即使在这些地方政治状况中蕴含着往民主政治发展的可能性,但是其本身离民主政治毕竟相距甚远。因为实际上,掌管着地方政治事务的胥吏一职几乎为地方乡绅(地方精英而非农民)所垄断。不过湖南认为,在唐末以来的新倾向中值得关注的一点是,任何人都可以行使权力的意识已经诞生了。此外,由于这些地方社会的实力派滥用职权的结果,不幸的是"人民深受其害,胥吏盘踞在人民与官僚之间以中饱私囊,确乎是弊政"。然而不应忘记的是,产生这些状况的原因正是在于"近世"君主权力的强化。② 湖南顺便将之与日本的情形作了比较。在日本,不仅是下层武士促成了明治维新,而且也正是由于平民的抬头才诞生了立宪政治。但是,湖南并不乐观地认为"近世"中国也将自然地往这一方向发展。因为他认为胥吏是中国数个世纪以来积重之弊害,若要去除之,中国必须做出更加巨大的改革努力。

黄宗羲的结论是中国政治必须回归到其古代的模式,在这种模式下,君主与官僚之间在身份上不存在不可逾越的鸿沟。但是,湖南不无遗憾地表示这是不可能的。他并不赞同经世学者们关于全面地或者部分地回归古代封建制度或者贵族政治的主张。虽然湖南在批判专制政治这一点上与经世学者的观点完全一致,但是他毕竟是进步主义历史观的持有者,不可能容忍他们的复古主义思想。他认为中国未来的自然走向不是贵族政治,而是共和政治。的确,君主独裁政治已经陷入僵局。但是在"近世"中国,"人民的力量在逐渐展现出来的倾向"也是其所关注的。③ 因此,在他看来,即便是顾炎武所提出的"将封建制的意义蕴含于

---

① 《全集》5,325—326 页。
② 《全集》5,327 页。
③ 《全集》5,328 页。

郡县制中"这一妥协性主张,也只能是一种时代错位的意见而已。

结论——"近代"政治的诸侧面

湖南的时代划分法的意义绝不限于将中国历史划分为几个阶段。他将宋代以后的历史界定为"近世",并以君主独裁政治作为其特征。而君主独裁政治在各种矛盾的纠结中向前发展,最终由于这些矛盾的归趋而导致辛亥革命的爆发,并因此结束了君主独裁政治的历史。这一君主独裁政治的产生是以先前贵族政治的崩溃为其直接契机的。宋代以后,天子负有做出所有决定的责任,成为集所有国家机能于一身的存在。这也意味着以前赋予官僚们的各种特权如今都被天子夺走了。由于天子不与任何人分享权力,所以"近世"的官僚们不仅在政治上发言权微弱,而且没有对皇帝的决定提出异议的权限。因此,明清时代的官僚们被置于十分低下的地位之中。

此外,湖南对"近世"出现的新变化作了详细的论述,分析了各种变化所内含的目的,以及为达成这些目的而付出的代价及其收益。湖南认为,"近世"的独裁君主所追求的目的就是为了完全掌握权力与权威,使皇权私有化,并掌握政治决策过程,以防止出现类似唐末军阀割据的权力分化局面。为了达成这些目的而付出的代价则是官僚的权力与效率的弱化、军队力量的弱化(这一点尤其为顾炎武与黄宗羲所批判)、地方自治的衰退以及地方政治中胥吏的跋扈等等。湖南关注君主独裁政治得失的这种视角,在17世纪的经世学者中也可见到。他们主张,为了纠正在君主独裁制度下的郡县制的弊害,有必要在一定程度上复活封建制度。但即便是主张回归封建制度的他们也绝不认为可以使《周礼》中所描述的周代封建制度在明末完全再现。[①] 因此,他们将批判的焦点集中于皇帝政治,即正是由于皇帝不顾一切地追求君权强化的"目的"而忽视

[①] Wm. Theodore de Bary, "Chinese Despotism and the Confucian Ideal: A Seventeenth Century View," pp. 160 - 170.

了其他必要的国政,从而最终导致了国家的灭亡。湖南认为,这种批判的方法是其缺点所在,然而与此同时,对其批判背后所显示的"改革精神"却赞赏有加:

> 征诸以往创立经世论之有识者的论述时,我等深受感动之处在于他们自己研究出救治自认为是弊端的方法。从其议论中,我感到一种无可否认的权威。无论是顾炎武的《郡县论》《日知录》,还是黄宗羲的《明夷待访录》,其看透时势穷极以及变通时机将至等处,实在有痛切之意义。虽然其中不免受到支那尚古思想之熏染,存有梦想复古封建与复古贵族政治等缺点,然而其改革精神至今依然生机勃勃。①

唐宋变革的进一步研究

为了进一步阐明《支那论》中所提示的唐宋变革本质,湖南于1920年代初期对诸多事实作了更为具体的考察,结果提出了这样的观点,即唐代的贵族政治开始于六朝时代,而在此期间的"中世"贵族政治"与上古的氏族政治全然不同,并且与周代的封建制度也没有关系,而是一种特别的存在"。为此,他举出"谱学"以作说明。在六朝时代,"谱学"是显示名门望族(即门第)之卓越地位的重要指标。李延寿在《南史》和《北史》中记载了与王朝兴亡无关而以门第世家的系谱为线索的传记。湖南据此指出,在贵族政治时代,相比王朝而言,门第才是更为重要的存在。也就是说,"中世"的政治一直为门第世家所垄断。627年即位的唐太宗李世民调查了贵族的系谱之后才了解到,原来开辟唐朝的陇西李氏是无法与博陵崔氏或者范阳卢氏攀比的三流门第而已。但是,即使贵为天子的他对此确凿事实也无可奈何。因此,"中世"君主其实不过是"贵族阶级中的一个机构"或是"贵族阶级的共有物"而已。但是,时代一旦进入

---

① 《全集》5,294—295页。

"近世",情形就发生了变化。由于不再有贵族的掣肘,君主便成了"绝对权力的主体"。湖南指出,君主的地位在形式上成了"臣民全体的公共所有物",而在现实中,君主则逐渐将领土及领土上的人民看作是自己的私有物。①

关于唐代的贵族通过门下省来夸耀自己的势力一事,湖南曾经在《支那论》中有过简单的提及。现在,湖南则进一步主张,"门下省是代表着官吏的舆论,即贵族舆论"的机构。湖南使用"舆论"这一词语,是他从 1911 年写作论述中国的共和政治基础的文章时开始的。当时,天子在诏书及对臣僚奏折所作的批复——均须在门下省审议——之中所使用的语言都是对等者之间的用语,这反映出君主与臣僚的关系并不疏远。但是,门下省的封驳权在宋代以后急速衰微,到明清时代则几乎丧失殆尽。而在唐代的贵族政治中拥有很大权限的,且在 17 世纪的经世学者看来是迫切需要复活的宰相一职,在宋代虽然还保持着若干权限,但实际上已经沦为君主的秘书官,到了明代则干脆被废止了。湖南从历史发展的角度考察了宰相的变迁史,指出宋代的宰相地位是介于唐代的名副其实与明代的完全废止之间的一种过渡性存在。② 从以上湖南所探讨的君主、臣僚、宰相之间的关系来看,其论述的对象和顺序几乎等同于黄宗羲《明夷待访录》中的"原君""原臣""置相"等章节,可见黄宗羲对湖南所产生的影响正在与日俱增。

接着,湖南将王安石新法的意义与《支那论》中所概观的"平民"抬头倾向联系起来作了进一步的深入研究,指出六朝时代的人民实际上被当作整个贵族阶层的奴隶来看待,因而他们根本不拥有政治权利及所有权。在唐代的土地制度下,人民才实质性地从贵族统治下解放出来,成为"国家的佃农"。国家把一定面积的土地均分给人民,并课以租、庸、调

---

① 《概括的唐宋时代观》,《历史与地理》9-5(1922年),《东洋文化史研究》,《全集》8,111—113页。《支那近世史》,《全集》10,347—350页。另外,《支那近世史》的"第一章 近世史的意义"中虽然有若干的补充,但事实上与《概括的唐宋时代观》的内容是一致的。
② 《概括的唐宋时代观》113—114页。《支那近世史》,《全集》10,350—352页。

三种税。① 但是,由于人民的地位依然处于"拥戴君主的贵族集团的佃农状态",所以依然没有政治上的权利。湖南指出这种制度从唐朝中期开始"自然瓦解",从而产生了两税制。在这一制度下,人民可以用钱币纳税,所以也就可以自由地支配自己的收获物了。结果,"他们也就开始从束缚于土地的奴隶式佃农的地位中自然地解放出来"。而"到了宋代,根据王安石的新法,人民的土地所有的观念变得日益明确起来。如青苗钱就是低息融资法,其中所包含的承认人民可以自由支配土地收获物的意思逐渐成为常识"。同样地,王安石新法中的募役法也意味着中国出现了"劳动自由"的萌芽。

此外,湖南还指出,王安石新法也为此后延续时间长达850年之久的科举制度注入了新的要素。"六朝时代,天下的官吏都是通过九品中正法选拔出来的,完全为贵族的权利所左右"。因此,"隋唐以来,为了破除此弊而推行了科举制度"。但是,"唐代的科举制度在方法上依然是贵族化的"。虽然唐太宗也充分了解这种科举制度的实际情形,但由于他自己也是贵族统治阶层中的一员,所以不可能从根本上改革科举制度,至多做了部分改善的努力而已。而且,从唐代至宋代初期,科举考试中的内容以考察经书背诵能力的帖括和考察文学创作能力的诗赋为主。因而,"其考试方法与其说是学科的考试,毋宁说是人格审查与文案起草能力的考试"。而王安石的改革将科举考试改成以经义和策论为中心。经义考察的是对经书义理的理解,而策论考察的是对政治的看法。虽然经义和策论在实际政治中都几乎起不到任何作用,但却具有使科举考试"从原来的人格主义向实务主义"转变的重要意义。此后,从明代开始,众多的学校学生(生员)通过考试而成为官僚。湖南认为,在因贵族政治的崩溃而产生发展的"君主独裁的时代,官吏的地位得以分配到一般的

---

① 关于唐代的土地制度(均田制)与税收制参照如下。Denis Twitchett, *Financial Administration under the T'ang*.

庶民阶层,使机会均等的观念得到认可"。①

湖南指出,六朝隋唐时代的政治党派的结成与权力斗争,都不过是贵族阶级内部的争斗而已。但是,随着政治的实权脱离贵族之手,以贵族的婚姻关系和君主的外戚关系等为轴心结成的党派也随之衰弱了。因此,"近世"中国开始出现因"政治主张"而结成的党派。尽管如此,湖南依然注意到,与贵族政治时代一样,"近世"以师生关系及同乡关系等产生的党派也有其弊害,甚至有人说"明代终因东林党而灭亡,清朝十分憎恶臣下结成党派,因而使君主的权力更加成为绝对的存在"。

《支那论》与中国地方社会的本质

湖南曾经说,"我认为政治这东西是人类生活中原始的下等事务"②。在"近世",平民抬头,他们的生活也变得富足起来。平民的地位在唐宋之间发生变化后,他们便根据自己的需要而劳动,获取知识,进而承担起发展中国文化的一份责任。于是在"近世",相比于文化而言,政治仿佛只是一个远古时代的遗存而已。正如湖南自己所指出的那样,对于这种"近世"时代"政治重要性衰减"的观点存在着反对意见,"特别是为支那历史学家所极力反对",但他依然主张,随着中国文化的发展、扩大及其在"近世"的展开,政治不再是"人类生活中的重要要素"。

湖南的这一主张与他所依据的经世学者们明确批判的地方政治的实情也是相符合的。即在"近世",中央政府所派遣的地方官僚按照本籍回避制度而不能在自己的出身地任职,因此他们与任职地的人民没有任何传统上的联系。黄宗羲、顾炎武等批判道,正是这种状况强化

---

① 《概括的唐宋时代观》,《全集》8,115—116页。《支那近世史》,《全集》10,354—355,360—361,432—439页。关于科举制度,详见下面列举的宫崎市定的出色研究成果。Miyazaki Ichisada (Conrad Shirokauer trans.), *China's Examination Hell : The Civil Service Examinations of Imperial China.*
② 《近代支那的文化生活》(1928年7月,东亚同文会演讲会演讲),《东洋文化史研究》,《全集》8,127页。

了专制政治,并导致了胥吏对地方政治的支配。从中央派遣到地方的科举官僚,通常三年一过就要转换任地。因此,他们最关心的是在任职期间不要发生任何过失,以免在自己的履历上留下不好的印记。所以,他们往往将政治委托给寄生于地方衙门的胥吏,而不会实施那些自己任期内见不到成果的计划,以免引起地方实力派的不满而对他们的履历产生不良影响。顾炎武曾如此评论这种状况:"叶正则(南宋学者叶适)亦言,'今之天下,官无封建,而吏有封建'。州县之崩溃,因胥吏巢于其中,父传子,兄传弟,(中略),左右州县之实权。上之人深知其为天下之大害,然不能除之。"①

湖南自从担任《台湾日报》记者之时以来,就一直十分关注这可恶的胥吏问题。但是,中国人民却在数百年间一直忍受着胥吏跋扈的地方政治。为何中国会产生这一独特的社会现象呢? 湖南在《支那论》的"自叙"中做出了回答。如下文所示,湖南从了解辛亥革命后两年内的中国情势开始,逐步上溯历史加以考察。虽然他所阐述的见解在战后的日本常被误解与批判,但它却对欧美学术界产生了很大的影响。

> 革命党人因为自己不了解支那之国民性,结果导致其艰苦卓绝之努力最终归于泡影。支那之国民性在于为了追求和平可以牺牲一切。兵乱之际,若见桀骜暴徒之横行,为良民代表之父老(这个词语的用法相当古老)只是屏息观望而已。然而待事态稍有稳定,若未得父老之欢心,则统治亦不可持续。革命党人恃其新锐之意气,毫不顾虑能否得父老之欢心,因此不久即失却其起事之地盘,而大受打击。诚然,其最初奋起之动机乃堂堂正正,然其倏起倏灭之状态,则如李自成、张献忠等诸贼之下场无异。此收揽父老之事,不问法制之美恶,亦不论人格之正邪,实乃于支那成功之秘诀也。即使恶人恶法,若得此秘诀,亦必定成功。更何况改革论、政治上之主义

---

① 顾炎武,《郡县论》,同上述唐编《顾炎武文》,11—12 页。另外,关于《郡县论》,得益于参照山井涌编译,《顾炎武〈亭林文集〉(抄)》120—121 页。[日文也是由山井涌翻译的]

等,作为成功之要素,于此收揽父老一事,并无任何效力。革命党人因未能掌握此中关键而失败。眼下袁世凯(中略)于此秘诀颇能心领神会。但是,此一秘诀于拯救国家灭亡当然毫无作用。得父老之欢心而成功之君主也好,大总统也罢,决计无法保证拯救国家于外敌。所谓父老者,对于外国之独立心与爱国心等并不格外重视者也。对其而言,若能乡里安全,宗族繁荣,日日安居乐业,则无论何国人统治,皆可柔顺服从之。(中略)。在支那,有生命力与体统之团体,无有出于乡党宗族之上者。而此最高团体之代表者,即父老也。①

在湖南看来,贵族政治时代的名门望族自然而然地统治着他们各自所属的地方社会。他在《支那论》中讨论地方自治问题时,一如顾炎武在《日知录》中所作的那样,从汉代的地方官僚与代表当地名门望族舆论的乡官(乡亭之职)之间的关系入手开始考察。他认为,由于缺乏谋略的隋文帝(581—605年在位)为了挑战门第家族的统治而废止了乡官,从而导致了地方官僚成为"漂泊者"。而因为实施了本籍回避的官吏任用制度,"中世"形态的地方社会秩序也解体了。②

湖南认为,一般而言,在"近世"新登场的这些缺乏根基的地方官僚们,根本就不会把管辖地人民的福祉("利害休戚")放在心上。这些狡诈的官僚们在其三年任期中无情地压榨人民,积聚了自己家族一辈子吃穿不愁的财富。于是,从民政上来说不可或缺的措施,比如育婴、学校等事业和治安的维持等等,都需要借助地方社会的"自治团体"之手来推行。"自治团体"对中央派来的官僚缺乏信任,而且在非常时期官兵也靠不住,所以"自治团体"还必须组织武装来应付内乱。在清代嘉庆时期发生的白莲教叛乱之所以能够被镇压,湖南认为,"都是因为各地人民自我防

---

① 《全集》5,296—297 页。
② 《全集》5,367,394—395 页。

御成功的结果"。①

作为共和政治之社会基础的"乡团"

湖南此处所说的"自治团体"与他在别处所说的"乡团",严格说来指的是什么呢?正如那些辛辣的批评者们所指出的那样,湖南的确没有对此做过严密的说明。不过,在《支那论》中,湖南探讨这一问题的目的并不在于从社会学的角度来分析中国的地方社会,而在于试图宏观地把握其功能随着时代而发生变化的地方社会的本质。"近来的支那虽然还是一个大国,但是小的地方自治团体在一个个区域各自为政,而这些正是有生命、有体统的团体"②。湖南主张,为了理解"近世"中国的本质,观察的对象不必是作为国家的中国,而必须是中国社会的单位,或者说是作为其构成要素的"乡团"。

湖南虽然没有严密地说明"乡团"这一概念的含义,但这一词语在《支那论》中随处可见,其中也有模糊的表述。如果把这些表述搜集起来进行分析,就可以在一定程度上明白"乡团"一词的整体含义。在湖南看来,"乡团"是独立于中央政府的一种存在,在他们的眼中,从中央派来的地方官僚仿佛就是外国来的殖民者。于是,他提到了曾经强烈主张通过"地方自治团体"来强化地方政治的清末的冯桂芬。冯桂芬的主张是,应该复活作为地方政治之前提的"宗法"。他承认这种做法有可能产生强势宗族横行霸道等弊害的危险性,但却主张为了镇压太平天国,必须给中国的地方团体以自治权。他认为宗法的复活才是地方自治的强固基础。③ 因此,根据冯桂芬的观点,亦即湖南的观点,"乡团"应当是地方上的强势宗族所领导的团体。

综上所述,湖南基本上将中国社会看作是地方分权的组织,而体现

---

① 《全集》5,368—369 页。
② 《全集》5,369 页。
③ 《全集》5,369—370,381—382 页。

其本质的正是"乡团"。但是,要是如他所言,地方上的强势人物不关心中央政府以及国家层次的政治,那么由成千上万的"乡团"所组成的中国将怎样实现国家的整合呢?换言之,在当时的实际情况下,中国将以怎样的国家姿态立足于世界之中,又将怎样抵抗欧美列强的侵略呢?由于湖南过于巧妙地解决了中国社会的分权性质与国家整合之间的矛盾问题,所以读者可能会觉得湖南有故意小题大做之嫌。而实际上,如果不了解湖南长年深入研究这一问题的情况,读者肯定也会以为他所提示的解决方法并不具备足够的说服力。

湖南把"乡团"视为民主的、协调的、稳定的和进步的组织,因此他认为只有以"乡团"为基础,中国才有可能解决"近世"官僚制度改革这一长期悬而未决的问题。而且在他看来,"乡团"是在朝着民主政治前进的"近世"化发展过程中形成的。从"中世"社会束缚下解放出来的平民在"近世"已经能够在生活中发挥自己的主体性。他将"近世"的官僚与"幕友"之间的关系也看作完全的平等关系,并认为使这一"平等主义"得到进一步发展的人物就是曾国藩。他说:"在其军队里,曾国藩对任何人都同礼相待,以此来组织士兵。(中略)就这样,曾国藩在军中与幕友等过着同样的生活,这正是军队中平等主义的有力证据。(中略)平定长毛贼之大业,从某一方面可以说显示了不靠官府势力的民主思想和平等主义的发展。"①总之,对于认为中国正在迎来立宪共和政治的诞生这一崭新历史局面的湖南来说,在中国的"近代化"过程中能够帮助民主主义前进的唯有地方社会的"乡团"而已。

在湖南看来,"乡团"可以履行地方行政所不可或缺的业务。比如维护共有财产,培育地方人才,以及在必要时实行救济事业等。此外,"乡团"的构成极其复杂,包括了从地主、强势宗族到一般庶民的各个社会阶层。对于这一事实,他也有着充分的理解。不过他认为,"乡团"主要关心的问题在于如何保护地方社会的安全,使之免遭土匪或外来官僚等外

---

① 同前述,《清国的立宪政治》,428—429 页。

部势力的侵害。湖南的这一观点暗含着对下述看法的批判,即乡团内部的地主与农民的关系是通过超经济强制和封建式榨取得到维持的。而在他看来,与此相反,"乡团"正是以这种追求自我保全("牺牲一切保平安")的做法在一定程度上缓和了地主与农民之间的对抗因素。①

湖南论述道,"乡团"在数百年间经受了各种危机的考验。乡团本来是为了保护地方社会免受外部势力的侵害而组织起来的。但是,在抵制外部势力失败的时候,他们也会向侵入者妥协。而混乱一旦稳定下来,"乡团"就会重新掌握地方社会的实权。在中国共产党第一次代表大会召开十年前的1911年,湖南就大胆地主张,中国的地方社会如此稳固,对于"共产主义"是有免疫力的。在1911年当时,湖南所谓的"共产主义",具体而言是指太平天国中所见到的那种共产主义。然而到了1920年代,湖南还是持同样的论调来谈论中国共产党,认为只要中国共产党攻击"乡团",其运动就必定以失败告终。

总而言之,湖南把"乡团"看作是一种进步的组织,认为自从辛亥革命推翻清朝以来,中国已经不再具备重建中央集权体制的历史条件。但是,为了对抗列强、经营国家财政、促进对外贸易、调整国内商业、制定国家规模的计划以及抵御外国入侵等等,中国依然有必要维持一定规模的中央政府。袁世凯正是认识到由成千上万独立的"乡团"所构成的中国社会的本质,所以极力将权力集中到自己手上,以弱化"乡团"势力。另一方面,革命派的精神固然是正确的,但是却未能理解以"乡团"为单位结成的中国的社会构造。从这个意义上来说,革命派是值得同情的,而袁世凯则实在是值得厌恶的。既然袁世凯的意图是逆历史潮流而行的,那么也就没有成功的道理。总而言之,他强烈地主张,虽然"乡团"远离权力中枢,但却是一种进步的存在。

不过,湖南对"乡团"的高度评价并不只是因为他排斥"反动的"事物

---

① 关于这一点,池田诚的以下研究十分详细。《内藤湖南的辛亥革命论》300—324页。《辛亥革命与内藤湖南》92—93页。

并接受了"进步的"事物的缘故。他认为历史是一个不断前进的、开放式的发展过程,因而,袁世凯试图重建已经不符合中国历史条件的政体的举措只能归于失败。而"乡团"则是在地方社会为保护自身利益而与日渐强大的君主独裁政治相对抗的过程中形成的。湖南从中发现了中国历史,特别是"近世前期"史中出现的共和主义萌芽,或者说是共和政治的原始形态。他正是在这一历史意义上将"乡团"看作是进步的存在。

湖南也巧妙地解决了上文中提到的一个问题,即由小的"乡团"组织所构成的中国社会是如何实现国家整合的?他指出,中国的国家整合可以通过把"乡团"置于联邦共和制("一种变形的联邦制度")这样一种金字塔型体制的基础上来实现。这样,中国可以通过覆盖全国的"乡团"网络得到强化,并能够对抗外国侵略。而且,这种体制不仅不会侵犯地方社会的利益,甚至还能够在实际上从各个方面促进地方自治。由于抱着这样的构想,他强烈反对妨碍中国国家整合的军阀统治,建议新的中央政府的职能应该尽量小规模化,并缩小中央财政。出于同样的理由,他主张"(地方政府)应该建立各自的地方行政和财政的基础,这是将来支那应该执行的政策的第一要义"。此外,由于中央政府归根结底是已经被统合为一个整体的各地方的利益代言人,各地"乡团"所组织的武装才是最适合中国国防的军队,结果中央政府也就没有单独考虑国防问题的必要了。不过,他也指出,如果日本、俄罗斯等国家力图打破东亚地区的均势而侵略中国,那么中国是无论如何也防御不了的。①

湖南还指出,欧洲与日本的国力在实现国家整合后迅速提升的背景之一,在于其具有旺盛的地方自治精神。换言之,正是这些国家强大的地方力量构成了立宪政治的稳固基础。因此,中国也可以通过以地方自治性的"乡团"为基础建立自己的立宪共和政治。当中央与地方抛却私心同心协力,去除中国官僚政治中的积弊之时,就可以与日本的明治维新一样造就新的中国。也唯有如此,才会产生民族主义、爱国心等新的

---

① 《支那论》,《全集》5,380—381 页。

观念。他认为,如果不首先形成"国家"这一事物本身,那么就不可能产生关于"国家"的观念。①

湖南认为,在中国成为强国的过程中,也就是在改革的过程中,有必要接受外国的援助。他在考察中国历史上漫长的"近代化"过程的基础上指出,日本是能够在这方面发挥作用的。首先,如果中央政府的规模尽量缩小,那么相比于拥有众多扈从的皇帝政治和袁世凯的机构庞大的官僚政治,维持这一政府的费用会少得多。这样,中央政府就可以减少外债依存度。不过,中国如果要有效地推进悬而未决的财政改革,外国人的确能够起到帮助作用。迄今为止,外国人掌管中国的海关行政,成功地给国库带来了丰厚的收入。因此,"如果把盐税等交给外国人打理,毫无疑问会获得超过外债担保的收入,中央政府的财政也会变得宽裕起来"②。湖南指出,在当今的列强之中,日本尤其能够给中国以援助。③

辛亥革命后的中国所面临的,也是湖南在《支那论》中以相当篇幅讨论过的迫在眉睫的问题之一是领土问题。帝制时代的中国虽然在名义上统治着有众多少数民族居住的广袤领土,但现实情况是中央政府一旦弱化,西藏、新疆等地就会获得事实上的独立。湖南认为,对共和制中国来说,这个问题体现在以下两个方面:首先是汉民族与少数民族之间的感情问题,其次是中央政府如何从政治上、军事上和财政上来统治这一自然环境多种多样的广袤领土的问题。为了理解革命后中国政府的少数民族政策,湖南注意到"灌输革命思想的权威人物"章炳麟的文章。其数年前发表在《民报》杂志上的这一文章基于传统的华夷观念表明了自己的反满思想,并把中国历史等同于汉民族的历史。而湖南对汉民族今后仍将继续统治旧中华帝国领土之内的所有居民一事是抱有很大怀疑

---

① 《支那论》,《全集》5,372,396 页。
② 《支那论》,《全集》5,382 页。
③ 这种主张,早在 1901 年 9 月连载于《大阪朝日新闻》中的论说《清国改革难》中就可以见到。《清国改革难(四)》,《朝日》,1901 年 9 月 18 日,《全集》3,288—289 页。另外,同前述北山书,参照 88 页。

的。他作了如下论述,中国作为宗主国而历来显示出的那种宽大("以往支那的那种宽大,毋宁说是近于马虎的宽大,是丝毫无干涉之意的"),使得少数民族

> 回想起往昔被支那统治之事时,也许仍会产生试图依赖于支那的想法,如此则形成此等种族各异的人民甘为支那文明所同化之时期。然而,如果形势不是朝着东亚各方皆期望变为一个支那民族的方向发展,那么无论是从汉人方面来考虑,还是从异民族方面来考虑,汉人再次统辖异种族一事都是不可能的。就当今而言,正处于此等种族人民暂时从支那解体出来的自然趋势中。因此,所谓五大民族之共和,虽然作为一时的权宜之道是很有趣的做法,但结果却将成为不能实行之政策。①

根据湖南的判断,在当时的政治、财政、军事等各种条件下,汉民族是不可能继续统治少数民族的。为了说明做出这一判断的理由,他详细探讨了中国历代王朝与周边民族的关系以及中国的异民族统治政策的变迁,比如汉朝的匈奴政策等。又进而围绕清朝时期的领土问题对蒙古、满洲、西藏、安南(越南)、新疆等地域逐个进行了考察,并按此顺序探究了这些地方与有关外国之间的领土关系问题。其结论是,"显然,此等民族皆从支那分离是其将来之命运",甚至主张像满洲这样"于支那财政有害而无益的土地",从节约财政支出的角度来看,还不如放弃为好。最后,作为整个领土问题的结论,湖南总结道,"支那的领土问题,从政治上的实力来看,(中略)不要为所谓的五族共和等空想性质的议论所支配,(中略),宁愿暂时失其领土,而图内部之统一"。②

---

① 《支那论》,《全集》5,332,338—339,341 页。此外也参照了《关于承认中华民国》,《朝日》,1912 年 3 月 18—20 日,《全集》5,452 页。
② 《全集》5,344—349 页。

对《支那论》的批判

执笔《支那论》之际,湖南曾说自己的写作目的在于"替支那人为支那着想"。但是与此相反,作为中国近现代史专家与马克思主义历史学者的野原四郎则在其 1946 年的论文中批判《支那论》"实际上是在为日本帝国主义的侵略政策出谋划策"。野原的这一批判如今已经广为人知,而实际上,他对《支那论》中的所有观点都持批判态度。首先,针对湖南未加明确定义便论述"父老"这一概念,野原批判道:"父老终归不是乡党、宗族的共同利益的民主代表。相反,他们只不过是为了自己的利益而将人民的机构反过来利用的专制头目而已。他们既是寄生的反革命的乡绅、地主阶层,也是袁世凯的同党,当然也毫无爱国心可言(这一点也许湖南也是同意的。——引用者注)。对侵略者来说,当然也是最合适的卖国奴。"①

其次,湖南认为宋代以后人民权利得到伸张并成为共和政治基础,野原认为这种观点完全是"非科学的历史观"。根据野原的理解,王安石的改革是"亚洲式专制国家通过自己经营商业及高利贷资本业务,来防止私有性质的封建土地所有的扩大以及维持作为国家基础的农民经济的一种尝试"。而且,针对湖南提出的"近世"私有财产权已经萌芽的这一观点,野原批判道:"(湖南)将近代私有权的法制观念任意地应用于历史之中,歪曲历史真实,并以其歪曲的历史观引出奇怪的'共和制'。对于自 19 世纪后半期的太平天国革命以来直到现代为止,人民为了取消封建土地所有制而进行的斗争究竟具有怎样的意义,他并不理解。"还指出,湖南所谓的"共和制"其实"在政治上只不过意味着 1914 年当时的地方分权状态而已。这种状况其实就是军阀割据政治"。②

野原还把军阀割据与地方自治团体联系起来作了如下论述:"也许

---

① 野原四郎,《内藤湖南〈支那论〉批判》,36 页。
② 野原四郎,《内藤湖南〈支那论〉批判》,37 页。

此后的中国社会,将会通过人民自己把这种种共同体加以民主性质的重组而得到发展。但是,只要这些组织依然为父老所控制,那么那些与父老相互勾结者,仍会将之变为自己获取权力的平台。中国以往的统治者们在这方面手段都十分高明,镇压太平天国的曾国藩也是如此。博士(湖南)也授予日本帝国主义以其中之秘诀。"在《支那论》的自叙中,湖南指出,在1910年代初期,如果中国的混乱局面打乱了东亚的和平状态,那么就可能会出现列强对中国实行共同统治("都统政治")的局面。其具体论述如下:

> 若抛弃所谓的国民独立之体面,于支那人民而言,此都统政治应是其最幸福之境界。我等于正文中所论述的国防之必要,在此便绝对消失了。若由比支那官吏更为廉洁而且能干的外国官吏来治理,则可使支那人民享善政之恩泽而无负担之增加。连袁世凯都可以拥戴为大总统的国民,应该没有对此都统政治表示不满的道理吧。①

野原批判道,以上论述正是"构成《支那论》全文之基础的思想",充分体现了湖南的帝国主义姿态。

然而,湖南在此处所强调的外国介入中国政治秩序之重建的观点,必须从他的中国历史文化观这一更广阔的视角来加以探讨。他主张中央的政治与财政委托给外国人管理的理由,其目的并不是为了压制中国农民以及统治中国人民。尽管我们不可否认,在他的以上言论中的确包含着帝国主义的论调。在他看来,经过了漫长的历史孕育过程的中国共和政治现在正处于诞生的阶段,这一政治必须建立在稳固的地方社会组织即"乡团"的基础之上才能得以确立。他在构想以地方社会的权威人物为领导的中国传统社会在革命之后的状态时,始终将日本的明治维新

---

① 《全集》5,296页。另外,野村浩一对湖南的中国观采取了比较稳妥的批判,指出湖南从由缺乏爱国心的父老所领导"自治团体"这一认识出发,而主张借助列国均势实施"都统政治",这种中国观是"某种倒错"。野村,《大陆问题的意象与实态》,63—64页。

作为改革的模范,尽管中国的文化发展远比日本要丰富和老成得多,中国的政治在很长一段历史中不仅为同一社会阶层所担当,而且在人民的文化生活中发挥着重要的作用。总之,对于抱有以上种种理解的湖南来说,将中国政府各机关委托给外国人,尤其是同情中国的日本人之手,这种做法与外国的军事侵略之间有着本质上的不同。关于这个问题,池田诚教授曾经指出,湖南的"都统政治"论反映了他对于正在有组织地镇压中国革命的袁世凯的不满。① 直接的理由也许是这样的,但是我认为更为根本的理由是在于湖南的中国史观。

再说,野原的批判其实也是有缺点的,即他在批判《支那论》之际,却将湖南此后发表于1920年代中期的著作(特别是《新支那论》)中的论点也牵扯进来。孙文在提倡"联俄"主张之前,也曾确信中国的民族主义只有将宗族所构成的地方社会统合为国家之后才会诞生。就这一点而言,湖南以"乡团"为基础的构想与孙文提倡"善用""中国固有团体"的家族和宗族的意见是十分接近的。但是,即便进入反日情绪高涨的1920年代,湖南在其著作,特别是《新支那论》(1924年)中依然认为中国人缺乏爱国心,而这种爱国心只有在以"父老"为领导的地方社会的基础上实现国家整合之后才可能产生。与此同时,孙文的思想则逐渐朝着左翼的方向发展。② 虽然野原在批判《支那论》的时候也一并批判了湖南后来发表的著作中的观点,但是他却没能就湖南思想在其间所发生的变化做出解释。

与以上问题相关联的是,我们不能忽略湖南异常厌恶袁世凯这一事实。在他看来,袁世凯是一个机会主义者,反革命者,缺乏高尚人格的权力追求者,总之是恶的体现者。尽管湖南认为历史正朝着立宪共和政治的方向发展,而袁世凯却为了复辟帝制而解散了国会。二十多年来,湖南一直在提倡中国的改革,尤其是改革极其腐败的官僚政治。他认为,

---

① 池田诚,《内藤湖南的袁世凯论》514页。
② 同前述池田著,《内藤湖南的辛亥革命论》321—333页。

第五章 《支那论》——时代划分与共和政治的本质

虽然辛亥革命依然留下了许多有待解决的问题,但它毕竟意味着中国的改革确实在往前推进。然而,革命之后登上政治舞台的袁世凯却使中国再度陷入官僚政治的泥沼之中。袁世凯虽然是中国的政治领导者中唯一理解中国社会的"父老-乡团"性格的人,却企图利用"父老-乡团"为其追求个人权力的欲望服务。目睹这一现状的湖南,唯有感到深深的失望而已。

中国研究家、也是当时南满洲铁道株式会社的特约顾问的橘朴对湖南的"乡团"论表示基本同意:"内藤氏所论述的乡团自治体,在对抗侵犯其利益者方面具备着种种功能","我自己的想法大体上也与内藤氏一致"。不过,他也表示了对"保守主义的内藤氏"的不满。虽然两人在中国应当尽早实行政治经济改革方面观点一致,但是他们之间也存在不同看法。湖南将家族制度作为改革构想的基础而视之为"进步的"事物,而橘朴则认为这是一种"幼稚的社会现象"。橘朴赞同当时中国的"新人们"——他举出"现代支那共产党的创始人之一"陈独秀作为其中的代表——对家族制度的批判:中国的"大家族制度不合理地束缚了个人的自由",家长相对于家族成员居于"专制君主的地位",阻碍了社会的自然发展。①

青山秀夫指出湖南在中国社会观和国家观方面与马克斯·韦伯有很多共通点。在他看来,韦伯的"中央集权的官僚制家产国家"观与湖南的看法之间也有着相通之处,二人都认识到中国最严重的问题是中国的官僚们欠缺政治上的道德心而汲汲于敛财,指出在中央派遣的地方官僚中存在公私混同的问题。他们也都认为在"父老"的领导下不断发挥自我防卫能力是中国宗族的固有性格,而为对付地方官僚的贪欲而产生的自卫意识使得地方社会几乎从中央政府的统治下独立出来。然而青山指出,在"近代化"问题上,韦伯与湖南的立场基本上是相反的。韦伯由

---

① 橘朴,《支那思想研究》,"第四章 关于社会改革思想的考察 第一节 支那怎么了——读内藤虎次郎的新支那论",375,388,397 页。另外,参照了山本秀夫,《橘朴》106,110 页。

于没有从中国社会中发现相当于西欧社会中具有新教职业伦理的都市中产阶级,因而对中国的"近代化"能力持怀疑态度。① 与此相反,湖南通过自己对宋代以后君主独裁政治的研究,找到了解决不负责任的官僚制问题的出路,认为辛亥革命后的中国会消灭此前的官僚制国家,建立以宗族制度为基础的共和国。如果这样的联邦共和制能够确立,那么根植于地方社会的责任意识就会诞生,"近世"官僚制的弊端也就能够克服了。

北一辉(1883—1937)是一位中国革命运动的同情者,曾经亲眼目睹了辛亥革命在上海的进展。他的《支那革命外史》是一部有名的著作,其中也有对湖南在《支那论》中所述见解的评论。他注意到袁世凯的美国顾问法兰克·古德纳(Frank Goodnow)对共和政治"作了否定的结论",而湖南则作了截然相反的"肯定的议论"。虽然孙文的"各省联邦论"与湖南的"联邦共和制"论十分相近,北一辉却对其评价不高,认为孙文只是一个"甚为肤浅的""共和政治的宣布者"而已。如前所述,湖南认为,推进类似日本业已成功的全面改革所需要的是唤起中国人的爱国心;但如果这样的改革努力最终失败的话,那么外国的介入也是不得已的。北一辉对湖南的这一看法表示出强烈不满,他不赞同由任何一个外国对中国实施"财政监督"的做法。②

湖南所提出的唐宋之间中国从"中世"过渡到"近世"的时代划分法,在战后日本的中国史学界中引起了很大的论争。作为论争中的重要一方,佐伯有一指出,如果像湖南所说的那样,中国的"近世"从宋代开始并一直持续到清代,那么这段时期的历史社会"只能被视为处于几乎全然停滞的状态之中"。湖南曾经反复强调官僚制度对地方社会造成的重压,并指出正是数世纪来滥用职权的官僚陋习成为清末民初改革的障

---

① 青山秀夫,《韦伯的支那社会观序说——马克斯·韦伯与内藤湖南先生》2—3页。同,57—59页。
② 北一辉,《支那革命外史》,15—16页。《北一辉著作集》第二卷,57,109页。另外,参照野村浩一,《关于〈支那革命外史〉》,416—417页;宫本盛太郎,《北一辉研究》,164—165页。

第五章 《支那论》——时代划分与共和政治的本质

碍。这一研究成果应该被继承。然而湖南认为外国的刺激能迫使中国摆脱停滞状态而获得发展的观点,则过分夸大了外因的作用。①

湖南的历史观的核心要素之一是动态机制论,那是他观察中国文化在整个东亚的发展、扩大及其反作用的过程中形成的。但是,他也不能否认在中国历史中存在着停滞乃至不活跃的性质。如今,作为湖南最有名的高足,宫崎市定教授在说明自己的时代划分法(虽有若干变更,但基本上继承了湖南的划分法)时曾经提到,"中国文化的停滞"是"近世"经济停滞的一种反映。"中国的近世在宋代几乎达到了接近完成的地步,此后便显示出稍为停滞的倾向"。② 人们或许认为宫崎的这一见解是基本上继承了湖南的观点。然而值得注意的是,虽然湖南与宫崎的共同之处在于研究历史时最重视文化因素,但是二人的研究毕竟还是存在很大差异的。即宫崎的关注面比湖南更为广泛,尤其是在湖南不大涉及的社会经济史,特别是宋代经济史方面作过长期的研究。另外,湖南对中国文化史作过比较概括性的研究。但在比较了二者之间的差异之后,我们不能忘记的一个事实是,湖南的问题意识主要在于探究同时代中国需要什么样的改革。如果把当时中国所存在的政治、财政上的诸问题看作"近世"发展停滞的产物——从湖南的定义来看这种解释

---

① 佐伯有一,《关于日本的明清时代研究中对商品生产的评价——展望其学说史》,257—258页。除了野原四郎以及佐伯有一以外,主张湖南是"中国——停滞史观"的代表者(或者说普及者)的学者也不在少数。湖南的第三个儿子戊申也持近似的观点。内藤戊申,《中国史的时代划分论展望——日本人的古代划分》,67页。[戊申说,(湖南的)社会经济史角度的回顾(与佐伯(有一)氏的微观性质的发展观不同)并没有承认宋代以后有显著的发展。但是,从宏观的角度来看,与认为中国的中世开始于宋代的"历研派"等学者相比,湖南对早期的中国社会发展更加认可。只是因为他对发展史作了长时段观察,再来界定某一短时期时,他的结论在微观角度的研究者眼中就被看作是停滞论了。因此,作者傅佛果的理解中略有误解。]另外,把湖南视为"停滞史观"论者的英语研究如下。Wright, "The Study of Chinese Civilization," p. 259. Endymion Wilkinson, "Japanese Studies of Chinese History," pp. 35 - 36. Jansen, "Changing Japanese Attitudes Toward Modernization," pp. 83 - 84. Jansen指出,"将'不变的中国'这一观点加以普及的内藤虎次郎等日本学者们,在另一方面巧妙地描述了中国的后进性、停滞和腐败等。他们试图以此来构建这片土地需要进行某种变革的意象,包括回归到古代的、较为原始的状态这一选项"。

② 宫崎市定,《中国史》上,76页。

也可以成立——从这个意义上来说,佐伯有一所作的上述评价也应该是有其合理性的吧!

关于唐宋变革的详论

湖南所说的文化包括十分宽泛的内容,事实上,他在著述中试图将自己的"近世"时代划分法应用于自己所定义的所有文化领域。

经济

在唐代的经济中,绢布起到了表示物品价值的功能。虽然当时也发行了开元通宝等铸造货币,但是其流通量很小。唐代也有称为"飞钱"的纸币,不过使用量也很少。但是进入宋代以后,以铜钱为中心的货币流通盛行起来,纸币也获得了大量发行。随着这种货币经济的发展,在南宋银被铸造成一定的形状,并逐渐取代铜而成为主要的通货。元朝几乎完全依赖于纸币的流通,但是随后的明朝则没有沿袭这一货币政策。总之,湖南认为"唐宋交替之际,正是实物经济的终结与货币经济的开始这一转换时期"[①]。

湖南也指出,与唐宋之间在政治、经济上的变革密切相关,在纺织品生产上也出现了很大的变化。在唐末之前,织工喜欢编织薄而透明的绢类织物。虽然也有厚地的纺织品,但是不被看重。但是宋代以后,除了僧侣的袈裟等之外,厚地的纺织品已经变得十分普遍,用以前那种精致的染色及编织方法制造出来的衣料和服装样式则被淘汰了。[②] 另外,在贵族时代,织物都是以一寸、一尺为单位来特别生产的,但是到了"近

---

① 《概括的唐宋时代观》117—118 页。《支那近世史》356—357 页。另外,湖南在《作为支那通货的白银》(1919 年 2 月,大阪朝日新闻社讲演会讲演)、《朝日讲演集》4、《东洋文化史研究》、《全集》8,84—101 页中,考察了中国史上作为通货之白银的历史。他特别阐明了在清代白银成为主要通货的原因和过程。

② 《关于染织的文献研究》(1924 年 1 月 19 日,古代织物学会讲演)、《古代织物》(1925 年 5 月)、《东洋文化史研究》、《全集》8,42 页。

世",特别是在平民抬头之后的元明时代,"缎子"开始大批量地生产出来。①

学术

经学研究在唐代已经出现了变化的征兆。唐代初期以前,经学还沿袭着汉魏六朝的风格。汉代的经学研究主要是以专攻个别经书或者几门经书的家族为中心展开的。通过这种被称为"家法"或者"师法"的传统,有关经书的"师说"也确实得到了传承。但是,从唐代中期开始,对这种传统的经书解释方法(注疏)有所怀疑的学者开始提出自己的见解。宋代以后,这种倾向越来越强烈,学者们根据自己的见解对经书进行新的解释已经成为一般风气。这种风气在清代的疑古派中达到了登峰造极的地步。不过,湖南对于宋代和明代的朱子学言之不多。他所高度评价的清代考证学者不喜欢朱子学的思辨性,他们的这种思想倾向对湖南产生了影响。但是,湖南对朱熹改变经书注疏的性质并对经书的部分章句提出开拓性的疑问等功绩却不惜赞美之词。

文学

从六朝到唐代,流行的文体是四六体(骈文)。但是唐代中后期在韩愈和柳宗元(773—819)领导下的古文复兴运动使文体开始转变为散文体。虽然如《唐宋八家文》的一再编辑所反映的那样,人们往往把韩柳二家与宋代的六家混为一谈,但是湖南认为,散文体并不是表现唐代的时代精神的文体,而是在唐代影响甚微并几乎被视为异端的文体。从这个意义上来说,韩愈和柳宗元是宋代以后成为主流文体之散文体的先驱者。②

---

① 《近代支那的文化生活》,131—132 页。
② 《概观的唐宋时代观》118 页。《支那近世史》357—358 页。另外,参照前述宫崎著《内藤湖南与支那学》414 页。

诗歌在唐宋之间也发生了很大的变化。六朝之前,五言诗是诗歌的主流。从盛唐开始,五言诗的内容而非形式受到重视,并且在表现方面也变得更加崇尚自由。这种新的风格大约始于杜甫、李白而在宋代臻于兴盛。另外,宋元以后,戏曲成为文学表现的重要样式。由于戏剧经常以口语来演出,文学也就成为具有庶民性的东西了,这与以贵族趣味为对象的贵族政治时代的情形大为不同。唐末时期开始出现的口语小说明确显示了文学大众化的新倾向。①

艺术

湖南在1920年代的著作中,相当详细地讨论了中国的艺术。一般而言,在六朝、唐代之前,"壁画"大为流行,特别是以彩色的壁画为主。但是从盛唐开始,"白描水墨新派"也流行起来了。而且,从五代到宋代,出现了从"壁画"向"屏障画"转变的明显倾向。金碧辉煌的山水画逐渐衰微,墨绘则日益发达起来。

在湖南看来,五代以后的画工相比于传统的风格,更加重视绘画中的自由表现手法。唐代的"壁画"主要是为贵族的宏伟建筑物作装饰用的,随着贵族的没落,"壁画"也出现了更加自由的表现倾向。而且在近世,非专业的画家开始出现了。他们不拘形式地自由描绘,打破了此前种种条条框框的束缚。② 1928年,湖南把中国绘画的变迁与社会文化整体状况的变化联系起来,指出了其中的对应关系:

> 支那文化从唐宋五代开始出现了一大变化,特别在社会状态方面变化十分显著,这种变化与绘画的变迁状态极其一致。虽然文化的变迁并不必然意味着所有情况的同时变迁,但是中国的社会状态

---

① 《概括的唐宋时代观》118页。《支那近世史》358页。另外,参照如下。小竹文夫,《支那史的时代划分——现代支那的意义》25—26页。Miyazaki Ichisada, "Konan Naitō : An Original Sinologist," p. 103.

② 《概括的唐宋时代观》118—119页。《支那近世史》358—359页。《近代支那的文化生活》125—126页。

与绘画(从唐末到宋初)的变化却极其一致。①

其他

唐代之前的音乐主要是舞乐,以音为主,而配以舞蹈。因为舞乐是迎合贵族的嗜好并主要用于贵族的仪式,所以十分强调严格的音律。但是宋代以后,剧作家把音乐当作附属于杂剧的东西。而且随着庶民成为戏剧的主要观众,所以舞的要素被放在首位,动作也变得更加复杂了。音乐的品味则相应在下降,变得更加庶民化了。这种倾向在南宋时代最为显著。②

"文化浅薄的国家不会考虑保存天然"。湖南指出,中国人历经数百年而始终留意自然保护,这从另一个方面证明了中国文化的伟大。与此相关联的是,他认为中国人的自然观历经唐宋变革之后大有进步。比如,北宋的徽宗(1101—1126年在位)由于受到复古思想的影响,甚至在自己的庭院里放养猛兽毒蛇,试图在自己的周围保存自然。而日本直到明治时代也没有产生如此成熟的自然观。

其次,在医学方面,唐宋之间也发生了很大的变化。唐代之前,所有的疾病都试图以身体之外的药物来治疗("外丹之法")。但是,宋代以后,根据道教的疾病观和不老不死说,通过身体内部的力量来治疗疾病成为一种显著的倾向("内丹之法")。湖南依据朱熹的《参同契考异》敏锐地指出,原本具有"外丹"意义的东西经过宋代的重新解释后开始带有了"内丹"的意味。在此之前,一般都是用药物来攻克种种疾病,但在宋代以后则出现了通过增强身体的抵抗力而使疾病自然痊愈的风气。③

最后,湖南指出,作为"近代支那文化生活"的一个要素,"爱玩有来

---

① 《支那绘画史》,《全集》13,93页。
② 《概括的唐宋时代观》,119页。
③ 《近代支那的文化生活》,133—136页。

历的古代物品"的倾向产生了。唐代以前,中国人并没有把发掘出来的古代物品引进文化生活之中。但是从隋唐开始,有学者开始为学术目的利用已发掘的物品。比如颜之推(530—591?)的《颜氏家训》记载,秦始皇时用于衡的分铜,即"权",在隋代被发现后,以其中刻录的文字纠正了历史记载中的错误。宋代以后古铜器的目录也得以编纂,许多学者出于兴趣和学问两方面的因素对此加以研究。在明代,古代的器物逐渐成为中国人的生活要素之一,人们将之当作美术品加以收集与收藏。湖南说,在美术品的收集方面,日本人与中国人之间存在很大的差异。对日本的收藏家来说,古董只不过是他们所花费的金钱的替代品而已,而中国人则是被艺术品的魅力所吸引,出于内心深处的喜爱而收藏。①

如上所述,湖南认为中国人的生活以唐末宋初为分界线,在所有的文化领域都发生了很大的变化。谈到唐宋变革,一般人关注的是贵族的没落、平民的抬头、君主独裁政治的出现等情况,但是湖南明确指出,这些变化只不过是中国人的文化生活整体中所发生的更大变化的一部分而已。不过,他并不认为唐宋间所发生的变化是中国固有的,也不认为这种变化是出于中国人之国民性的。依照他的理解,这只不过是因为中国与其他国家之间在文化的成熟度上存在差异而已。也就是说,中国在文化上已经进入了老龄化的时期,人们已经过上了文化性的生活。与此相比,日本以及欧美各国在文化上仍然处于青年时期,因此需要有强有力的政府与军队。可以认为"也许世界民族生活的将来可以从支那目前的状态中得到启示"②。

"上古""中世"的时代划分法

随着年龄的增长,湖南对中国古代史也逐渐抱有强烈的兴趣。最初,他概括地阐明了唐宋之间从"中世"到"近世"的过渡。随后,他对唐

---

① 《近代支那的文化生活》,136—137 页。
② 《近代支那的文化生活》,139 页。

第五章 《支那论》——时代划分与共和政治的本质

宋变革作了更加详细的探讨,同时把研究的时代向上推移,探讨从"上古"到"中世"的过渡。但遗憾的是,他在这方面的论述却不如唐宋变革那么详细。

从京大退休一年之后,即1927年,马伯乐(Henri Maspero)出版了《中国古代史》一书。湖南很快购得此书,让其长子乾吉坐在自己的身边作口头翻译,他自己则认真地倾听。在他的这种热情中多少也掺杂着一些嫉妒。当时28岁的乾吉听从父亲的吩咐,将该书的第一章翻译给他听了。当听到此处的湖南了解到马斯佩罗的研究水平不及自己时,他就心满意足地让儿子停止了翻译。这段轶闻也说明了湖南对自己的中国古代史研究水平有着非同一般的自信。他于1921年和1922年曾在京大讲授中国古代史。在他去世之后,这些讲义被整理出来,以《支那古代史》为题出版了。[①]

在《支那古代史》中,湖南在论述中国古代史之前,首先提出了自己关于整个中国史的时代划分法。与之前一样,他是以文化的特色为基准来划分时代的。他把中国史分为以下三个时代,并在其中设置了两个过渡期。

第一期　上古——从开天辟地到后汉中期(100年左右)
第一过渡期　从后汉的后半期到西晋(316年)

[①] 内藤乾吉,《跋》(1944年2月29日题),《支那上古史》,《全集》10,237页。神田喜一郎,《内藤湖南先生与支那古代史》286—289页。当时,湖南的研究也为法国学术界所知晓。这是因为曾经长期逗留日本的叶理绥(Serge Elisseeff 1889—1975)将日本学者的主要研究成果介绍到法国的缘故。结果,1924年湖南在欧洲旅行的时候,受到了马伯乐(Maspero)、伯希和(Pelliot)等学者的欢迎。松本信广,《在巴黎的内藤先生》,5—6页。仓田保雄,《エリセーエフ(Elisseeff)的生涯——日本学的始祖》154—155页。关于当时法国学者关注日本学界,特别是湖南的研究的资料参照如下。Paul Pelliot, "Trois manuscrits de l'époque des T'ang récemment publiés au Japon par M. Naitō Torajirō," pp. 482–501. Paul Pelliot, "Manuscrits Chinois au Japon," pp. 15–16. Edouard Chavannes, "Review of *Album de photographies de Mandchourie* (*Manshū shashinchō*), by Naitō Konan," p. 602. "Bibliographies des principals publications éditées dans l'empire japonais," pp. 104, 108–109. Emile Gaspardone, "Les bibliographies japonaises," pp. 51–52. Henri Maspéro, "Chine et Asie Centrale," pp. 522, 532. 马伯乐的这篇论文翻译如下。内藤耕次郎、内藤戊申译,《最近五十年支那学界的回顾》(1)—(5)。此外,还参照了 Serge Elisséeff, "Japon," pp. 564–565。

第二期　中世——从东晋/五胡十六国时代到唐代中期(9世纪初)
第二过渡期　从唐末到五代(960年)
第三期　(一)近世前期——宋元时代(1368年之前)
　　　　(二)近世后期——明清时代(1911年之前)

湖南的这一时代划分法,与那些以本国历史为基准来看待中国史的欧洲人和日本人的划分法不同,归根结底是以中国文化的发展为其基准的。他认为"宛若一棵树,从根部长出枝干,而后生出树叶。(中略)支那的文化发展,为真正顺当、最为自然地获得发展的文化,与受到其他文化的刺激或推动发展起来的文化是不同的"①。

不过,湖南的"上古""中世"的时代划分法也许是在暗中——湖南自己没有明言——批判那珂通世在《支那通史》中提出的反映传统的中国历史观的时代划分法。因为那珂将夏殷周看作"上世",而将从统一中国的秦朝开始看作中国的"中世"。当时的许多历史学家把秦朝建立的中央集权体制看作与此前的"封建制"分道扬镳的重要变化,认为应该据此来明确区分夏殷周的"理想社会"与秦以后的时代。但是,湖南对秦朝统一的理解,与以那珂为代表的传统的"王朝兴替史观"有着根本的不同。湖南认为,秦统一中国疆域这一单纯的理由并不足以将秦朝的建立看作中国历史上的重要转折点。②

湖南从文化特征的角度将第一期的"上古"——不是严格的时代划分——又进一步划分为两个时期,即中国文化逐渐形成并在中国本土扩充的时期,与中国文化向边境各民族传播并朝着东亚文化的方向发展的时期。但是,由于所谓的中国本土并非从一开始就是同一种族、同一语言的人们所居住的地方,所以中国文化的形成扩充与传播发展这两个方面实际上是相当复杂地交错在一起的,因此以这两个方面为基准而将

---

① 《支那上古史》,《全集》10,10—12页。
② 三田村推测,大概由于两家都是南部藩的,而且长期以来关系亲密的缘故,湖南与那珂之间并没有针锋相对。参照座谈会《内藤家的家学与湖南先生的学风》11—12页中的三田村发言。

"上古"再划分为两个时期也是十分困难的。在湖南看来,在"第一过渡期"中,中国文化的向外发展曾经有过暂时的停止。进入第二期的"中世"之后,受到中国文化影响的边境各民族由于民族自觉的觉醒,而将汉民族看作异民族,并"反过来"向中国内部进行军事侵略。因而"第二过渡期"也可以看作这些边境各民族的实力在中国历史上最为强盛的时代。①

湖南进而将大约一千年之久的"近世"划分为两个时期,即前半段的宋元时期与后半段的明清时期,但他并没有说明划分的理由。暂且不论这样的划分从时间跨度上来看是否妥当,但是其理由或许依然与湖南在研究"上古""中世"史时十分注重民族的观点有关,即宋元时期和明清时期都是汉族王朝与征服王朝的组合。从中国文化复兴的观点来看,元朝的灭亡与明代的汉族王朝重建应是一个重大的历史转折。然而,由于他将"近世"的性格贯穿于从宋元到明清为止所有时期,元明交替便无法成为一个主要的历史分期,而只能作为"近世"这一时期内的前后段的分界线而已了。

以下拟分析湖南用于划分"上古"和"中世"的诸标准,并与唐宋变革的情况相比较加以讨论。在战国时代,被称为"游侠"或"游士"的人们十分活跃。著名的法家思想家商鞅作为魏国的游士来到秦国后,由于受到官方的重用而得以成功地推行了富国强兵的政策。在湖南看来,这个时候秦国低水准的文化反而是一件幸事。虽然商鞅后来被杀,但是他所引进的法律却被沿用,加强了秦国国君的权力。秦国所见到的这种倾向,湖南认为是"偏向于君主独裁制"。于是,秦国"相比其他有种种历史障碍的诸国更为强势而能压倒其他"对手,并最终消灭六国统一天下。湖南评论道,"秦的统一当然是因为有一位伟大人物秦始皇的缘故,不过也可以说是时势造就了秦始皇这一代表人物"②。

---

① 《支那上古史》,11—12 页。
② 《支那上古史》,137—138 页。

湖南认为,战国时代出现了一个显著现象,即伴随着君主权力的扩大,享受世禄的家族逐渐衰落,平民势力开始发展。顾炎武曾经对春秋时代的祭祀、仪式以及权威地方氏族在战国时代的衰落有过明确的阐述。湖南对此表示同意,但也指出战国时代唯才是举的风气恰好表明了当时社会具有一定的流动性,而这种倾向促进了秦的统一。他说,司马迁在《史记》的列传中通过对各种人物活动的生动描写表现了这种社会倾向,并指出这种变化也表现在战术方面,战国时代战车逐渐被淘汰,由平民所组成的步兵成为战斗的主力。在战国后期,因为从军和提供军饷,平民的地位开始抬头,这标志着社会已经发生了很大变化。18世纪的历史学家赵翼认为,战国时代是一个史无前例的"以下克上"的时代,互相杀戮,诸侯谋杀君主,布衣成为将相。在湖南看来,这种状况并没有因为秦的统一而被完全终止。相反,由于汉高祖刘邦在建立汉朝之后并没有对那些为秦所灭的六国后代实行封建,而是施行了"郡县制",此前的混乱状态有增无减。刘邦大量起用了各地的布衣出身者,派他们到旧六国地区担任行政职务,而且还将六国的后裔与豪杰迁徙到关中,以防止他们的叛乱。然而,这也正是日后关中文化兴盛的原因所在。地方上的权威氏族("世族")逐渐衰亡了,但是即便在所有官僚都由天子任命的秦汉时代,官僚也屡屡能将自己的官职传给子孙。湖南指出,随着官僚的任人唯亲以及官职世袭的状况盛行,社会的流动性也随之减退,以至于在地方上出现了近于封建制的状态。①

湖南力图给王莽一个尽可能客观的评价。在传统的评价中,王莽被视为一个极恶的篡位者。而湖南认为王莽在中国历史上的重要作用表现在其他方面,即新朝仅仅维持了15年的原因在于其对地方政治的不理解以及对匈奴等边境异民族的错误对待。特别是关于后者,湖南指出,"支那历史成为东洋史可以说是因为王莽的失败造成的。在此之前,

---

① 《支那上古史》,146,158—160,164,191—192 页。

第五章　《支那论》——时代划分与共和政治的本质

即自开天辟地直到汉末(前汉末期)为止,是支那文化向四方扩展的历史,不同种族的人们因为受此文化的影响而被支那化"。但是,王莽对异民族统治的失败,导致他们产生了自己也能够抵抗中国的民族自觉意识。湖南还引用王充(于公元 100 年前后去世)《论衡》中所记载的有关"扶余国"起源的传说,指出在少数民族中产生了对固有民族性和民族历史的自觉意识。《后汉书》中有关异民族起源传说的许多记载,也反映了这种倾向。① 因此,在相当于后汉半当中的公元 100 年左右,中国进入了往"中世"发展的过渡期。

湖南对汉代的地方制度即"乡官制度"给予了高度的评价。他说,当时的制度"虽说是郡县制,但却保留了很多封建制的痕迹"。在地方社会中,由"当地颇有名望的人物"来担任"乡官"这一"自治团体的官吏"以维持秩序。湖南认为,这些地方制度是在不受中央严重干涉的情况下自然而然地发展起来的。但是到了前汉末期,中央政府一旦开始干涉这种地方制度,社会秩序旋即被打乱了(这一点,湖南基本上是根据顾炎武《日知录》的观点来阐述的),而且出现了大官的数量比小官的数量多得多的异常情况。②

湖南讨论从"上古"向"中世"发展时所重视的要点,与他讨论从"中世"向"近世"过渡时的要点几乎完全一致,例如君主与臣僚的关系、中央与地方在围绕地方政治方面的对立、君主权在皇帝政治中的增大、地方上有势力的氏族的盛衰等等。虽然这些都是湖南在讨论两个过渡时最为重视的要点,但遗憾的是他对"上古"向"中世"过渡的考察显然不如他对"中世"向"近世"过渡的考察那么细致。对湖南的时代划分法加以批判性继承的丹羽正义在总结湖南的方法特征时曾经指

---

① 《支那上古史》,216—217,218 页。另外,湖南就前汉与后汉的官制做过如下论述。"汉代的官制在前汉与后汉多少有些不同。前汉大体上是依据秦朝的官制。王莽采用周礼的制度以后,后汉时较多地采用了王莽的制度,即在后汉时期,王莽的制度与前汉的制度被混用在一起了"。(同上,220 页)
② 《支那上古史》,221—224 页。

出,由于湖南把"古代"看作"实现政治价值(国家)的时代",而把"近世"看作"实现普遍的文化价值(超国家)的时代",所以"中世"便被看作从"古代"向"近世"过渡的漫长过渡期。①

近年来,日本的中国中世史研究者受到湖南的很大影响,认为从后汉末期到六朝时代是贵族政治的发展时期。后汉时期中国文化的发展和扩充也引起了学术的兴盛。于是,许多伟大的学者("名士")敢于与朝廷内的宦官对抗,并因此引发了著名的"党锢"之祸,即朝廷宦官对学者们进行压制的事件,尽管把这种争斗归咎于朝廷和宦官或许是有失公允的。当时,由于在学问的继承和知识的传授方面奉行"家法",由此导致了门人之间的对立。作为在汉代六朝史研究方面的权威性人物,京都大学的谷川道雄和川胜义雄两位教授认为,始于后汉的这种知识分子谱系正是衍生出六朝贵族的基础。②

湖南对这种后汉六朝史图像——尽管也持有批判态度——的描述并不如谷川和川胜两位教授那么鲜明。不过,他强烈主张,六朝时代名门望族的隆盛是从社会沉滞造成地方氏族势力不断抬头的后汉时代开始的。他也赞同赵翼的观点,即六朝时代是中国史上的贵族全盛期,即便是王朝的权力也不能侵犯贵族的"荣耀与名望"及其在地方上的势力。贵族们为了证明自己的伟大家世而制作"谱牒",从而形成了那个时代谱学发达的状况。此外,湖南还同意赵翼的另一个观点,即六朝的官僚"由于把自家的家世看作最为宝贵的东西","几乎无人对天子的朝廷尽忠"。③

---

① 同前述内藤戊申,《中国史的时代区分论展望》,67页。
② 《支那中古的文化》,《全集》10,279—282页。同前述川胜书,74—116页。[川胜义雄的主要研究收录在《六朝贵族制社会的研究》中,岩波书店,1982年]。谷川道雄,《世界帝国的形成》,82—91页,123—154页。参照谷川道雄的《隋唐帝国形成史论》和《中国中世社会与共同体》。关于中世贵族制,用英语所写的研究成果如下。Patricia Ebrey, *The Aristocratic Families of Early Imperial China: A Case Study of the Po-ling Ts'ui Family*. David Johnson, *The Medieval Chinese Oligarchy*. Dennis Grafflin, "Great Families in Medieval South China," pp. 65–74.
③ 《支那中古的文化》320—321,324—329页。

时代划分与"近世"的意义

在主要的欧美语言中,与英语中的"modern"相当的词语都包含着"近代"或者"现代"的意思。同时,在"modern"一词中,还含有该词语所规定的特别内涵,即在很多场合,它包含着与非理性和非科学的前近代相区别的近现代之意。历史学家们经常用"modern era"来表示摆脱了中世纪的停滞、黑暗而获得发展的时代,或者表示与中世纪截然不同的时代。而从今天经常使用的"modenization"(近代化)一词可以清楚地看到,"modern"一词的核心概念中还包含着在后封建时代的西欧所能见到、而在其他地区中尚未见到的工业化进展之含义。

湖南所生活的时代正是相当于欧美语言中的"modern"时代,在日语中一般表达为"近世"时代。今天,日本的东洋史学者把"modern"时代划分为"近世"与此后的"近代"两个部分。在这种场合,"近代"一词更接近"modern"的概念。在日语中,无论是"近世"还是"近代"都是"与我们相近的时代""最近时代"的意思。但是,究竟选择哪一个词汇来表达,则包含着许多微妙的问题。不过,湖南首先把"近世"应用于中国历史的时候,他明确拒绝了以欧美各国和日本为标准的时代划分法。正如他试图阐明共和政治的基础时一样,在湖南的思想中,中国的"近世"归根结底是在中国的历史发展中具有独自的内在整合性的时代。

一般说来,所谓时代划分法,是为理解历史发展而提供一定的框架,或者说是为了在历史教育时明示历史的流程而使用的一种手段而已。所有的时代划分法,都是以一个或者数个基准为依据来进行划分的,以解明各时代的发展阶段中所见到的相异点与共同点。但是正如许多概论性的尝试一样,时代划分的方法在很多场合也通过最后阶段的历史定位传递出某种信息或思想。比如,黑格尔的世界史发展图式,在明确精神的发展阶段的同时,将日耳曼=基督教世界视为最终应当到达的阶段。毫无疑问,这种图式表明了黑格尔的独特思想。此外,马克思的阶级斗争史观是以确定各个时代逐渐发展的生产方式的诸阶段为其特征的。他还认为,人类只有克服现行的资本主义制度而进入社会主义制度的阶段才能得到解放。再者,康有为也以其简单的"三世"说,提出将来的世界最终会走到"大同"时代。

湖南既不是哲学家也不是政治家,但他在为中国历史界定"近世"的时候,的确也存在某种启蒙的目的。即他考察"近世"起点的原初动机,是为了明确辛亥革命之后的中国,即与他自己同时代的中国,今后将往哪一个阶段的时代(或者,至少在朝着该目标的过渡期)发展。结果,他得出的结论是中国正朝着共和政治的时代前进。至于被众多评论者视为中国人之国民性产物的专制政治等特征,在湖南看来已经完成其历史使命了。因此,他的"近世"论也是对他的观点持批判意见者的反论。湖南说,在"近世"时期,君主权的确得到了强化。但是,如果正确理解"近世"的历史,就能够明白中央集权化的进展反而使得君主被孤立起来,结果是随着君主独裁政治的发展使社会矛盾日益加深,并最终导致了清朝的灭亡。总而言之,湖南使用"近世"或"modern"一词是在清末,是他试图阐明的时代达到其顶峰的阶段,因此,这个词语的使用在很大程度上反映了他的研究初衷。

与1890年代所写著作有所不同的是,在以《支那论》为代表的有关时代划分的著作中,湖南并没有积极提出将明治维新当作唐宋变革或是"近世"变革之典范。但即便如此,明治维新在他的思考中仍然有着深刻的影响。与众多同时代的日本人一样,明治维新对湖南来说具有超越现实的重大意义。因为它既是一种理想的改革模式,同时也是一种改革精神的具体体现。通过明治维新,日本克服了国际孤立、封建专制统治等种种困难,实现了国家的整合。明治维新的启动首先是从受到压抑的下级武士开始的。在德川幕府灭亡之后,富裕农民以及逐渐抬头的商人们继承了改革的衣钵,为建设国民统合程度更高的新日本而努力。于是,开设国会、制定宪法等前所未有的反映民意的政治形态在明治时代诞生了。对湖南来说,作为改革模范的明治维新,无疑与中国的共和革命(而不是唐宋变革)更加具有相似性。因为湖南把君主独裁政治的发展看作是唐宋变革后的"近世"中国的一个特征,而刚刚从长期的专制政治中摆脱出来的明治日本,已经不再需要君主独裁政治了。

湖南从研究清末中国的立场出发,考虑到必须阐明中国历史中"近世"的起点。他试图搞清楚清末所见到的政治、经济、文化诸形态开始形成于中国历史的哪个时代。他得出的结论是这些形态始于北宋。在北宋时代,君主与逐渐抬头的平民联手打倒贵族势力,从而构筑了中央集权体制。这种事态正好在欧洲以及明治日本的近代国民国家的形成时出现过。

平民抬头的问题在湖南的"近世"论中不仅占有重要的位置,而且也是其历史观的核心要素。例如他曾经列举许多证据,说明从宋代开始中国文化是对更为广大的平民阶层开放的。从其他理由也可以得知"平民主义"是湖南历史观的重要要素,即他预见到中国的未来在于共和政治,这意味着他把否认人民参与政治的专制政治看作时代错误而加以排除,并始终提倡承认人民参与政治的共和政治。晚年的湖南对中国历史的研究上溯到从"上古"向"中世"过渡的时期,当时他也指出"上古"时代解体的特征是平民逐渐能够参与国政与有力氏族的没落。湖南还反复强调,在"中世"时代,虽然新的贵族取代了旧的势力,但是平民依然如同"贵族的奴隶"一般。可见他始终关注个人的自由如何发展,视之为历史中的一个主要因素。

湖南曾经就历史中平民抬头的重要性做过一次明确的论述。1921年,他就应仁之乱(1467—1477)作了一场著名的演讲。在此之前,学者们认为正是由于这场动乱导致了京都的荒废、旧世家的灭亡以及下层武士的迅速抬头,并以此为由对之做出否定的评价。然而湖南认为,由于这场动乱所导致的破坏极其彻底,以至于动乱之前的日本史看起来简直如同外国史一般。他高度评价了应仁之乱当时所发生的"下克上"现象给日本带来的变化,指出日本史上的这段时期相当于中国史上的唐末五代时期,因为中国的唐末五代时期也发生过同样激烈的"下克上"现象,然而以此为转机,中国从宋代开始进入了一个完全异质的时代,即所谓"近世"。在这次重要的演讲中,湖南明确主张,"大体而言,所谓历史,从某一方面可以说不外是下层人民逐渐向上发展的纪录"①。

如果从另一个角度来看待"近世"的平民抬头,那么地方权力从以前的贵族手中转移到了地方社会人士手中也是其表现之一。在湖南的"近世"论中,中国的权力存在着二元结构:在中央,由独裁君主及其周围的亲信和臣僚们掌握着权力;在地方,原本应当由中央派遣的地方官僚来治理,然而事实上却由地方社会,即湖南所说的"乡团"掌握着权力。在宋代以后的"近世",在中国的权力结构中出现了上层官僚机构逐渐膨胀的情形,于是地方社会不得不依靠自己的力量来保卫和照顾自己,并在与中央派来的地方官僚等外部干涉力量相对抗的过程中锻炼了自己的能力。

湖南认为,在中国将来诞生共和国的时候,这种"乡团"才是构成共和国的基础性单位。据他的理解,"乡团"作为民主的组织而为"父老"所指导,并只关注地方社会的问题,即与地方居民"休戚相关"的问题。从这个意义上来说,"乡团"本质上是进步的组织。但是,"乡团"的作用不限于此。在湖南看来,"乡团"的理想形态还应当体现中国国民整合的应有姿态。总之,"乡团"是蕴藏着中国实现"维新"之可能性的一种存在,是朝着共和政治过渡的历史前提,也是联邦共和制下实现国家整合的基石。从这个意义上来说,"乡团"才是湖南长期以来所探求的中国改革问题的关键所在。

湖南把地方社会逐渐与中央政府相隔绝的倾向看作"近世"中国的重要特征。换言之,在"近世",随着文化重要性的不断增大,政治的重要

---

① 《关于应仁之乱》(1921 年 8 月,史学地理学同攻会讲演),《日本文化史研究》,《全集》9,130—148 页。立命馆大学的池田诚教授在接受我的采访时说,关于应仁之乱的这篇论文,直到今天仍然是自己最喜欢的论文之一;自己在高中的时候首次读到这篇文章之后,才了解到湖南对应仁之乱作了肯定的评价,而自己之前对应仁之乱的印象也为之一变。参照池田诚,《关于内藤史学的私论》1—5 页。

性对于大多数中国人来说反而逐渐减少。实际上,数百年来与中央政府互相疏远或者对立的中国人,已经获得了不依赖于地方官僚之手而生活的智慧。这就是"近世"时代政治重要性消失的具体表现。也正因为如此,湖南总是对地方社会的社会组织及人际关系不惜赞美之词。

　　如前所述,湖南认为文化在"近世"中国的重要性逐渐增大,然而不能忘记的是,他所说的"文化"包含着十分宽泛的内容,不仅意味着绘画、学问、文学等人类的高级文化活动,还包含着伦理、习惯以至"乡团"之类的社会组织等。甚至连某种精巧的世界观也包括在他的"文化"概念之内,比如真正的艺术理解、从历史视点来解决问题的能力、保护自然(而不是支配自然)的意识等等。不过,湖南并没有明确地将宋代中国与文艺复兴时期的欧洲相比较。但是,京都大学的宫崎市定教授和岛田虔次教授都曾经从正面讨论过这个问题。宫崎教授详细论证了文艺复兴精神,并将之看作历史中具有"近世"性的中心要素。① 与湖南一样,宫崎教授也认为在唐代达到顶峰的贵族文化在宋代遭到了破坏,同时他还认为宋代人在破坏贵族文化的同时,试图返回古代重新寻求文化的灵感。

　　湖南认为,在晚清中国所见到的政治、经济、文化等诸种形态都是从宋代开始逐渐形成的,并因此将这一时代定义为"近世"。在这一时代中,湖南发现了君主独裁政治与平民主义这两大历史趋向,并将之看作贯穿中国"近世"的主要特征。从这个意义上来说,湖南的"近世"论对于过去是具有某种很强的概括性的。另一方面,他又预见性地指出,在辛亥革命终结了"近世"时代之后,中国的政治形态将是共和政治性质的,因而明确了共和政治的基础是"近世"史。而且,湖南也是共和主义的热心倡导者。从这个意义上来说,湖南的"近世"论对于未来是具有某种规定性的。

　　1928年,湖南再次以人的成长过程作为比喻论道:"从根本上说,国

---

① 同前述宫崎,《中国史》上,65—81页。岛田虔次关于该问题的看法可以在其《中国近代思维的挫折》的"序"与第4章"一般的考察"(1—13,230—283页)中见到。

家与民族(中略)就如个人一样,也有幼年时期、青年时期和衰老时期。作为幼年时期的古代相当于何年到何年,中世相当于何年到何年等等,是互有差异的。各个时代,即幼少时期、壮年时期和衰老时期等,各国均有其特别之处,或亦有各民族相通之处。总之,各依其时期不同而内容有异。"①由此可见,长期探究中国"近世"史的湖南,其视线已经超越了中国的疆域。此外,他还曾指出,中国在20世纪初期的疲弱并非幼儿的嫩弱,毋宁说是老人的衰弱,而与之相对应的是,日本与欧洲各国的强大则是其文化不成熟的明证。

但是对湖南来说,仍然还有一个重要的问题悬而未决,即不管他如何强调中国文化的优越性以及共和政治到来的历史必然性,从1910年代到1920年代,中国的国家统一尚未实现,而立宪政治的确立也似乎遥遥无期。难道这是因为中国还没有真正地具备诞生共和政治的历史条件吗?湖南绝不这么认为。那么,问题出在哪儿呢?中国需要怎样的援助呢?这些都是迫切需要他做出解答的疑问。

---

① 《近代支那的文化生活》121页。

第六章　现代政治与支那学
——湖南的政治观（1907—1934）

　　湖南在《支那论》及其后的著作中，不仅提出了中国将会诞生立宪共和政治的预想，而且考察了这种政治形态的历史前提与社会基础。结果，他得出了这样的结论，即从文化的和社会的角度来看，中国早在宋代就已开始进入了"近世"时代。然而在辛亥革命数年之后，他所预见的"共和政治"根本就没有实现。现实情况表明，中国依然存在众多必须改革或者说实行"近代化"的领域。中国长久以来的专制政治和官僚制度依然在极大程度上阻碍着改革的进程，而在1910年代和1920年代，这些障碍并未得到彻底消除。那么，中国究竟能否依靠自己的力量实行改革呢？如果答案是肯定的话，那么改革要花多少时间，改革期间是否会产生更严重的问题呢？从1907年到京大就任至1934去世为止，湖南不断地在他的著作中追问这些问题。

　　从这一时期湖南的著作内容来看，关于中国与日本在东亚的作用问题，他的思想产生过几个变化。其中最为显著的变化是，对于迟迟不能实行改革的中国和既否认本国文化又非难日本的众多中国知识分子，他的态度逐渐变得焦急起来。不过，他在论述中国的改革问题时始终以历史学分析为基础的姿态并未发生丝毫变化。湖南认为，在中国存在的种种问题及其改革中，日本所能发挥作用的重要性在不断增加。那么以历史学观点为武器的湖南,究竟是如何理解这种作用的呢？这就是本章所要讨论的主题。

对政治领导者的评价

湖南绝不认为历史仅仅是伟人们的政治业绩而已。事实上他也经常提到,希望中国能够出现一个富于天资和领袖魅力的人物,朝着他所期待的方向实行改革,实现真正的国家整合。比如在《支那论》中,他似曾期待,"如果能出一非凡天才,即如法兰西革命时期的拿破仑一般的豪杰,那么政治的根本将因此天才而彻底改变"。对此,后人曾从不同的立场出发提出过批评。① 另外,对于袁世凯,无论是其生前,还是在1916年去世之后,湖南一直认为他不仅是一个堕落的、利己的和品行低劣的人,而且是一个对社会政治问题以及国际问题毫不关心的领导人之典型。另一方面,对于李鸿章,湖南则屡屡赞扬他是一位真正的中国领导者,不仅具有卓越的洞察力和国际视野,而且在遭遇巨大失败时,即使有损自尊也能作必要的让步。李鸿章所体现的这种不拘毁誉褒贬的诚实性在20世纪初的中国已经成为过时之物。对于必须应对错综复杂之东亚国际关系的中国领导者,要求他们具备这种诚实性简直是一种奢望。

在1909年1月发表的演讲中,湖南试图纠正日本人和欧美人对袁世凯所抱有的种种误解。1908年,光绪帝和西太后先后去世,袁世凯也随即被"免官"。这一情况对当时的中国问题专家们来说是一个不小的冲击,他们深感忧虑的是由于袁世凯的下野而导致中央政府失去统制力,以及因为少了袁世凯这一强有力的推进者,清朝的改革计划也许会受挫。湖南则对此提出了相反的看法,认为这种担心是出于对袁世凯的误解而造成的。因为中国是一个外国人所难以理解的"政治史上变

---

① 其中,前述池田的《内藤湖南的袁世凯论》一文中写道,湖南对天才的期待这一"非合理性思想的流露,不外是对袁世凯的反动统治这一政治现实表示屈服的另一种表现而已",可见他对湖南这一充满苦涩的选择表示了某种理解。

幻莫测的国家",袁世凯的权力基础并不是绝对的。在君主独裁政治体制下的中国,即使是名声极高者,或是袁世凯这样的实权派,只要皇帝的一纸命令就可以剥夺他们包括生命在内的所有一切。实际上,1909年袁世凯的免官就是一个很好的例子。但是,对于具有立宪政治和政党政治之历史经验的欧美人及其追随者日本人来说,他们都难以理解中国政治的这一基本性格。因此,欧美人以为少了袁世凯中国就不能实现立宪政治的担忧,完全是杞人忧天。在中国的"近世"史上,没有发生过因为高级官僚的更替而导致政治格局剧变的情况,所以袁世凯的存在与否并不能改变中国朝着立宪政治发展的这一历史潮流。①

　　湖南指出,人们对李鸿章的认识也存在过同样的误解。1890年代初期,李鸿章担任直隶总督兼北洋大臣,权势很大,声名大噪。"尤其是在此之前,由于支那排斥开放主义",所以北京的大官很少接见外国人,而李鸿章则愿意接见任何外国人。正如他的老师曾国藩所评价的那样,李鸿章是"那种擅长交际的人"。他在天津教案的善后处理中所显示的手腕,令外国的外交官和访问者们赞叹不已,由此奠定了他的名声。外国人甚至确信,如果没有李鸿章的话,中国的自强运动是不可能成功的。而甲午战争爆发之际,他的军队遭到了决定性的失败。虽然在《马关条约》谈判中,李鸿章再次施展了其外交手腕,然而结果中国仍然不得不签署这一带有屈辱性的条约。于是,他因中日战争失败而被问责,被贬任两广总督。结果,当1900年发生义和团运动的时候,他正好不在北京。因此,有些外国人就认为,"由于李鸿章不在北方,所以才会发生这种事件。如果李鸿章在北方的话,就能阻止这些事件的发生了"。但是湖南对此加以反驳,认为义和团事变是"早先从国外引进的一种潮流与内部顽固派的潮流相互冲突的命运使然",是任何人也无法阻止的。② 他断定

---

① 《对支那的误解》(1909年1月21日演讲),《胜本商店纪念讲演集》,《全集》4,446—448,451—453页。
② 《对支那的误解》(1909年1月21日演讲),《胜本商店纪念演讲集》,《全集》4,448—450页。

无论怎样优秀的人物,单凭个人的力量是无法改变历史潮流的。

湖南还指出,李鸿章的显著特征是,他并没有被中国土地广袤和人口众多的现象所迷惑,而"颇为认可外国人的能力"。他认为"最安全的政策就是,纵令失去一些领土,也不要与外国发生冲突"。李鸿章的这种态度,与湖南在《支那论》中所指出的中国人的"国民性",即"不惜一切求和平"的态度是基本相通的。但是,"由于抱着只要拥有外国的枪炮并使用外国的方法训练军队就可以维持国力的想法,从而招致甲午战争的失败",结果"几乎失去辽东的一部分,而整个台湾终究失去了"。① 李鸿章备受屈辱的马关谈判是甲午战争后中国"不惜一切求和平"的政策的最初实行,而且成为一个最典型的实例。

1916年突然传来袁世凯去世的消息,这对湖南来说这是值得欢迎的,他再度执笔分析比较了袁世凯与李鸿章。李鸿章与外国人打交道的历史要上溯到太平天国时期,当时他首次利用西式武器在苏州和其他地方击溃了太平军。据说,绰号为"中国人"的洋枪队首领戈登(Gordon,1833—1885)曾经劝说李鸿章自己当皇帝,但是被他拒绝了。湖南认为,这正是李鸿章"与袁世凯的人格迥异之处"。1885年,当李鸿章与伊藤博文就朝鲜的宗主权进行谈判时,就已经显示了他认可伊藤的才干,并能对外国人的才干给予正确的评价。而袁世凯则不同,尽管他曾经在朝鲜亲眼目睹了日本军的强处,归国后却反而报告说日本很弱小。即湖南认为,在导致1894年中日战争不可避免的原因之中,"袁世凯亦有其大罪"。另外,李鸿章对于中国无力独自建设的领域,尤其是在军事方面,"任用了不少外国人"。所以,当1900年发生义和团运动,北京被外国军队占领之际,外国人认为唯有李鸿章这位宽宏大量的人物才能够收拾残局。总之,湖南认为李鸿章的外交原则就是"任何时候都采取和平政策,绝不与外国人发生冲突"。②

---

① 《支那将来的统治》,《朝日》,1916年2月28日—3月3日;稻叶岩吉的《支那帝国论》(1916年4月)所收,《全集》4,541—542页。
② 《支那问题》(1916年6月演讲),《京都经济会演讲集》(1917年2月),《全集》4,572—577页。

另一方面,袁世凯不是"像李鸿章那样科班出身的人"。行伍出身的袁世凯"在中国的得势是中日甲午战争之后"的事情。虽然他与李鸿章一样保持着与外国人的联系,但是他既不能理解"外国的文明",也不能像李鸿章那样真正地认可外国人的力量,包括其才能和道德能力。实际上,他只是在利用外国顾问来强化自己的权力而已。但是,因为袁世凯的军队比李鸿章的军队受过更好的西式训练,而且在他的支持下推行了许多改革,所以不少外国人就认为假如没有袁世凯,中国的改革就无法进行。但是,当湖南1902年访问中国时,他就从在华的日本军事顾问那里得知,其实当时的袁世凯似乎就没在认真考虑改革的事情,而有倒退的意思。辛亥革命之际,袁世凯重返政坛。于是,一个真正的袁世凯,即一个"保守论者"的真面目终于露出来了。他终止了改革甚至革命的进程,全盘否定共和政治,并转而开始复辟帝制了。①

湖南用略为夸张的语气说道,"即便(袁)氏活得稍长一些,到底无望挽救其失败。毋宁说他失败的过程不甚麻烦,对支那来说确是一件幸事"。湖南认为,袁世凯的重大失败表现在以下三个方面。第一,试图恢复中央集权制度的失败。因为随着清朝的灭亡,中央集权制度也已经退出了历史的舞台。第二,以"反动的复旧方针"进行片面改革的失败。他不仅终止了从清末开始着手的种种根本性的改革,而且肆意破坏已经取得的革命成果,甚至企图通过中央集权来架空地方政治。第三,因不听劝告、刚愎自用而导致的失败。他虽然雇用了一些外国顾问,但是根本不重视他们的意见,除非是支持其排外主义政策的建议。然而,这种排外主义在近代的世界中是必定要遭到失败的。②

如上所述,湖南不仅极其厌恶袁世凯,而且确信外国特别是日本应该援助处于困难之中的中国。在这种思想下的湖南比以往更加重视个人的作用。当然,湖南绝不认为个人的力量能够左右历史的潮流,并

---

① 《支那问题》(1916年6月演讲)、《京都经济会演讲集》(1917年2月)、《全集》4,577—581页。
② 《从袁氏失败应得的教训》、《外交时报》281(1916年7月15日)、《全集》4,588—593页。

因此而试图限定袁世凯事件的持续影响力。但是他对袁世凯的憎恶导致他转向另一个极端,即把晚清改革的失败以及共和国初期缓慢的政治进步都归因于袁世凯个人的反动政策。另一方面,湖南认为李鸿章虽然在甲午战争中对形势存在误判,但是却深刻理解了中国应当向东亚强国日本学习的重要性,因而对李鸿章个人的作用作了高度评价。

对中国的政治混乱的理解

《支那论》是湖南的一个雄心勃勃的尝试,他试图以此对中国政治的混乱状况有一个符合逻辑的把握。同时也是湖南对中国过去上千年的历史与社会状况进行详细考察的一项空前的研究。而且这些问题意识在湖南完成这部著作以后也依然存在。作为历史学家的湖南始终怀有一种强烈的使命感,认为必须从长期的历史发展背景来对中国的现状作学术探讨。加之,中国政治的混乱状况在1910年代到1920年代似乎毫无收敛的趋势,这种现状更加强了湖南的使命感。

如前所述,在1911年至1914年期间,湖南对中国即将诞生的共和政治进行了详细的探讨。在此基础上,湖南在1916年(于袁世凯去世的几个月前)发表了一篇时评,批判了以复辟帝制为目的的袁世凯政权。他还愤怒地批驳了当时包括日本人在内的外国评论家们的观点,认为他们以"中国长期以来一直是帝制国家,尚未具备共和政治经验"为由主张恢复帝制的看法其实是一种误解,指出"事实上,在德川末年,几乎无人能够想象历经长期封建政治的日本能够在二三十年之后转变为立宪政治"。湖南建议当时的中国必须大大缩减中央政府的规模,尽量充实并依靠地方政治。他认为因中央政府的软弱而引起的政治混乱才是问题的关键所在,而逆历史潮流而行是根本无法解决这一问题的。①

湖南指出,明末清初的经世学者们也曾强烈主张"君主专制乃是一

---

① 《支那国是的根本意义》,《中央公论》31-3(1916年3月),《全集》4,527—533页。同前述《支那将来的统治》536—543页。

切恶政之根源。如果不实施地方分权,政治就无法得到良好治理。如果不以人民为基础,政治也绝不可能得到长治久安"。在他看来,1916年当时的中国需要的是这样的政治,即"非世袭的元首及小规模的中央政府",政府真正地代表人民,地方政治更加充实并能直接反映民众意志。然而,中国人却依然错误地以为,为了使中国成为"自强的大国",必须由一个中央集权政府来推进日本和德国那样的富国强兵政策。而湖南认为,中国已经过了中央集权政治的历史阶段,而且在中央层面上,政治上的各种问题可以在外国的帮助下得到很好的解决。总之,湖南的主张大致如下:第一,"支那今日第一要务为维持共和政治";第二,"向外国人开放政府机关,此乃维持支那安全以及东亚安全和平之关键"。在1916年发表的另一篇与此主题相关的文章中,他提议,为了结束中国政治的混乱局面以及确立共和政治,外国人尤其是日本人需要向中国提供"建言"。①

湖南在1917年夏天的时评中作了如下呼吁,即中国的政治混乱正在朝着越来越严重的方向发展,中国问题观察家们不仅应该关注目前北京等地的事态,还应关注历史的潮流。在辛亥革命之后,相比于支持国会的共和派而言,更具优势的是清朝复辟论者。然而他们只不过是历史上已经过时之势力的代表而已,而确立共和政治才是中国人民的"潜在势力"所追求的目标。从历史的趋势来看,中国必将从现在混乱的政局中诞生立宪共和政治。日本政府若希望不再重蹈基于误判的政策,就必须采取以这一历史归趋为基础的政策。看似执政治之牛耳的军阀("督军")们虽然解散了再度召集的国会,但是这并不意味着他们已经完全掌握了统治权。正如明治初期萨摩、长洲二藩出身的政治领导者们废除了之前的列藩体制一样,中国的军阀们也可能自己亲手终止割据局面。虽然这种可能性比较低,但是在军阀的幕宾组织中出现优秀人才的中国传统是值得期待的。假如这一传统复活的话,那么在段祺瑞、黎元洪、张勋

---

① 《支那时局之我见》,《外交时报》277页(1916年5月15日),《全集》4,548—549页。

等军阀手下的幕宾们就可能团结起来一扫军阀体制之旧弊,确立国会。总之,湖南认为,正如幕末维新时期的日本历史所展示的那样,不管军阀们期望与否,"政治上的时代思想"终将朝着共和政治的方向发展。①

在写于1918年4月的时评中,湖南对中国秩序的恢复表现得更加悲观。军阀们割据各地,彼此之间的对立丝毫不见缓和的迹象。在此之前,他对幕宾组织中的优秀人才多少是抱有一些希望的,但是当他了解到在北洋政府工作的知识分子甚至"连科举时代的策学所培养那点浅薄的教养水准都达不到"时,他的这一期待也化为泡影了。康有为和张之洞等虽然推行过改革运动,但他们对改革的理解极不充分。"而近来的留学生出身的政治家,其内外政策皆在黑暗中摸索,十分危险。"自古以来,中国总有"以顺应大势为主"并能实现"大一统政治"的"天才"政治家诞生。但是最近并未见到这种"天才"型的政治家。湖南还认为,现在中国政治"纷乱的责任,过半在于我国(日本)舆论之无定见。此无定见不只是政府的政策有责任",在对于中国的政治、经济援助方面表现冷淡的议会和新闻杂志所反映的一般公众舆论也是有责任的。②

湖南1919年3月的时评不再认为辛亥革命与明治维新之间是具有可比性的了——与明治维新不同,辛亥革命不仅没有带来国家的统一,反而增加了社会的混乱;明治维新大大"减轻了农民的负担",而中国农民"因为革命而负担大大加重";日本由于明治维新的成功,"势力不断得到增长",而辛亥革命则破坏了清末以来历经五十年的改革努力,结果"倒退至古代自然放任的时代";革命以来,中央政府的财政只能通过向外国借款和由外国人管理盐税所获得的收入来勉强维持;军阀们率领的军队,其素质之低下令人惊讶;地方政治也"丝毫没有因为革命而得到改善"。"因此,支那的政治改革,或者更恰当地说,是所谓的政治复活,终究不能依靠支那民族而取得成功。而依靠外国人是最为便利的,也是最

---

① 《支那动乱之鄙见》,《外交时报》304页(1917年7月1日),《全集》5,5—9页。
② 《悲观支那并悲观我邦之国论》,《外交时报》323(1918年4月15日),《全集》5,17—23页。

为经济的途径。关于这一点,早晚外国人与支那人都会加以谅解的吧"。① 由此可见,对于中国的现状骤然悲观起来的湖南,以前所未有的直截了当之笔触写出了自己的想法。

第一次世界大战后,虽然中国的统一与安定对维持东亚和平来说是不可或缺的要素,但是对于有着种种棘手的国内经济问题的欧洲各国来说,因为自顾不暇而不再有余力施展其对中国的影响力了。结果,湖南又在中国发现了一种新的不安定因素,那就是中国的排日运动。从他的立场来看,在当时军阀仍然肆意统治着中国大部分地区这种令人绝望的状况下,反日活动家的言论不仅是"不负责任"的,也是令人无法容忍的。中国现在正处于"亡国"的边缘。这些反日活动家们,或许将会与后汉末遭遇党锢之祸者、唐末为朱全忠所杀的所谓"清流"派以及明末的东林党人一样,在自我毁灭的同时也使国家遭受毁灭的命运。② 他还认为,在当时的军阀中没有一人愿意为了统一中国而献身。在此认识的基础上,湖南进一步提出了自己的新见解:"因此不难看出,结局有利而且安全的统一,必将于某个时期中通过武力而实现。……整理军队之最简便的方法便是战争。"战争固然会使中国产生极不安定的状况,但是,"这一战争所需要的费用与和平解散(军队)相比,则要少得多"。湖南举例说,在五代"颠沛流离"的严酷生活中,后周(951—960年)的世宗"积聚了潜在势力",结果统一了天下。"今日在北京的两大中心力量,如果其中的一个能够不惧危险而征服另一个的话,那么其势力随即可以征服支那的一半;而如果能够征服支那的一半,那么征服另一半也绝非难事"。③

在发表于1921年正月元旦的评论中,湖南断言中国的改革不可能期待军阀、青年学生以及官僚来实现。他还认为,在辛亥革命以后的十年间,"逐渐趋于衰弱的"商人们("商业阶级")是否能够收拾中国政治的混乱局面也是很值得怀疑的。但是,"不管怎么说,在支那,绝大多数的

---

① 《支那政治的复活》,《中外》3-3(1919年3月1日),《全集》5,52页。
② 《支那统一之前》,《太阳》26-1(1920年1月),《全集》5,128—134页。
③ 《支那近时的内部纷争》,《朝日》,1920年6月29日、7月1—2日,《全集》5,136—139页。

人民都是农民,他们还未曾对以往支那的文化发展做过贡献,但也还保持着新鲜的潜在力量"。在明治时代的日本,"仅仅二十年就压倒士族并迅速抬头的也是农民","今日政治上的势力,其大部分也为农民所占有"。清末以来中国的农民没有屈服于日益加重的税负,逐渐变得富有,并加强了"自卫的实力"。将来如果工业兴起的话,他们还可以提供地方资源作为原料。在镇压白莲教以及太平天国之际,"地方农民的自卫团体"显示了自己的实力,并因此获得了自信。因此湖南主张,中国的农民应该发挥"自卫的实力"以防止中国社会因共产主义运动(所谓"赤化运动")等而崩溃。①

1922年8月,湖南发表了一系列连载文章(《全集》未收录),以辛辣的口吻批判了中国的政府、军阀和人民。正如下文所见,其语气语调迥异于以往格调高雅的文字,甚至还带有些许怒气。他说,"直奉战争如儿戏一般,却也有颠覆大总统宝座之效用"。然而,"战端开启即休战,双方似乎无再战之力气。可见,支那人民竟然已没有使内乱持续下去的力气,这是其民族老衰的表现"。在各地高唱"联省自治"的人们,并不能理解"要完全实行联省自治,必须废止督军"的道理。"实行理想的联省自治,必须由中央掌握军权,而使地方即省政府与军事全无关系"。但是,中国没有一个政治家有"实践这一理想的实力"。而且在军阀以外,"也看不到足以加速统一进程的原动力"。由于现在的欧美各国忙于各自的国内问题,"尽量采取不对支那增加威压的政策,督军的横暴"因此也变得更不收敛。结果"近来频频发生地方上督军势力日增而支那复兴力量日衰的状态。由此观之,统一的前途颇为遥远"。因此,"美国人等所考虑的开放支那以及恢复支那人权利的政策"等,都是出于对目前的中国无力自我管理之现状的无知而提出的政策。总之,湖南认为,对混乱程度有增无减的中国来说,"国家的整合"只是一个与现实相距甚远的"空

---

① 《支那的忠告者》,《朝日》,1921年1月1日,《全集》5,142—145页。

论"而已。①

对中国的政治混乱作如是观的湖南,从中得出了以下几个结论。首先,他始终没有改变帝制复辟将带来悲惨结果的观点。实际上,现实的发展也正如湖南所说的那样。其次,对实现共和政治逐渐变得悲观的湖南,将其关注的焦点转移到眼前迫切需要解决的中国统一问题上来。最初,在与曾国藩、李鸿章、张之洞等作了比较之后,湖南曾对北京周边的军阀们抱以很大的期望,认为他们能够担负中国统一的重任。如前所述,湖南在比较李鸿章与袁世凯时,曾发现二者之间有着本质的不同。而如今的湖南对于段祺瑞等军阀与19世纪科班出身的官僚们之间的迥然相异,以及此等军阀完全欠缺文官所应有的德义与教养等事实闭眼不看。湖南对于这些毫不关心整个中国之未来设想的军阀不再抱有任何奢望,而将恢复中国日后秩序的希望寄托于农民阶级。但到了1920年代初期,对中国的现状几近绝望的湖南,便不再掩饰自己对丝毫不见好转的中国政治混乱状况的焦虑心态。另外,对于外国干涉中国的是非问题,虽然湖南在1911年曾表示反对,在1914年的《支那论》中表露过踌躇,但在进入20年代以后,则强烈主张这是实现中国统一的有效手段。在20年代初期,他甚至明言中国的政治、财政等各机关将来或许会由外国人来管理。总之,湖南主张,在宋代以来的漫长历史过程中培育了高度发达的文化与先进的社会组织的中国,如今为了实行政治改革则必须尽早接受外国的援助。

关于外国干涉中国的问题

湖南很早以前就已经开始关心外国干涉中国的问题了。1894年中日甲午战争爆发之后不久,他在称赞日本军的同时,对扩大军事侵略敲响了警钟。之后在台湾做记者时,他曾强烈要求日本本国对殖民地行政

---

① 《支那的颓废现象(上)》,《朝日》,1922年8月17日;同(下),同,1922年8月18日。

给予援助。最初访问中国之际,他也向中国的知识分子们说明中国有接受日本援助的必要。1902年,当服部宇之吉被清朝聘为京师大学堂师范馆的主任教授时,湖南对此大加赞赏。概言之,至此为止,湖南认为中日两国在文化方面应该保持亲密合作的关系,并对向中国大陆行使武力持否定态度。不过与此同时,他始终确信日本能够在中国的改革中发挥重要作用。

湖南在《支那论》中曾经表示,正如义和团事变时在北京、天津等地所见到的情形那样,列强各国为了维持东亚和平而有对中国的主要城市实行共同管理的可能性。随后在1915年初,湖南指出,伴随德国租借山东半岛而来的外国资本流入促进了该地区的发展,而随着该地区的权益从德国转移到日本手中,该地区将会得到加速的发展。如果日本延长以前德国所铺设的山东铁路,不仅会给中国带来无法估量的利益,还会有效地促进矿业的发展。不过,他并不认为中国可以借助外债独自推进这一计划。① 这是因为对中国官僚制度的弊端有着深刻理解的湖南,根本就不相信中国人在这些需要实行综合性改革的领域能够做得比外国人更有效率。

在中国的政治混乱局面依然难以收拾的情况下,湖南开始不断地重复外国援助的必要性,而且越来越强烈地提倡这一主张。湖南经常会提及赫德②及服部宇之吉等的名字,以此表明外国人在中国机构的运营方面比中国人做得更有效率。湖南提倡外国援助也相当符合他以往的一贯主张,即对中国而言,政治发挥重要作用的时代已经成为过去。的确,为了调整国内的商业活动并促进对外贸易,中国有必要在国家层面实行统一的经济和政治运作。但是湖南的疑问在于,为什么在外国人更为擅长的领域也必须由中国人来担当呢?于是,他在1916年的文章中主张,现在正是中国应当将各种政治机关"向外国人开放"的时候,并举出以下两点作为论据。第一,中国现在的政府不仅衰老不堪,而且腐化堕落。

---

① 《眼下的支那国情》,《神户又新日报》,1915年1月2日,《全集》4,500—501页。
② Robert Hart(1835—1911),英国人,1863年至1908年担任中国海关总税务司。逝世后被清政府追授太子太保。——译者注

他说,"今日的政治状态,若任由其本国人所统治,局势非但不会好转,反而将愈加恶化而至于堕落"。第二,此前,中国人已经在文化方面获得了无可比拟的成就,并达到了世界文明的顶端,因此他们没有必要从事政治这一并不"高尚"的事业而玷污自己的双手。①

湖南在发表于1917秋天的文章中指出,由于中国的南北之间不断发生军阀战争,导致"所谓的支那上流绅士们,为求安全把家搬到天津、青岛等地,以此为最上之策。若有多余钱财,则将其存于外国的银行;若有诉讼事件发生,他们也更为信任租界里的外国法官,而不是本国的法官"等等。他以这种社会风潮为依据,建议中国人在担忧本国的独立之前,首先应当在政治经济的运营方面接受外国人的"训练"。并且指出,中国天然资源的开发不仅是世界经济发展所不可或缺的,也是对中国自身有利的事业。不过,为此中国首先必须"向外国人学习本国所不具备的工业技术"。湖南认为,在中国处于亡国边缘的今日讨论所谓"收回利权""国家存立"等问题,其实都是毫无意义的。而且,近年来中国人"一见朝鲜为日本所吞并,立即援例推断日本早晚会对中国如法炮制,结果使得中国人越发神经过敏"。但是,"中国人的能力"远比朝鲜人要优秀得多,所以这种事情是不可能发生的,中国人"对于本国之存立大可放心"。然而与此同时,他也认为,"其国之存立与否,与人民之幸与不幸并无关系"。②

时隔七年之后,湖南1917年再次访问了中国。翌年5月,湖南回顾这次旅行时,指出中国政府将各机关委托外国人管理的时机越来越成熟了。不过,他所谓的委托外国人,指的并不是外国人的军事占领,归根到底只是意味着中国在实行政治、经济方面的改革时应该接受外国人的指导而已。因为在他看来,中国"迄今为止推行的政治家的所谓改革,虽历经数次而皆毫无意义可言"。湖南认为中国应该使以针对日本为主的排外运动平静下来,如果中国商人不再卷入抵制外国商品的运动之中,就

---

① 同前述,《支那将来的统治》,542—546页。
② 《支那如何可以图存》,《青年之日本》11(1917年10月),《全集》5,12—16日。

会发现其实与外国商人的直接交易可以获得巨大利益。中国商人为了从以前的受压迫状态中振作起来,也有必要接受外国的帮助。①

"五四运动"的消息传来后,湖南对中国高涨的排日运动感到十分愤慨。然而,他依然主张中国在推行正式的行政改革时,只能将各政府机关委托给外国人来管理。在他看来,清代的贿赂虽说是一种"陋规",但是"在贿赂中多少还有着一种自然的秩序"。然而辛亥革命以后,"其秩序紊乱了,收取贿赂变得几乎毫无限度与约束"。贿赂、赌博、吸食鸦片等三大恶习蔓延,成为国家灭亡之征兆。在中国,尤其是在官界,这些恶习丝毫不见改善的迹象,如果没有外国的援助,这些社会弊端是无法去除的。"总而言之,在支那的国民性中,最为显著的特征就在于缺乏克己心和上进心,依赖性强,并且以利用机会为唯一的目的"②。

在写于1920年正月元旦的文章中,湖南根据1917年秋冬访问中国时的见闻,论述了外国人在中国经营教育设施的问题。据他的观察,以基督教传教士为主的外国人在中国经营着从小学到大学的近千所学校,并使大约70万中国学生受到教育。大概由于湖南自己也基本上不会说汉语的缘故,他十分佩服那些西洋教师们通晓汉语和运用汉语进行教学的能力。他指出,由于辛亥革命以来的每届政府都在削减教育经费,所以导致中国的教育大受打击。虽然近年来有许多中国人留学日本,但是其中有些人并不认真留学,甚至根本不学习日语。更为恶劣的是,这些人归国之后,很多却成了排日论者。最近十多年间,包括日本人在内的一些外国教师,的确在中国留下了不好的印象。但是随着时代的变化,现在正是应该提倡外国人(特别是日本人)在中国各地开办学校,向中国青年传授有关工业原料知识的时候。这样的话,中国就可以开发天然资

---

① 《支那的现状》(神户高商演讲会速记),《神户新闻》,1918年5月6,7,9日,《全集》5,24—28页。
② 《支那的亡兆》,《太阳》25-7(1919年6月),125—128页。该文曾为实藤惠秀的《中日非友好的历史》415—416页所引用,但是未被《全集》收录,而在内藤乾吉所编的《著作目录》(《全集》14所收)中也未被列入。

第六章 现代政治与支那学——湖南的政治观(1907—1934)

源,向外国、特别是日益勃兴的日本工业提供原料了。因此,湖南认为,当务之急是设置工科农科方面的培训学校,而不是带有政治意味的学科。①

在发表于同年夏天的文章中,湖南依然认为"为支那人民计,或许列国共同管理才是最为幸福的状态。支那人也将逐渐认可其意义吧!"一年以后,他以更为强烈的语气表达了这一观点。"大体而言,如果仅仅向支那中央政府补充行政费用之不足,就如同给腹泻患者以大量食物一样,是不可能企望因此治愈其病症的。"由于中国的问题不仅仅在于财政破产,所以外国对中国政府实施经济援助无异于浪费财物。毋宁说,现在正是在外国人管理之下实施全面改革的时候。另外,湖南对于当时宜昌"组织内外人士协同义勇团、设置内外联合商业会所"等动向给予了高度评价。因为在他看来,"百数十年前,即自乾隆末年到嘉庆初期发生的争乱(白莲教之乱)就是为义勇团所平定的,而且长毛贼之乱(太平天国之乱)事实上也是为内外人士协同的义勇团所镇压的"。而宜昌的举措正是从这些历史教训中吸取教益的结果。②

湖南在发表于1921年12月的文章中直截了当地指出,"当今世界的重大问题就是支那问题"。"列强与支那之间的关系可谓形形色色。对日本来说,中国是过剩人口的移居地和原料供应地;对美国来说,中国是资本的投资对象国;而对英国来说,中国则是产品的销售地。"如果某个国家不顾其他国家的利益而企图支配中国的话,就必然导致战争的发生。因此,正如海关行政所示那样,只有将中国置于"国际管理"之下才是"自然的状态"。"国际管理"不仅"从外部给'老衰'的中国注入活力,而且也可以对农民阶级实行'外国式的训练'"。如果将税务、裁判、警察

---

① 《在支那的外国人教育设施》,《工业之大日本》17-1(1920年1月1日),《全集》5,117—127页。《支那教育谈》(1919年10月26日演讲),《兵库教育》362,《全集》5,110—114页。另外,关于民国期的教育问题,参照如下。Ka-che Yip, "Warlordism and Educational Finances, 1916-1927," pp. 183-195. 同前 Okamoto, p. 162.
② 同前述,《支那近时的内部纷争》139页。《外人的对支观察与藏相的行政费用供给论》,《朝日》,1921年7月12—13日,《全集》5,148—151页。

等机构委托给外国人管理,那么这些机构都将得到规范的、公正的运营。① 总之,湖南断言,对中国来说"国际管理"不仅是最好的,而且也是最自然的选择。

翌月,湖南以《什么是支那?》为题发表了另一篇时评,论道:"所谓独立国家的真正含义,归根结底在于该国政府能够有效地行使国家的主权,实行完全的统治;从国际角度而言,能够使其领土内的外国人之生命、财产和事业等不受危害,且能得到有效的保护"。但是,"尤其是最近,北京政府的统治力几乎仅限于北京城内,而无法涉及城外"。如果外国在中国领土的某一地区扶植自己的势力,中国将被迫忙于维持那里的统治权。比如,清朝在满洲(东三省)设置了与关内同样的行政组织,然而却由于俄罗斯的侵略而几乎完全丧失了那里的领土权,"幸而依靠日本的力量稍微恢复了一些权利"。不过,湖南在此处却没有谈到日本因为三国干涉的结果不得不归还辽东半岛的事实,尽管当时的湖南因为这一归还决定而强硬攻击日本政府"背叛"了日本国民。而湖南在此却预言,如果没有外国的援助,将来的中国无论在塞外还是在关内都将无法保护自己和实行有效的统治权。在经济方面,湖南认为,中国占有贵重天然资源"而妨碍其开发,将损害世界人类的共同利益"。为了开发丰富的资源,中国应该从外国接受"训练与资本"。② 从这个意义上来说,中国的问题已经成为"世界上的重大问题"。

湖南在 1920 年代初所写的文章中,再现了其 1890 年代的中国论的论点。比如,在 1920 年 11 月的文章中,湖南用"使命"一语来表示日本在中国的"国际管理"问题上所能发挥的作用(1890 年代所用的则是带有沙文主义的"天职"一语)。他再次提到了文化中心移动说,并且明确表示东亚的文化中心现在正在从广东向日本移动。他还引用五胡十六国、元、清等时代中国的北部或者全部国土被异民族统治的历史,指出异民

---

① 《支那的国际管理论》,《表现》1—2(1921 年 12 月),《全集》5,153—158 页。
② 《何为支那》,《工业之大日本》19‑1(1922 年 1 月),《全集》5,159—163 页。

258

族的入侵和统治正是对中国文化的某种堕落和停滞所实施的"猛烈治疗",起到了输入"新鲜血液"的积极作用。在写于1922年的文章中,湖南进一步指出,要消除中国自古以来税制上的宿弊,即"中饱",现在唯有依靠列强的"国际管理"一法。"仅就矫正了支那人根深蒂固的盗窃根性这一点而言,支那人就应该充分了解外国人的管教之可贵了。"通过以上论述,湖南提倡构建一种外国人与中国人分别承担政治与文化的体制,即让外国人管理中国的政治及财政,而让中国人专心发展文化和地方社会。① 总之,湖南认为,不管中国人要求与否,也不管中国人愿意与否,为了打开中国现在的困局,即便行使一些武力,也必须在中国实现由列强共同进行"国际管理"的目标。

日本在中国以及亚洲的作用

湖南认为,不应当允许任何一个国家无视他国的利益而独占中国。他的这番表述显示他时隔多年以后仍然对"三国干涉还辽"一事感到后怕,因为他担心欧洲各国还会联合起来排斥日本在华势力。在他看来,日本不仅可以在中国的改革方面提供援助,还可以通过中日关系维系东亚的和平,因而在对华关系上比其他国家有更重要的地位。因此,他对于1910年代至1930年代发生的一系列危及两国友好关系的事件深感忧虑。湖南相信日本在文化方面深受中国的恩惠,而中国文化在世界上具有无可比拟的优越性,从这个意义上来说,中国远比世界上任何一个国家都要先进得多。而且总有一天,世界上的其他国家也会达到中国现

---

① 《支那人眼中的支那将来观及其批评》,《朝日》,1921年11月17—23日,《东洋文化研究》,《全集》8,164—168页。《评梁启超氏的非国际管理论》,《表现》2—3(1922年3月),144—146,149—150页。该文没有被《全集》收录。关于其理由,内藤乾吉是这样说的,"这篇文章中不仅存在着也许是笔录时发生的错误,而且似乎还有缺失的部分,无论如何也不可能复原,所以就没有收录"(《全集》5,"后记"545页)。不过,这篇文章以更加强烈的语气讨论了湖南在1920年代初期提倡的"国际管理"论。此外,湖南在1890年代末曾给予梁启超以高度评价,在撰写这篇文章的1年多前,对梁启超关于中国人之国民性的观点也表示赞赏,但是在这篇文章中却笔锋一转,尖锐地批判了梁启超煽动排外主义的倾向。

在的文化高度。正因为有这些信念,他长期以来与日本人厌恶中国的思想进行着对抗。从1910年代至1920年代,湖南提出了一种与此前截然不同,甚至是令人震惊的观点,以此向日本人厌恶中国的思想发起了挑战。

  湖南在走上汉学家的道路之前,就从记者的立场写作了一系列的中国论,其中经常把中国与明治维新前后的日本进行比较。如前所述,由于将明治维新视为完全无私和足以垂范的改革,所以他认为与日本有着悠久文化交流史的中国可以从明治维新中学到很多东西。1890年代末期,他期待康有为等改革论者在日本人的帮助下实现中国所必要的彻底改革。比如他在1899年曾经说过,如果中国人愿意,"我国朝野人士"就可以"助成"中国的变法运动。① 现在正是长期以来从中国学习文化的日本人向自己的文化母国——中国提供援助的时候,因此,从多种角度研究"清国事情"是日本学者的当务之急。不过,为了减少劳力的浪费和不必要的竞争,这一研究应该在一个整体规划下进行。在1898年至1902年间,湖南在提倡研究中国问题的同时,也呼吁日本政府实施"慎重"的援助。因为他感受到列强在义和团事变中的过分反击已经引起了中国人的强烈憎恨。1909年,湖南又建议日本应该对中国的工业发展提供援助,指出虽然"支那人是劳动国民,不是工业国民",但是中国的工业资源丰富,多半对日本的工业发展十分有用。②

  在1910年代的中日关系中,山东、特别是青岛问题是仅次于满洲的重要问题。在讨论山东问题的文章中,湖南提出了与以前主张中日在学术与工业方面合作的观点有所不同的建议。第一次世界大战发生之后不久,湖南曾强烈支持日本获得山东地区的权益,认为这不仅有利于中

---

① 《助成支那改革的一个手段(改革诸派的调和)》,《东亚时论》5(1899年2月10日),《全集》4,423,425—426页。
② 《以何应对清国改革》,《日本人》,155(1902年1月20日),《全集》4,443—445页。《对于事变应定国论》,《东洋战争实记》2(1900年7月13日),《全集》4,434—437页。《应担忧禹域糜烂乎》,《日本人》119(1900年7月20日),《全集》4,438—440页。同前述,《对支那的误解》,458页。

国经济,而且也是日本的工业发展所必需的。数月之后——正好在有关"二十一条"要求的秘密谈判阶段——湖南对山东问题作了如下论述:日本在辽东半岛的权益只是继承了俄罗斯不费一兵一卒获得的权益而已。因此,辽东问题原来就与山东问题有性质上的差异。一旦中国拒绝延长辽东半岛的租借权,那么日本就有归还的"义务"。况且日本还有维持日俄友好关系的必要。至于山东权益,"作为原先所有者的对方就如今掌握在我方手中的东西提出归还与否的问题是理所当然的事情,但是如果掌握着东西的我方自己去向对方询问应该归还与否的问题,这样愚蠢的外交政策应该是没有的吧?"他进一步认为,日本接手管理山东铁路一事,对于今后实施外国人管理中国的发展方向而言,未尝不是一个可喜的进步。中华民国成立以来处于权力完全分散化的状态,因此日本就山东问题与北京的"元首"进行外交交涉是毫无意义的。"要从另一种意义上来根本解决支那问题。不能将支那当作一个已经成立的国家来看待,事实上即便今日支那也没有形成国家,因此日本为了东亚的和平应当立即承担起处理支那事务的责任",要从这样的认识来介入山东问题。当时有一部分日本人主张帮助那些流亡日本的革命党起事,湖南认为这一意见十分浅薄而采取了断然否定的态度。他说:"当今所谓支那通之豪杰以及陆军人士等,并不能就眼前所看不见的事态做出判断。……(中略)日本对支那采取措施时应当深谋远虑,必须真诚地兼顾支那的幸福,并充分考虑到日本的幸福。如果不做如此考量,那么问题就不可能得到根本的解决。"①

1915年5月13日,即袁世凯将"二十一条"要求的内容透露给媒体和日本政府向袁发出最后通牒的五天之后,湖南发表了一篇评论,强调维持"东洋和平"的必要性,并就日本向中国派遣军队提出了强烈的警告。他指出,正如在"二十一条"中的第五号要求所示,日本政府试图在

---

① 同前述,《现在的支那国情》501页。《对支交涉问题》,《青年》3-3(1915年3月1日),《全集》4,505—510页。

事实上对中国实施政治和军事统治,其结果会使日本陷入极其尴尬的境地。"若袁政府拒绝这一要求,结果等于向国内外宣布支那不需借助日本的任何力量来维持本国政府;而若袁政府的态度获得其他外国政府的声援,就可能出现某外国之力足以左右袁政府之势力的情形"。如果日本政府用这种方法来对中国施加压力,"对将来日本的威信造成的损失终究不是任何他物所可弥补的"、"可谓等于从根本上否认了日本在支那的优越地位"。

以下是湖南在他的文章中所作的总结性评论。

> 总之,与交涉前相比,本次交涉的结果是否带来了些许好处是很值得怀疑的。纵然多少得到了一些新的利权,但是日本政府能否弥补交涉前后三个月内(因排日风潮)在我国贸易乃至居留民的财产方面所造成的损失,也很难说。尤其是如前所述,以保护袁总统安全为由提出的掌握警察权的要求被拒一事,可谓是屈辱至极。更为严重的是,由此而引发的支那大众的对日恶感,目前毫无缓解之道。①

同年7月,当日本收回"二十一条"的最后部分即第五号要求,袁世凯接受其他全部内容后,湖南发表了一篇评论,对此次中日交涉的后果表示深感忧虑。在他看来,"日中亲善"唯有在相互尊重对方利益的基础上才有可能。而这次日本只顾本国利益而把种种要求强加于中国,结果等于把将来日本可能会统治中国的危机感深深植入中国人的脑中了。他指出,

> 在日本这样一个政治家毫无经纶可言的国家里,外交官们只考虑解决外交上的悬案,以便省去外务省以及公使领事们的麻烦,军事当局只考虑将不断过剩的兵器使用出去,实业家们只考虑与己有关事业的利益。将此种种只顾一己私利的肆意要求凑在一起,就形

---

① 《评日支交涉》,《世界新闻》,1915年5月13日,《全集》4,511—514页。

成了(二十一条的)要求条件。

湖南确信,中日关系只有在两国相互理解与达成共识的前提下才能够前进。因此,他认为日本在1915年前半期的对华政策"可谓大大限制了日本的前途,其可忧之处,远在这次的外交失败之上"①。

1916年11月,湖南撰文回答何为"日支亲善"之上策的问题,以反驳将"日支亲善"斥为"愚论"的评论家。他指出,正如日俄战争后的日俄关系所示,通过战争也可以形成相互之间的了解。而在中日关系方面,虽然许多中国人在甲午战争以后对日本抱有"疑惧心",但只要两国民众互相理解彼此之"优点",这种"疑惧心"也是可以消除的。使中国人"不产生疑惧心,使之了解日本并无侵略之念,这才是今日之第一要务"。湖南认为,中国人的长处在于其优秀的文化与情谊深厚的朋友关系。特别是增进友谊方面,中国人十分重视参加科举考试过程中形成的师生、同年、门人间的情谊以及同乡的情谊。与之相对应的是,日本人在军事、交通以及近代教育等方面比较优秀,而在增进友谊方面则根本不能与中国人相提并论。"日本人以支那人缺乏国家观念而轻蔑之,而支那人又因为日本不懂人情世故而从内心轻蔑之"。因此,如果"双方理解各自的长处短处","不失相互尊重之心","互相感到亲近",就可以消除中国人对日本人的"疑惧心"了。②

以上考察了第一次世界大战时期湖南在中国政治混乱这一重大问题上的观点变化,并阐明了他对中国人自身进行改革的可能性逐渐变得悲观的过程。1918年中期以前,湖南屡屡表现出这种思想倾向,与此同时,他对中国人的反日情绪也越来越感到忧虑。在1915年,他还能对日本政府的对华政策进行公正的批判。然而到了1918年,随着中国抵制日货运动的高涨,他的心情开始焦躁起来。不过,他依然认为中国的排日运动只是一个暂时的现象,因为中国今后还是需要外国的帮助和外国

---

① 《日支交涉论》,《太阳》21-9(1915年7月),《全集》4,516—522页。
② 《两国国民性的理解与日支亲善》,《东方时论》1-3(1916年11月),《全集》4,594—600页。

的商品。随着第一次世界大战接近尾声,中国南北分裂的政治形势变得越来越严峻。在这种形势下,湖南在1918年6月的评论中主张,为推进"日支亲善"计,莫如充分加强双方在经济上的相互联系。由于日本政府支持北方的军阀政权,在中国的南方发生了抵制日货的运动。这样的形势既不利于中国已经疲惫不堪的经济,也不利于日本的贸易。日本的对华方针缺乏顾及两国经济关系的"根本性政策",这才是问题之所在。日本的外交政策不应该"类似于昔日倭寇"的"武力主义",也不应该为中国的政治状况所左右,而必须与"日本国民的潜在势力"基本一致。在战争终结的两个月前,即1918年9月,湖南在文章中严厉批判寺内内阁及外务省对中国所采取的"临时政策"只会延长中国的政治分裂状况,"日本如果真想在东亚发展并成为东洋的盟主,起到拨乱反正的作用,就必须以此(即稳固的长期政策——引者注)为基础,走渐进的发展道路"。①

1918年秋,原敬(1856—1921)在元老山县有朋的协助下迫使寺内内阁总辞职,自己登上了首相的宝座。原内阁提出了绝不干涉中国内政的政策,无论是对北方政府还是对南方政府。由于湖南对日本对华政策此前的一连串错误与失败感到失望,因而接受原内阁的诞生,并建议不论中国是否"统一与乱离",日本都应当积极追求在中国的"经济发展方法与机会"。此前日本政治家们从中国收获的只是"国耻纪念日"而已。所谓"国耻纪念日",即中国人对袁世凯接受日本强加于中国的"二十一条"要求之日(1915年5月9日②)的称呼,每年这一天,中国人都会举行抗议活动。③

在第一次世界大战之后召开的巴黎和会中,山东主权的问题再次

---

① 同前述,《支那的现状》26—27页。《根本的对支政策》,《外交时报》326(1918年6月1日),《全集》5,31—34页。《对支第一要务(上)》,《やまと新闻》(夕刊),1918年7月1日,同(下),《やまと新闻》(夕刊)1918年7月5日(以上二文《全集》未收录)。《对支势力的真发展》,《东方时论》3-9(1918年9月),《全集》5,38—40页。
② 全国教育联合会将此日定为国耻日,即"五九国耻"。——译者注
③ 《近日的南北妥协论》,《外交时报》338(1918年12月1日),《全集》5,41,44—45页。Marius B. Jansen, *Japan and China: from War to Peace, 1894 -1972*, p. 320.

成为焦点之一。在该问题尚未得出最后结论之前,湖南就指出"日中之间的意见分歧","将对日本产生不利的倾向"。中国方面"为了拿回山东半岛而不惜伤害日本的面子。而日本方面则认为,这一德国殖民地早在支那参战之前就已经被日本军事占领了",因此不能使中国这种无视"日本的面子"的做法继续下去。在这场从欧洲开始蔓延的战争中,日本为了保护东亚的和平不惜一切努力,日本代表团应该在和会上让列强认可这一事实。在欧洲成为一片焦土的现在,山东的权益不应当作为战利品,而应当从保证东亚和平与繁荣的战略性判断出发,交由日本来维持与管理。湖南还说:"山东问题不仅关系到山东地区的问题,而且关系到日本在支那确立威信的重大问题。"因此建议参加巴黎和会的日本代表团"不必在意支那政治家们的小花招",也不必理会"如国际联盟之类的一时现象",而要完全立足于长期展望来做出所有的决定。①

当获知《巴黎和约》承认日本在山东半岛的权益时,从1919年5月4日开始,反日游行、演说以及抵制日货等运动顿时高涨起来。作为学者和政论家,湖南不仅把促进中日友好关系作为自己毕生的事业,而且确信中日两国是共享悠久历史和文化传统的命运共同体。因此,他对五四运动的兴起深为震惊,同时也感到愤懑不堪。他在发表于1919年5月末的文章中对日本的立场作了如下辩护,"山东问题的失败原本完全没有憎恨日本的理由。日本用自己的兵力从德国手中夺取了山东,并豪爽地宣称将从自己的手中转交还给支那,对归还一事并无任何异议"。他还指出,排日运动家的行动"只不过是暴露了他们平日以来嫉妒日本进步的劣根性而已",他们并不了解"抵制日货的结果总是以损害支那商人的利益告终"。两周以后,湖南在另一篇文章中对排日运动的扩大化和"过激化"表示了如下担心:排日活动家们在各地煽动罢工不仅妨碍了经济活动,而且使"支那的社会基础陷入危险的境地之中"。尽管如此,北

---

① 《如何维护我国体面》,《朝日》,1919年4月30日,《全集》5,53—56页。

京政府却没有办法取缔排日运动,于是这种过激派的运动很快感染了普通的支那人,虽然暂时无法想象会陷入类似俄国的情形,但要是中国那些"温和的"政治领导不采取措施取缔"暴动",不仅日本人,甚至连其他的外国人也都会感到同样的危险,从而影响到对外贸易,所以外国团体最终也会要求中国政府采取强力措施来结束这种混乱的状况。①

当中国拒绝在《巴黎和约》上签字时,湖南越发愤慨了。他以嘲讽的语气说道:"若支那不在讲和条约上签字并退出(国际)联盟,于联合国又有何损,于支那又有何利。""若支那毫无觉醒之意,今后依然采取与数月来的盲动同样的方针冒进,只会加速其自我灭亡。"又慨叹道,中国的"最大弱点在于绝无那种毅然自信而不畏舆论,能持大节而决大计的政治家","也许将如今的支那当作一个国家来看待,已经是一个错误了"。②

尽管湖南在辛亥革命之际曾经主张,害怕舆论的态度是中国政治家的特征,并且也是实现共和政治的有力基础。1919年7月初,他对中国政府最终拒绝在《巴黎和约》上签字表现出强烈的反感,认为这是屈服于"疯狂的""俗论"的结果,即中国政府为"学生的俗论"所牵制,政治家们也"未能免于向俗论献媚"。"出于国际信义,日本不能因为支那不签字而采取不归还山东的态度",但是"如果日本像支那一样为俗论所支配,日本并非没有使支那吃苦的复仇机会。然而,吾人绝不希望日本采取此种机会主义的态度"。最后他总结道:"有朝一日,支那恐怕将会对此脱离常轨的疯狂态度所引发的一贯反日主张及其过失感到悔恨吧!"③

在同年7月末的文章中,对中国激烈的排日运动忍无可忍的湖南发起了猛烈攻击,放言道:"支那今日既已灭亡,仅是其残骸在蠢动而已。"大概此时的湖南已经对中国的现状感到绝望,于是再次搬出其政治=文化分担论,指出中国作为一个国家的盛衰与中国文化的发展本

---

① 《判断错误的排日》,《朝日》,1919年5月28日,《全集》5,57—58页。《关于钱内阁的瓦解》,《朝日》,1919年6月13日(《全集》未收录)。
② 同前述,《支那的亡兆》128页。
③ 《误入俗论的支那》,《朝日》,1919年7月2日(《全集》未收录)。

来毫无关系。

> 譬如,今日有钱人若因自己的财产为法律所保护而不顾濒临饥饿的贫民,并拒绝救济,那么社会问题、劳动问题等等于他们皆毫无意义可言。不论个人,抑或国家,皆以勃勃生机而发达,因此必须开辟其自然发达之道,才是最恰当的。而其处正是人道之所在,正义之所存也。(后略)
>
> 既然支那已经灭亡,支那自身根本无任何悲观之必要。(中略)因日本于经济、政治等方面更胜一等,尽可以将此托付之。(中略)与国家的命运相比,文化的命运更为重要。若为支那人的命运考虑,相比于如何维持国家等事情,如何发挥民族的长处即建设文化的事情更为重要。这才是真正重大的问题之所在。①

在发表于8月的文章中,湖南回顾了中国排日论的历史发展轨迹。这篇文章的论调中不像前文那样充满着激烈的愤懑情绪,可见他已经略微恢复了平静。他指出,政治、经济两个方面的排日论,在山东问题发生之前都已经存在了。首先,"支那的政治上的排日论大体上可以说是日俄战争以后的产物";此前中日之间的主要"冲突"并没有引起中国人对日本的恐惧与憎恶,而只是使他们充分认识到有必要平等对待日本。甚至使中国备受屈辱的甲午战争,也没有引起1919年这样猛烈的反日情绪,反而促使中国人反省应当如何改革自强,从而推动了几年之后以日本为模范的改革运动。"当然,在此期间并非没有排日思想的萌芽。支那人所招聘的日本教师由于风俗习惯的不同而没有受到支那人的尊敬,也是日后产生排日思想的原因。"此外,中国留学生在日本遇到了一些素质差的日本人,以及传统的中国人与现代的日本人在教学方式上的冲突等也为日后的反日情绪播下了种子。日俄战争爆发后,清政府担心若日

---

① 《山东问题与排日论的根底》,《太阳》25-9(1919年7月),66—73页(《全集》未收录)。另外,该文未被《全集》收录,也未被列入"著作目录"。但是,前述实藤惠秀的著作(417—418页)与前述野村的论文《大陆问题的意象与实态》(66页)中都引用了其中的内容。

本战败,唇亡齿寒,也会影响到自己国家的存亡,袁世凯等便极力为日本军提供方便。然而没料到日本赢得了胜利,中国人开始有一种日本将取俄而代之的压迫感。因此,在日俄讲和之后的"日清协商之际,支那对日本的防范之心明显变得格外强烈起来"。第一次世界大战爆发之后,日本仍然是亚洲最强大的国家,"当日本独步于东洋天地而雄视之时,其逞跳梁跋扈之感,令支那人中的反日情绪更加炽热"。加之日本在战争期间将"二十一条"要求强加于中国,结果使得彼此之间的"误解愈发增长了"。

关于经济上的排日论,湖南认为这是随着日俄战争前后日本在华经济活动的迅猛发展而产生的。甲午战争之际,"就经济能力而言,日本人还远不是支那人的对手"。但是辛亥革命之后,清末以来推进的产业计划大多陷于顿挫之中,而日本的资本家和企业家则努力扩大对华贸易,因而"与支那的资本家相比,取得了遥遥领先的优越地位"。而且日本的"不少小资本家谋求在支那的内地发展,为之不惜生命财产,奋进不息,渐渐突破了支那商人团体的自我保护壁垒",终于超越其他外国商人,席卷了大部分中国市场。他确信,"最近日本商人在支那的贸易发展,对支那的运输业及消费者来说都是有利的"。不过他也承认,摧毁旧的商业秩序对既存的商业团体来说是十分不利的,因此"随着日本商业的发展,他们的排斥运动也随之增大,是当然的趋势"。他声称,如果中国人"能够有这样的觉悟,即中国应当先发展为原料大国,改变以往的经济组织,并打破商阀垄断,使中日经济实现共通合作,以图将来的大发展",并理解排斥日货对中国经济也是不利的,那么现在即 1919 年的中日经济问题也就能够解决了。此时的湖南已经不再像 7 月份的时候那么愤怒,在将中国的反日活动家与日本明治维新时期的士族作了一番比较之后指出,由于士族"多为经济上的完全盲目者","因而导致江户、大阪等大都会的资本家的权利受到蹂躏,并使得此后成立的明治新政府感到有必要奖励实业"。最后,他总结道:

第六章 现代政治与支那学——湖南的政治观(1907—1934)

从政治上及经济上对支那排日论的由来与历程作一回顾,显而易见的是排日论主要是日俄战争以后的产物。可以认为这既是日本经济力量发展的表征,同时也是支那经济大革命的预告。希冀日支两国人士都能够认识到这一点。①

数周之后,湖南在《朝日新闻》上发表了连载文章《支那经济上的革命》。如题所示,该文讨论了何为中国经济上的"革命"以及何为日本的作用等问题。他说:"无论何国,于政治革命之际,必定伴随着经济上的革命";"支那最近虽然也发生了政治上的革命,但是本应与之相随的经济革命却远未到来"。但是,"这一革命早晚总会到来的"。不过,由于最近日本在中国的贸易,特别是在山东地区,破坏了此前那些妨碍自由贸易的中国商业团体与中介组织而获得了发展。"因此,一旦有机会抵制日货,这些支那的中间商们就有可能将他们的势力煽动起来"。"不过,这是支那在对外贸易方面的经济改革今日终于达到的一个阶段。只有经过这一阶段,支那的对外贸易才会获得真正的稳固发展"。他指出,现在的反日活动家都应该认识到自己的错误,理解"日支亲善"才是最终有利于中国经济发展的道理。②

如上所述,1920 年代初期的湖南几乎已经不能容忍中国的现状。比如在 1920 年 5 月末以及一年之后,湖南曾经两次批判过支那的政论家,因为他们"对自己的立场毫不理解,叫嚷着日英同盟与支那的独立相抵触"。"在缔结日英同盟之初,支那已经是独立的国家",而"当时支那却没有提出任何抗议","归根结底,日英两国为了保护两国共同利益而缔结的条约与支那是否为独立国没有任何关系"。尽管如此,"在华英国人却联合美国人煽动支那人的反日感情,意图阻挠日英同盟的修订"。不过,在湖南看来,"在整个世界形势处于不安的状态下,

---

① 《支那的排日论》,《外交时报》354(1919 年 8 月 1 日),《全集》5,61—68 页。
② 《支那经济上的革命》,《朝日》,1919 年 8 月 30 日—9 月 11 日,《全集》5,70—71,81,85—89 页。同前述,《支那教育谈》,107,109—115 页。同前述,《在支那的外人教育设备》123—127 页。

要让这一同盟按原样继续下去,恐怕只是日英两国的共同愿望而已"。①

在1921年12月的文章中,湖南针对刚开幕的华盛顿会议,系统地阐述了中国问题成为"今日世界的重大问题"的原因。其中提到对日本来说,中国的作用体现在"过剩人口的移居地"与"原料供应地"这两个方面。但以后的情形表明,他的这一主张不仅丝毫不见实现,舆论反而朝着相反的方向发展。因此两年之后,他对当时的种种风潮敲响了警钟:"特别是由于当时在有关世界大势的问题上,根本没有倾听长期以来对东亚问题有着深入研究的英国人的意见,反而看重对支那情况最为外行的美国人的意见,所以日本人的意见也多有为其误导的倾向。"日本也有意见认为,"如果将支那交给支那人自己管理,其青年自然会进行改革",支那或许也会在几十年后变得强大起来。然而湖南指出,持这种观点的人根本就没有认识到,正是由于这些青年人不了解本国的历史而成了反日运动的推手。"有些外国学者与有识之士最为精通支那的国情与历史,而且也有从世界的整体状况来判断支那问题的学养。倾听他们的意见,岂非最为妥当之方法。"②

朝鲜论

长期以来,湖南对统治朝鲜的问题也十分关心,不过,他是将之作为有别于中国问题的个别问题来看待的。1910年,他在关于吞并(当时日本用"合并"二字)朝鲜问题的文章中指出,统治朝鲜的日本给予李朝王室的待遇如同"德川家给予喜连川公方足利氏的待遇"一样,是"极其稳便的安排"。即日本允许李氏一族在如今已经成为日本领土的朝鲜继续生活的做

---

① 《日英同盟与支那》,《朝日》,1920年5月30日(《全集》未收录)。同前述,《外人的对支观察与藏相的行政费供给论》151页。
② 同前述《支那的国际管理论》153页。《支那研究的变迁》,《木堂杂志》1(1924年1月1日),《全集》5,166—169页。

法,"显示了日本的宽宏大量"。

根据湖南的理解,在以往的历史中,殖民地对于母国的作用主要体现在三个方面,即过剩资本的投资地、过剩产品的销售地以及过剩人口的移居地等。不过,"朝鲜国民的财富仍然远远不足以吸收日本生产的产品"。就输出过剩人口而言,"虽然在占领台湾之初,日本人极不愿意前往海外,但是从目前为止的经验来看,近来在台湾、满洲铁路沿线以及朝鲜居住的日本人增加了很多"。但遗憾的是,这些日本移民主要并不是因为生产而去这些地方,以薪俸为生的官吏成了其主体。由于"日本现在最困难的问题之一在于受过教育的人们找不到职位",所以才会产生这些现象。他还指出,在中国人中间活动的时候,日本人必须取得他们的信任与友情;而对在朝鲜的日本人来说,"关键在于既能顺应日本社会的要求,也能适应朝鲜的统治状态"。

湖南认为,"近年来在文明国家统御殖民地以及统治殖民地人民方面,存在着一个不争的事实",即"文明人"有责任促进殖民地人民的"进步"。如果没有母国即日本,那么朝鲜"这种下等人民的国家的自治统治只能使其国家处于极其下等的状态,而人民的进步也甚为迟缓"。而"如果由日本来治理朝鲜,那么改善其卫生状况,促进其教育等事业当然都是必须要做的"。日本对朝鲜的统治也必然将遭遇朝鲜人的抵抗,但是这并不足以摧毁朝鲜。因此,暂时的不稳定是在朝鲜实行文明教育与训练所需要付出的代价。就像在许多殖民地所曾发生过的那样,朝鲜也会出现"自治的秉性不断抬头的情形",以及"施以帮助的母国的担心与日俱增的现象"。湖南引用黑人的例子说,被作为奴隶运送到美利坚合众国的黑人"在其卫生状况与教育水平都获得改善之后,逐渐能够在体力、智力上都与白人相竞争了"。与人口只有两三百万的台湾不同的是,朝鲜拥有一千万以上的人口,因此在朝鲜与日本之间将来也完全有可能发生类似美国黑人与白人之间的问题。

湖南继续论道:"也许在百年之后朝鲜人的状态得到了改善,同时自治的秉性也重新抬头。"但是,朝鲜人实际上"究竟是属于能够改良的人种,还是不能改良的人种,现在还未可知。迄今为止,他们在智力等各方面均与支那人有着很大的差异"。而且,"朝鲜人的确不具备与外国人竞争的力量"。朝鲜人唯一的希望在于归化日本,"从日本的历史上来看,来自朝鲜的人种归化日本以后",其中"不少人获得了日本贵族的待遇"。总之,对于数以千万计的朝鲜人而言,日本"有必要努力采取同化的方法,并致力于埋灭日本人与朝鲜人之间的差别"。

不过,由于日本也以朝鲜为媒介引进了中国的文明,因此有人认为"以往日本有赖于朝鲜文明之处甚多"。针对这种观点,湖南指出:"从自己种种研究的结果来看,情况绝非如此。"日本作为统一国家诞生的时间远远早于朝鲜,当日本从三国时代的魏国直接引进中国文明的时候,当时的朝鲜仍然处于小国林立的混乱状态之中。这不仅意味着古代日本的先进性,而且还具有现实意义,"将来在教育上提到日本与朝鲜的历史关系时也有必要慎重考虑,不能使朝鲜人产生无聊的自负心"。虽然湖南也承认在历史上很多中国文明都是经由朝鲜传入日本的,比如朱子学等,但是他最终还是认为,"从整体上来看,日本文明有赖于朝鲜之处很少"。①

从1910年代到1920年代,湖南始终一贯地将日本在朝鲜与中国的作用作区别考虑。比如关于"朝鲜被日本合并,便援例认为日本早晚也会对中国如法炮制,使得支那人的神经越发过敏"一事,他指出,"朝鲜人的能力与支那人的能力是决计不能相提并论的",中国人要比朝鲜人优秀得多。②

在1920年初的第一周,湖南在《大阪朝日新闻》上发表连载文章,与以往一样运用历史分析方法来讨论日本统治朝鲜的现状,提出了"没必要将如今的事情(即"三一运动"——译者注)当作大问题"的结论。在他看来,日本政府最应避免的事情就是"忘记合并的精神",对朝鲜"改变

---

① 《朝鲜的将来》,《朝日》,1910年9月1—4日,《全集》4,474—487页。
② 同前述,《应该如何图谋支那之存立》,15—16页。

统治政策的方针"。因为合并并不是一项政府政策,而是历史时刻来临的时候必然发生的事情。他说,"众所周知,合并是不得已而为之的事情。诚如我政治家所屡屡阐明的那样,我国对朝鲜的态度以自卫为第一要务";"我国以自卫为目的而合并朝鲜的必要性,很明确地表明了朝鲜国民缺乏独立自治的能力";"从大约六七百年之前的高丽末期以来,其进步就完全停滞了。尽管我国以及支那在那以后经历了种种变迁,然而朝鲜国民则依然故我地经营着与其六七百年前同样的生活";因此,"朝鲜国民在其内心世界里,原本就没有将独立自治描绘为自己的理想"。①

湖南指出,造成朝鲜文化停滞以及民族疲弊的责任主要在于两班阶级。日本为了"压迫"这一两班阶级,或许需要采用"猛烈治疗"的方法。由于"一直以来,两班阶级是使得朝鲜国力几乎陷于涸竭境地的阶级",因此对两班阶级的"压迫"以及"对于积衰积弱的国民实施暂时的猛烈治疗也是不得已而为之的事情"。"当然,最初提出合并朝鲜主张的人们,也是出于为救其国民的目的而不惜牺牲王室以及两班阶级的利益"的想法。因此,如果改变以前的统治方针而"允许(朝鲜)独立的话,等于无视我国合并的精神。允许自治的实质几乎也与此毫无差异"。因而"今日,日本人对朝鲜人民的最大援助,依然在于对其实施严肃的政治管理,使数百年来颓废的人心焕然一新。感化不良少年者,绝不可能以骄纵放任的方法获得成功。首先必须要严格管教,即使因此暂时受到少年的怨恨也必须坚持。因为这才是为少年的长远前途考虑,也才能使之获得真正的幸福"。② 湖南就这样将朝鲜比喻为"不良少年",认为为了教育而必须鞭打之。

总之,湖南认为朝鲜的殖民地政府面临的问题十分严重,已经到了

---

① 《统治朝鲜的方针(上)》,《朝日》,1920 年 1 月 1 日(《全集》未收录)。这样的朝鲜观,是在他的朝鲜旅行之后,即 1907 年初明确表示出来的。《余观韩国》,《日本及日本人》455(1907 年 3 月 15 日),《全集》6,9,16 页。

② 《统治朝鲜的方针(中)》,《朝日》,1920 年 1 月 4 日(《全集》未收录)。

不进行果断的改革就无法解决的地步,因此,他建议为救济朝鲜人民而不必顾及两班阶级的命运。他引用日本的例子指出,"我国在明治维新之际,也曾剥夺士族的特权"。"单单听取两班等保守的政治阶级或者不了解本国历史的所谓新思想者的浅薄主张是断乎不行的"。对于殖民地政府向朝鲜人实施"历史教育"的方针,湖南也加以批判,认为这是"将我国的教育方针妄用于朝鲜的无识之见",建议对朝鲜应该采取以其传统的"道德教育"为基础的教育方针。①

如上所述,湖南认为日本在中国改革中的作用与其在朝鲜的作用之间存在本质上的差异。对于朝鲜,他没有那种对于中国文化与社会所抱有的尊敬之念,对于朝鲜在日本文化的贡献度方面也只给了很低的评价。关于这一问题,在当今的学界也还是存在争议的。不管怎么说,对湖南来说,中国的文化与传统就是他自己的文化与传统,在这个意义上,中国在湖南眼中是一个特别的存在。正因为如此,中国正在发生的一切,包括中国改革的失败,或者根本就不想改革,以及"无教养的"学生们一味大叫排日而政治经济机构几乎无法实施改革的现状等等,都让湖南感到无比愤怒。尽管如此,这绝不意味着湖南在心底里有任何轻蔑中国的意思。他的愤怒只是

---

① 《统治朝鲜的方针(下)》,《朝日》,1920 年 1 月 5 日(《全集》未收录)。另外,在 1910 - 20 年代,湖南曾撰写以下有关朝鲜的专门论文。

(1)《日韩的开辟说》,《朝日》,1911 年 3 月 6—9 日,《全集》6,25—32 页。

(2)《宋乐与朝鲜乐的关系》,《支那学》4 - 1(1926 年 8 月),《全集》7,49—66 页。该论文特别参考了王国维的研究。

(3)《日本文化为何物(其一)》,《朝日》,1922 年 1 月 5—7 日,《日本文化史研究》,《全集》9,9—16 页。其中湖南论述道:"可以认为,从民族的摇篮时代开始其[日本人]素质就要比朝鲜人优秀。"(14 页)。

(4)《近畿地方的神社》(1919 年 8 月,史学地理学同攻会演讲),《日本文化史研究》,《全集》9,30—50 页。湖南指出,近畿地方的几个神社祭祀的是来源于朝鲜的神。这一研究不仅极具开拓性,而且从当时的历史状况来看也是十分大胆的主张。

(5)《攻守朝鲜的形势》(1911 年 8 月 9 日吴市演讲),《全集》9,273—286 页。其中,湖南在比较中日两国对朝鲜行使武力的历史后指出,"对大陆来说,对朝鲜形势上的利益在于拥有一个根据地,对日本来说,则拥有根据地的利益很少。从日本将来的国防建设来考虑,这些问题很有研究的必要。其中值得研究的问题仍然在于自古以来攻守朝鲜的历史,这些问题对日本很有参考价值"。(286 页)

由于对中国的现状感到一种类似恐怖的绝望感的表现而已。受到这种绝望感的驱使,湖南有时会对中国进行责骂。但是他的骂声应该说更像是一种痛苦的哀嚎,体现的正是湖南对于自己所敬爱的文化母国——中国的衰落和濒危感到担忧的心情。

《新支那论》

1920年代中期以后,湖南很少发表有关时局的评论。即使在1932年"满洲国"诞生之后,他从政论家的立场执笔的文章也仅有数篇而已。自1926年从京都大学退休到1934年去世为止,他将自己的主要精力倾注于中国古代史和史学史,以及《明实录》等的研究上。尽管如此,湖南在退休之前,依然就中国时局发表了两项尖锐的评述,即著作《新支那论》和文章《回归支那》。他的论调仿佛又回到1919年中期反击中国排日运动的阶段。此外,关于1910年代至1920年代中国的政局,他在总结自己以往的主要批判意见的基础上,表明了自己对于中国初期共产主义运动的意见。

1923年夏天,湖南在有马温泉作病后疗养。在此期间,促使他撰写《新支那论》的直接契机是同年发生于汉口的排日暴动。他的友人们以及对此感到担忧的学者们纷纷来到有马,与当时日本最有权威的中国研究者湖南探讨时局,《大阪每日新闻》的岩井武俊也是其中的一位。他记录自己与湖南的谈话,并将其中的部分内容发表于《每日新闻》。但是由于9月发生的关东大地震,这一计划中止了。此后,中国的排日事件停息了,湖南也几乎淡忘了谈话的事情。但是翌年,即1924年,在美国也发生了排日问题。受此不愉快事件的刺激,湖南又想起了前一年由岩井所记录的谈话内容。于是他将这些谈话内容加以汇编,以《新支那论》为题出版了。以下将按其顺序逐章讨论该书的内容。①

---

① 《新支那论》,《全集》5,485页。内藤乾吉"后记",《全集》5,546页。

一、支那对外关系的危机

湖南指出,中国的排日运动并不像那些"不谙中国情况的人们"所说,是出于中国人的"爱国心"或是"公愤"。毋宁说,其"与袁世凯时期的排日问题一样,完全是煽动的结果",因而在形成烈焰之前便"自然缓和并最终熄灭了"。如果事实果真如此,那么为何还要对此表示忧虑呢?湖南对理由作了如下说明:就像暴风雨会在平静之中再次来临一样,"现在的缓和与熄灭不是绝对可靠的"。"日本与支那的关系也许将再度陷入困境,或者将再度朝着不得不破裂一次的方向发展也未可知"。对于以前的湖南来说,这种观点简直是不可想象的。曾几何时,湖南思考的问题是甲午战争之后的中国应该怎样学习日本卓有成效的改革自强之道。而现在他则认为,中国从这一悲剧性的失败中几乎没有学到任何东西。尽管李鸿章是最能正确认识中国弱点的人物,但是他"无力制止冥顽的支那人的盲目行动"并阻止中日战争的爆发,所以中国人将这场战争的失败看作是"李鸿章的失败"。然而,即便是李鸿章,在谋求自强时也"只着眼于武器机械之类的事情,而未虑及西洋文化的根基"。在他之后的袁世凯不仅在西洋文化的理解方面不如李鸿章,在改革精神方面更不能望其项背。于是,清末的立宪政治论就发展为盲目相信"西洋强盛之所以乃日本强盛之所以"的"立宪政治万能论"了。

相比较而言,1920年代中期的改革论者们则认为西洋各国"社会组织的根底与支那的根底完全不同",因此他们能够深刻认识到"如果要模仿西洋文化,就必须从根底上来改革支那的社会组织"。但是,湖南对于这些改革论者也有严厉的批判:这些"年轻人不了解支那历史,也不了解自己国家的弊害从何处而来"。他们"即使在欧美留过学,归国之后也都被支那的官场生活所感染"。为排日运动而奔走的他们,"如同李鸿章、袁世凯时代为止的政治家们一样,对于外国人乃至日本人在何处具有优秀能力,以及在何处拥有令人生畏的潜势力等等一无所知。他们犹如醉人狂跑,若无观者阻挠,就自以为成功了"。

自1911年小村寿太郎去世之后,日本的外交政策就"不再有一定的方针",因而难以维持东亚和平。如果外交政策缺乏"一定的方针"以及支持这一方针的"国家对外战略",那么日本在亚洲的地位就不会稳固。现在,正是与中国有着密切关系的日本、美利坚合众国以及开始由盛转衰的英国这三大强国对中国采取协调的建设性行动的时候了。"然而,一旦失去这种必要性的时候,从协调中脱离的总是美国",而英国也往往会采取追随美国的态度。在1900年义和团事变之际,列强就"共同管理"北京和天津取得了协调。"然而,今日完全不能指望强有力的外国来共同处理乱局,而且也不能企望支那有政治家能够制止骚乱并确保支那人的安全"。湖南还说到:"当支那政治家们一味纠结于毫无意义的主权论时,就会从轻侮日本人的心理出发而影响到对待其他外国人的态度,并进而逐渐发展到蛮不讲理时,当日本一再隐忍,但结果仍然不得不陷于破裂时,最痛感其中利害关系的日本将如何与支那相安无事,这的确是超乎人类智慧的考验。"湖南以此来暗示,日本对中国现状的忍耐已经临近极限程度了。①

如上所述,在湖南看来,中国始终没有实现有效的改革,并且只有一些自我中心主义的官僚,以及一些虽然有改革精神但却对本国文化和历史一无所知的学生,而缺乏能够承担改革重任的人才和基础。对于中国的这种现状,他逐渐失去了耐心,并对日本政府缺乏远见的中国政策导致中国的改革论朝着排日运动方向发展感到十分愤慨。

二、支那的政治及社会组织

湖南认为,在许多日本人的头脑中存在着一个荒唐的念头,那就

---

① 《新支那论》,《全集》5,489—498页。另外,关于湖南与小村的关系以及对他的影响,参照冈本俊平《明治日本对中国态度的一个断面——以小村寿太郎为例》65—92页。该文的英文版为:"A Phase of Meiji Japan's Attitude Toward China: The Case of Komura Jutaro," pp. 431-457.

是：如果中日之间发生战争的话，那么中国就将土崩瓦解。他指出，这种"杞人忧天"的预想其实是出于对"支那国家的成立、支那社会组织的历史"等的无知而产生的。在他看来，"支那的情况……恰如蚯蚓等低级动物一样，即使一部分切断了，其他部分也不会受此影响而依然继续存活下去"。换言之，无论大总统存在与否，就像过去历史中政治、文化各自独立发展一样，中国也将继续存在下去。自古以来，中国社会到处都能看到政治上的弊端，但是"一旦某种弊害向农村扩散渗透时，就会发生免疫性而难以为害"。因此，"如果排日继续发展下去的话，毋宁说最佳对策就是使之散布到农村而使之获得免疫性"。中国的"职业政治家"并没有"将政治当作是维持国家机关或者统治人民的方法来看待"，现在的政治几乎已经沦落为"政治的竞技"。因此，在中国的地方社会中，"乡团"，即为对抗官僚的政治压迫和经济榨取的自治团体被组织起来。乡团在发生天灾和饥馑时进行救济，在内乱时保护地方社会，在遇到贪官时做出抵抗。"某些地方的乡团完全是由宗法，即家族制度的关系形成的"，以此为基础的乡团，能够使地方政治以最有效率而且公正的方式运营。如果能够一方面强化这种乡团组织，另一方面仰赖外国、特别是日本的援助，那么中国也许就能够"打破旧的政治组织，树立新的民众政治"。湖南指出，在第一次世界大战以后，中国开始出现小工业发展的倾向，然而这不过"皆偶然之结果"而已。中国"至少可以通过引进新的科学知识使自己成为重要的原料产出国，以此来增加民众的财富，这样民众自然就能产生对付督军等压迫的抵抗力了"[①]。只有这样，"民众自身才不会将其统治机关局限于乡团，而希望将之扩展到一省乃至支那全体"。

三、支那的革新与日本——东亚文化中心的移动

"支那、日本、朝鲜以及安南等国在东亚并存这一事实，对于各国来

---

① 《新支那论》，《全集》5，499—507页。

说自然都是相当重要的问题,但是如果从东洋文化发展的整体来考虑,那些问题则不值一提,因为东洋文化的发展是无视国度的区别而沿着一定的路径进行的"。在如此开头之后,湖南再度提出了自己的文化中心移动说,只不过这次是在略加修改之后展开的。最早形成于中国的"东洋文化"大概于公元前3世纪左右,随着秦汉帝国的成立与中国的统一而开始向周边地区传播。汉代之前,"东洋文化"的中心主要集中在黄河流域一带,三国时代以后则向南、向东扩展传播。概言之,唐代之前,文化的中心主要在河南、陕西地区,宋元时代转移到直隶、河南东部地区,明代以后转移到江苏、浙江地区,清代以后则转移到广东地区。在清代中期以及末期,文化终于逐渐传播到云南和贵州等地区。然而,明清时代成为文化中心的江苏、浙江、广东等地,其在文化尚未播及的古代时期,"在纯粹的支那人看来也全然是夷狄之地"。照此看法,

> ……日本今日将要成为东洋文化的中心,对于支那文化已经成为一股势力,这绝非不可思议。由于日本今日已成超越支那的卓越强国,因此对于日本的兴隆,支那人总以一种猜疑的眼光来看待。然而,若有契机使日本与支那在政治上形成一个国家,那么文化的中心就会向日本转移,这样日本人即使活跃于支那的政治上和社会上,支那人也不会将之看作特别不可思议的现象吧。这种心态,从昔日汉代支那人对待广东人以及安南人的情感上也可以推测出来。

接着,湖南对于当时中国存在的一些观点进行了批驳。针对"支那的极端论者"所提出的"如果日本放弃帝政,成为民主国或者共和国,那么就可以与日本一起运动"的主张,湖南反驳说,在日中两国的合作关系下,中国人不应当"着眼于日本的国体或者政治"等方面,而应当与日本人"共同"为了"更广泛意义上的文化运动"而努力。另外,当时还有很多中国人将日本文化误解为"皆西洋之翻译而已"。对此,他将自己的核心

见解作了如下阐述：的确，"日本经过五六十年来的努力吸收了西洋文化，特别是在运作经济机构方面积累了经验"，但并不能因此认为日本完全抛弃了"东洋文化的根基"。

在历史上，中国文化的传播促进了周边各民族的"自觉心"。虽然中国也曾经为周边民族所统治，但是这种统治不仅没有毁灭中国，反而使中国受到"大刺激"而"复活"了中国文化。实际上，"外种族的侵入"经常使得中国人"返老还童"。从这一观点来看，日本在中国的经济活动为延长濒临"老衰"的"支那民族将来的生命""实在是起到了莫大的作用"。况且，中国拥有对日本工业发展来说极其必要的未开发的丰富天然资源，加之，日本还面临着人口过剩和粮食不足的难题。

回顾半个世纪（1875—1925）以来的中日关系史，虽然期间日本曾数次行使武力，但是从整体来看，特别是义和团事变之后的两国关系"显然正在逐渐从政治上的关系转移到经济上的关系"。日俄战争以后，日本在其统治的满洲部分地区逐渐渗透经济力量，结果使得大连发展成为中国第二大贸易港口。因此，可以说"一时的用兵"结果几乎都带来了"经济上的更大关系"。湖南的具体论述如下：

> 为了开辟大片的田地，就需要挖掘灌溉用的沟渠，而在贯通沟渠的过程中有时难免会遇到地下的大岩石的阻碍，此时就需要使用巨大的斧头或者炸药等。然而，为何有人忘记使用这些手段的真正目的在于开拓田地而断言其目的在于爆炸和破坏土地呢？今日日本的国家舆论忘记了自己国家的历史及其未来应该前进的方向，将作为暂时性应急手段而使用的武力称为侵略主义或者军事主义，实在是贬低了自己。

总之，"日本对支那的经济运动关系到国民的个人发展乃至国家的生存问题，而美国人的在华事业则完全是出于企业家的经济目的而已"。因此，日本必须在中国进行经济活动，而且应该开发并输出中国的天然资源。从历史上来看,与中国等东亚各国关系最为密切的是"已经取得革新旧组织之经验的日本人"。因此,当中国在"革新经济组织"的时候,"有必要借鉴日本的经验来重建支那经济组织的基础,而日本人在支那改革中所负有的使命也正在于此"。①

综上所述,湖南以之前的一贯主张为前提,主张中日两国的命运在某种程度上来说是连接在一起的。他认为,如果中国不输出天然资源,或者任由美国人占据中国市场的某些重要部分,那么这对中国来说并非有利。虽然没有明言,但他肯定已经认识到这种状况的出现将会对日本造成致命的打击。于是,曾经暂时平静下来的军国主义论调在湖南的文章中又重新显现,这些论调的背后体现的正是湖南的绝望感。因为他觉得那些必须用"炸药"来粉碎的"岩石"般坚固的东西正在妨碍着中国的改革。湖南当然十分关心日本的工业及其发展,但是考虑到长期以来他确信以历史发展为基础实现中国近代化的信念,那么认为此时湖南的目的仅仅是为了宣扬日本的所谓"明白的使命",也许还言之过早。

四、自发性革新的可能性

在1920年代中期的中国是否仍然存在"自发革新"的可能性呢?

---

① 《新支那论》,《全集》5,508—516页。《新支那论》的第三章于1938年12月刊登在日本发行的英文杂志 *Cutural Nippon*(6-4,pp.69-79)上,标题为"Chinese Renovation and Japan"(中国的革新与日本)。当时湖南已经去世四年多了,而中日战争也在此前一年爆发。因此很显然,英译者的目的就是利用湖南的"东洋文化中心移动"说使日本侵略中国的行为正当化。而且,英译者明显有意地将湖南批判日本政府以及舆论的部分加以误译。比如,湖南说日本"今日,将要成为东洋文化中心",而翻译则为"由于今日东洋文化的中心已经转移到了日本(Since the Oriental culture center has now shifted to Japan)",即改成了现在完成时(71页)。另外,原文为"今日日本的国家舆论为……,将作为暂时应急手段而使用的武力称为侵略主义或者是军国主义",英译者则将"日本的国家舆论"翻译为"世界上有误解的人们(misled section of the world)"(77页),可见译文不忠实于原文。为日本立场辩护的这一杂志翻译《新支那论》中的这一章的目的就是利用作为学者的湖南的权威。该杂志的发行者们选择湖南的论文中帝国主义意味最强烈的部分进行翻译,而完全删除了其余保持论文整体平衡性的部分内容。他们还提出,由于湖南的主张是在中日战争爆发之前发表的,因此是"完全公平的议论"(69页)。如果湖南地下有知的话,他或许会尽力反驳的吧!

令人惊讶的是,湖南的回答是肯定的,只不过他认为其"最佳捷径仍然在于从军事上来加以统一"。遗憾的是,中日双方的舆论都对"以日本之力实现军事上的统一"深感"厌恶"。但是,在不久前的历史中,"支那在军事上自发性革新的事例"就已经呈现过其有效性了。这就是曾国藩的湘军在太平天国时期的表现。现在的中国需要的是,一个在固有的"乡团"基础上改革中国的新"曾国藩"和一个能够领导外交的新"李鸿章"。

湖南指出,经济改革"与政治军事相比,不仅显效相当缓慢,而且耗时漫长"。而且如果要改革经济组织,就必须将作为"一种寄生虫"的"商人阶级"加以解体。如果消除了只考虑自己利益的商人或者"买办组织",中国的对外贸易就会取得飞跃的发展。日本人通过与生产者和消费者直接做买卖,率先破坏了这些寄生性质的经济组织。如果实行全面的经济改革,整个"支那的国家和社会组织"就会得到重建的机会。湖南还攻击了中国的外国租界,认为原本在中国经济中循环的中国人的财富,如今则被这些外国租界所吸收了。而助长这种情况的正是中国的军阀和贪婪的商人。因此他认为,"努力防止这些财富无限制地外流的弊害已经成为第一要务"。①

不过,湖南的这一见解与其数年前的观点存在明显的差异。现在的湖南认为中国依然存在自发性地实现政治、经济改革的可能性,而数年前的他则认为中国将来事实上不可能实现自治。但是,这种乍看起来似乎矛盾的见解,绝不意味着湖南对中国的过去与现在的看法发生了根本性的变化。因为,他主要关心的问题仍然在于中国改革,这一点丝毫未变。只不过,湖南为实现改革开出的处方发生了一些变化而已。对于像湖南这样熟知中国历史的人来说,其思想中存在几种彼此矛盾的改革方案是完全可能的。不过,他决计不是那种不负责任的学者,不会随意选择历史实例,时而主张外国援助的必要性,时而主张中国自发改革的可

---

① 《新支那论》,《全集》5,517—524 页。

能性。中国历史中存在着的丰富实例足以表明发展的可能性是多种多样的,对此十分熟悉而且进行过历史性思考的湖南,在深入探讨1910年代至1920年代中国情势变化的过程中,不得不一再变更自己认为有效的改革方案。可以说,这种关于改革方案的思想变化正好反映了他对于中国现状的迷惑与绝望。

五、支那的国民性及其经济的变化

当湖南再次提及关于"国民性"这一常见话题时,他说,"民族生活、民族生命等亦如个人之生命一样,有其大致的年龄"。比日本有着更为悠久历史的中国,已经度过了以政治、军事为重要内容的"幼稚时代";在唐末五代的过渡时期,由贵族垄断政治和文化的时代也已经结束了;此后,学问向民间广泛普及,此前为政治所排斥的众多百姓也"掌握了可谓支那之国粹的学问艺术",形成了"文化阶级";但是,在经济方面,中国的工业仍然没有获得发展,将来如果没有外国的帮助也不可能获得发展。

由于中国的社会组织以"家族乡团为本位",所以"不可能形成像株式会社那样的大资本组织"。"即使在日本,直到德川时代为止,株式会社等组织也是不存在的,到了明治维新时期……特别是由于政府奖励的结果,株式会社等形态的组织才开始兴盛,从而使资本主义发达起来"。从日本促进经济发展的例子来看,可见社会是可以得到根本性改变的。只不过由于在中国人的国民性中存在着"安分的倾向",所以期望通过他们自己的手来获得"进取性的"经济发展是不太可能的,还是需要借助外国的力量来起到推动作用。不过,湖南所谓的"安分的倾向",未必是在说中国人的坏话。因为,他的原话是这样的:

> 虽然无法判断世界进步将止于何处,但是殖民地是不可能永远无限地利用下去的。如果全世界的经济陷入危机,那么作为缓和这一危机的方法,除了支那人从历史中得出的安分之法外,别无他途。

所以,支那现在的政治状态或者经济状态,可以说是暗示着世界的将来状态。这些也正是精细观察支那时让人感到最有趣味的地方。①

六、支那的文化问题

湖南在此写道:"我曾经说过,支那的文化中心随着时代的变化而逐渐移动,这种移动不仅表现在地方的变动上,而且也表现在阶级的变化上。"可见,他在其一贯主张的文化中心移动说上又加上了新的视点,即从六朝至唐代为止,"名门望族"垄断了所有的文化,而到了唐末五代时期,"名门望族"几乎已经灭绝了,于是在宋代以后,文化的中心就转移到"读书人阶级"身上。虽然这一"读书人阶级"的大部分都是"仕宦者",但是到了元朝统治时期,汉民族几乎被排除在"仕宦者"之外,于是文化的中心就向"处士"转移。"从元末开始到明朝中期为止,文学艺术多在处士之间"传承。明清时代,"仕宦者依然是最大的文化阶级",但清代以扬州的盐商为代表的"商人阶级","在逐渐传承以前文化的基础上加入新的元素,从而使文化得到了别开生面的发展"。另一方面,"最近世的支那政治"成为"以声名为目的的口碑政治"。比如在明代,视察地方政治的特派官僚"巡按御史"偏离了自己本来的任务,而"主要以听取地方上的评判为主"。中国政治上所见到的这种倾向,"虽然大体意味着政治的堕落,但是实际上世界的政治大势几乎都循着与之同样的路径"。湖南的此番论述,得出了与其1911年《清国的立宪政治》一文中的观点截然相反的结论。该文的主题是关于立宪政治的基础,他在其中指出,由于"舆论"能够左右地方官僚的声誉即口碑,因而可以成为"立宪政治的根柢";但是在《新支那论》中,湖南对"口碑政治"的评价发生了逆转,认为"通过立宪政治来改革支那等观点,原本就是因为不了解支那政治的根本而提出的看法"。

---

① 《新支那论》,《全集》5,525—532页。

在湖南看来,现在的中国所见到的混乱也是文化处于移动期的一种反映。在中国经济组织发生变化,社会组织也随之变化时,文化也会发生变化,与之伴随而来的则是"新的文化阶级"的产生。农民们因其作为"原料的生产者"给中国带来财富而逐渐增强自信和影响,并成为新的中国文化的传承者。此外,新的中国文化,与其说是与以前完全不同的文化,不如说是"将过去各种文化的成就加以综合的产物",而这与农民阶级的传承者身份也是相符合的。

接着,湖南批判了最近领导"新文化运动""文学革命"的"新人"们,认为他们"忘记了承认历史的价值",并试图破坏儒教思想。"如果说儒教在支那的社会组织之内或是之外都不具有任何效用的话,就没有能够永续至今的道理"。因此,若要排斥儒教,就必须"真正从根本之处来论断儒教的价值",否则就没有任何意义。另外,虽然"新人"们提出了文学口语化的主张,但在中国文学史上,"绝句体""词曲"等口语体文学体裁其实早已存在了,只是不为他们所了解罢了。湖南在深入讨论这一问题的基础上,提出了《新支那论》的整体结论。他说:

> 总之,现在的支那,无论在政治方面还是在文化方面,都处于由那些毫无本国学问素养的留学生出身者们逞其横议的局面,因此他们的言论大多缺乏历史根据。(中略)(与张之洞等第一期改革论者不同的是)近来的支那新人们,由于缺乏历史的知识,既不了解支那过去的弊害,也不了解其长处,往往不分善恶地对支那文化一味进行根本性的破坏,并使之嫁接于西洋文化……(中略)

> 过去数十年以来,由于这些缺乏确凿根据的支那人的意见,支那的改革朝着更加恶化的倾向发展。因此,外国人关于支那革新的意见便显得有力起来。然而,近来的日本人,对支那历史的无知程度远胜于支那新人,因而不能判断支那新人的意见以及外国观察者的意见之长短,只要是支那新人提出的离奇看法,那么就会因为他们是支那人的缘故而加以接受。如此一来,大大减弱了支那人的反

省心。于是,支那的局面日益陷入黑暗之中。因此,有必要在正确的方针指导下,从政治、经济、文化等各方面对支那的历史及今日的现状进行研究。故此,我才如此直言不讳的。

如果此文能对支那人以及日本人多少起到些警醒作用,则幸甚!①

关于中国共产党与中国人的改革论

正如普通的日本人一样,湖南也对俄罗斯,即苏联感到非常恐惧。因此,他对中国的改革运动朝着"赤化",即共产主义化这一最为激进的方向发展深感忧虑。在对中国"采取与俄罗斯同样的赤化态度并朝着同一社会组织演变"表示担心的同时,他将中国的共产主义者视为最过激的排日活动家而加以非难。他对当时的中国现状作了如下分析:在中国,"无视外国的主张首先表现为排日论,同时也明显受到俄罗斯劳动组织的影响,而日本的社会主义、共产主义言论也大量地传入中国,因此出现了破坏支那的一切旧组织和建设新组织的倾向,赤化主义急速地发展起来"。②

至于共产主义运动起初发展不顺利的原因,湖南认为是由于"在支那的社会中存在着一种安全性"以及在中国人的传统思想中存在着一种"安分的倾向",使之对革命性的变化具有"免疫力"。这是由中国社会的基本性格所决定的。他的这些看法基本上重复了《支那论》中所描述的中国社会观以及"牺牲一切求和平"的中国人观。在他看来,主张打破传统家族制度的共产主义者如果破坏了"乡团"这一中国社会的基础,其结果就会使中国回归到中央集权体制。因此,共产主义运动是注定要失败的。不过,大概湖南自己也没有注意到的是,作为未来中国政治领导者的中国共产党人,在当时也如湖南一样确信农民才是承载中国未来的核

---

① 《新支那论》,《全集》5,533—543页。
② 同前述,《回归支那》,《朝日》,1926年5月25—30日,《东洋文化史研究》,《全集》8,171,176—177页。

心阶级,二者在这一点上惊人地一致,然而其共同点也仅止于此而已。此外,他还确信中苏友谊是不可能长久维持的,因为俄罗斯与中国历史上的敌对关系注定了它们之间不可能存在意识形态上的相互吸引力。晚年的湖南如此说过:

> 即使共产主义在中国取得成功,认为全世界马上会变成单一的和平世界是大错误。其不久肯定又会产生新的对立,而分为两个阵营进行激烈斗争。支那的历史是为明证。①

关于中国改革的目的究竟是什么,湖南在1926年的《回到支那》一文中做出了回答。他指出,由于"支那自古以来作为国家组织的显著特征是在于文化主义,而非法治主义",因此中国"以富强为国家唯一的目的是错误的"。而且,中国的地方社会具有对政治弊害以及官僚统治的"免疫性"。虽然在19世纪产生吸食鸦片的新弊害使社会状况更加混乱,然而"支那民族未必就无法发现某种免疫法"。这种"免疫性在政治上表现显著。比如,清朝的贿赂无疑是政治上的一大弊害,然而不知不觉中一种关于贿赂的规定就被制定出来,而官场上则将此称为'陋规'或者'漏规'"。辛亥革命废止了这一"陋规",结果却为贿赂大开方便之门,而且变得毫无限制。总之,湖南建议中国人最好摒弃对富强的期望。他说,与其他民族相比较,"没有工业,并不富强,而且在政治上几乎毫无可取之处的支那民族,今日反而自然而然地给世界一种永续性的预想,不能不说是由于其历史悠久的结果。如果支那真的渐渐觉醒,回归本来之支那,那么数十年来困扰支那的富强欲望应该就此舍弃,而有必要考虑如何保持其文化并强化其对于弊害的免疫性"。②

长年以来持续观察中国改革问题的湖南,不知从何时开始,将中国看成了一个连自己本国事务都不能处理的国家。对此,他还从理论角度做了解释:假设民族也有自己的年龄,中国已在遥远的古代度过了相当

---

① 《新支那论》,《全集》5,501,531页。内藤耕次郎[关于湖南其人的回想·其二],8页。
② 同前述《返回支那》,178—181页。

于政治、军事年龄的青年期,现在则处于过着文化生活的老成年龄期。而包括共产主义者在内的现代中国青年们,不能理解中国的这种文化历史特征,一味叫嚷着西洋化与激进改革的口号。然而对于欧洲各国来说,中国仅仅是商业对象而已。唯有日本才能够在文化上与战略上给予中国以有效的援助。湖南还将批判的矛头转而对准日本,认为日本人对其中的道理也缺乏理解。此前,湖南经常考虑中国改革的问题,试图摸索出一条对中国以及对中日关系来说都是最善的道路。但是,面对1910年代末期到1920年代的中国状况,湖南最终不得不做出中国人缺乏运营本国能力的判断,并确信为了使中国的政治、经济等机构能够得到有效的运营,与其依靠中国人自己的改革,不如通过与日本人的合作更易于实现。

湖南的这种突如其来的绝望感,可以说不管怎么强调都不会过分。而且,在那些曾经访问中国并亲眼目睹中国改革现状的日本汉学家之中,这种绝望感也是普遍存在的。湖南此前一直认为中国是世界上文化最为先进的国家,而今却不得不对其抱有一种绝望感,这无疑是湖南思想深处所受到的最大冲击,尽管这种情感只是在批评同时代中国学者的著作时偶尔有所流露。不过,湖南绝对没有因此而放弃中国文化。与1880年代鼓吹"脱亚论"的福泽谕吉不同,湖南甚至从来没有试图幻想"逃离"中国文化。在有关时局的文章中,他的思想逐渐变得明朗化,即认为深刻洞察历史趋势并且学识丰富的日本人,反而能够比中国人提出更为有效的改革论。他强烈批判了特别激进的亲欧主义者和共产主义者,指责他们将改革运动扭曲为排日运动,并且不能正确地认识中国历史以及中日合作关系的必要性。

满洲与"满洲国"

在20世纪前半期,满洲问题是日本帝国主义的核心问题。因此,通过考察湖南对这个问题的看法,不仅可以明确他的思想变化轨迹,还可

第六章　现代政治与支那学——湖南的政治观(1907—1934)

以了解他在为了实行必要改革是否容许行使武力这一问题上的摇摆态度。1905年,在日俄战争中取得胜利的日本从俄罗斯手中继承了东清铁路南满支线的经营权。于是,从人口过剩的日本向人口稀少的南满洲铁路沿线地方移民的日本人络绎不绝。不仅如此,日本还把尚未开发的丰富天然资源纳入自己的掌中,并把那些在国内找不到职位的技术人员安排在此地工作。正如入江昭明确指出的那样,从第一次世界大战到1931年满洲事变("九一八"事变)①这段时期,许多日本人确实认为,出于经济上和人口上的必要性,日本应该通过和平手段进入亚洲大陆。日本的大多数人也在认真思考,日本应该与欧美各国合作,作为列强的一员为建设和平的国际秩序做出贡献。② 不过,早在第一次世界大战之前,湖南就已经将日本的这种作用看作是日本在亚洲的"使命"了。因此,日本的这一"使命"与湖南的民族主义、对中国的关心以及对中日两国保持亲善关系的愿望等是一致的。

在京都大学就任后的湖南首次就满洲问题发表见解,是他于1910年1月所作的演讲。当时,他对围绕南满洲铁路中立问题的日本与列强关系表现出强烈的关心。在这次演讲中,湖南指责美国试图打乱满洲的贸易秩序,并误解日本与俄罗斯、英国在满洲问题上携手联合。在湖南看来,"美国对日本有着种种不正确的观察,认为正是由于日本在满洲拥有铁路,所以才导致美国在满洲处于贸易不振的状态之中",并因此而感到恼怒。但是,美国人的这些想法,只不过是由于他们对清代中期以来的满洲开发历史及其困难的无知而产生的想法而已。总而言之,湖南指

---

① "满洲事变"是日本的说法。——译者注
② Akira Iriye,"The Failure of Economic Expansion:1918 - 1931," pp. 237 - 269。另外,与湖南持类似观点的人物有永井柳太郎。不过,他是不拘泥于中国的中心位置的泛亚洲主义者,而且从根本上来说,他也不是盲目的对外强硬主义者。参照 Peter Duus,"Nagai Ryūtarō and the 'White Peril',1905 - 1944," pp. 41 - 48。Duus 指出,比湖南晚一辈的永井特别害怕"白人帝国主义"。因此,永井的观点与以弗朗兹·法农(Franz Fanon)为代表的观点是相通的。因为后者站在第三世界立场上,出于思想与人种的偏见而厌恶外国人。还参照了以下文献。James B. Crowley, "A New Asian Order: Some Notes on Prewar Japanese Nationalism," pp. 270 - 298。

出,"唯有美国为获得自己在满洲的地位而吵吵嚷嚷,但这并不会对日本带来很大的影响"。①

关于在改革中国时是否容许外国行使武力这一问题上,湖南的见解是矛盾的,这种态度也是湖南在提出政策建议时的显著特征。不过,湖南最早遇到行使武力的是非这一难题,是他在研究满洲问题之时,而非研究中国改革问题之时。1913年7月,湖南在有关满洲问题的文章中曾经说到:

> 在针对支那的外交政策上,没有必要过分顾虑支那人的感情,但也没有必要发表毫无益处的伤害支那人感情的议论。(中略),由于末广博士(末广重雄,京大教授)的[满洲]放弃论提出了反对帝国主义以及不向大陆扩张领土的方针,所以按理应该会给支那人以好感。然而事实却并非如此。正如罹患不治之症的病人不愿谈论关于生命的话题一样,支那人近来亦不喜欢议论自己力所不及的地方的统治权问题,以避免伤害自己的自尊心。

湖南还将满洲问题与日本的台湾、朝鲜经营问题作了比较,认为日本经营殖民地的目的是要切实有效地统治台湾与朝鲜,并使其经济获得稳定发展。至于"在军备方面,仅就朝鲜内地而言,只要有宪兵就足以镇抚了,所以没有增设两个师团的必要",如此"则可以节省政治经费"。另外"现在驻扎在朝鲜、南满洲的兵备虽然不足以对抗俄罗斯和防卫我国,但也没有感到丝毫的危险"。②

当时,湖南从历史的和经济的理由出发赞成日本人移民满洲。在论述满洲历史的文章中,他回顾了数世纪以来在朝鲜以及满洲兴衰更替的各个王国与中国中央政权及日本的关系,指出日本与这些王国之间的关系,其历史之悠久绝不亚于中国。某些时期,比如在与渤海国之间的关系方面,日本甚至有着比中国更密切的通商和外交关系。自

---

① 《满铁中立问题》(1910年1月讲演),《胜本商店纪念讲演集》,《全集》4,459—473页。
② 《南满洲问题》,《武乃世界》2—7(1913年7月1日),《全集》4,495—499页。

第六章 现代政治与支那学——湖南的政治观(1907—1934)

清朝入关以后,满洲作为满族的故地而被封禁,不许汉民族进入此地繁衍生活。但是到了19世纪初期,清朝的政策终于有所转变,再度开启了开发满洲的历史。基于以上论述,湖南指出,日本不仅有开发满洲的能力与必要性,而且日本在过去的历史交往中也已经积累了这方面的必要知识。①

在关于满洲经营的问题上,湖南坚定地主张日本的统治必须遵守当地的风俗习惯。比如在1915年,他批判道,在"南满洲的混合审判中","对当地习惯毫无所知的日本审判官与支那审判官发生对抗,毫不考虑自己有没有公正审理的能力","这完全是轻率的举动"。在1922年1月发表的文章中,还提出了如下的主张:

> 自清朝以来,支那也向满洲派驻统治官吏,今日还拥有与内地同样的行政组织。然而自从与俄罗斯交涉以来,支那在此地已经不能充分行使领土权,并几乎丧失此地,幸而依靠日本之力量而略有恢复。因此,今日支那依然能够在满洲维持着与内地同样的行政组织,事实上也是以日本的势力为其背景的。(中略)如果支那因为受到他国的压迫而自身不能保有之(满洲),以及在内地行政中不能有效地保护外国人所应有的居住权以及生命财产安全,那么日本可以在这方面弥补支那的不足。届时,支那绝不会无视之吧!②

1928年8月,湖南搬离了京都市田中野神町的住处,来到新筑于京都府相乐郡瓶原的丘陵上的恭仁山庄隐居。直到1934年因胃癌去世之前,他一直生活在这里。要去恭仁山庄的话,在关西线的加茂站下车之后得走一段长长的坡路。由于前去拜访湖南的各界人物络绎不绝,因而

---

① 《古代的满洲与今日的满洲》,《雄辩》4—8(1913年8月)(《全集》未收录)。这一主张,在为稻叶岩吉《满洲发达史》所作的"序言"中也曾再次提到。《全集》6,285—293页。
② 同前述《日支交涉论》520页。同前述《何为支那》,160—161页。

使车站前面的人力车生意也活跃起来。①

在他去世前的三年间,即自1931年至1934年,湖南曾经再次讨论过满洲问题。这主要是因为他对1931年9月18日满洲事变以后,日本军在满洲的军事行动深感忧虑的结果。在其最后有关时局的文章和信翰中,对于困扰了自己一生的问题,即为了实现亚洲所必要的改革是否容许行使武力的问题,他再次表现出了内心的矛盾与纠结。

在1932年1月30日写给当时在首尔(汉城)从事朝鲜史编纂工作的稻叶岩吉(君山)的信中,他曾提到满洲问题:京大教授矢野仁一"因为近日来的满洲问题而极其忙碌";另外,他也对关东军参谋石原莞尔(1889—1949)所提出的处置溥仪(清朝最后的宣统皇帝)的办法感到担忧。正是这个石原,在该年3月将溥仪抬出来作为"满洲国"的执政(两年后日本政府改任其为皇帝)。值得一提的是,湖南在这封信中还提到了自己的友人,也是溥仪亲信的中国古代史学者罗振玉。与湖南不同的是,他是一个狂热的帝制复活论者。②

这封信中提到的矢野仁一(1872—1970)毕业于东京大学,1905年应清朝的招聘前往北京的进士馆担任教习工作,后来又在京师政法学堂当过教师。辛亥革命之后回到日本,接受京大文科大学的聘用讲授中国史,是一位与湖南有着15年同事关系的教授。1932年从京大退休之后,受关东军以及"满洲国"外务局的委托,为构建使"满洲国"正当化的理念,即儒教的"王道"主义理念而尽力。③ 石原莞尔也选择了以"王道"主义作为"满洲国"

---

① 同前述三田村书,219,224页。森鹿三,《内藤湖南先生的回忆》4页。赤川菊村,《回忆内藤湖南先生》5—6页。安藤德器,《陶庵公与湖南先生——恭仁山庄访问记》。同前述青江书,409—410页。三田村泰助氏采访记。我在1978年4月与1981年6月曾经两度前往恭仁山庄,第二次是与杉村邦彦教授以及内藤湖南彰显会的会员们一起去的。
② 《书简678》,《全集》14,628—629页。罗振玉在回忆录中说过,"为了给东亚带来和平,无论如何,中日两国首先必须在满洲问题上合作"。同前述罗振玉书,783页。另外,罗振玉在回忆录中随处都在强调中日两国的文化亲近性以及与欧洲文化的相异性。
③ 小野信而,《西原龟三与矢野仁一》322—323,331—337页。《座谈会(谈论先学)内藤湖南》中贝塚茂树的发言,113—114页。《座谈会 六十年的记忆——与恩师矢野仁一博士的座谈》131—147页。

第六章 现代政治与支那学——湖南的政治观(1907—1934)

的建国理念。毫无疑问,橘朴和孙文等人曾经提出的亚洲各民族实现"大同"的主张对正在探索"满洲国"建国理念的石原产生了不少影响。①

在写给稻叶的这封信中,湖南曾提到矢野"极其忙碌",显然指的就是他忙于与石原以及关东军有关的事情。在 1932—1933 年间,矢野发表了许多有关"满洲国"与"王道"的著作和论文,否定了中国在满洲的统治权,并赞美"满洲国"的建立。包括《王道政治论》(1932 年发表于《东亚》杂志,该杂志在 30 年代初期发表了大量以"满洲国"和"王道"为主题的文章),长达 350 页的大作《"满洲国"历史》(1934),和一篇很长的演讲(这篇演讲于 1933 年 8 月以《对满洲支那领土说的批判与"满洲国"建国》为题出版)。早在 1928 年,他还只是京大副教授时,就曾经写过一本题为《我国在"满洲国"的特殊权益》的小册子。②

关东军让溥仪就任"满洲国"执政之时,正好是湖南开始发表有关"满洲国"论文的时候。他指出,"满洲国"的诞生是东亚历史上的重要事件,而且是一个多种族的非军事化国家的实现。"这个新国家不是抱着军国主义的希望而诞生的,而是要在这片肥沃的大地上建设一个世界民族共同的乐园","从现在的东亚形势来看,这也是非常重要的事件"。至于"满洲国"的国体,湖南认为应该实行共和制,而非回归帝制。"虽然存在着种种帝制说与共和说,但是确定为共和制则是与时代相符合的稳当的考虑"。他还指出,将溥仪推戴为皇帝是逆历史潮流而行的做法,"满洲国"与清朝的"建国精神是完全不同的",溥仪可以与日本天皇一样,君临而不统治,即不拥有实权,而起到作为国民统合之象征的重要作用。这样,由罗振玉等人才在其旁充当谋士,并给予溥仪以活动自由,他就可以成为"满洲国"的称职元首。辛亥革命以后,中国本土"迄今为止看不到国情安定的局面",所以"总体而言,建设有望首先获得安定的'满洲国',应该是最为贤明的策略了"。他还

---

① Mark R. Peattie, *Ishiwara Kanji and Japan's Confrontation with the West*, pp. 34,55-56,142,145.
② 矢野仁一,《王道政治论》,13—21 页。

提出了"日本人与满洲人的合作"这一至为重要的观点,并介绍了奉天市市长赵欣伯的类似意见,即"应该以满洲广大的未开发土地、日本的过剩人口以及过剩的受过教育者为根本,通过日本人的资本与事业能力来开发满洲土地,以此为建设新国家的基础"。

湖南就开发满洲与日本的关系提出了自己的期待:"这个新国家并非是日本开拓殖民地的事业,新国家有自己存立的目的,即借助日本资本以及日本人的能力等资源来训练满洲土著,并进一步扩大这一训练,使之成为新国家的基础。"正如"孙逸仙试图在支那建立三民主义国家时首先考虑到训政时代"一样,现在的"满洲国"也相当于"训政时代"。也正如孙逸仙利用"大致类似苏联的方式来训练(中国人)"一样,"满洲国"也需要"通过日本的资本以及日本人的能力等资源来训练满洲土著"。湖南十分认真地向日本当局提议,日本人必须谨慎行事,尤其是在经济活动方面要竭力避免自曝丑态的行为,必须充分尊重地方"行政区的自治组织"。他还指出,"日本那些率先进入亚洲大陆的先驱者们,多半具有豪杰气质,虽然在创业之际起到了很大的作用,然而一旦进入施政时代,其中不少人就难以适应安定民政等和平事务"。他还建议日本人与"满洲土著人"必须相互理解彼此的长处。虽然日本在开发满洲方面已经取得了很大成果,但是今后必须要做的工作还有很多。最后,湖南总结道,"满洲新国家能够这么快速地建成,完全是日本军人之功劳"。尽管湖南对关东军的功劳有一定评价,但是他认为"满洲国"应该尽快建立自己的军队,"为满洲之将来,有必要考虑另外设置国防组织等满洲新国家的军部,并尽快切断与日本军部之间的关系"。他在文章的最后进一步强调,"由于军人的单纯性质,往往容易自我陶醉,并产生凡事皆可以武力解决之妄想。这也是我顺便以逆耳忠言告之的原因所在"。①

---

① 《关于"满洲国"建设》,《朝日》,1932 年 3 月 1 日,5 日,7—8 日,《全集》5,170—180 页。此外,为"满洲国"历史辩护的英语著作如下。K. K. Kawakami, *Manchoukuo: Child of Conflict*, pp. 104 - 117. Reginald F. Johnston, *Twilight in the Forbidden City*. 特别是后者,提到了郑孝胥、罗振玉等清朝复活论者的活动(342—344 页)。

第六章 现代政治与支那学——湖南的政治观(1907—1934)

1932年5月15日,湖南多年的好友犬养毅首相被以海军将校为中心的团伙所杀害(五·一五事件)。在事件的两天之后,湖南发表了极其悲伤的悼文以歌颂故人的功绩,并认为这是日本极大的损失。在此事件之后,关东军的独断专行作风越来越盛,而湖南的忧虑也越来越深了。在写给稻叶岩吉的信中,他期望稻叶能够给石原莞尔参谋等人以忠告,即"满洲国"的政治以"不受王道、大同等空言的约束"为宜,因为这些所谓政治理念只是空洞的口号而已。与此同时,对于连矢野仁一等学者们也毫无批判地倡导这些"空言"的现象,湖南表明了自己的担忧。①

虽然湖南向稻叶岩吉吐露了自己对于"王道"主义的不信任感,然而稻叶却逐渐赞美起"满洲国"来。1915年,湖南曾经为稻叶的著作《满洲发达史》作序,给予高度评价。1933年11月,稻叶在《东亚》杂志上发表《"满洲国"创立的历史认识》一文,高度赞扬了"满洲国"建立的历史意义。1935年,即湖南去世后不久,稻叶将此论文附录于《满洲发达史》增订本中加以出版。尽管他了解湖南对于"满洲国"的不信任感,但是湖南写给原著的序言还是原样保留下来。此外还必须指出,稻叶还一度为日本陆军参谋本部服务,就东亚问题发表演讲及论文。②

如上所述,针对学者们认为"王道"似已实现而对"满洲国"大加赞美的现象,湖南深为担忧。然而,他的这种疑念绝非是毫无根据的。实际

---

① 《犬养首相诸事》,《大阪每日新闻》,1932年5月17日,《全集》6,249—250页。《书简693》,《全集》14,634页。另外,在1932年11月22日写给稻叶的信件中,湖南没有提到"满洲国"以及矢野的事情。《书简704》,《全集》14,640页。不过,青江舜二郎持有的疑问是,湖南与犬养毅之间并没有一般所传的那种亲友关系。同前述,青江书《龙的星座》376—377,380,383页。另外,五·一五事件是三岛由纪夫的著名小说《奔马》(《丰饶的海》之第二卷)的时代背景。广岛大学的五百旗头真教授主张,湖南在中国历史和文化方面广为人知的诸见解,比如缺乏爱国心、满洲以及蒙古应该从中国本土分离、中国的国际管理等观点对石原莞尔影响很大。五百旗头真,《东亚联盟论的基本性格》,44页。
② 稻叶岩吉,《"满洲国"创成的历史认识》2—14页。关于稻叶与陆军参谋本部的关系,参照如下。John K. Fairbank, Masataka Banno, and Sumiko Yamamoto, *Japanese Studies of Morden China*, pp. 31-33.

上,湖南给稻叶写信一事,是在他看到了当时日本最有权威的儒教杂志《斯文》(月刊)的卷首论文《关于王道主义》(一四卷一号,1932年4月)之后的事情。该文的作者是当时最著名的"日本主义"者,同时也是儒教研究者的井上哲次郎(1855—1944)。他在文中提倡盲目的对外强硬主义,并将建设"满洲国"视为"王道"的实现而大加赞美。正是这样的言论令湖南感到担忧。①

1932年5月,当《斯文》杂志出版了以赞美建设"满洲国"与实现"王道"为主题的特集时,湖南的担忧进一步加深了。特集中刊载了东京大学教授,同时也是斯文会领导人的盐谷温(1878—1962)的卷首论文,学界、政界、华族、军部等各界人士的文章,以及盛赞"王道"和"满洲国"的短文和诗歌。② 值得注意的是,这些文章大部分出自学者和大学教授之手。

《全集》中有关"满洲国"的最后一篇文章是发表于1933年7月的《关于"满洲国"今后的方针》。虽然湖南没有在文中直接提到《斯文》杂志中的上述文章,但是对那些了解满洲情况却日渐变得毫无责任感的学者们的言行明确地表示了自己的愤慨。在他看来,"国家大多因历史发展的结果而成立","然而唯有新成立的'满洲国'在这一点上颇为异样"。在这个国家中"包含了支那移民、朝鲜移民以及日本移民,而且单单从数量上来看,支那移民尤为众多,但是组建国家的原动力未必限于支那移民。即这个国家是以支那移民为其材料,按照日本人的方针来组成"的。"有着这种来历的国家将来会怎样成长,这也许是任何人都无法想象,也无法看透的难题"。因此,"满洲国"的未来取决于中国人与日本人如何合作。

---

① 井上哲次郎,《关于王道主义》1—10页。
② 在该《斯文》特集中发表文章的学者,除了盐谷以外,还有以下诸人:服部宇之吉、荒木寅三郎、福田雅太郎、有马良橘、赤池浓、建部遯吾、白根熊三、小矶国昭、大仓喜七郎、中山久四郎、小柳司气太、深作安文、宇田尚、小池重、饭岛忠夫、大仓邦彦、阿部宗孝、高田真治、岩村成允、山本邦彦、田村一郎等。

第六章 现代政治与支那学——湖南的政治观(1907—1934)

作为学者同时也是政论家的湖南,最令他感到无法忍受的事情是,"'满洲国'频频倡导以产生于中国古代的'王道'思想作为其建国理想"。他说:

> 王道几乎从未在历史上的任何时代实现,只不过是作为自古以来的理想传承下来的教训而已。而且,诚然这一理想十分完美,使得任何人都没有产生异议的余地,但是在历史上却屡屡发生因为实施该理念之人的缘故而产生恰好与理想相背离的结果。当然,我们没有必要排斥从字面意义上来看是如此完美的理想,即"王道"主义,只是尤为需要深切充分地思考赋予"王道"的内容以怎样的具体实质。

湖南认为,如若不然,那么"王道"最终只能沦落为一个意义不明的题目而已。因此他建议,"首先必须考虑的是要正确、准确地了解'满洲国'的实际情况,其次则是了解所有国家的历史并让能够对这种人为形成的国家最好如何建构之问题进行独立思考的人居于国家的中枢",然后以此为基础来选择最适"满洲国"特点的建国道路。虽然湖南仍然崇尚明治维新,并奉之为改革的典范,但是他警告说,模仿日本的政治结构并将之移植到"满洲国"是十分错误的做法。归根结底,"满洲国"的结构必须要适应"'满洲国'的实际情况"。①

湖南自始至终没有加入到那些无批判地赞美政府和军部方针的学者队伍中去。他尤其抗拒自己的学问被政府利用为使日本帝国主义正当化的宣传工具。贝塚茂树曾经说过,"(湖南)先生最为厌恶的就是脱离现实的空想论与理想论",而"王道"主义正是空想论的极致。② 在他看来,那些试图从学术的角度用"王道"主义来证明"满洲国"之正当性的学者,在运用中国史知识理解现代问题方面并没有发挥任何作用,只是将学问利用为美化帝国主义的工具而已。对此,湖南有着十分清醒的认

---

① 《关于"满洲国"今后的方针》,《大亚细亚》1—3(1933 年 7 月),《全集》5,181—184 页。
② 同前述,《座谈会(谈论先学)内藤湖南》114 页。

识,也因此感到万分苦恼。如果学者们放弃了批判的责任而沦为国家的工具,那么中国的前途还有什么希望呢?

为了配合"满洲国"的诞生,日本外务省于1933年10月成立了日满文化协会。同年4月,东大与京大还组成了满蒙史学术研究班。东大的学术研究班以朝鲜史、满洲史的专家池内宏为负责人。京大则以湖南为其负责人,在恭仁山庄展开此项工作。同年10月,成立日满文化协会的会议将在"满洲国"举行,并将在这次会议上决定出版《清实录》一事。当时,医生不允许湖南出远门旅行,但是湖南的回答却是,即便"冒死都要去"。于是,他拖着病躯前往"满洲国"参加了此次会议。湖南的意念如此坚定,也许是因为他不希望以服部宇之吉为首的东大派遣团在出版《清实录》一事上获得先机吧。结果日满文化协会与"满洲国"总理郑孝胥(1859—1938)于10月27日达成了出版《清实录》的共识。①

从"满洲国"归来以后,湖南的病情进一步恶化,最终于1934年6月26日与世长辞。在湖南因病不能接待客人之前,他一直在恭仁山庄会见前来拜访的客人。其中有一位著名的人物是于1934年4月9日来访的郑孝胥。虽然二人的会谈内容不详,但是据说,当时湖南以会泽正志斋的《新论》(1825)为依据向其讲述了建国大义。会泽是水户藩的儒者,也是提倡尊王思想的先驱者。他在《新论》中提出了日本在西方列强到来之时应该如何应对的问题。正如以下引文所示,与湖南一样,他也认为采取果断的方针才是最为重要的。他说:

> 凡守国家、修兵备,和战之策不可不先定。二者未决,则天下泛泛然莫知所向,纪纲废弛,上下偷安,而智者不能为谋,勇者不能为怒,日又一日,坐使虏谋熟稔,拱手待败者,是皆坐内阴有所惧而不

---

① 同前述,青江,《龙的星座》412页。井上以智为,《内藤先生的追忆》598—599页。鸳渊一,《谈谈湖南先生》46页。同前述,赤川论文,9页。同前述,安藤德器论文,95页。三田村泰助,《瓶原时代的内藤湖南先生》6—7页。室贺信夫《莲花开放的瓶原》,6页。田村实造,《内藤先生的学恩》2页。同前述三田村书,222—223页。另外参照了湖南寄给罗振玉的最后一封书信,"与罗叔言 1933年10月",《湖南文存》16,《全集》14,268页。

敢断故也。(《新论》下"守御")

今为天下论其大计,天下之人愕然相顾,莫不惊怪,溺旧闻而狃故见也。(孙子)兵法曰:"无恃其不来,恃吾有以待之;无恃其不攻,恃吾有所不可攻也"。(《新论》"序")①

根据湖南次子耕次郎的回忆,大概在1933年底的某日,他曾陪同父亲前往京都会见了两个记者。席中湖南曾经说到:"以日本人之武力与狂热,暂时统治中国大陆应该是可以的。但是,中国的土地与人民拥有无限的潜在力量,所以日本的统治绝不可能长久。日本必然会因统治中国而灭亡。"对于湖南的这一说法,耕次郎解释说,"湖南已经一眼看透了既没有政治能力也没有文化能力的军部一意孤行的悲惨结局,这也可以说是他对日本的一大讽刺"。② 历史证明,湖南是对的。

在1910年代初期之前,湖南通过对中国历史发展轨迹的考察,阐明了其中能够作为立宪共和政治之基础的要素。当时,他为了看清辛亥革命之后中国应走的道路,详细探讨了中国的"近代化"过程,并回溯历史,终于追到了宋代。他以自己这番对中国史的理解为基础,提出了辛亥革命后的中国应该走共和政治道路的主张。对于宋代以后的历史发展,湖南特别关注的一个倾向是随着贵族政治的没落,平民阶层对自己的生活和未来有了更大的自主性。从这一见解中自然引导出湖南的另一信念,一个无疑受到过明末清初经世学者影响的信念,即认为中国是以地方社会为基础构成的,因此,如果不以地方社会为着眼点进行改革,那么这种改革就是毫无意义的。但是,辛亥革命之后的中国,政治局面持续混乱,

---

① 郑孝胥,"序",《满洲写真帖》,《全集》6,575页。Hiromu Momose, "Pao-ting," *ECCP*, P. 611. 同前述三田村书,224页。Aizawa Seishisai, *Shinron*, trans in part in *Sources of Japanese Tradition*, eds. Ryusaku Tsunoda, Wm. Theodore de Bary, and Donald Keene, pp. 2,86,89.[日文版有金井宇三郎,濑谷义彦,尾藤正英等共同翻译的《新论》,《日本思想大系53 水户学》,岩波书店,1973年,50—51,107页]。另外,内藤戊申十分清楚地记得郑孝胥来到恭仁山庄拜访时的情景。对内藤戊申的访谈,于京都大学,1977年11月18日。数年之前,杉村邦彦教授发现了内藤家给造访恭仁山庄的郑孝胥所拍的照片,并作了修复。

② 内藤耕次郎,《关于湖南其人的回想 其二》7—8页。

共和政治一直未能实现。面对这样的现实,湖南痛感有必要更加深入地考察同时代的中国。问题究竟出在哪儿?从中国历史中找到的这一共和政治基础要素的长期发展趋势是在哪儿被阻断了呢?在这些问题意识下的进一步考察使他认识到中国仍然存在很多需要改革的领域。在此之后,他将自己的关心主要倾注于日本应该在中国的必要改革中发挥何种作用的问题上。加之,当时的欧美列强再度加强了对东亚的影响力,导致中国的进一步瓦解。在这种危机状况下,湖南更加意识到强化日本作用的必要性。

综上所述,本文就湖南在1910年代到1930年代期间作为一个政论家所研究的问题作了探讨。结果表明,他始终在思考当外国尤其是日本在援助中国的改革时是否可以行使武力这一问题。池田诚教授曾对此作过如下解释:虽然湖南在《支那论》等著作中谈到过"都统政治",但是"他对'都统政治'的态度并非是肯定的,反而是否定的,某种意义上可以说只是他的即兴台词而已"。[①] 的确,当湖南看到他所能想到的手段均以失败告终之时才考虑行使武力。而且,关于行使武力的是非问题,他的意见也是动摇的。因为在他所熟知的中国历史中,任何一种主张都可以援引丰富的事例来作根据。其次,当有意义的改革在中国不断重复失败的结局时,他的愤慨之情是可想而知的。对湖南来说,辛亥革命理应给君主独裁政治时代画上句号,并宣告共和政治的到来。但当他得知这一革命反而破坏了勉力维持的秩序并使中国陷入混乱时,他开始对辛亥革命的意义产生了疑问。革命之后中国政治上的腐败无限蔓延并且毫无收敛之势,使他感到中国的改革越来越难以实行了。在湖南当初对"满洲国"做出肯定评价的背景中,大概也有这种绝望感在起作用。但是不久,湖南就恢复了自己的冷静,对"满洲国"提出了批判性的观点。

不过,对于中国改革反复失败的局面,湖南的愤慨也并非一直处于高涨状态之中,其中不乏迂回曲折的表现。在甲午战争之际,他在热烈

[①] 同前述,池田,《内藤湖南的袁世凯论》514页。

第六章　现代政治与支那学——湖南的政治观(1907—1934)

支持日本进军亚洲大陆的同时,警告不要任意进行杀戮。即使在那本经常被指责为帝国主义论调的《新支那论》中,他也没有提出幼稚的吞并中国论。相反,正是在这本书中,他承认中国人有自发进行改革的可能性。总之,湖南最为强调的是,中国有必要沿着共和政治的历史发展方向进行改革。但他越是深入了解中国的现实,便越是觉得中国人没有实行改革的能力。出于这种判断,湖南认为如果日本不给予援助,中国人无疑仍将苦于军阀、官僚以及欧美列强的压迫。与此同时,他也十分担心日本军国主义者以及只顾日本利益的对华政策有可能进一步加重中国人民的困苦。然而,历史却恰恰朝着他所担心的方向进展。如果将湖南的姿态简单归结为"帝国主义",那就根本无法理解他所讨论的这一系列问题的复杂性。

在湖南的生涯中,最让他感到苦恼的中日关系问题莫过于中国日益高涨的排日运动。从其幼小时期开始,他就一直对中国抱有如同亲属般的感情。实际上,他也接受了与同时代的中国人相比有过之而无不及的儒学教育。他认为中国是东亚文化的中心,日本共享着从中国传播出来的文化。但是他发现,如今接受西式教育的中国青年("新人")以及知识分子们却背叛了他们自己原来的文化,提出打倒"孔子及其子孙后代"的口号。对于他们任意曲解和误解中国历史的做法,湖南感到十分愤慨。湖南始终认为中国文化是伟大的文化,而且是现代也应该继承的文化。正因为如此,湖南在1926年发表了题为《回归支那》的文章,充分表达了他的这种心情。

此前批判湖南的人们,既无法理解他在1910年代到1930年代的中国论的复杂性,而且将其归结为他无法充分把握现实而已。加之,此后湖南对中国共产主义和民族主义动向的预言显然是失误的,所以这种批判似乎显得十分正确。然而,这种见解不能不说是极其肤浅的。要了解湖南中国论中的思想的复杂性,不妨回顾一下他的"共产主义观"。他曾经提出过太平天国的失败在于其"共产主义"的观点。当时,他将"共产主义"理解为有着独裁主义色彩的一种思想,这种"共产主义"在历史上已经随着清朝的灭亡而归于消灭,而且正是"平等主义"的"乡团"所组成的"义勇兵"打败了太平天国。而在1920年代俄国革命业已发生,而且中国共产党也成立了,对湖南来说,共产主义又有了一层新的含义。然而,在他的观点中——当然,这是因为信息有限而导致的狭隘见解——中国共产党与太平天国同样攻击以"乡团"为基础的地方社会,正因为如此,共产主义必定将以失败告终。近年来,中华人民共和国的历史学家们努力整理太平天国的遗产,其重视程度远远超过对中国历史上的任何一次农民运动,并发表了大量研究成果。湖南的失败之处在于他没有看到,尽管在中国的农村曾经存在过平等主义,但是它很快就消失了。他也没有了解到,中国共产党比太平天国更加致力于颠覆地方社会中的上层势力(湖南所谓的"父老")与农民之间的关系。湖南非常重视作为地方社会的农村,而在这一点上,无论太平天国还是中国共产党也都是毫无异议的。但他不了解作为个体的农民与土地之间的联系已经在多大程度上被解体了。他所理解的那种有点神秘的"乡团",在经历了19世纪中叶的大规模叛乱以及由此导致的大面积人口迁移,特别是在民国中期的军阀统治以后,已经逐渐解体了。取而代之的是中国共产党所组织的新的"乡团",并以此为起点构筑了从省级到国家层面的联邦式组织。从这个意义上说,也许可以认为他们实现了湖南的梦想。然而,对于他们以牺牲中国的地方社会为代价来恢复中央集权统治的做法,如果地下长眠的湖南有知的话,他也许不会沉默不语吧!曾经在1920年代批判过中国共产党的湖南,也许早就觉察到了共产主义组织所具有的这种性质。如果从他所期待的中国共和政治发展进程来看的话,那么这种做法显然意味着在历史上倒退了一大步。

如上所述,湖南认为国家不应当牺牲作为社会基础的地方社会。这一观点,乍看似乎与其自身的民族主义思想是相互矛盾的。之所以这么说,是因为他主张日本应当在中国的改革中发挥重大的作用,而这一主张从某种意义上来说正好表明了他的民族主义思想。另一方面,湖南对中国五四运动时期的民族主义思想感到十分愤慨。在他看来,这种民族主义思想既不能看作是中国人的民族主义,也有别于中国共产党的民族主义。然而不管怎样,湖南的历史认识与那些一看到学生游行就条件反射似地进行非难的迂腐的保守主义者大有区别。湖南极其厌恶以袁世凯为代表的那些试图恢复中央集权制度的人物,认为他们的行为是一种倒行逆施。湖南的这一姿态也许与章炳麟(1869—1936)最为接近。辛亥革命之前,章炳麟是一位激烈的反满主义者,湖南曾对他的著作作过高度评价。二者都是深受儒家思想教益的伟大学者,都对辛亥革命抱有很高的期望。二者都发现中国当代的"文学革命"是虚假的革命,并对五四运动家的思想与活动表示高度怀疑,认为从中折射出其对中国历史和文化的无可救药的无知。不过,湖南比章炳麟走得更远——就像许多日本人一样,他无法理解中国人抵抗日本侵略中国的行为正是他们的民族主义思想的表现。而这恰恰是他的局限性所在。

第七章　历史的评价
——湖南与共和政治的萌芽

从湖南去世以后,早已过了两代人的时间了。在此期间,既发生了中日战争,也爆发了第二次世界大战。还在湖南晚年时,日本就已经开始对中国进行军事侵略了,中日两国也因此激烈对抗。有观点认为,中国共产党之所以能够取得政权,就是因为充分利用了农民阶级中普遍存在的抵抗日本侵略的民族主义意识。[①] 中日之间的对立情绪至今仍然影响着我们对那个特殊时代的理解。因此,如果今天我们试图评价湖南的成就与局限性,就必须超越这种严重的对立情绪,并克服将一切事情都按照"亲"华、"反"华,或者"亲"帝国主义、"反"帝国主义的标准来加以区分的倾向。

湖南是在汉学教育中成长起来的,这份训练培养了他的一个信念,即始终确信汉学作为学问基础的重要性以及中日两国在文化上的同一性。正如他的祖父、父亲以及德川幕府末期的志士们一样,他发现仅有折衷学派所主张的"博学"无法使自己得到满足。学问必须有所应用;学问从整体上来说,必须为人类产生一些具有实用价值的东西。这种学问

---

① Chalmers Johnson, *Peasant Nationalism and Communist Power: The Emergence of Revolutionary China*, 1937-1945.

态度,即"实学"精神,正是湖南最为重视的。因此,做学问的人应该以学问为指针,投入现实世界的实践之中,并用之阐明同时代所存在的各种问题。如若不然,那么学问就只是知识的堆积而已。信奉"实学"精神的湖南,自从当初为新闻媒体写作时评以来,就十分关心同时代的中国问题。当时,他孜孜以求的是以自己对中国以及东亚的历史知识来理解同时代中国的各种问题。由于他确信中日两国拥有共同的文化,并担心欧美帝国主义是否也会侵略日本,因而产生了将中日两国的未来联系起来思考的想法。不过,当时湖南关心的主要是日本的命运,同时也关注到同时代中国的自强运动。然而,他逐渐对中国人自身发动的改革感到失望,并为日本对此情况毫无准备而担忧。就这样,湖南不仅关心同时代中国的问题,而且对中日两国所面临的危机而深感忧虑,从而导致他确信在中国实行有效和有意义的改革时,日本可以起到援助作用。

在1880年代和1990年代初期,湖南对于中国的改革问题还没有形成具体的构想。在1890年代,他对中国改革问题的关心日渐强烈,但是对怎样的改革最适合中国,以及日本应给予怎样的具体帮助等问题,依旧没有找到明确的答案。然而他确信,如果不深刻洞察中国的历史及社会特征,就不能构想出适合中国的改革方案。显然,湖南的这一信念是他自身的"实学"精神与中国的经世思想发生共鸣的产物。与他一样,中国的经世学者们也主张中国所必要的改革必须以中国的传统以及社会构造为其基础。正因为如此,他们所提倡的改革构想深深吸引了湖南。

作为政论家的湖南始终密切注视着改革一再失败的清朝及其日渐衰亡的形势。因此,一旦辛亥革命推翻了清王朝,他就深入到清朝史中细心探寻导致这一革命的长期趋势。他再度关注到了经世学者们的思想,尤其是其著作在清末广泛流传的17世纪的先驱者黄宗羲和顾炎武的思想。他们将明朝灭亡的主要原因归咎于专制政治,并强烈主张为消灭这一弊害应自下而上地进行改革,从地方社会开始直至皇帝制度本身。受此思想影响的湖南得出了这样的结论,即辛亥革命推翻了清王朝意味着君主独裁政治的终结与共和政治的开始,成立地方分权的共和政治本身是中国近代化的一个过程,而且从历史发展的角度来看也是一个不可避免的过程。

辛亥革命之后,共和政治不仅一直未能实现,反而呈现出一连串政治混乱的局面。但是,湖南不仅没有收回中国即将诞生共和政治的主张,反而以中国历史的长期发展趋向为依据来强化这一论点,提出中国的"近世"开始于大约一千年之前的宋代。为了维持社会秩序并抵抗外国侵略,中国也许暂时需要外国的援助。但是,辛亥革命无疑是漫长的君主独裁政治终结与共和政治开始的前兆。湖南不仅确信中国固有的共和政治将会到来,而且认为可以从宋代以来长期的"近世"发展历程中找到其萌芽。

但是,从1910年代到1930年代,中国显然存在许多悬而未决的问题。不过,在湖南看来,"近世"中国的文化和社会特征在于,国家层面的政治对人民的生活渐渐难以起到重要作用。而且,在漫长的"近世"中,始终并存着中央独裁政治与地方"平民主义"这两大潮流,结果使得中国的国家与社会分道扬镳。虽然君主独裁的皇帝政治随着清朝灭亡了,但是中国还是存在着西方帝国主义列强的侵略以及财政、商业、对外贸易、工业化、官僚腐败蔓延等诸多悬而未决的重要问题,因此仍然有必要维持一定规模的国家机构。但是,在辛亥革命之后的二十多年间,湖南并没有见到中国人力图解决这些问题。因此他主张,日本可以在中国的改革中发挥比以前的设想更为重要的作用。总之,作为政论家与学者的湖南始终在探究中国的改革问题,然而在其有生之年却没能见到这类改革的成就。而且最后呈现在他眼前的,是"满洲国"这一日本傀儡政权的问题,这个现实对于风烛残年的湖南个人而言,也许除了悲剧而外别无可言。

如上所述,湖南终其一生都在探究中国的改革以及日本在其中发挥作用的问题。他的这种关切深深扎根于他的"实学"思想,即学问必须在同时代的社会和政治活动中有所作为。作为政论家与学者,他在著作中一贯坚持的理念就是这种"实学"思想。因此,他的全部著作必须作为一个整体来看待。在湖南的所有关切和著作中,如果要选择某一事件或者某一系列事件作为其中心,那么就非辛亥革命莫属了。因为他认为这次革命不仅终结了中国的君主独裁政治,而且对中国的民众来说也是一个划时代的转折点,从此他们可以自己把握自己的生活并打造立宪共和制了,所以这次革命也标志着始于宋代的中国"近世化"进程中的共和主义倾向臻于成熟。

也许可以说,湖南所构想的共和政治愿景过于理想主义,或是建立在对于近世的共和主义倾向的过高评价之上。但是,孙文、黄兴等革命活动家们(也许宋教仁是一个例外)所提倡的"共和主义"中也能见到类似的缺点。不可否认的是,从今天的研究水准来看,湖南认为曾国藩以"平等主义"传统为基础组建湘军的观点也存在对"平等主义"评价过高的倾向。但是,正如法国人托克维尔把还残存着部分奴隶制经济的美国看成"民主主义"国家一样,从日本人湖南的眼中看来,中国的地方社会存在着完全的"平等主义",并且这种传统是日后共和主义发展的萌芽以及将来共和政治的基础。

不过,在讨论中国共和政治的实现可能性时,湖南批判专制政治的主要依据来自于黄宗羲的思想。黄宗羲在《明夷待访录》中将批判的焦点集中于君主独裁政治以及地方官僚的弊害方面,并主张将地方政治的实权交还到地方社会和乡绅手中。与19世纪的经世学者们一样,湖南也全盘继承了黄宗羲的这一分析视角,只不过他还从更长期的历史过程中来认识这个问题。即黄宗羲主要根据明末的政治状况来讨论君主独裁政治的弊害,而湖南则从宋代直至清朝为止的长期发展过程来把握君主独裁政治的性格。另外,黄宗羲主张回归到君臣关系的应有状态中去,而湖南则在批判君主独裁政治的基础上明确指出其归于终结的历史必然性。黄宗羲的思想在清末受到改革论者和革命家的再度关注,因为他们与湖南同样认识到,作为中国将来实现共和政治的前提,黄宗羲对君主独裁政治的内在批判具有十分重要的意义。黄宗羲当然不是彻底的共和主义者,而湖南在摸索未来中国的国家形态时,也在探究其历史前提以及基础。如前所述，他认为这一历史前提应当是从中国的传统及社会中生发出来的。

在中国"近世"的发展史中，被湖南视为共和政治基础的第三个倾向是，宋代以后的民众"舆论"成为影响政策决定的重要因素。这是他最有独创性的卓越见解，然而其重要来源之一仍然是《明夷待访录》。黄宗羲在该书中提出，官僚原本应该在统治者与民众之间起到民情传达者的作用。由于学校系统既具有教育功能，又具有政治功能，所以政府官员必需利用他们在该系统中的职位对民众的呼声（即舆论）做出回应。不过，在政治决策完全为高级官僚和宦官所左右的明末，持有上述主张的黄宗羲本人也是被排除在外的学者之一。这种切身体验对他以及他的老师刘宗周等人的思想产生了很大的影响。他们将自己的改革构想看作是为民众的"舆论"代言，并要求政府在决策时能够反映民情、广开言路。

湖南指出，在"近世"中国，由"舆论的力量"所决定的地方官僚的"声名"（或者说"评判"）成为左右官僚黜陟的重要因素。一般说来，不仅地方官僚的政治姿态及行动受到地方社会的"舆论"监督，其黜陟往往也取决于舆论的影响。在"近世"中国，由于地方官僚通常五年以内就要转赴别的任地，官僚们变得在意自己在任地方的声名。虽然这种倾向有利于造成众多民众参与地方政治的机会，但是实际上并未导致经世学者们在批判专制政治时所提倡的改革。的确，在"近世"中国，"舆论"开始显现出前所未有的重要作用。但是，为了使"舆论"能够在政治中得到切实的反映，就必须进行经过慎重考量的有效改革，以终结中央集权的君主独裁政治，并确立地方主导型的政治。总之，湖南认为，只有君主独裁政治在其"自然趋势"中终结，共和政治的建设就绪了，才能使作为共和政治基础的"舆论"发挥真正的作用。

湖南关注中国"舆论"作用的另一个理由，在于他有着当记者的经验。在他看来，中国的官僚十分害怕报章的批判，对于报界的要求总是有求必应。与此相反，日本的政治家们则总是无视报章的意见。这种见解无疑反映了他身为政论家的苦涩体验。因此，鉴于中国报界的评价能促使政策决定更充分地反映民意,他认为"舆论"能够成为共和政治的稳固基础,并对此充满期待。对于湖南的报界能够为舆论代言这一见解,并非所有人都会同意。但是,如果考虑到不少日本的报社有其反政府背景,而且湖南作为政论家有着丰富的经验,他的这一见解也是可以理解的。

"舆论"在中国的强大作用表明,中国人有着将自己命运的重要部分掌握在自己手中的悠久传统,而湖南认为这种传统对建设共和政治有着十分积极的作用。不过,黄宗羲和湖南的所谓"舆论",当然不是今天这种通过全国的民意调查来进行判断的舆论。他们的所谓"舆论",归根结底指的是那些教养丰富且深切关注地方社会和百姓生活的"乡绅"们的意见。黄宗羲特意把"舆论"与"天意"(以皇帝为代表的天的意志)加以对置,以指出政策决定建立在更广泛的民意基础上的重要意义。①

如果没有起始于宋代的"近世"平民的抬头,那么湖南所指出的共和政治的萌芽也就失去了其生长的基础。同样地,湖南所详论的宋代文化的变化多端,如果不考虑"平民"抬头的因素,也是无法想象的。因为这些变化无一不是普通民众开始参与中国文化发展的产物。在他看来,中国的共和政治的课题就在于如何将发育之中的"平民主义"萌芽提升到共和主义的高度。而作为"近世"中国另一潮流的中央集权的君主独裁政治,在其随着清朝的灭亡而终结时,应该将其统治民众的权力分配给地方社会。但是,在1910年代和1920年代中国的事态根本没有朝着他所期待的方向发展。因此湖南力图解答,自己根据中央集权与地方分权互相对立这一基本观点所作的预想,为什么会与现实相背离呢?

湖南确信共和政治能够实现,而且认为地方社会应该在其中发挥重要的作用。他所提出的以地方社会为基点的改革构想,大概是从经世学者们的著作中得到启发的。但是,将地方社会的秩序原理作为未来共和政治的基本原理这一见解,则是他自己的创见。湖南特别重视所谓的

---

① 小岛祐马,《中国的革命思想》38页。同前述小野和子书,58,216页。

"乡团",认为这是一种理想的地方自治组织,相当于日本的"自治团体"。在"近世"中国,伴随着君主独裁政治的发展,国家试图更加强化对地方社会的统治。为此,独裁君主首先必须瓦解以地方社会为其立身之本的精英阶层,然后与为"近世"官僚机构提供人才的庶民阶级结成某种合作关系。湖南所描绘的"近世"中国的两个方面,即中央集权的君主独裁政治的发展与"平民"主义的抬头,其情形乍看与近代国民国家形成初期的欧洲以及明治日本的状况十分相似。但是,在"近世"中国,为了将曾经掌握在精英阶层手中的权力全部集中到独裁君主一人手中,设置了以本籍回避与任期限制(通常五年以内)为原则的官僚制度。

为了抵制中央政府及其委派的地方官僚的压迫,地方社会巧妙地养成了对付外部政治势力的"免疫力"。在湖南看来,那些只顾自身利益的地方官僚们根本不会致力于地方社会必需的社会福利事业。能够承担起这些事业的唯有"乡团"而已。"乡团"随着时代的发展而成长,其关心仅限于地方政治与福利。对中国人来说,这样的地方社会才是具有实质意义的最高层次的社会组织,同时也是民众参与政治的场所。中国人缺乏的反而是超越地方社会层次的爱国心。

总之,湖南认为"乡团"是共和国建设的关键所在。中国将来要重建国家和构筑国家机构,除了以"乡团"为基础进行规划构想以外,别无他途。在此基础上依次构筑更高层次的各种机构,就可以树立真正代表中国人民的政府。届时,中国就会自然地展现出其在"近世"的发展历程中所形成的姿态。不过,在这样的"联邦共和制"国家建成之前,中国应该在政治、财政等国家运营方面接受日本的援助。总之,湖南所理解的"乡团"是中国"近世"社会的基本单位,是不屈服于中央政府或列强等一切外部势力的一种韧性组织。从这个意义上来说,"乡团"是具备未来共和政治所有基本性质的小宇宙。

在湖南看来,中国历史的以往行程以及今后的前进方向,构成了其悠久的文化发展轨迹,中国固有的共和政治正在这个过程中逐步诞生。这种见解蕴含着他在接受汉学训练过程中所形成的中日文化同一论的信念。正如民族主义影响了一般日本人的思想一样,这一信念促使他确信只有日本才能够对中国的共和主义改革给予有效的援助,而作为一种改革模式,日本的明治维新对中国来说具有持久的重要参考价值。在19世纪最后的数十年间与20世纪初期的数年间,中国的改革论者一直将日本看作改革的模范,并寻求其帮助。但是,到了1910年代至1930年代,中国的激进主义改革论者总是将中国自身的社会和文化传统看作阻碍共和主义及革命性变革的力量,还将日本对中国内政的介入统统看作是帝国主义侵略,对这两方面一并加以攻击。

1898年,湖南在讨论梁启超时曾经明言中国的改革论者都是"爱国心切者",这是其生涯中唯一一次作如是观。不过,他所认可的改革论者都是迫切希望学习日本并维持中日亲善关系的。但是,从五四运动时期开始,中国的改革论转而朝着批判中国传统以及非难日本的方向发展。湖南认为这些激进的改革论只不过是不理解本国文化的"狂人"和"煽动家"们的想法而已。在这一点上,他与日本的保守主义者的认识立场是一致的。湖南是一位终其一生都在不断宣扬中国文化的伟大性质的人物。因此他对同时代中国的现状深感忧虑,同时确信日本能够在中国的改革中发挥作用,至少其不失为中国改革之模范。但是,当时的中国人不仅攻击作为日本人的湖南,还攻击湖南视同自己生命的中国文化本身。他们根本不认可日本在中国改革中的作用,而且认为正是中国的传统文化导致了如今这种可悲现状的发生。换言之,他们在拒绝湖南的政治观的同时,也否定了他的汉学观和汉学研究成就。

让我们再来冷静地回顾一下湖南的五四运动观。他认为五四运动的领导者大多没有受过完整的传统儒学教育。坦率地说,他的这一批评是正确的。比如,陈独秀(1879—1942)虽然通过初级科举考试成为秀才,但是在辛亥革命后却激烈地批判儒教。在五四运动时期的数年间,他被军阀政府投入狱中,受到了政治迫害。他辞去北京大学教职以后,却研究起自己曾经激烈批判过的儒教经典来。参加五四运动的年轻活动家大多在科举制度的衰退期(废止于1905年)度过了自己的青年时期。著名的学者蔡元培(1868—1940)是1890年进士,从1916年至1926年担任北京大学校长。他没有积极参与批判儒教的运动,但对逮捕游行学生一事提出了抗议。章炳麟或许是当时最伟大的学者,在1910年代后期也是北京大学教授。在清末的十年间,没有人能像他那样通过自己的著述来动摇儒教的崇高地位。他强烈地主张孔子只是古代思想家中的一位而已,墨子、庄子等也是可以与孔子相匹敌的思想家。章炳麟的儒教批判思想对于在学生时代受过他教育的鲁迅(1881—1936)产生了很大影响。鲁迅的最后一部作品就是关于其恩师章炳麟的。① 但是,当1919年学生们在北京大学举行游行的时候,这位章炳麟先生却拒绝参加一切与之有关的活动,并继续以艰涩费解的古典体裁进行著述。

五四运动主要限于北京、上海等地区,并没有影响到农村。正如湖南所指出的那样,白话运动也并非如其提倡者们所主张的那样具有革命性,因为白话早在元曲以及明清小说中就已经存在了。与陈独秀、胡适(1891—1962)等人的期望相反,白话运动未必产生了很大的成果。关于五四运动,无论是中国国民党还是中国共产党,无论是否马克思主义者,都异口同声地对其历史意义给予高度评价。但是实际上,五四运动对此后历史的影响未必如他们所主张的那么重大,反而是发生在1925年的"五卅"事件对此后历史的影响要大得多。在这一年的5月30日,以日本监工开枪打死一名中国劳工为导火索,引发了一系列的抗议事件,在上海有数千名学生和劳工举行了游行。由于英国警官对游行队伍开枪而导致多名死伤,结果造成了十万劳工大罢工的局面。之后,各地的罢工此起彼伏,持续了一年多之久。

不过,能看到五四运动之狭隘性的湖南却不能理解中国人在这次运动中明确表现出来的民族主义思想。对主张中日文化同一论和确信两国未来紧密联系在一起的湖南来说,中国人的民族主义不应当采取排日

---

① Lu Hsun,"Some Recollections of Chang T'ai-yen,""A Few Matters Connected with Chang T'ai-yen,"pp. 266 - 276.

运动的形式,万一发生这种状况,也只能认为是煽动的结果。然而,进入20世纪之后,在外国特别是日本的军队大批驻扎之处,中国人的民族主义都高涨起来。即使日本人都像湖南一样对中国充满善意,当中国人看到日本、欧美等国的军人和民间人士大量存在于中国时,他们都将之视为外国对中国的新一轮侵略的前兆而倍感危惧。有人会因此认为,正是由于日本军侵略中国的结果,促使地方社会及"乡团"内部的民族主义高涨起来,才形成了中国人独有的爱国心。这样,当中国的民族主义与激烈的反帝国主义紧密结合,并将矛头指向日本的时候,湖南不得不面临艰难的抉择,要么否认该运动中的民族主义性格,要么放弃自己以往的信念,二者必居其一。

与湖南对民族主义的误解相关联的是,他对共产主义运动的理解也存在不足。1920年代,他就曾过低估计共产主义运动的影响。关于这一点也许可以这样解释,即他所具备的中国历史知识在这里反而成为影响他认识同时代中国问题的障碍。在湖南的眼中,中国的共产主义革命与中国历史上的农民叛乱并没有什么不同之处。的确,中国共产党人的反叛与太平天国等农民叛乱之间是有某些共通的性格,但是它也存在以往的农民运动所不曾有过的重要因素,即中国共产党的激进民族主义含有现世的救世主义这一吸引民众的精神力量,而且中国共产主义运动是国际共产主义运动的一个组成部分。然而,湖南对此却无法理解。

湖南预想到,由于中国共产党攻击作为中国社会基础的"乡团"组织,他们将因此最终遭遇与太平天国同样的失败命运。将中国共产党与太平天国作如此类比的湖南,也许认识到了在中国共产党统治下的社会和政治组织中潜伏着中央集权的性格,因而对此感到危惧。在他看来,这种性格与地方分权及共和政治的中国历史发展方向是背道而驰的。但是,中国共产党的攻击对象,与其说是"乡团",毋宁说是乡团内部的"父老"阶层。迄今为止的现实的中国社会存在着相当程度的地方分权,而当今令中华人民共和国的最高领导者们感到困扰的问题依然是在多大程度上允许地方分权。当然,在现在的中国社会已经没有地主了。但是,在现在中国的人民公社中的确还存在着一个与曾经拥有重大影响力的乡绅相当的统治阶层。

在湖南去世后的数十年间,研究中国的日本历史学家和社会学家们使用"共同体"(德语 Gemeinde 的译词,相当于英语的 community)的概念来分析中国的村落构造。日本的汉学家,特别是曾经受到过韦伯影响的马克思主义研究者认为,由于村落中存在着建设与保护堤防等需要共同协作的水利工程,所以使村落具有超越阶级关系以及统治关系的"共同体"性格。也就是说,他们用村落社会超越阶级对立而得以巧妙运营的事例来说明"共同体"的概念。湖南所谓的"乡团"也就相当于这样的"共同体"吧。不过,日本的马克思主义研究者认为,伴随着资本主义的发展,"共同体"将会解体,而湖南则主张"乡团"才是未来共和制中国的社会基础。

近年来,日本的汉学家们指出,在中国存在着一个与日本和西欧的前资本主义村落社会不同的固有"共同体",以往的研究都过于强调中国"共同体"作为统治机构这一侧面。在他们看来,如果关注到中国村落社会的"共同体"这一"地缘性集团在水利等事业上共同劳动、共同利用"的特性时,就可以发现中国村落社会的这一基本性格一贯存在,无论是在1949年中华人民共和国成立之前还是之后。[①] 不过,在湖南的理解中,"乡团"中的权力是根据"平等主义"的传统来分享的。正因为如此,他才会确信未来的共和制中国,"乡团"也会继续生存下去。他未能理解19世纪大规模叛乱的结果导致了地方社会开始急速解体,也的确存在对农民反抗地主制的作用评价过低的局限性。不过另一方面,地方社会中"共同体"的许多风俗习惯依然持续到今日也是不可否认的事实,而且湖南也曾经指出,农民阶级将成为中国文化继往开来的新的传承者。

湖南作为悠久的汉学传统的继承者,试图以这一传统为背景来理解同时代中国的问题,并且确信提出以中国的历史进程为依据的改革构想

---

① 鹤见尚弘,《旧中国共同体的诸问题——以明清江南三角洲地带为中心》,63—64,79页。

是汉学家的责任所在。这些基本思想始终影响着作为政论家和学者的他的写作，尤其体现在他的基于宋代文化史观的"近世"说以及在19世纪末20世纪初所提倡的各种中国改革构想之中。他确信辛亥革命是中国实现共和政治的转机，并在革命之后将自己的学问与对中国改革问题的关心有机地结合起来。

湖南认为，清末中国所能见到的社会和文化状况是从宋代以来漫长的"近世"发展史中逐渐演变而来的。这一假设为从源头开始考察宋代以后中国史中的各种问题提供了一个新的视角。这种视角对于今天的研究者来说依然是值得继承的。近年来，清朝史研究者为了考察鸦片战争以后的诸种问题，开始上溯到鸦片战争以前的时代进行研究。毫无疑问，当我们放弃以西方各国来到东亚，更具体地说，以鸦片战争为区分传统中国与近代中国的一大分水岭的观点，而从中国文化发展固有的各种倾向来探明中国史的内在发展历程时，湖南的假设是值得借鉴的。或者可以说，这种假设起到了一个值得信赖的领航员的作用。最近清朝史研究者们在考察各种问题的根源时，都要上溯到明代历史。但是，正如中国思想史研究一样，他们早晚都会发现，自己的研究有进一步上溯到宋代史的必要。

现在，中国依然处于漫长的近代化过程之中。中华人民共和国的领导者们对工业近代化问题表现出特别强烈的关心，同时也在注意思考在多大程度上给地方以经营管理工厂、生产队、人民公社等的自主权。湖南曾经断言，牺牲地方自治的中央集权化是违背地方分权化的中国历史发展方向的。同时他也认为，需要一个强有力的国家来帮助中国实现共和政治，并确信日本将在其中发挥重要作用。今天，中国人似乎也得出了与湖南类似的结论，为了寻求外国的资本和技术而将目光转向了日本和欧美各国。但是，这一轮推进近代化的努力毫无疑问地会导致中国再度朝着中央集权化发展，其结果，又将导致权力的过度集中与地方分权化的要求产生对立，于是这一老生常谈的问题必然将再度浮现出来。曾经使湖南为之苦恼的这一问题，在今日的中国依然悬而未决地存续着。

日文版译后记

本书是 Joshua A. Fogel, *Politics and Sinology: The Case of Naito Konan (1866—1934)*, Harvard East Asian Monographs 114, Cambridge(Massachusetts) and London, Harvard University Press 1984 的全译本。不过,省略了原著中"附录Ⅰ　清朝历代皇帝名""附录Ⅱ　中国历代王朝名以及湖南的时代区分""罗马字—汉字对照一览"以及"索引"。年代表记在原则上与原著保持一致,采用公历,但是也在部分地方采用日本的年号,或者两者合并表记。另外,在原著中所存在的一些误排、误记以及若干误解的地方,则一并加以订正,有的地方则在括号内由译者加以补充。

作者傅佛果(Joshua A. Fogel)于1950年出生于纽约市,1972年毕业于芝加哥大学,并进入哥伦比亚大学研究院继续深造。1980年他以与原著同题的博士论文获得了哥伦比亚大学的博士学位。1981年成为哈佛大学的助教授,1986年升为准教授,自1989年起转任加利福尼亚大学圣芭芭拉分校的教授。除了原著以及《文献一览》中所收录的业绩之外,傅佛果教授的主要研究成果如下：

著作

Ai Ssu-Ch'i's Contribution to the Development of Chinese

Marxism, Harvard Contemporary China Series 4. Cambridge (Massachusetts) and London: Harvard University Press, 1987.

Nakae Ushikichi in China: The Mourning of Sprit, Cambridge (Massachusetts) and London: Harvard University Press, 1989.

论文

"Race and Class in Chinese Historiography: Divergent Interpretations of Zhang Bing-lin and Anti-Manchuism in the Revolution," *Modern China* 3.3, 1977.

"A New Diretion in Japanese Sinology," *Harvard Journal of Asiatic Studies* 44.1, 1984 [谷川道雄"总论 中国士大夫阶级与地方社会",谷川道雄编《关于中国士大夫阶级与地方社会的关系之综合研究》(昭和五十七年度科学研究费补助金综合研究(A)研究成果报告书,一九八三年)所收。本论文为该报告书的书评]

"The Debates over Asiatic Mode of Production in the Soviet Union, China, and Japan." *America Historical Review* 93.1, 1988.

"Japanese Literary Travelers in Prewar China," *Harvard Journal of Asiatic Studies* (forthcoming)

译著

Medieval Chinese Society and the "Local Community", Berkeley/Los Angeles: University of California Press, 1985 [谷川道雄《中国中世社会与共同体》,国书刊行会,1976 年]

Life Along the South Manchurian Railway: The Memoirs of Ito Takeo, Armonk, New York: M. E. Sharpe, 1988 [伊藤武雄《生活在满铁》,劲草书房,1964 年]

Chinese Women in a Century of Revolution, 1850—1950, Stanford: Stanford University Press, 1989

317

[小野和子《中国女性史——从太平天国到现在》平凡社，1978年]

Recent Japanese Studies of Modern Chinese History, vol. 1 - 2, Armonk, New York: M. E. Sharpe, 1985, 1989

[《史学杂志》1978—88年第五号（回顾与展望）中之"明清"与"近代"部分的翻译]

※　※　※

内藤湖南（虎次郎）于明治维新前夕的1866年（庆应二年）8月，出生于南部藩领地鹿角地方的毛马内（现在的秋田县十和田町）。内藤家是世世代代侍奉毛马内馆主樱庭家的士族，同时也是汉学世家。1885年，湖南毕业于秋田师范学校高等师范科。1887年，即他21岁的时候，湖南来到东京，在大内青峦主编的佛教杂志《明教新志》参与编辑工作。在以后的二十年间，湖南作为一名具有非凡写作才能的记者，先后在《亚细亚》《台湾日报》《万朝报》以及《大阪朝日新闻》等杂志社和报社撰写评论。1907年京都帝国大学文科大学开设史学科时，湖南受聘为史学科东洋史学第一讲座的主任教官，时年41岁。在以后的二十年中，湖南作为京都大学的教授一边从事研究教育工作，一边继续发表自己关于时局的评论。1926年（大正十五年），他从京都大学退休，并于两年之后移居位于京都府相乐郡瓶原村（现在的加茂町）的恭仁山庄。1934年（昭和九年）6月，他永远地安眠了，享年67岁。

湖南的一生，前半生是作为记者，后半生是作为大学教授和汉学家，先后经历了明治、大正与昭和等动荡年代。阅读本书附录之《文献一览》可以知道，有许多了解并曾经跟随他学习过的人都在讲述湖南的故事，三田村泰助、青江舜二郎等人还写过独具魅力的传记。那么，与这些先行研究相比，本书有怎样的特征与性格呢？关于这一点，本文将作以下若干解说，以期有益于读者。

首先必须指出的，也是毋须赘言的特点是，本书的作者是一位美国人,他在撰写原著时所设想的读者主要是英语圈的,即欧美国家的研究者。对于日本的读者来说,首先必须了解这一点之后再来阅读本书。不过到目前为止,研究湖南的英语论著很少,这多少让人感觉有些意外。这方面的成果主要有冈本俊平、宫川尚志、谭汝谦等人的著作(参考《文献一览》)。与这些著作相比,原著的特点在于其研究的面十分广泛,可以说涵盖了湖南的全部生涯及所有著作,并分析阐明了湖南思想变化的整个轨迹。总之,原著是第一本用英语写作的关于湖南的正式研究。之所以能够做到这一点,是因为作者傅佛果有着出色的日语能力。湖南的著作自不必说,他还解读了战前日本的报刊评论等诸多文献。即使对于今天的日本人来说,要做到这一点也绝非易事。从上述的诸多译著中,我们也不难想象他是一位有着出色日语能力的学者。由于原著的出版,使得英语圈的人们不再觉得湖南是一个遥远的存在。而且,傅佛果还专心致志地翻译湖南的下列主要著作与论文中的有关部分,如《诸葛武侯》《清朝衰亡论》《支那论》《新支那论》《支那上古史》《支那近世史》《概括的唐宋时代观》以及《近代支那的文化生活》等,以期通过这些翻译工作来阐明湖南在中国的历史、文化、社会结构等方面的独特见解。不过,傅佛果教授认为,尽管湖南所提出的中国"近世"始于宋代的见解在欧美的学术界已经成为定论,然而欧美的研究者们仍然不太注意继承这种独创的时代划分法。但是,傅佛果在原著中对湖南时代划分法的全貌进行了极其详细的介绍,同时还对产生这一时代划分法的思想背景,即对湖南以文化史为线索的历史认识及其在同时代的意义作了明确的分析。湖南的中国史研究即使对现在的日本学术界来说仍然具有很大的影响,因此以原著的出版为契机,日本和欧美的研究者们或许可以借此进行前所未有的交流与对话。当此之际,重视对中国史的内在理解的欧美研究者们肯定会对曾经将此方法运用于实践之中的湖南产生强烈的兴趣。(参照柯文著,佐藤慎一译《知的帝国主义》,平凡社,1988年)。

但是,对于今后东西方学者之间的对话,我并不就此抱一味乐观的态度。之所以这么说,是因为翻译本身伴随着棘手的问题。如前所述,作者已经尽量忠实地将湖南的著作译成英文。然而，由于在这次翻译中，译者须将原著译成日语，所以湖南的著作中已经翻译成英语的部分，还得一一将其还原为湖南的原文。在翻译的过程中，译者一再产生这样的疑问，湖南的这一用词、这一文章如果用英语来表达的话，会是这样的吗？举一例子，傅佛果将"平民主义"英译为"populism"。关于这一点，他自己也在第五章的注释 19 中表示说，将"平民主义"英译为"populism"，是借用美国史研究的说法，也许是有一定问题的。的确，美国史文脉中的"populism"与湖南所谓的"平民主义"之间，在内容上存在相当大的差异。而且，即使有些问题不如"平民主义"/"populism"这么明显，由于英译的结果而导致湖南的真意不能得到正确传达的地方，其他还有若干处。但是，这就是翻译工作，广而言之，也是国际学术交流，乃至异文化交流所必然伴随的宿命，没有必要因此来指责作者。更重要的倒是双方的研究者必须充分认识到翻译中存在这些问题是不可避免的，并以此为前提来开展今后的对话。

在此附带说一下与此相关联的另一问题。傅佛果详细讨论了湖南以及继承其学统的所谓京都学派的时代划分法。但是，众所周知，在日本的中国史学界存在着与之尖锐对立的所谓"历研派"①的时代划分法。需要指出的是，作者在讨论《支那论》批判的章节中，仅仅提到了野原四郎和佐伯有一对湖南的批判，而完全没有提到其他人。对此，琳达·葛罗芙（Linda Grove）在书评（*Journal of Asian Studies*）中提出了批评。对于以湖南为主题的原著来说，这一要求未免有点得陇望蜀之嫌。但是，为了更清楚地阐明湖南的宋代"近世"说，也为了更加充分地与欧美学者进行对话，作者原本是应该在其著作中提及日本也存在着宋代"中世"说的。

其次，与前面一个特点相关联的，而且也是必须指出的原著的第二

---

① "历研派"主要指战后初期与宫崎市定等就中国史时代分期问题进行过论战的东京大学的前田直典和西嶋定生，二者皆是1932年成立的历史学研究会的成员，"历研"是该会的简称。

个特点是,在出版地美国,原著在有关战前日本知识分子的形象或近代日本的政治思想史的研究领域赢得了很高的评价。这从写作书评的人物是以美国具有代表性的日本近现代政治思想史研究者为主一事可以明确得知。比如,这些权威人物有 M. 简森(*International History Review*)、M. 傅莱恰(*Journal of Japanese Studies*)等。正如简森所指出的那样,"如果不具备扎实的汉学基础,以及有关日本思想史、历史方面的学识,那么要完成本书这样的研究根本就是不可能的"。实际上,这本著作很好地证明了傅佛果充分具备了这样的资格。他不仅脚踏实地研究了德川时代的汉学,特别是折衷学和实学,而且还关注到明治以后日本知识分子的动向以及政治思想的潮流。另外,他以充分的说服力指出,就湖南与三宅雪岭等政教社成员之间的关系而言,他们给予湖南的影响并非如以前所认为的那么重大。而且,在分析《支那论》的时候,通过将之与北一辉、橘朴等同时代人的批判性见解进行对比分析,从而更有立体感地展示了湖南当时所占据的地位。此外,作者还详细地论述了东大与京大在学术上的相异点、湖南与那珂通世、白鸟库吉等学者之间的比较以及京大汉学的特点等等。当然,从日本的研究水准来看,其中大部分内容都已经是众所周知的事情了,而且有的方面还论述得不够充分。虽然提出这样的批评是很容易的事情,但是正如傅莱恰所高度评价的那样,"本书出色地弥补了在以往的研究中未能充分探讨的部分,如派尔(K. Pyle)与皮埃松(J. Pierson)的德富苏峰研究、斯坦利(T. Stanley)的大杉荣研究、诺特赫尔法(G. Notehelfer)的幸德秋水研究等"。所以,毫无疑问的是,原著确确实实地提高了欧美学界在近代日本政治思想史研究方面的水准。

※　※　※

以上两点主要都是原著对欧美学界所做出的学术贡献,那么接下来的第三点则是与原著的内容本身有关的、也是更为本质的特征。正如傅佛果在"序章"中所强调的那样,原著的最大特征在于企图对湖南作出"整体性"(holistically)的理解。不过,傅佛果的这一"整体性"目标有两重含义。首先,在以往的湖南论中,所探讨的不是作为记者的湖南,就是作为汉学家的湖南,总之都带有一定的片面性。作者则通过阐明湖南在知识生产方面的连续性克服了这一倾向,得以从"整体性"上来理解湖南。其次,借用傅佛果在"序章"中的话来说,"也许是因为学阀的影响力依然持续着,致使弟子们难以批评自己的先生,以及先生的先生,而另一方面,在战后的日本历史学界也存在着这样的一种倾向,即将战前日本汉学的遗产定罪为日本政府的帝国主义政策的羽翼",结果导致对湖南的评价产生两极分化的倾向。对于这一倾向,由于作者"超越了(是否帝国主义者)这一狭隘层次的评价",对湖南在思想学问方面的内在演变加以审视,所以也将之克服了。因而,作者最终给予湖南一个具有"整体性"与平衡感的评价。

因此,当傅佛果对湖南进行整体性考察与理解时,他特别关注的是贯穿其生涯的"publicist"的性格,以及培育了这一性格的实学思想。也就是说,无论是作为记者,还是作为汉学家,湖南始终在摸索中国所必要的改革问题以及日本在其中所应发挥的作用问题,并且始终致力于将自己的思想传达给日本政府以及舆论界。如果再次借用原著"序章"中的话来说,即"在青少年时期的实学教育中培育起来的 publicist 的性格",不仅"贯穿了湖南的整个生涯",而且"在他学术思想的发展过程中与其政治观以及汉学有机地结合在了一起"。在此之前,学术界并非没有将湖南的实学思想与经世思想结合起来加以考察的研究,但是像原著这样的湖南论,即提出"publicist"的概念,并以此为出发点来解读湖南整个生涯的研究,应该是前所未有的吧!总之,正因为傅佛果抓住了"publicist"这一视角,才得以成功地并且十分精彩地描绘出湖南作为一名现代史学家的真正面貌。从这一意义上来说,原著的主题,即"政治与汉学",正是作者对自己的湖南理解所做出的最为清楚明白的表述。

在此之前,1920年代以后以《新支那论》为代表的湖南的著作,都被批判为具有强烈的"帝国主义"性质的言论。然而,傅佛果则指出,这样的批判是有缺陷的。比如说,他不仅指出将《支那论》(1914年)与《新支那论》(1924年)一并加以批判是有欠缺的,而且还指出在1910年代到1920年代,湖南的言论姿势也是有所变化的。傅佛果认为其中的变化正是湖南内心纠葛的产物,反映了作为"publicist"的湖南在从"中日文化同一论"的立场出发孜孜不倦地探索中国所必要的改革模式的过程中的苦涩心情,由此也呈现出一位"publicist"的"悲剧"。由于作者对湖南的这种理解,傅莱恰在书评中指出"作者是同情湖南的"。大概在日本的读者中,有这种感觉的人也不在少数吧!的确,如果仅仅从结论来看是可以这么来理解的。但是必须注意的是,作者绝对不是为了彰显湖南而写作此书的。实际上,对于那些为1890年代湖南所提出的天职论中体现出来的帝国主义性质辩护的人们,著者是持批判态度的。而且,对于在1920年代的湖南所具有的局限性,即对于中国民族主义的不理解、对中国共产党或者共产主义运动的理解不足、在对中国行使武力之是非问题上的摇摆态度等,作者在结合湖南的中国史学术背景的基础上,指出了产生这种局限性的原因所在。因此,作者在文中提到了此前研究中几乎未曾认真讨论过的(从这一意义上来说也是具有划时代意义的)问题,即湖南的朝鲜论,并由此发现了湖南的另一个局限性。如此看来,即使作者对20世纪的湖南抱着"同情的"心态,归根结底来说,那也是为了更加细致深刻地理解"publicist"湖南的学术思想发展轨迹,并在此基础上得出自己的结论,即具有"整体性"的结论。

其实,傅佛果在解读湖南的时候所提出的"publicist"一词颇让译者在翻译的时候苦恼了一番。翻查词典的时候,发现该词有"政治评论家"等等译词,但是无一能够贴切地反映出其中的含义。但是,傅佛果自己在"序章"中就"publicist"一词则如此解释道,"在这里,我所谓的publicist,指的是那些不会时时卷入现实的政治漩涡之中,而是始终就公共事务发表自己见解的人"。所以,译者仅仅将之作了音译,而没有将之翻译成日语。

同样也是为了对湖南有一个整体性的理解,作者尽可能多地阅读并考察了湖南的著作。正如在正文和注解中随处可见的那样,有不少地方是引用湖南的《全集》中所没有收录的文章来进行论述的。而且,作者为了得到《三河新闻》中所登载的文章,着实费了一番努力,从中也可看出作者的执着精神。这种执着的精神同样可见于他对三田村泰助、吉川幸次郎、宫崎市定、池田诚、内藤戊申、贝塚茂树等诸位先生的采访上。可以说,傅佛果期望能对湖南有一个"整体性"理解的决心是极其坚定的。

如前所述,译者指出该书是第一本用英语写作的关于湖南的研究著作。但是,经过上述介绍之后,或许已经没有必要特意加上"用英语写作的"的限定语了。因此,对我们日本人来说,仅仅为此书的出现而欢欣鼓舞是不够的。毋宁说,我们还应对这一事实作更深刻的理解。

以上是译者对该著作与以往的湖南论之间在特征、性格方面的差异所作的论述。青江舜二郎在执笔《龙之星座》(参照《文献一览》)之际,毛马内的高桥克三曾经这样激励他,"以全然陌生人的全新眼光来看待湖南先生,这才是有意义的"。因此,今天由美国人傅佛果所刻画和塑造的湖南论,就是通过整体性理解的全新视角而呈现在我们的眼前的。

※　　※　　※

战争结束后已经过去四十余年了。如今,无论是日本,是中国,还是中日关系,都迎来了新的时代。日本的中国史研究也必须适应这一新的时代要求。但遗憾的是,我们看到的事实却是日本在中国史研究乃至历史研究方面存在着闭塞状态,并且很难从中找到一个出口。然而诸如外国史研究究竟具有怎样的现代意义以及其中潜藏着哪些需要克服的问题等,这些既老又新的课题依然需要面对。而且,正如增渊龙夫所指出的那样,"日本的中国研究,无论是历史研究还是思想研究,必需经常接受现实方面的检验。这是一种严酷的宿命"。(《关于历史家对同时代史的考察》,四四页,参考《文献一览》)。在这种状况下,重返中国史研究以及东洋史研究的出发点来进行史学史研究的兴趣又开始高涨起来了。我想,有这种感觉的人不会只有我一个吧?当此之际毋庸赘言的是,作为研究的大前提,首先应该对战前日本的中国史研究的负面遗产进行认真的反省。不过,我想其中肯定也存在着值得我们继承的正面遗产。从这一意义上来说,我们在检讨明治以来的史学史之时,也应该拥有与傅佛果一样的"整体性"观点。湖南就是一位曾经与"严酷的宿命"进行过格斗的汉学家。如果能够以期望对湖南作出"整体性"理解的此书的出现为契机来展开史学史的整体性研究,那将是译者喜出望外的幸福。

最后,在翻译此书的过程中,许多人对译者有过帮助,在此特别要感谢的是其中的三位。首先是作者傅佛果。在他于1977年留学京大时,译者与他成为朋友。在从事翻译的过程中,对于不明白的地方以及难解之处,曾经数度写信向他询问,他每次都能恳切地予以答复。另外,他还寄给译者数篇原著的书评。有时候,他还会询问翻译是否顺利,并用日语来激励译者!其次是建议我从事这一翻译工作的京都大学教授(现在是名誉教授)谷川道雄先生。如果说这一翻译工作帮助译者加深了对中国史的理解,那就是谷川先生的功劳。最后要感谢的第三个人是平凡社的岸本武士,他始终节度适宜地督促着生性怠惰的译者。此外,由于翻译的宿命,以及译者的水平所限,本书也许存在着没有充分表达作者意思的地方以及误译之处。如果有的话,毫无疑问都是译者的责任,还望作者以及读者海涵。

中文版译后记　其一

陶德民

记得日本第一位诺贝尔文学奖得主川端康成的代表作《雪国》的开首一句,为"穿过(县界)长长的隧道,便是雪国"。1988年秋天,我第一次到纽约,从下城搭地铁去位于上城116街的哥伦比亚大学访问时,也有一种类似的体验——"穿过长长的地道,便是哥大"。那天傅佛果先生已经如约等在哥大校门口,把我带去该校东亚研究所做报告。以后,我们几乎每一两年都会在某个学会见面,有几次还在同一个分组发表。2008年夏天,我担任关西大学文化交涉学教育研究中心①主任时,他从美国加州大学转到加拿大约克大学担任讲座教授已有五年。我邀请他作为客座教授来访,并在其驻访期间举办了题为"从文化交涉学的观点重新审视内藤湖南"的国际研讨会。这次会议可以说是内藤研究的一次小型峰会,京都大学名誉教授谷川道雄先生②和他先前在名古屋大学执教时的两位高足,即德岛大学的葭森健介先生和山口大学的高木智见先

---

① 该中心为日本文部科学省选定的人文科学领域11个全球化卓越中心之一,称为Global COE (Center of Excellent) Program,得到为期5年的重点资助,目的在于进行探索和创新,以点带面提升日本大学研究生院的整体研究和教学水准。
② 谷川先生已故,生前兼任河合文化教育研究所研究员,并以该所为依托组成内藤湖南研究会。除此之外,日本还有内藤故乡秋田县的内藤湖南先生显彰会等。二者都有定期的研究会和杂志。

生(其夫人高木尚子也作了报告),京都大学的高田时雄教授和狭间直树名誉教授,内藤的秋田县同乡、神奈川大学的大里浩秋先生,北京语言大学的钱婉约女士和我们中心的副主任藤田高夫教授等都参加了。傅佛果在主题报告中再次提出了"关于《内藤湖南全集》未收资料"的问题,亦即"全集不全"的问题,显示出在学问上一贯的刨根问底精神。他还慷慨地捐赠了在京都大学留学期间收集的数十种全集未收报刊文章,和内藤1920年代中期访欧时在柏林一家照相馆拍摄的相片。

前年秋天,关西大学的内藤科研团队在南开大学与该校日本研究院、日语系和世界近现代史研究中心联合举办"内藤湖南与中国"国际研讨会,有31位学者在会上提交论文和发表演讲,包括本书的作者傅佛果先生和初译者何英莺女士。

本书的翻译主要根据日译本,同时也参照了英文原版。日译者井上裕正毕业于京都大学东洋史学科,是中国近代史的专家,出版过《清代鸦片政策史的研究》和《林则徐》等专著,现为奈良女子大学名誉教授。他在京都大学做研究生时与傅佛果有较多交往,后在翻译过程中又与之切磋琢磨,这些都使得日译本的品质得到了保证。不过,因为他在翻译时增补了不少内藤的原文,并加引号嵌入傅佛果原来的概括性叙述之中,结果使得原著流畅的行文有所滞碍。加之日文句子之间的过渡性连接词本来就比较多,有时也并非表示严格的转折和递进关系,如若全部译成中文,会令人感到累赘而有损可读性。因此,我们在翻译时对照原著和日译做了折中。当然,井上先生的这番处理也有好处,不但有助于我们了解原著的论述所依据的内藤的原文,而且搞清了有关日中两国历史的专有名词和人名地名。内行人都知道,专有名词特别是外国人名地名的翻译,往往是译者最头疼、也最容易出错的地方。借助于日译本,便可以避免这方面的偏差。这是我们必须向井上先生致谢的。

毋庸置疑,本书是内藤研究的名著,1984年从哈佛大学出版社出版后已经过了30年。傅佛果先生著作等身,谓之欧美中国学界成果最多的学者,也不为过。写作本书时的他就像是一位高明而细心的外科医生,根据1970年代出版的十四卷《内藤湖南全集》和他自己努力收集的数十种全集未收报刊文章,对内藤思想的来龙去脉作了深入而细致的剖析,一丝不苟,务求中肯和客观。其深厚的日中文化素养、谨严的学术态度和宽阔的比较视野曾受到多位书评者的肯定。我一度师从的普林斯顿大学教授、以研究明治维新和孙文著称并获得日本文化功劳者奖的简森(Marius B. Jansen)也说,"如果不具备扎实的汉学基础,以及有关日本思想史和历史学方面的学识,要完成本书这样的研究根本就是不可能的。"

井上先生在其译后记中曾讨论过傅佛果书中的一些关键词,如试图对内藤做"整体性"理解(holistically),称中国传统式民主思想的内在萌芽为"平民主义"(populism),以及指出内藤作为 publicist 的特征。关于后者,作者本人是如此解释的:"在湖南的思想中,历史学家对社会的作用与 publicist 相类似。我在这里所谓的 publicist,指的是那些不卷入一时的政治漩涡之中,而是不断就公共事务发表自己意见的人们。湖南确信,历史学家应该置身于政治世界之外而起到社会批判者的作用。从这个意义上来说,《史记》的作者,也是在中国被奉为历史学家之祖的司马迁对湖南的思想影响最大。"对此,井上先生坦诚地,此词"颇让译者在翻译时苦恼了一番。翻查字典,发现该词有'政治评论家'等等译词,但是无一能贴切地与作者赋予的意思相吻合。(中略)所以,译者仅作了音译而已,没有硬将之译成日语。"这里的所谓音译,即用片假名来表音,而不译成日语汉字。可是我们在译成中文时,却无法这样绕过去,只用拼音来表音,而不用汉字来表记。本书的初译者曾经试将 publicist 译成"公共事务评论家,"但我斟酌再三,结果还是认为将其翻译成"政论家"比较合适,其理由如下。

首先,中文里的"政"字,意义还是比较宽泛的,并不限于指事关天下的"国政"或是关乎某个地方的"市政",也可以用以统称某个行业或家庭的事务,例如"船政"和"家政"等。而内藤的时评,主要是关于国家战略和策略的,比如他曾指责大隈重信内阁提出对华"二十一条"要求的内容、方式和时机都有失策和失态,或是对台湾总督府和"满洲国"政府的施政方针进行批评和指点。不过,他的时评也有许多是涉及经济文化乃至社会风气方面的。所以称之为"政论家",并无不当。

其次,更重要的是内藤并非只发议论,在担任记者时和从京都大学退休以后,都曾卷入过当时的政治漩涡。1986年关西大学在庆祝其建校一百周年之际,购入了内藤的绝大部分藏书和书信,在图书馆设立了内藤文库。我当时以复旦大学讲师身分自费公派在大阪大学攻读博士,因而有所耳闻。1996年从美国麻省州立学院转来关西大学工作后,曾根据该文库和国会图书馆的档案做过几篇考证文字。例如,1905年日俄战争期间日军刚占领奉天,他便自告奋勇作为外务省嘱托人员去占领地区做民政调查,以便把握现状和谋划将来。结果受到当时在北京与清政府就"满洲善后条约"(即"中日会议东三省事宜条约")进行交涉的外务大臣小村寿太郎的赏识,将之从满洲调查现场召到北京出谋划策,事成以后乘坐同一艘军舰返回日本。① 1933年,罗振玉因为不甘在伪满洲国居于国务总理郑孝胥的下风,企图掌握即将成立的日满文化协会的满方主导权,便拜托内藤游说日本的外务大臣和陆军大臣,以便不用国务院的经费,而直接动用已被没收的张作霖和张学良父子的所谓"逆产"来印制《清实录》。而内藤鉴于与罗振玉联手有助于掌握日满文化协会的日方主导权,以防其落入他视为竞争者的东京大学服部宇之吉之手,便拜托与自己颇有交情的元老西园寺公望向两位大臣打招呼,以帮助罗振玉实现其目的(可是最后由于郑孝胥的察觉,其目的并未实现)。同时,内藤在扶病前往"新京"参加日满文化协会成立仪式之前和之后,都曾直接致函总理斋藤实,以汇报事情的进展。②

关于这些研究成果,傅佛果先生曾在电邮中向我表示,要全面认识

---

① 陶德民:「内藤湖南の奉天調査における学術と政治―内藤文庫に残る1905年筆談記録について」,关西大学『アジア文化交流研究』第1号,2006年3月。
② 陶德民、藤田高夫:「内藤書簡研究の新しい展開可能性について―満洲建国後の石原莞爾・羅振玉との協働を例に―」,关西大学『東西学術研究所紀要』第47辑,2014年3月。

内藤,确实还必须了解这类幕后的内情,而我已经做了不少实证工作。当然,终其一生,内藤力图仿效其景仰的司马迁"究天人之际,通古今之变,成一家之言",如提出在国际汉学界至今影响甚大的"唐宋分期说",并因率先高度评价章学诚而赢得胡适和张尔田的赞赏等等,都是我们必须承认而不能因人废言的。至于他对于近代日本西化经验的反省和出路的探讨更是值得我们加以借鉴和深思的。关于这点,在本书的导言《他山之石可以攻玉》中已有涉及,此不赘述。

在关西大学执教已有20年的我,因为常见各国学者来访内藤文库(校图书馆于1986年建校100周年时购入),也接受过日方和中方电视台的采访,切实感受到内藤研究的不断进展及其所受到的普遍关注。今年9月又有两个来自中国的研究生到我校研究内藤湖南,一个由藤田高夫教授指导读博,一个由我指导进修一年。此外,现为北京语言大学文学院院长的钱婉约教授受我邀请,作为我校东西学术研究所的招聘研究员来访两个月,就内藤湖南与中国学术界关系的课题进行共同研究。我们几次进入文库直接翻阅浏览,得以从总体上感受和把握文库的大致内容。钱婉约在其以往研究的基础上,奋力集中梳理了文库中内藤与中国学者之间的汉文书信手稿,计划和我一起将其选编成书,作为明年内藤诞辰150周年纪念的献礼,并藉此重现20世纪前期中日学术文化交流的一个重要方面。

1月3日是日本的文化节,我们一起去京都参观了金阁寺,又专程到"哲学之道"附近的法然院再次拜谒内藤湖南墓,看到了内藤嫡孙内藤泰二先生在一个多月前的秋分时节(与春分前后的一周同样,称为"彼岸会")来此祭拜之际置放的木制名牌,约有两尺高,半尺宽,上面分别写有其父乾吉、其祖湖南等的戒名。不料九天以后,在接到我关于版权许可的联络信件的当天晚上,年届八十的泰二先生便打电话给素不相识的我,兴致勃勃地介绍了他1960年代以来的访华经历。原来他是著名的仓敷人造丝公司的技术人员,参与了战后最早的日中民间贸易项目,即根据"廖高贸易"协定(亦称"LT贸易",廖承志和高崎达之助分别作为中日代表签署),将成套维尼纶生产设备出口到上海等地加以组装和投产。他谈到了在1963年竣工仪式上见到周总理和两年前出席在北京举行的该项目50周年纪念活动的情景,以及1972年9月田中角荣首相为恢复日中邦交访华时,正巧住在北京友谊宾馆的他不得不提前退房,以便为该访华团腾出住所等趣闻。这通电话给我上了难忘的一课:原来内藤的嫡孙确实为日中经济技术交流作出了贡献。战前战后,沧海桑田,抚今追昔,真是令人不胜感慨。

2015年11月

中文版译后记 其二

何英莺

应该说,本书是一本独特的著作。其独特性主要体现在其作者与其研究对象以及作者的观点上。作者傅佛果是一位美国学者,而他的研究对象内藤湖南则是一位日本学者,然而这位学者毕生所关注和研究的对象则是中国与中国的改革问题。因此,无论是研究者,还是被研究者,如果不具备充分的汉学基础,以及在中日文化和历史方面的广博知识,都是不可能完成他们杰出的研究成果的。美国、日本和中国,在当今的国际政治格局中可谓是最为重要的三个国家,而日本和中国则是东亚国际关系中最为敏感和重要的两个国家。那么,一位美国学者眼中的日本学者会是怎样的一种形象呢?更何况,这位日本学家既是一位颇负盛名的汉学家和历史学家,也是因为特殊的历史背景而使得他的言论颇受争议的知名评论家和记者。他的许多观点既对今日的中国历史研究有着深远的影响,同时也始终争议不断。作者正是试图在这些种种争议中提出自己的独特看法,来描述一个比较完整客观的内藤湖南形象。仅此而言,我就觉得这是一本颇有意味的著作。

此外,我觉得作者始终在用一种类似讲故事的方法来写作论文。比如,作者以时间为线索,逐渐在我们面前展开了湖南的整个生涯,即从湖南的家庭背景和求学过程入手,逐步介绍了湖南记者经历、从政经历以及教授经历,并向我们阐明湖南思想的发展变化及其各种著作和成果的内容和意义,其中也包括湖南的内心的种种矛盾与纠葛等。因此,作者为我们展示了一位比较真实自然并比较全面的内藤湖南形象,用作者自己的话来说,是具有"整体性"的形象。这种写作方法使得整本著作给人以生动而不生硬的感觉,读起来令人兴趣盎然,仿佛在看一个名人传记,而非一本学术著作。

在阅读和翻译的过程中,我感到作者对于湖南的汉学思想背景论述得十分清晰和到位,但是对于湖南的政治思想背景还分析得不够彻底和明晰。例如在对内藤湖南的政治观的论述中,尽管作者对其思想的复杂性作了充分的论述,并指出不能简单地以"帝国主义"来概括湖南的思想,但是最终他并没有明确地指出其思想中的那些局限性与矛盾性的症结在于何处,让人总有言犹未尽之感。也就是说,我认为作者本来可以对湖南的思想,尤其是其政治观的根源有一个更加深入的分析。比如说对于中国五四运动中排日现象的不理解,究竟是出于真心热爱中国文化的心理,还是出于他作为日本人的民族主义情绪,或者是二者兼而有之呢?

根据政治文化理论的观点,任何一个人或者国家,其政治思想和行为都有其深刻的文化背景。我们可以从书中发现,湖南在缀子小学执教期间,曾向当地的神社借书,阅读了大量的神道和佛教方面的书籍。后来又积极参与文化民族主义运动,与尊皇奉佛的政教社人物等有过密切的交往。作者因此分析湖南排斥基督教而推崇东方文化的原因,并指出这种文化民族主义与其日后关注中国的关系。但是,我认为湖南的文化民族主义可以分为两个方面:一方面,他积极推崇中国文化,认为中国文化是东方文化的核心,也是世界上最伟大的文化;另一方面,他始终推崇尊皇派的仁人志士,因此就像他热爱着中国文化一样,他也始终热爱着日本的传统文化与日本历史。尽管他曾经参与反对神道统治地位的运动,但是那样的运动只是反对明治政治的宗教政策而已,归根结底还是以尊皇和弘扬日本民族文化为目的的。

如果由此为出发点来思考的话,那么湖南的许多矛盾思想就不难理解了。正因为如此,他才会预言中国文化的中心将会转移到日本,届时日本文化将融合中国文化而成为东方文化的中心。正因为如此,他不忍心看着文化的母国为西方列强所侵略而积极地思考着改革的方案,即他认为中国必须改革,并认为日本在中国的改革中能够发挥重要的作用。但是,这种作用应该如何来实现,是否需要通过武力来实现,他始终感到犹豫不决。正因为如此,他既为日本在甲午战争中的胜利而欢呼,又警告日本不可过分使用武力;他既认为日本应该积极进入大陆,又认为日本武力侵略中国等于自取灭亡。也正因为如此,他不能理解中国反对日本的民族主义运动,而且认为中国应该着重发展本国文化,政治经济方面则应交给日本等外国的专家来管理,并且中国的丰富资源应该为日本以及世界经济的发展所利用。也正因为如此,当湖南看到中国追随俄国的共产主义运动时,他感到十分不解与愤懑,在他看来这种思想既与中国的历史传统不相符合,当然也与他所构想的日本援华改革计划相违背。总之,在湖南的理想中,以日本为主导的中日同盟才是符合他愿望的东亚关系,并可借此来抵抗西方列强的支配。这种思想同样也有助于我们理解他对于"满洲国"的观点,即他反对日本政府的过度操控而期望借此建立一个符合他愿望的理想国。

总而言之,出于记者的敏锐和历史学家的睿智,湖南对于时事和历史有着非同一般的深刻洞察力,并能提出一些切中肯綮的观点和见解;而另一方面,他主观上的民族主义情绪又屡屡左右着他的思想和判断,使他感到矛盾和纠结。即在他的内心始终存在着一种对于文化母国与自己祖国之间的情感和利益冲突的纠葛。因此,湖南内心的痛苦和矛盾,固然有作者所指出的他对民国前期的乱象感到悲观失望的因素在内,也与他思想中的这种东方文化民族主义与日本文化民族主义相互冲突的因素有关。换言之,我认为内藤湖南就是这样的一位深切地热爱着"中国"文化的"日本"文史大家。这也许可以说是对作者所提出的"整体性"考察之内涵的一种补充说明吧!即作者通过指出湖南作为记者和学者的整体性,从而得以将他的汉学思想与实学思想有机地结合起来加以考察。而我认为与此同时,也可以将他的东方文化民族主义思想与日本文化民族主义思想结合起来展开考察。这一看法其实也是从作者的文脉中受到启发而产生的,因而也是与原著不相矛盾的。

湖南的局限性与两面性从某种程度上来说,其实也正是日本政治文化的局限性与两面性。从中日关系的历史来看,日本能够保持理性态度的时候,那么日本就能充分认识中国文化对日本文化的作用;但日本偏离了理性态度而偏向于狭隘民族主义的时候,就会做出错误和迷失的举动。历史的经验表明,日本民族将其力量用于国家建设而非扩张的时候,以及对中国等邻国表示尊重的时候,也往往是日本能够获得顺利发展的时候。因此,日本在处理双边关系时应该采取理性客观和相互尊重的态度,而非感性主观和狭隘民族主义的态度。这样,不仅有利于中日关系的发展,也有利于其为和谐繁荣的亚洲履行自己的责任,并做出自己的独特贡献。

附　录

1　清朝的皇帝

　　顺治 Shun-chi　　1644—1661

　　康熙 K'ang-hsi　　1662—1722

　　雍正 Yung-cheng　　1723—1735

　　乾隆 Ch'ien-lung　　1736—1795

　　道光 Tao-kuang　　1796—1820

　　咸丰 Hsien-feng　　1851—1861

　　同治 T'ung-chih　　1862—1874

　　光绪 Kuang-hsu　　1875—1907

　　宣统 Husant-t'ung　　1908—1912

2　中国的朝代与湖南的时代划分

　　商（殷）Shang(Yin)　　1776 B. C.—1123 B. C.

　　西周 Western Chou　　1122 B. C.—771 B. C.

　　春秋 Spring ang Autumn　　770 B. C.—476 B. C.

战国 Warring States　　475 B.C.—221 B.C.

秦 Ch'in　　221B.C.—207 B.C.

前汉 Former Han　　206 B.C.—8A.D

王莽(新) Wang Mang(Hsin)　　8A.D.—25

后汉 Latter Han　　25—220

(从古代到100年为古代)

三国 Three Kingdoms　　220—265

魏 Wei　　220—265

蜀汉 Shu-Han　　221—263

吴 Wu　　222—280

西晋 Western Chin　　265—316

(从100年到316年为过渡期)

东晋 Eastern Chin　　317—420

十六国 Sixteen Kingdoms　　304—439

南北朝 Northern and Southern Dynasties　　420—589

刘宋 Liu-sung　　420—479

北魏 Northern Wei　　386—534

齐 Ch'I　　479—502

梁 Liang　　502—557

陈 Ch'en　　557—589

东魏 Eastern Wei　　534—550

西魏 Western Wei　　535—557

北齐 Northern Ch'I　　550—577

北周 Northern Chou　　557—581

后梁 Latter Liang　　555—587

隋 Sui　　581—618

唐 T'ang　618—907

(从 316 年到 800 年为中世)

五代 Five Dynasties　907—960

后梁 Latter Liang　907—923

后唐 Latter T'ang　923—936

后晋 Latter Chin　936—946

后汉 Latter Han　947—950

后周 Latter Chou　951—960

(从 800 年到 960 年为过渡期)

辽(契丹) Liao (Khitan)　907—1125

北宋 Northern Sung　960—1127

金(女真) Chin(Jurchen)　1115—1234

南宋 Sourthern Sung　1127—1179

元 Yuan(Mongol)　1271—1368

明 Ming　1368—1644

清 Ch'ing(Manchu)　1644—1911

民国 Republic of China　1912—

中华人民共和国 People's Republic of China　1949—

(从 960 年以后为近世)

文献一览

原著有极其详细的《文献目录》。日译本将"《内藤湖南全集》目录""《全集》未收入的湖南论文""《全集》未收录的湖南无署名论文目录""湖南著作的翻译目录"割爱省略。不过为方便中文读者,在此列出了《全集》的目录。在原著的参考文献中,不分国别而根据著编者的音序排列。为简明起见,此处则参照日文版的翻译,分为中、日文与欧文两部分。其中,中、日文根据日本五十音图排列,欧文以音序排列。

1 《内藤湖南全集》目录

内藤乾吉、神田喜一郎编,14卷,筑摩书房,1969—1976年出版。

卷一(1970年)

(1)《近世文学史论》(1897年)
(2)《诸葛武侯》(1897年)
(3)《泪珠唾珠》(1897年)
(4)早期的文章(1888—1896年)

卷二(1971年)

(1)《燕山楚水》(1900年)
(2)《续泪珠唾珠》(1900年)
(3)发表于《台湾日报》(1897—1898年)、《万朝报》(1898—1900年)与《日本人》(1897—1898年)的文章。

(4)《高桥健三君传》(1899 年)

(5)《追想杂录》

卷三(1971 年)

发表于《大阪朝日新闻》的社论(1900—1903 年)

卷四(1971 年)

(1) 发表于《大阪朝日新闻》的社论(1904—1906 年)

(2) 发表于《大阪朝日新闻》的各类文章(1900—1906 年)

(3)《时事论》(1898—1916 年)

卷五(1972 年)

(1)《时事论》(1917—1933 年)

(2)《清朝衰亡论》(1911 年)

(3)《支那论》(1914 年)

(4)《新支那论》(1924 年)

卷六(1972 年)

(1) 各种文章(1887—1932 年)

(2) 对其他著作的书评

(3) 游记

(4)《韩国东北疆界攻略》(1905—1906 年)

(5) 满洲写真帖(1908 年)

卷七(1970,1976 年)

(1)《研几小录》(1928 年)

(2)《读史丛录》(1929 年)

卷八(1969,1976 年)

(1)《东洋文化史研究》(1936 年)

(2)《清朝史通论》(1944 年)

卷九(1969 年)

(1)《日本文化史研究》(1924 年)

(2)《先哲的学问》(1946年)

卷十(1969,1976年)

(1)《支那上古史》(1944年)
(2)《支那中古的文化》(1947年)
(3)《支那近世史》(1947年)

卷十一(1969,1976年)

(1)《支那史学史》(1949年)

卷十二(1970年)

(1)《目睹书谭》(1948年)
(2)《支那目录学》(1949年)
(3)《书目答问史部补正》

卷十三(1973年)

(1)《支那绘画史》(1938年)
(2) 关于中国绘画历史的文章(1895—1928年)

卷十四(1976年)

(1)《宝左盦文》(1923年)
(2)《玉石杂陈》(1928年)
(3)《湖南文存》
(4)《湖南诗存》
(5) 和歌
(6) 书信
(7) 年表
(8) 著作目录

2 日文、中文

下列文献略记如下：

京都大学文学部编,《京都大学文学部五十年史》,京都大学文学部,1956年——《五十年史》

高桥克三编,《湖南博士与伍一大人》,石川伍一大人内藤湖南博士诞辰百年纪

念活动实行委员会,1965年。——《博士与大人》

《内藤湖南全集》附录《月报》,筑摩书房,1969—1976年。——《月报》

永原庆二·鹿野政直编,《日本的历史家》,日本评论社,1976年。——《历史家》

《历史教育》7-9,临时增刊号《明治以后历史学的发达》,历史教育研究会,1932年——《历史学的发达》

*[ ]内为日文版译者所补充。

青江舜二郎,《龙的星座——内藤湖南的亚洲生涯》,朝日新闻社,1966年[中公文库,1980年]。

——,《亚洲人·内藤湖南》,时事通信社,1971年。

——,《狩野亨吉的生涯》,明治书院,1974年[中公文库,1987年]。

青木富太郎,《东洋学的成立及其发展》,萤雪书院,1940年。

青木正儿,《湖南先生逸事》,《支那学》7-3,1934年[青木正儿《江南春》,平凡社,东洋文库,1972年]。

——,《君山先生与元曲与我》,《东光》5,1948年[以上两篇为《青木正儿全集》7,春秋社,1970年收录]

——,《夜晚的图书馆》,《五十年史》。

青山秀夫,《韦伯的支那社会观序说——马克思·韦伯与内藤湖南先生》,《东光》4,《东光》6,1948年[收录于青山秀夫,《马克思·韦伯的社会理论》,岩波书店,1954年。]

赤川菊村,《回忆内藤湖南先生》,《灯火》43,1953年。

朝日新闻社史编修室,《村山龙平传》,朝日新闻社,1953年。

——,《上野理一传》,朝日新闻社,1959年。

有高严,《元代史》,《历史学的发达》。

安藤德器,《西园寺公与湖南先生》,言海书房,1936年。

——,《陶庵公寓湖南先生——访问恭仁山庄记》,《传记》3-4,1936年。

安藤俊雄,《那时》,《五十年史》。

安藤彦太郎,《日本人的中国观》,劲草书房,1971年。

五百旗头真,《东亚联盟论的基本性格》,《亚洲研究》22-1,1975年。

池天英俊,《近代社会佛教之实态》,中村元·笠原一男·金冈秀友编,《亚洲佛教史　日本编Ⅷ近代佛教》,佼成出版社,1972年。

——,《明治的新佛教运动》,吉川弘文馆,1976年。

池田诚,《内藤湖南的辛亥革命论》,《立命馆法学》39·40,1961年。[收录于池田诚,《孙文与中国革命——孙文及其革命运动史的研究》,法律文化社,1983年]。

——,《辛亥革命与内藤湖南》,《现在中国》37,1962年。

——,《内藤湖南的袁世凯论》,《立命馆法学》44,1963年。

——,《关于内藤湖南的国民使命观——日本民族主义的一典型》,《立命馆大学人文科学研究所纪要》13,1963年。

——,《关于内藤诗学的私论》,《月报》11,1972年。

石田干之助,《最近支那学的展望》,《思想》86,1929年。

——,《追忆内藤湖南先生 写于诞辰一百周年》,《东亚时论》7-11,1965年。

——,《关于〈目睹书谭〉》,《月报》6,1970年。

石滨纯太郎,《我的忧郁》,《支那学》7-3,1934年。

市村瓒次郎·泷川龟太郎,《支那史》,吉川半七,1896年再版。

伊藤为宪,《鹿角缘起》,《秋田丛书》8所收录,秋田丛书刊行会,1931年。

稻叶岩吉,《"满洲国"创立的历史认识》,《东亚》6-11,1933年。

——,《增订满洲发达史》,日本评论社,1935年。

井上以智为,《追忆内藤先生》,《历史与地理》34-4·5,1934年。

井上隆明,《秋田古典文学史》,历史图书社,1979年。

今井贯一,《回忆内藤湖南先生》,《怀德》12,1934年。

今西春秋,《内藤先生与满洲学》,《月报》9,1971年。

岩井忠熊,《国粹主义的成立》,《日本史研究》47,1960年。

——,《日本近代史学的形成》,青木书店,1972年。

——,《白鸟库吉·内藤湖南·西田直二郎及其文化史观点》,《传统与现代》28,1974年。

上杉允彦,《内藤湖南〈支那论〉》,河原宏·藤井升三编,《中日关系史的基础知识——了解现代中国必备》,有斐阁,1974年。

上田正昭编,《津田左右吉》,三一书房,1974年。

上野淳一,《内藤湖那先生与上野三代》,《月报》14,1976年。

内田宽一,《那时的回忆》,《五十年史》。

内田鲁庵,《典籍的废墟——追忆失去的文献》,《改造》6-4,1924年。

宇都宫清吉,《回想湖南记》,《书论》13,1978年。

宇野哲人,仓石武四郎,吉川幸次郎,狩野直祯,《座谈会(谈论先学)狩野直喜》,吉川幸次郎编,《东洋学的创始者们》,讲坛社,1976年[原载《东方学》42,1971年]

梅原末治,《回忆内藤先生》,《支那学》7-3,1943年。

——,《已故先生诸事》,《东光》5,1948年。

——,《亲受内藤先生教诲时的回忆》,《月报》2,1969年。

——,《亲受内藤先生教诲时的回忆(续)》,《月报》7,1970年。

王栻,《严复传》,人民出版社,1957年。

太田孝太郎,《内藤湖南》《岩手史学研究》18,1950年。

——,《内藤先生与旧藩》,《博士与大人》。

冈崎市教育会编,《冈崎教育小史》,冈崎市教育会,1937年。

冈崎市政府编,《冈崎市大正十年》,冈崎市政府,1921年。

——,《冈崎市战灾复兴志》,冈崎市政府,1954年。

冈崎文夫,《回忆内藤先生》,《支那学》7-3,1934年。

冈本俊平,《明治日本对中国态度的一断面——以小村寿太郎为个案》,佐藤诚三郎等编,《近代日本的对外态度》,东京大学出版会,1974年。

小川琢治,《回忆内藤湖南博士》,《历史与地理》34-4·5,1934年。
——,《追忆内藤湖南先生》,《支那学》7-3,1934年。
小川环树,《内藤湖南的学问及其生涯》,小川环树编《内藤湖南》〈日本的名著〉41,中央公论社,1971年。
小仓正恒,《回忆内藤湖南先生》,《怀德》12,1934年。
小仓芳彦,《北一辉与内藤湖南》,《朝日新闻》,1970年7月14日晚报。
——,《中国迷的今昔》,《东洋史学战后的课题》,小仓芳彦,《我在龙门矣——东洋史学·中国·我》,龙溪书舍,1974年。
小泽荣一,《近代日本史学史的研究 明治编》,吉川弘文馆,1968年。
鸳渊一,《谈谈湖南先生》,《满蒙》17-1,1936年。
——,《湖南翁与满文老档》,《博士与大人》。
小岛祐马,《湖南先生的〈燕山楚水〉》,《支那学》7-3,1934年。
——,《作为通儒的狩野先生》,《东光》5,1948年。
——,《狩野先生的学风》,《东方学报(京都)》17,1949年。
——,《中国的革命思想》,筑摩书房,1972年。
——,《开设当时的支那学教授们》,《五十年史》。
小竹文夫,《支那史的时代区分——现代支那的意义》,《支那研究》44,1937年。
小野和子,《黄宗羲》〈中国人物丛书Ⅱ〉,人物往来社,1967年。
小野信尔,《西原龟三与矢野仁一》,竹内好·桥川文三编《近代日本与中国》上,朝日新闻社,1974年。
小畑勇二郎,《流芳千载》,《博士与大人》。
泽泻久孝,《逝去的先生与我》,《五十年史》。
小山正明,《内藤湖南》,《历史家》。
夏应元,《日本文学界之支那学》,《图书季刊》1-1,1934年。
贝塚茂树,《介绍内藤虎次郎著〈支那史学史〉》,《史林》33-1,1950年。
——,《古代中国与新中国》,创文社,1954年[收录于《贝塚茂树著作集》10,中央公论社,1978年]。
——,《内藤湖南——开化的国民主义者》,朝日报社编《日本的思想家》3,朝日新闻社,1963年[收录于贝塚茂树著作集7,1977年]。
——,《中国古代史研究四十年——京都大学退官记念演讲》,《图书》225,1968年[收录于《贝塚茂树著作集》2,1977年]。
——,《解说》,宫崎市定·贝塚茂树·田村实造·森鹿三·桑原武夫编《桑原隲藏全集》1,岩波书店,1968年。
——,《内藤史学的本质》,《月报》5,1970年[收录于《贝塚茂树著作集》7,1977年]。
——,《预言者内藤湖南——从弟子到思想界,著作的大半是口述笔记》,《朝日新闻》,1976年8月2日晚报。
贝塚茂树,神田喜一郎,内藤乾吉,宫崎市定,吉川幸次郎,三田村泰助,《座谈会

(谈论先学)内藤湖南》,吉川幸次郎编,《东洋学的创始者们》,讲坛社,1976年[原载《东方学》47,1974年]。

加贺荣治,《乡土先贤的记念馆——写于内藤湖南诞辰一百年》,《秋田先驱》,1965年2月15日。

——,《内藤湖南学问的形成》,《秋田先驱》,1965年5月23日[以上两篇收录于加贺荣治《内藤湖南笔记》,东方书店,1987年]。

狩野直喜,《内藤湖南追忆谈》,《怀德》12,1934年[收录于狩野直喜《读书之饔余》,弘文堂书房,1947年]。

——,《山井鼎与七经孟子考文补遗》,《支那学文数》,弘文堂,1928年。

——,《思念内藤君》,《支那学》7-3,1934年[收录于狩野直喜,《读书之？余》,弘文堂书房,1947年]。

鹿野政直,《资本主义形成期的秩序意识》,筑摩书房,1969年。

——《民族主义者们的肖像》,鹿野政直编,《陆羯南 三宅雪岭》,中央公论社,1971年。

上西鹏一,《内藤湖南先生与朝日新闻社说》,《月报》14,1976年。

川合贞吉,《中国革命与日本人》,新人物往来社。

神田喜一郎,《〈支那史学史〉跋》,《内藤湖南全集》11,1969年。

——,《狩野先生与敦煌古籍》,《东光》5,1948年。

——,《内藤湖南先生与支那古代史》,《古代学》3-3,1954年。

——,《内藤湖南先生与支那古代史的研究·三题》,《月报》4,1969年。

——,《陈列馆的地下室》,《五十年史》[以上五篇,收录于神田喜一郎的《敦煌学五十年》,筑摩书房,1970年(旧版,二玄社,1960年)]。

——,《回忆内藤先生》,《支那学》7-3,1934年。

——,《内藤湖南先生与文廷式》,《图书》360,1979年。

神田信夫,《湖南先生与满老文档》,《博士与大人》。

木崎好尚,《朝日与我》,《史文》4,1971年。

北一辉,《支那革命外史》,平凡社,1931年(收录于《北一辉著作集》2,みすず书房,1972年)。

喜田贞吉,《东北地方内地文化进展的一考察——内藤君的出生地鹿角郡》,《历史与地理》34-4·5,1934年。

北山康夫,《中国革命的历史研究》,ミネルヴァ书房,1972年。

衣笠安喜,《折衷学派的政治以及学问思想》(上)(下),《日本史研究》40,41,1959年。

木村泰治,《湖南先生与我》,《北鹿新闻》,1965年5月9日。

——,《内藤湖南先生与我》,《博士与大人》。

木村毅,《明治的新闻人素描》,《学灯》65-6,1968年。

工藤文哉,《忆湖南先生》,《书艺》4-9,1934年。

仓石武四郎,《汉学家的典型》,《东光》5,1948年。

仓田保雄,《エリセーエフ(Elisseeff)的生涯——日本学的始祖》,中央公论社。1977年。

桑原隲藏,《支那的食人肉风习》,《太阳》25-7,1919年(收录于宫崎市定·贝塚茂树·田村实造·森鹿三·桑原武夫编《桑原隲藏全集》1,岩波书店,1968年)。

桑原武夫,《解说历史的思想序说》,桑原武夫编《历史的思想》,《现代日本思想大系》27,筑摩书房,1965年。

胡适,《章实斋先生年谱》,台湾商务印书馆,1968年。

五井直弘,《近代日本与东洋史学》,青木书店,1976年。

幸田露伴,《回忆湖南君》,《书芸》4-9,1934年。

国府犀东,《文天祥》,政教社,1897年。

古城贞吉,《狩野博士与我》,《东光》5,1948年。

后藤末雄,《明治维新前后拿破仑的影响》,岛田谨二教授还历纪念会编,《岛田谨二教授还历纪念论文集 比较文学比较文化》,弘文堂,1961年。

佐伯富,《湖南博士与急就章》,《月报》8,1971年。

佐伯有一,《日本明清时代研究中对商品生产的评价——关于其学说史的展望》,铃木俊·西嶋定生编,《中国史的时代区分》,东京大学出版会,1957年。

酒卷贞一郎,《支那分割论》,启成社,1913年。

相良亨,《近世日本儒教运动的系谱》,理想社,1965年。

佐佐木信纲,《明治大正昭和的人们》,新树社,1961年。

佐藤德治,《内藤先生》,《博士与大人》。

佐藤广金,《东洋史学史所留存下来的——战前东洋史学史研究者与我们的距离》,《响沫集》2,1980年。

佐藤能丸,《三宅雪岭》,《历史家》。

实藤惠秀,《日中非好友的历史》,朝日新闻社,1973年。

盐谷赞,《幸田露伴》,中央公论社,1977年。

岛田虔次,《中国近代思维的挫折》,筑摩书房,1949年[改订版,1970年]。

——,《中国的卢梭》,岛田虔次《中国革命的先驱者们》,筑摩书房,1965年[原载《思想》435,1960年]。

——,《我的内藤湖南》,《月报》6,1970年。

——,《辛亥革命期的孔子问题》,小野川秀美·岛田虔次编,《辛亥革命的研究》,筑摩书房,1978年。

清水三郎,《从〈南翠日记〉看湖南》,《月报》8,1971年。

下村寅太郎,《内藤湖南〈燕山楚水〉》,《创文》59,1968年。

周一良,《日本内藤湖南先生在中国史学上的贡献》,《史学年报》2-1,1934年。

书论编集室,《内藤湖南·张元济笔谈》,《书论》14,1979年。

——,《内藤湖南·王修植笔谈》,《书论》15,1979年。

白鸟库吉,《后藤伯的学问上的功绩》,石田干之助·山本达郎监修《白鸟库吉全集》10,岩波书店,1971年[原载,东洋协会编《吾等所知之后藤新平伯》,1929年]。

新城新藏,《钦若昊天——回忆内藤湖南博士》,《支那学》7-3,1934年。
新村出,《回忆内藤博士》,《历史与地理》34-4·5,1934年。
——,《君山先生思慕之记》,《东光》5,1948年。
——,《五十年前的回想》,《五十年史》。
杉田定一,《游清余感》,杂贺博爱《杉田鸠山翁》,鹣山会,1928[收录于芝原拓自·猪饲隆明·池田正博编,《对外观》《日本近代思想大系》12,岩波书店,1988年]。
杉村邦彦,《内藤湖南学风的形成与书风的展开》,《湖南》2,1982年。
杉本直次郎,《关于本邦东洋史学的成就》,《历史与地理》21-4,1928年。
——,《内藤先生与桑原先生》,《书报》1-5,1958年。
——,《内藤先生与我》,《月报》10,1971年。
铃木正,《狩野亨吉的研究》,ミネルヴァ书房,1970年。
铃木虎雄,《湖南先生的近什》,《支那学》7-3,1934年。
濑川清子,《不可思议的缘分》,《博士与大人》。
相田洋,《日本的大陆侵略与东洋史学——以满蒙史研究为中心》,《史潮》105,1968年。
曾我部静雄,《回忆内藤湖南先生》,《博士与大人》。
曾根俊虎,《法越交兵记》,报行社,1886年(复刻,台湾,文海出版社,1971年)。
曾村保信,《辛亥革命与日本的舆论》,《法学新报》63-9,1956年。
田冈岭云,《内藤虎次郎氏》,《文库》5,1897年。
高濑武次郎,《追慕君山狩野直喜博士》,《东光》5,1948年。
高桥克三,《内藤湖南与石川伍一》,《秋田县广报》,1965年9月1日。
——,《内藤湖南——东洋史学的权威》,小畑勇二郎编,《秋田的先觉》,秋田县总务部,1969年。
——,《湖南先生与乡里毛马内》,《月报》12,1972年。
——,《近世鹿角学统考》,毛马内,老松庵,1975年[旧版,1930年,小册子]。
——,《内藤湖南略传》,《书论》13,1978年。
——,《四库全书与恭仁山庄文库的回忆》,《书论》15,1979年。
高桥健三,《僻论派的史家》,《亚细亚》28,1892年。
田口卯吉,《支那开化小史》,鼎轩田口卯吉全集刊行会编《鼎轩田口卯吉全集》2,大岛秀雄,1927年。
竹内实,《明治汉学者的中国纪行》,竹内实《日本人的中国像》,春秋社,1966年[原载《人文学报》(东京都立大学)36,1963年]。
武内义雄,《追忆湖南先生》,《支那学》7-3,1934年。
竹内好,《支那研究者之路径》,《扬子江》7,1943年[收录于竹内好《日本与中国之间》,文艺春秋社,1973年]。
竹林熊彦,《内藤湖南博士诸事》,《书物展望》12-4,1942年。
橘朴,《第四章 关于社会改革思想的考察 第一节 支那怎么了——读内藤虎次郎的新支那论》,橘朴《支那思想研究》,日本评论社,1939年[原载《支那研究》1

-3,1925 年]

田中惣五郎,《东洋社会党考》一元社,1930 年[再版,新泉社,1970 年]

谷川道雄,《隋唐帝国形成史论》,筑摩书房,1971 年。

——,《中国中世社会与共同体》,国书刊行贿,1976 年。

——,《世界帝国的形成》,《新书东洋史》2,讲坛社,1977 年。

谷泽荣一,《大正的史学者》,《国文学》13-7,1968 年。

——,《有署名的纸球》,浪速书林,1974 年[收录于《完本·纸球》,文艺春秋社,1978 年]。

谷泽荣一编,《内藤湖南研究参考文献目录稿》,《内藤环著书展展观目录》所收,いずみ书店,1969 年。

田村实造,《内藤先生的学恩》,《月报》13,1968 年。

秩父威仙,《湖南先生的缀子时代》,《湖南》2,1982 年。

千叶三郎,《内藤湖南与畑山吕泣——围绕其交友》,《书论》14,1979 年[千叶三郎,《内藤湖南及其时代》,国书刊行会,1986 年]。

陈垣,《日本文学博士那珂通世传序》,《师大史学丛刊》1-1,1931 年。

塚谷晃弘,《田口卯吉》,《历史家》。

津田左右吉,《白鸟博士小传》,《津田左右吉全集》24,岩波书店,1965 年[原载《东洋学报 29-3·4,1944 年]。

鹤见尚弘,《旧中国共同体的诸问题——以明清江南三角洲地带为中心》,《史潮》新 4,1979 年。

唐敬果编,《顾炎武文》,台湾商务印书馆,1969 年。

东行先生五十年祭纪念会编,《东行先生遗文》,民友社,1916 年。

户川芳郎,《汉学支那学的沿革——近代学术的成立与中国研究的"系谱"(二)》,《理想》397,1966 年。

外山军治,《内藤湖南》,《日本》,1965 年 10 月。

东洋文库近代中国研究委员会编,《明治以后日本人的中国旅行记》,东洋文库,1980 年。

内藤乾吉,《后记》,《内藤湖南全集》1,1970 年。

——,《后记》,《内藤湖南全集》5,1972 年。

——,《后记》,《内藤湖南全集》11,1969 年。

内藤根次郎,《关于人间湖南的断章》(一)—(三),《月报》10—12,1971—72 年。

内藤根次郎,内藤戊申译,马伯乐(Henri Maspéro)著,《最近五十年支那学界的回顾》(一)—(五),《东洋史研究》1-1,1-3—6,1935—36 年。

内藤戊申,《中国史的时代区分论展望——日本人的古代区分》,《史林》41-1,1958 年。

——,《父亲的学风·回忆》,《ちくま》5-1,1969 年。

——,《谈谈父亲湖南》,《加茂文化》5,1974 年。

——,《代游清诸记注》(上)(下),《月报》13,1973 年,同 14,1976 年。

——,《内藤湖南记　清国再游记要　禹域鸿爪后记》,《国际政经事情》20,1956年。

——,《内藤湖南记　游清记》(一)—(四),《立命馆文学》135,136,137,139,1956年。

——,《内藤湖南记　己亥鸿爪记略》(上)(下),《国际政经事情》21,23,1956—57年。

——,《内藤湖南记　游清第三记》(上)(下),《东洋史研究》16‐1—2,1957年。

——,《内藤湖南·北韩吉林旅行日记》,《朝鲜学报》21·22,1961年。

——,《内藤湖南·间岛吉林旅行谈——附间岛问题私见》(上)(下),《立命馆文学》216,222,1963年。

——,《游清第四记　京城奉天调查旅行》,《朝鲜学报》33,1964年。

——,《内藤湖南研究文献目录》,《书论》14,1979年。

——,书论编集室编,《内藤湖南研究文献目录补遗》,《书论》14,1979年。

内藤十湾,《鹿角志》,明治文献,1975年再版(旧版,1907年)。

(和田清译),《支那通史》(上)(中)(下),岩波书店,1938年。

那珂通世,《成吉思汗实录》,大日本图书,1907年。

中岛端,《支那分割的命运》,政教社,1912年。

长泽说,《社会主义一斑》(一)—(四),《日本人》10‐12,14,1893年。

中原郁生,《高杉晋作与旅行》,古川薰编,《高杉晋作的全部》,新人物来往社,1978年。

永原庆二,《原胜郎》,《历史家》。

——,《内田银藏》,《历史家》。

中村不折,《内藤君与我》,《书芸》4‐9,1934年。

中村幸彦,《近世后期儒学的动向》,中村幸彦·冈田武彦编《近世后期儒家集》,岩波书店,1972年。

中山久四郎,《现代日本支那学研究的实况》,外务省,1928年。

——,《东洋史学发达的回顾与展望》,《历史学的发展》。

那波利贞,《回忆内藤先生》,《支那学》7‐3,1934年。

——,《怀旧片语》,《五十年史》。

西田直二郎编,《内藤博士颂寿纪念史学论丛》,弘文堂书房,1930年。

丹羽正义,《回忆先生》,《支那学》7‐3,1934年。

——,《内藤虎次郎》,《亚洲历史事典》7,平凡社,1961年。

——,《内藤先生》,《月报》4,1969年。

野原四郎,《内藤湖南〈支那论〉批判》,《中国评论》1‐4,1946年。[收录于野原四郎《亚洲的历史与思想》,弘文堂,1966年]。

野村浩一,《关于〈支那革命外史〉》,《北一辉著作集》2,みすず书房,1972年。

——,《大陆问题的意象与实态》,桥川文三·松本三之介编,《近代日本政治思想史》Ⅱ,有斐阁,1970年[收录于野村浩一《近代日本的中国认识—前往亚洲的航迹》,研文出版社,1981年。]

野本白云,《湖南先生的信件》,《书芸》4-9,1934年。
芳贺登,《近代日本史学思想史》,柏书房,1974年。
桥川时雄,《又弱化一个·希的原理》,《东光》5,1948年。
——,《随心所欲》,《月报》3,1969年。
桥本增吉,《先秦时代史》,《历史学的发达》。
畑山吕泣,《与炳卿》,《亚细亚》1,1891年。
旗田巍,《日本东洋史学的传统》,《历史学研究》270,1962年。
羽溪了谛,《创设当时的回忆》,《五十年史》。
羽田亨,《史料收集家内藤博士》,《支那学》7-3,1934年。
——,《东方文化研究所与狩野博士》,《东光》5,1948年。
羽田亨编,《内藤博士还历祝贺支那学论丛》,弘文堂书房,1926年。
原宗子,《〈亚细亚〉的时候——以政教社时期的内藤湖南为中心》,《调查研究报道》10(学习院大学东洋文化研究所),1980年。
坂野正高,《内藤虎次郎〈清朝史通论〉》(昭和19年),《国家学会杂志》60-1,1946年。
东一夫,《王安石新法的研究》,风间书房,1970年。
日比野丈夫,《内藤先生的金石拓本》,《月报》7,1970年。
——,《内藤湖南交往的学者文人们》,《书论》13,1978年。
平川彰,《佛教的历史》,佛乃世界社,1972年。
冯家升,《现代日本东洋史学家的介绍》,《史学消息》1-2,1936年。
冯自由,《中华民国开国前革命史》1,上海革命史编辑社,1928年。
傅佛果(Fogel,Joshua),《内藤湖南与三宅雪岭》(Chie Masaki Scoggins 翻译),《书论》18,1981年。
藤泽义美,《内藤湖南博士与我国东洋史学的发展》,《岩手史学研究》50,1967年。
文廷式,《文廷式全集》,大华印书馆,1969年。
本田成之,《湖南先生与我》,《支那学》7-3,1934年。
曲田庆吉,《鹿角乡土志》,鹿角教育会,1931年(再版,明治文献,1974年)。
牧野信之助,《恭仁山庄的温容》,《历史与地理》34-4·5,1934年。
增井经夫,《亚洲的历史与历史家》,吉川弘文馆,1966年。
——,《内藤湖南与山路爱山》,竹内好·桥川文三编,《近代日本与中国》上,朝日新闻社,1974年。
增渊龙夫,《历史意义与国际感觉——日本近代史学史中的中国与日本(Ⅰ)》,《思想》464,《日本近代史学史中的中国与日本(Ⅱ)》,《思想》468,1963年[收录于增渊龙夫《关于历史家的同时代史考察》,岩波书店,1983年]。
松浦嘉三郎,《壮志未酬》,《支那学》。
松本信广,《内藤先生在巴黎》,《月报》,1969年。

丸山干治,《三宅雪岭论》,本山信彦编《三宅雪岭集》,《近代日本思想大系》5,筑摩书房,1975年。

三田村泰助,《瓶原时代的内藤湖南先生》,《月报》1,1969年。

——,《内藤湖南》,中央公论社,1972年。

——,小川环树,内藤乾吉等举办的座谈会,《内藤家的家学与湖南先生的学风》,小川环树编,《内藤湖南》,《日本的名著》41,中央公论社,1971年。

三宅花圃,《追忆内藤博士》,《书苑》4-9,1934年。

三宅雪岭,《冒顿》,政教社,1897年(收录于《三宅雪岭集》,《现代日本文学全集》5,改造社,1933年。)

——,(三宅雄二郎)《内藤湖南君的故事》,《书苑》4-9,1943年。

三宅米吉,《文学博士那珂通世君传》,故那珂通世博士功绩纪念会编,《那珂通世遗书》,大日本图书,1915年。

宫崎市定,《关于将南洋分为东西洋的根据》,《东洋史研究》7-4,1942年(收录于宫崎市定《亚洲史研究》2,东洋史研究会,1959年)。

——,《历史家狩野博士》,《东光》5,1948年[收录于《亚洲史研究》3,东洋史研究会,1963年。]

——,《清代的胥吏与幕友——特别以雍正朝为中心》,《东洋史研究》16-4,1958年[收录于宫崎市定《亚洲史论考》下,朝日新闻社,1976年]。

——,《内藤湖南与支那学》,大河内一男·大宅壮一监修,《创造近代日本的百人》下,每日新闻社,1965年(原载《中央公论》936,1965年)。

——,《中国史》上下,岩波书店,1977年。

——,《总论》,《中国史学入门》,《亚洲史研究》3所收录(原载,同书,平安文库,1951年)。

——,《解说》,宫崎市定·贝塚茂树·田村实造·森鹿三·桑原武夫编,《桑原隲藏全集》4,岩波书店,1968年(收录于《亚洲史研究》5,同朋舍,1978年)。

——,《内藤史学的真价》,《月报》3,1969年(收录于宫崎市定《东风西雅》,岩波书店,1978年)。

——,《具有独创性的支那学者 内藤湖南博士》,宫崎市定,《学习中国》,朝日新闻社,1971年[原载《内藤湖南全集》内容样本,1969年]。

——,《寄语〈内藤湖南全集〉刊行》,1969年1月,收录于《学习中国》。

——,《陈列馆地下室》,《京大广报》150,1977年。

宫本正尊,《明治佛教的思潮》,佼成出版社,1975年。

宫本盛太郎,《五四运动与日本知识人》,河源宏·藤井升三编,《中日关系史的基础知识——为了了解现代中国》,有斐阁,1975年。

——,《北一辉研究》,有斐阁,1975年。

室贺信夫,《莲花开放的瓶原》,《月报》5,1970年。

本山幸彦,《明治二十年代的政论中所表现的民族主义》,坂田吉雄编,《明治前半期的民族主义》,未来社,1958年。

森鹿三,《回忆内藤湖南先生》,《月报》1,1969年。

——,《内藤湖南——日本文化论》,森鹿三·伊藤干治,《内藤湖南·宇野圆空》,《日本民族文化大系》11,讲坛社,1978年。

护雅夫,《白鸟库吉与内藤湖南——对照性的东洋诗学开拓者》,《朝日新闻》,1965年8月10日晚报。

安成三郎,《内藤湖南先生金书由来》,《书芸》4-8,1934年。

柳田泉,《哲人三宅雪岭先生》,实业之世界社,1956年。

——,《日本的美——三宅雪岭之美的世界》,柳田泉编,《三宅雪岭集》,《明治文学全集》33,筑摩书房,1967年。

矢野仁一,《我国在满洲之特殊权益》,弘文堂,1928年。

——,《"满洲国"历史》,目黑书店,1934年。

——,《满洲支那领土说之批判与"满洲国"的建国》(启明会第五十回讲演集),启明会,1933年。

——,《王道政治论》,《东亚》6-12,1933年。

——,宫崎市定,萩原淳平,《座谈会 六十年的回忆——围绕博士》,《东方学》28,1964年。

山根幸夫,《日本人的中国观——内藤湖南与吉野造作》,《东京女子大学论集》19-1,1968年。

——,《戊戌变法与日本——以康有为的明治维新把握为中心》,山根幸夫编,《论集·近代中国与日本》,山川书版社,1976年[原载,岩间彻编《变革期的社会》,御茶水书房,1962年]。

山井涌编译,《顾炎武〈亭林文集〉(抄)》,后藤基巳·山井涌编译,《明末清初政治评论集》,《中国古典文学大系》57,平凡社,1971年。

山本秀夫,《橘朴》,中央公论社,1977年。

山元祥子,《父亲的回忆》,《月报》12,1972年。

横山健堂[黑头巾],《款冬巨叶摇曳的国度》,《东方时论》,1918年12月。

吉川幸次郎,《狩野君山先生与支那的学人》,吉川幸次郎,《关于支那》,秋田屋,1946年。

——,《先师与中国文学》,《东光》5,1948年。

——,《天才汪洋之学——写给〈内藤湖南全集〉》,《内藤湖南全集》小册,1969年(以上三篇收录于《吉川幸次郎全集》17,筑摩书房,1969年)。

——,《时常想起的人们(6)内藤虎次郎》,《朝日新闻》,1967年9日18日(收录于《吉川幸次郎全集场 angli》20,1970年)。

——,《唾手封侯志已灭——读内藤湖南全集第一卷第二卷》,《月报》9,1971年。

——,《湖南续记》,《展望》151,1971年(以上二篇收录于《吉川幸次郎全集》23,1976年)。

——,《三区分说杂感》,《书论》13,1978年(收录于《吉川幸次郎全集》27,1987年)。

罗振玉,《罗雪堂先生全集续编》册2,文华出版公司,1969年。
刘选民,《日本研究中国学术之机关》,《史学消息》1-4,1937年。
吕万和·罗澍伟,《西学在封建末期的中国与日本》,《历史研究》1981-3。
梁启超,《论中国政变》,《日本人》80,1989年。
(无署名),《乡土与人——内藤虎次郎》,《岩手史学研究》5,1958年。

3 西文

Beasley, W. G. and Carmen Blavker. "Japanese Historical Writing in the Tokugawa period(1603 – 1868)," in *Historians of China and Japan*. Ed. W. G. Beasley and E. G. Pulleyblank. London: Oxford University Press, 1961.

Bernstein, Gail I. ee. *Japanese Maxist: A Portait of Kawakani Hajimi, 1879 – 1946*. Cambridge: Harvard University Press, 1976.

"Biblographie: Japon," *Bulletin l'Ecode Francaise d'Extreme Orient*, 8: 598 – 609(1908).

"Bibliographies des principals publications éditées dans l'empire japonais," *Bulletin de la Maison Franco-Japonaise* 3. 3 – 4(1931).

Billeter, Jean-Francois. *Li Zhi, philosophemaudit(1527 – 1602) Contribution à une sociologie du mandarinat chinois de la fin des Ming*. Geneva: Librarie Droz, 1979.

Boorman, Howard L. and Richard C. Howard, eds. *Biographical Dictionary of Republican China*, 4 vols. New York and London: Columbia University press, 1968.

Borton, Hugh. "Modern Japanese Economic Historians," in *Historians of China and Japan*, Ed. W. G. Beasley and E. G. Pulleyblank. London: Oxford University Press, 1961.

Brunnert, H. S. and V. V. Hagelstrom. *Present Day Political Organization of China*. Rev. N. Th. Koseloff. Trans. A. Beltchenko and E. F. Moran. Shanghai: Kelly and Walsh, 1912.

Cameron, Meribeth. "The Periodization of Chinese History," *Pacific Historical Review* 15. 2: 171 – 177(June 1946).

Chan, Virginia Mayer. "Historical Consciousness in Eighteenth-century China: A Case Study of Zhao Yi and the 'Zhexi' Historians," PhD dissertation, Harvard University, 1982.

Chan, Wing-tsit. "The Hsing-li ching-i and the Ch'eng-chu School of the Seventeenth Century," in *The Unfolding of Neo-Confucianisn*. Ed. Wm. Theodore deBay. New York: Columbia University Press, 1975.

Chang Hao. *Liang Ch'i-ch'ao and Intellectual Transition in China, 1890 – 1907*. Cambridge: Harvard Uiversity Press, 1971.

Chavannes, Edouard. Review of *Album de photographies de Mandchourie*, by Naito Konan. T'oung Pao 9:602(1908).

Chow Jen Hwa. *China and Japan: the History of Chinese Diplomatic Missions in Japan 1877-1911*. Singapore: Chopmen Enterprises, 1975.

Chun Hae-jong. "Sino-Korea Tributary Relations in the Ch'ing Period," in *The Chinese Word: Traditional China's Foreign Relations*. Ed. John K. Fairbank. Cambridge: Harvard University Press, 1968.

Cohen, Paul A. "Ch'ing China: Confrontation with the west, 1860-1900," in *Modern East Asia: Essays in Interpretation*. Ed. James Crowley. New York: Harcourt, Brace&Word, 1970.

——. *Between Tration and Modernity: Wang T'ao and Reform in Late Ch'ing China*. Cambridge, Harvard University Press, 1974.

Collingwood, R. G. *The Idea of History*. New York: Oxford University Press, 1956.［小松茂夫・三浦修译，《历史的观念》，纪伊国屋书店，1970 年］

Comité Japonais des Sciences Historiques, ed. *Le Japon au XIe Congres International des Sciences Historiques à Stockholm: L'Etat Actuel et les Tendences des Etudes Historiques au Japon*. Tokyo: Nihon gakujutsu shinkōkai, 1960.

Cooz, Alvin D. and Hilary Conroy, eds. *China and Japan: A Search for Balance Since World War I*. Santa Barbara and Oxford: ABC-Clio Press, 1978.

Crowley, James B. "A New Asian Order: Some Notes on Prewar Japanese Nationalism," in *Japan in Crisis: Essays on Taishō Democracy*. ed. Bernard Silberman and H. D. Harootunian. Princeton: Princeton University Press, 1974.

deBary, Wm. Theodore. "Chinese Despotism and the Confucian Ideal: A Seventeenth Century View," in *Chinese Thought and Institutions*. Ed. John K. Fairband. Chicago: University of Chicago Press, 1957.

——"Introduction" to *Pricinple and Practicality: Essays in Neo-Confucianism and Practical Learing*. Ed. Wm. Theodore deBary and Irene Bloom. New York: Columbia University Press, 1979.

Demiéville, Paul, "Chang Hsueh-ch'eng and his Historiography," in *Histiorians of China and Japan*, Ed. W. G. Beasley and E. G. Pulleyblank. London: Oxford University Press, 1961.

——"Review of *Chang Shih-chai hsien-sheng nien-p'u*, by Hu Shih," *Bulletin de l'Ecole Francaise d'Extrême Orient* 23:478-489(1923).

Dilworth, Dvid. "Jitsugaku as Ontological Conception: Continuities and Discontinuities in Early and Mid-Tokugawa Thought," in *Principle and Practicality: Essays in Neo-Confucianism and Practical Learning*. Ed. Wm. Theodore deBay and Irene Bloom. New York: Columia Unversity Press, 1979.

Duus, Peter. "Nagai Ryūtarō and the 'White Peril,' 1905-1944," *Journal of*

Asian Studies 31. 1:41 - 48(November 1971).

——. "Whig History, Japanese Style: The Min'yūsha Historians and the Meiji Restoration," *Journal of Asian Studies* 33. 3:415 - 463(May1974)

Eastman, Lloyd, "Ch'ing-i and Chinese Policy Formation during the Nineteenth Century," *Journal of Asian Studies* 24. 4:595 - 611(1965).

——. *Throne and Mandarins: China's Search for a Policy during the Sino-French Controvery 1880 - 1885*. Cambridge: Harvard University Press, 1978.

Ebrey, Patricia. *The Aristocratic Families of Early Imperial China: A Case Study of the Po-ling Ts'ui Family*. Cambridge: Cambridge University Press, 1978.

Elisséeff, Serge. "Japon," in *Histoire et historiens depuis cinquante ans: Methods, orginisation et résultats du travail historique de 1876 à 1926*. Paris: Librairie Félix Alcan, 1927.

Elman Benjamin. "The Unraveling of Neo-Confucianism: The Lower Yangtze Academic Community in Late Imperial China," PhD dissertion, University of Pennsylvania, 1980.

Fairbank, John King, Masataka Banno, and Sumiko Yamamoto, *Japanese Studies of Modern China: A Bibliographic Guide to Historical and Social Science Research on the 19th and 20th centelries*. Cambirge: Harvard Uiversity Press, 1971.

Fairbank, John K., Edwin O. Reischauer, and Albert M. Craig. *East Asia: Tradition and Transformation*. Boston: Houghton Mifflin, 1978.

Ferguson, John C. "Japanese Sinologists," *The China Journal* 15. 2: 68 - 70 (1931).

Feuerwerker, Albert. *China's Early Industrialization: Shang Hsüan-huai (1844 - 1916)and Mandarin Enterprise*. Cambridge: Harvard University Press, 1958.

Fletcher, Joseph. "Sino-Russian Relations, 1800 - 62," in *The Cambridge History of China*, Volume 10, *Late Ch'ing*, 1800 - 1911, Part 1. Ed. John K. Fairbank. Cambridge: Cambridge University Press, 1978.

Fogel, Joshua A. "On the 'Rediscovery' of the Chinese Past: Ts'ui Shu and Related Cases," in *Perspectives on a Changing China: Essays in Honor of Professor C. Martin Wilbur on the Occasion of his Retirement*. Ed. Joshua A. Fogel and Willian T. Rowe. Boulder: Westview Press, 1979.

——. "To Reform China: Naitō Konan's Formatives Years in the Meiji Press," *Modern Asian Studies* 16. 2:177 - 219 (July 1982).

Gaspardone, Emile. "les bibliographies japonaises," *Bulltin de la Maison Franco-Japonaise* 4. 1 - 4:29 - 115 (1933).

Gay, Peter. *Voltaire's Politics: The Poet as Realist*. Princeton: Princeton University Press, 1959.

Gernet, Jacques. *Le Monde Chinois*. Paris: Librairie Almand Colin, 1972.

Goodrich, L. Carrington and Tay C. N. "Chang Huang," in Goodrich, L. Carrington, and Chaoying Fang, eds. *Dictionary of Ming Biography, 1368 -1644*. New York and London: Columbia University Press, 1976.

Gotō Kimpei. "Postwar JapaneseStudies on Chinese Social and Economic History," *Monumenta Serica* 16:377 - 418(1958).

Grafflin, Dennis. "Great Families in Medieval South China," *Harvard Journal Of Asiatic Studies* 41. 1:65 - 74(1981).

Grey, J. "Historical Writing in Twentieth-century China: Notes on Its Background and Development," in *Historians of China and Japan*. Ed. W. G. Beasley and E. G. Pulleyblank. London: Oxford University Press, 1961.

Grimm, Tilemann, "Naitō Konan(1866 - 1934) und sein neues Chinabild," *Orient Extremus* 26. 1 - 2:27 - 30(1979).

Hashikawa, Bunsō. "Japanese Perspectives on Asia: From Dissociation to Coprosperity," in *The Chinese and the Japanese: Essays in Political and Cultural Interactions*. Ed. Akira Iriye. Princeton: Princeton University Press, 1980.

Hondoa Minoru and E. B. Caedel. "A Survey of Japanese Contributions to Manchuurian Studies," *Asia Major* n. s. 1:59 - 105(1955)

Howard, Richard C. "Japan's Role in the Reform Movenent of K'ang Yu-wei," in *K'ang Yu-wei: A Biography and a Symposium*. Ed, Jung-pang Lo. Tucson: University of Arizona Press, 1967.

Huang, Philip C. *Liang Ch'i-ch'ao and Modern Chinese Liberalism*. Seattle and London: Universityof Washington Press, 1972.

Hummel, Authur, ed. *Eminent Chinese of the Ch'ing Period (1644 - 1912)*. Washington: Government Printing Office, 1943.

Iriye Akira. "The Failure of Enonomic Expansion: 1918 - 1931," in *Japan in Crisis: Essays on Taishō Democracy*. Ed. Bernard Silberman and H. D. Harootunian. Princeton: Princeton University Press, 1974.

——. ed. *The Chinese and Japanese: Essays in Political and Cutural Interactions*. Princeton: Princeton University Press, 1980.

Jansen, Marius B. *The Japanese and Sun Yat-sen*. Cambridge: Harvard University Press, 1954.

——. "Japanese Views of China During the Meiji Period," in *Approches to Modern Chinese History*. Ed. Albert Feuerwerker, Rhoads Murphey, and Mary Wright. Berkeley and Los Angeles: University of California Press, 1967.

——"Changing Japanese Attitudes Towards Modernization," in *Changing Japanese Attitudes Toward Modernization*. Ed. Marius B. Jansen. Princeton: Princeton University Press, 1965.[细谷千博编译《日本的近代化问题》,岩波书店,1968年。]

——. *Japan and China: from War to Peace, 1894 -1972*. Chicago: Rand Mc-

Nally, 1975.

——. "Japan and the Chinese Revolution of 1911," in *The Cambridge History of China*, Volumn11, *Late Ch'ing*, *1800 -1911*, *Part 2*. Ed. John K. Fairbank and Kwang-ching Liu. Cambridge: Cambridge University Press, 1980.

Japanese National Committee of Historical Sciences, ed. *Japan at the XIIIth International Congress of Historical Sciences in Vienna*. Tokyo: Nihon gakujutsu shinkōkai, 1965.

Johnson, Chalmers. *Peasant Nationalism and Communist Power: The Emergence of Revolutionary China*, *1937 -1945*. Stanford: Stanford University Press, 1962[田中文藏译《中国革命的源流——中国农民的成长与共产政权》,弘文堂新社,1967].

Johnson, David. *The Medieval Chinese Oligarchy*, Boulder: Westview Press, 1977.

Johnson, Reginald F. *Twilight in the Forbidden City*. New York: D. Appleton-Century, 1934.[入江曜子·春名彻译《紫禁城的黄昏》岩波书店,1988年]

Jones, Susan Mann, and Philip A. Kuhn. "Dynastic Decline and the Roots of Rebellion," in *The Cambridge History of China*, Volumn 10, *Late Ch'ing*, *1800 -1911*, *Part 1*. Ed. John K. Fairbank. Cambridge: Cambridge University Press, 1978.

Kahn, Harold L. *Monarchy in the Emperor's Eyes: Image and Reality in the Ch'ien-lung Reign*. Cambrige: Harvard University Press, 1971.

Kamchi Noriko. "Historical Consciousness and Identity: Debate of Japanese China Specialists over American Reachers Funds," *Journals of Asian Studies* 34.4: 981-994(August 1975)

——. *Reform in China: Huang Tsun-hsien and the Japanese Model*. Cambridge: Council on East Asian Studies, Harvard University, 1981.

——, John K. Fairbank, and Chuzō Ichiko. *Japanese Studies of Modern China Since* 1953: *A Biblographic Guide to Historical and Social Science Research on the Nineteenth and Twentieth Centuries*. Cambridge: East Asian Research Center, Harvard University, 1975.

Katō Shūichi. "Tominaga Nakamoto, 1715-46: A Tokugawa Iconoclast," *Monumenta Nipponioca* 23.1-2:177-210(January 1967).

Kawakami, K. K. *Manchoukuo: Child of Conflict*. New York: Macmillan, 1933.

Kenndy, Thomas. *The Arms of Kiangnan: Modernization in the Chinese Ordnance Industry*, *1860 -1895*. Boulder: Westview Press, 1978.

Kim, K. H. *Japanese Perspectives on China's Early Modernization: The Self-Strengthening Movement*, *1880 -1885*. Ann Arbor: Center for Chinese Studies, University of Michigan, 1974.

Kirby, E. Stuart. *Introduction to the Economic History of China*. Westport: Hyperion Press, 1973.

——. *Russian Studies of China: Progress and Problems of Soviet Sinology*. London and Basingstoke: Macmillan, 1975.

Kracke, E. A. *Civil Service in Early Sung China: 960 – 1067*. Chicago: University of Chicago Press, 1953.

——. "Sung Society: Change within Tradition," *Far Eastern Quarterly* 14. 4: 479 – 488(August 1955)。

Kubli, Hyman. *Asian Revolutionary: The life of Sen Katayama*. Princeton: Princeton University Press, 1964.

Kuhn, Philip A. *Rebellion and Its Enemies in Late Imperial China: Militarization and Social Structure, 1796 – 1864*. Cambridge: Harvard University Press, 1970.

——. "Local Self-Government Under the Republic: Problem of Control, Autonomy, and Mobilization," in *Conflict and Control in Late Imperial China*. Ed. Frederic Wakeman, Jr. and Carolyn Grant. Berkeley and Los Angeles: University of California Press, 1975.

——. "The Taiping Rebellion," in *The Cambridge History of China*, Volume 10, *Late Ch'ing, 1800 – 1911 , Part 1*. Ed, John K. Fairbank. Cambridge: Cambridge University Press, 1978.

Lach, Donald. *Asia in the Making of Europe*, Volumn 1, Book 2, Chicago and London: University of Chicago Press, 1965.

Lee, Robert H. G. *The Manchurian Frontier in Ch'ing History*, Cambridge: Harvard University Press, 1970.

Legge, James, trans. *The Chinese Classics*, Volumn 2, *The Works of Mencius*. Reprint ed. Hong Kong: Hongkong University Press, 1960.

Levenson, Joseph Richmond. *Liang Ch'i-ch'ao and the Mind of Modern China*. Berkeley: University of Caliafornia Press, 1967.

Liang Ch'i-ch'ao. *Intellectual Trends in the Ch'ing Period*. Trans. Immnuel C. Y. Hsu. Cambridge: Harvard University Press, 1959. [梁启超《清代学术概论》商务印书馆, 921 年英译本。另有小野和子译注, 《清代学术概论》平凡社, 东洋文库, 1974 年。]

Liu, James T. C. *Reform in Sung China: Wang An-shih(1021 – 1086) and his New Policies*. Cambridge: Harvard University Press, 1959.

Lu Hsun. *Selected Works of Lu Hsun*, Volume 4. Peking: Foreign Languages Press, 1960.

Maître, Claude E. "La Littérature Historique du Japon," *Bulletin de l'Ecole*

Francaise d'Extrême-Orient 3.4:564 – 596(October-December 1903).

Mancall, Mark. *Russia and China: Their Diplomatic Relations to* 1728. Cambridge: Harvard University Press, 1971.

Maspero, Henri. "Chine et Asie Centrale," in *Historie et historiens depuis cinquante ans: méthods, organization et résultats du travail historique de 1876 à 1926*. Paris: Librairie Félix Alcan, 1927.

Meinecke, Friedrich. *Historism: The Rise of a New Historical Outlook*. Trans. J. E. Anderson. London: Routledge and Kegan Paul, 1972[菊盛英夫·麻生建译《历史主义的成立》上·下, 筑摩书房, 1968年]

Meskill, John, ed. *The Pattern of Chinese History: Cycles, Development, or Stagnation*. Lexington: D. H. Heath, 1965.

Metzger, Thomas. *Escape from Predeicament: Neo-Confucianism and China's Evolving Political Culture*. New York: Columbia University Press, 1977.

Michael, Franz. *The Origin of Manchu Rule in China*. Baltimore: Johns Hopkins University Press, 1942.

Miller, Roy Andreq. "Some Japanese Influences on Chinese Classical Schoarship of the Ch'ing Period," *Jounal of the American Oriental Society* 72.2:56 – 67(April-June 1952).

Min Tu-ki. "Daitō-gappō-ron(Tract on the Great East Confederation) and Chinese Response: An Inquiry into Chinese Attitude Towards the Early Japanese Asianism," Paper presented to the International Conference on the 1911 Revolution, Taipei, 1981.

Mitamura Taisuke. *Chinese Eunuchs: The Structure of Intimate Politics*. Trans. Charles A. Pomeroy. Tokyo: Charles E. Tuttle, 1970.[三田村泰助《宦官-亲信政治的构造》中央公论社, 1963年英译本]

Miwa Kimitada. "Fukuzawa Yukichi's 'Departure from Asia': A Prelude to the Sino-Japanese War," in *Japan's Modern Century*. Ed. Edmund Skrzypczak. Tokyo: Sophia University and Charles E. Tuttle, 1968.

Miyakawa Hisayuki. "An Outline of the Naitō Hypothesis and Its Effects on Japanese Studies of China," *Far Easten Quarterly* 14.4:533 – 553(August 1955)

Miyazaki Ichisada. "konan Naitō: An Original Sinologist," *Philosophical Studies of Japan* 7:93 – 116(1967)[宫崎市定《具有独创性的支那学者 内藤湖南博士》的英语版]

——. *China's Examination Hell: The Civil Service Examinations of Imperial China*. Trans. ConradShirokauer. New York and Tokyo: Weatherhill, 1976.[宫崎市定《科举——中国的考试地狱》中央公论社, 1963年英译本]

Mulhern, Chieko Irie. *Kōda Rohan*, Boston, Twayne Publishers, 1977.

My Thirty-Three Years'Dream: The Autobiography of Miyazaki Tōten. Trans. Etō

Shinkichi and Marius Jansen. Princeton, Princeton: Princeton University Press, 1982. [宫崎滔天著,宫崎龙介・卫藤沈吉校注《三十三年的梦》平凡社,东洋文库,1967 年英译本]

Najita, Tetsuo. "Method and Analysis in the Conceptual Portrayal of Tokugawa Intellectual History," in *Japanese Thought in the Tokugawa Period 1600 - 1868: Methods and Metaphors*. Ed. Testuo Najita and Irwin Scheiner. Chicago: University of Chicago Press, 1978.

Nakazumi, Akira. "The Heritage of Asian Studies in Japan," *International House of Japan Bulletin* 29:1 - 14(1972).

Needham, Joseph, with the collaboration of Wang Ling. *Science and Civilization in China*, Volumn 3, *Mathematics and the Sciences of the Heavens and the Earth*. Cambridge: Cambridge University Press, 1959. [东畑精一・薮内清监修《中国的科学与文明》4(数学,5(天之科学),6(地之科学),思索社,1975—76 年]

Nivison, David S. *The Life and Thought of Thought of Chang Hsüeh-ch'eng (1738 -1801)*. Stanford: Stanford University Press, 1966.

Norman, E. Herbert, "The Genyosha: A Study in the Origins of Japanese Imperialism," *Pacific Affairs* 17. 3:261 - 284(September 1944).

Numata Jirō. "Shigeno Yasutsugu and the Modern Tokyo Tradition of Historical Writing," in *Historians of China and Japan*. Ed. W. G. Beasley and E. G. Pulleyblank. London: Oxford Univeraity Press, 1961.

Okamoto Shumpei. "Japanese Response to Chinese Nationalism: Naitō(Ko'nan) Torajirō's Image of China in the 1920s," in *China in the 1920s: Nationalism and Revolution*. Ed. F. Gilbert Chan and Thomas H. Etzold. New York: New Viewpoints, 1976.

——. "A Phase of Meiji Japan's Attitude Toward China: The Case of Komura Jutarō," *Modern Asian Studies* 13. 3:431 - 457(1979).

Oxnam, Robert, *Ruling from Horseback: Manchu Politics in the Oboi Regency, 1661 -1669*. Chicago: University of Chicago Press, 1975.

Peattie, Mark R. *Ishiwara Kanji and Japan's Confrontation with the West*. Princeton: Princeton University press, 1975.

Pelliot, Paul . "Trios manuscrits de l'epoque des T'ang récemment publiés au Japon par M. Naitō Torajirō," *T'oung Pao*:482 - 507(1912).

——. "Manuscrits Chinois au Japon," *T'oung Pao* 23:15 - 20(1924).

Piovesana, Gino K. , S. J. *Recent Japanese Philosophical Thought, 1868 - 1962: A Survey*. Tokyo: Enderle, 1963.

Pulleyblank, E. G. "Chinese Historical Criticism: Liu Chih-chi and Ssu-ma Kuang", in *Historians of China and Japan*. Ed, W. G. Beasley and E. G. Pulleybank. London, Oxford University Press, 1961.

Pyle, Kenneth. *The New Generation of Meiji Japan: Problems of Cultural Identity, 1885 - 1895.* Stanford: Stanford University Press, 1969. [松本三之介监译·五十岚晓郎译《新世代的国家像——明治时期的欧化与国粹》社会思想社, 1986年]

"The Real Problems of Chinese History," *Times Literary Supplement*, 17 August 1973, p. 948.

Schneider, Laurence. *Ku Chieh-kang and China's New History: Nationalism and the Quest for Alternative Traditons.* Berkeley and Los Angeles: University of California Press, 1971.

Schwartz, Benjamin I. *In Search of Wealth and Power: Yen Fu and the West.* New York: Harper Torchbook, 1969. [平野健一郎译《中国近代化与知识人——严复与西洋》东京大学出版会, 1978 年]

Siberman, Benjiamin, and H. D. Hartootunian. *Japan in Crisis: Essays on Taishō Democracy*, Princeton: Princeton University Press, 1974.

Smith, Henry Dewitt. *Japan's First Student Radicals.* Cambridge: Harvard University Press. 1972.

Smith, Warren W. Jr. *Confucianism in Modern Japan: A Study of Conservatism in Japanese Intellectual History.* Tokyo, Hokuseido Press, 1959.

Space, Joseph. "Japanese Sinology," *Monumenta Nipponica* 5: 214 - 218(1954).

Spence, Jonathan, and John E. Wills, Jr., eds. *From Ming to Ch'ing: Conquest, Region, and Continuity in Senveteenth-century China.* New Haven: Yale University Press, 1979.

Suzuki Tadashi. "Profile of Asian Minded Man: Tōkichi Tarui," *The Developing Econimies* 6. 1: 79 - 100(March 1968).

Takeuchi Minoru. "The Background to Chinese Studies in Japan", *Japan Quarterly* 18. 3: 316 - 323 (July-September 1971).

Tam Yue-him. "In Search of the Oriental Past: The Life and Thought of Naitō Konan."PhD dissertation, Princeton University, 1975.

——. "An Intellectual's Response to Western Intrusion: Naitō Konan's View of Repubilcan China," in *The Chinese and the Japanese: Essays in Political and Cultural Interactions.* Ed. Akira Iriye. Princeton: Princeton University Press, 1980.

Tao, C. Y. "The Study of Chinese History in Japanese Academic Circles," *Chinese Culture* 7. 4. : 107 - 158(December 1966).

——and Sung Shee. *Sinology in Japan and the United States.* Honolulu: East-West Center, Insitutude of Advancd Projects, University of Hawii, 1966.

Teng Ssu-yü. *Japanese Studies on Japan and the Far East: A Short Biographical and Bibliographical Introduction*, Hong Kong: Hong Kong University Press, 1961.

Terry, Charles S. "Sakuma Shōzan and his Seiken-roku,"MA thesis, Columnbia University, 1951.

Teters, Barbara. "Press Freedom and the the *26th Century* Affair in Meiji Japan," *Modern Asian Studies* 6.3:337 - 351(1972)。

Tsunoda, Ryusaku, Wm. Theodore deBary, and Donald Keene, eds. *Sources of Japanese Tradition*. New York and London: Comlumbia University Press, 1964.

Twitchett, Denis. *Finacial Administration under the T'ang*. Cambridge: Cambridge University Press, 1970.

——. "The Composition of the T'ang Riling Class: New Evidence from Tunhuang," in *Perspectives on T'ang*. Ed. Arthur F. Wright and Denis Twitchett. New Haven and London: Yale University Press, 1973.

Van Gulik, R. H. "Kakkaron: A Japanese Echo of the Opium War," *Monumenta Serica* 4:478 - 545(1939 - 1940)。

Wakeman, Frederic, Jr. *Strangers at the Gate: Social Disorder in South China, 1839 -1861*. Berkeley: University of Califounia Press,1966.

——. *The Fall of Imperial China*. New York: The Free Press, 1975.

Wang, Y. C. *Chinese Intellectuals ang the West, 1872 -1949*. Chapel Hill: University of North Carolina Press, 1966.

Wastson, Burton. *Ssu-na Ch'en: Grand Historian of China*. New York: Columbia University Press, 1958, [今鹰真译《司马迁》筑摩书房, 1965 年].

——. "Historian and Master of Chinese Verse: Rai San'yō," in *Great Historical Figures of Japan*, Tokyo: Japan Culture Institute,1978.

Watt, Paul. "Jiun Sonja: Life and Thought," PhD dissertation, Columbia University, 1982.

Webb, Herschel. *The Japanese Imperial Institution in the Tokugawa Period*. New York: Columbia University Press, 1968.

Wiethoff, Bodo. *Introduction to Chinese History from Ancient Times to 1912*. Boulder: Westview Press, 1975.

Wilkinson, Endymion. *The History of Imperial China: A Research Guide*. Cambridge: East Asian Research Center, Harvard University, 1973.

——. "Japanese Students of Chinese History," *Ch'ing-shih wen-t'i* 2.10:29 - 47 (November1973)。

Willeke, B. H. "Johann Adam Schall von Bell," in Goodrich, L. C. and Chaoying Fang. eds. *Dictionary of Ming Biography, 1368 -1644*. New York and London: Columbia University Press, 1976.

Williamson, H. R. *Wang An-shih: A Chinese Statesman and Educationalist of the Sung Dynasty*. 2 vols. London: Arthur Probstain, 1935 - 1937.

Wright, Arthur F. "The Study of Chinese Cilvilization," *Journal of the History of Ideals* 21. 2:233 – 255(1960).

——. "On the Uses of Generalization in the Study of Chinese History," in *Generalization in the Writing of History*. Ed. Louis Gottschalk. Chicago: University of Chicago Press, 1963.

Wu, Silas H. L. *Passage to Power: K'ang-hsi and His Heir Apparent 1661 – 1722*. Cambridge: Harvard University Press, 1979.

Yanagida Izumi. "Thought of Miyake Setsurei," *Philosophical Studies of Japan* 7:127 – 152(1966).

Yang, L. S. Review of *Chūgoku kinseishi and Shina shigaku shi*, by Naitō Torajirō. *Far Eastern Quarterly* 12. 2:208 – 210(Febuary 1953).

——. "Ming Local Administration," in *Chinese Government in Ming Times: Seven Studies*. Ed. Charles O. Hucker. New York: Columbia University Press, 1969.

Yip, Ka-che. "Warlordism and Educational Finaces, 1916 – 1927," in *Perspectives on a Changing China: Essays in Honer of Professor C. Martin Wilbur on the Occasion of His Retirement*. Ed. Joshua A. Fogel and William T. Rowe. Boulder: Westview Press, 1979.

Young, Ernest. "Problems of a Late Ch'ing Revolutionary: Ch'en T'ien-hua," in *Revolutionary Leaders of Modern China*. Ed. Chün-tu Hsueh. New York: Oxford University Press, 1971.

"海外中国研究丛书"书目

1. 中国的现代化 [美]吉尔伯特·罗兹曼 主编 国家社会科学基金"比较现代化"课题组 译 沈宗美 校
2. 寻求富强:严复与西方 [美]本杰明·史华兹 著 叶凤美 译
3. 中国现代思想中的唯科学主义(1900—1950) [美]郭颖颐 著 雷颐 译
4. 台湾:走向工业化社会 [美]吴元黎 著
5. 中国思想传统的现代诠释 余英时 著
6. 胡适与中国的文艺复兴:中国革命中的自由主义,1917—1937 [美]格里德 著 鲁奇 译
7. 德国思想家论中国 [德]夏瑞春 编 陈爱政 等译
8. 摆脱困境:新儒学与中国政治文化的演进 [美]墨子刻 著 颜世安 高华 黄东兰 译
9. 儒家思想新论:创造性转换的自我 [美]杜维明 著 曹幼华 单丁 译 周文彰 等校
10. 洪业:清朝开国史 [美]魏斐德 著 陈苏镇 薄小莹 包伟民 陈晓燕 牛朴 谭天星 译 阎步克 等校
11. 走向21世纪:中国经济的现状、问题和前景 [美]D.H.帕金斯 著 陈志标 编译
12. 中国:传统与变革 [美]费正清 赖肖尔 主编 陈仲丹 潘兴明 庞朝阳 译 吴世民 张子清 洪邮生 校
13. 中华帝国的法律 [美]D.布朗 C.莫里斯 著 朱勇 译 梁治平 校
14. 梁启超与中国思想的过渡(1890—1907) [美]张灏 著 崔志海 葛夫平 译
15. 儒教与道教 [德]马克斯·韦伯 著 洪天富 译
16. 中国政治 [美]詹姆斯·R.汤森 布兰特利·沃马克 著 顾速 董方 译
17. 文化、权力与国家:1900—1942年的华北农村 [美]杜赞奇 著 王福明 译
18. 义和团运动的起源 [美]周锡瑞 著 张俊义 王栋 译
19. 在传统与现代性之间:王韬与晚清革命 [美]柯文 著 雷颐 罗检秋 译
20. 最后的儒家:梁漱溟与中国现代化的两难 [美]艾恺 著 王宗昱 冀建 译
21. 蒙元入侵前夜的中国日常生活 [法]谢和耐 著 刘东 译
22. 东亚之锋 [美]小R.霍夫亨兹 K.E.柯德尔 著 黎鸣 译
23. 中国社会史 [法]谢和耐 著 黄建华 黄迅余 译
24. 从理学到朴学:中华帝国晚期思想与社会变化面面观 [美]艾尔曼 著 赵刚 译
25. 孔子哲学思微 [美]郝大维 安乐哲 著 蒋弋为 李志林 译
26. 北美中国古典文学研究名家十年文选 乐黛云 陈珏 编选
27. 东亚文明:五个阶段的对话 [美]狄百瑞 著 何兆武 何冰 译
28. 五四运动:现代中国的思想革命 [美]周策纵 著 周子平 等译
29. 近代中国与新世界:康有为变法与大同思想研究 [美]萧公权 著 汪荣祖 译
30. 功利主义儒家:陈亮对朱熹的挑战 [美]田浩 著 姜长苏 译
31. 莱布尼兹和儒学 [美]孟德卫 著 张学智 译
32. 佛教征服中国:佛教在中国中古早期的传播与适应 [荷兰]许理和 著 李四龙 裴勇 等译
33. 新政革命与日本:中国,1898—1912 [美]任达 著 李仲贤 译
34. 经学、政治和宗族:中华帝国晚期常州今文学派研究 [美]艾尔曼 著 赵刚 译
35. 中国制度史研究 [美]杨联陞 著 彭刚 程钢 译

36. 汉代农业:早期中国农业经济的形成　[美]许倬云 著　程农 张鸣 译　邓正来 校
37. 转变的中国:历史变迁与欧洲经验的局限　[美]王国斌 著　李伯重 连玲玲 译
38. 欧洲中国古典文学研究名家十年文选　乐黛云 陈珏 龚刚 编选
39. 中国农民经济:河北和山东的农民发展,1890—1949　[美]马若孟　史建云 译
40. 汉哲学思维的文化探源　[美]郝大维 安乐哲 著　施忠连 译
41. 近代中国之种族观念　[英]冯客 著　杨立华 译
42. 血路:革命中国中的沈定一(玄庐)传奇　[美]萧邦奇 著　周武彪 译
43. 历史三调:作为事件、经历和神话的义和团　[美]柯文 著　杜继东 译
44. 斯文:唐宋思想的转型　[美]包弼德　刘宁 译
45. 宋代江南经济史研究　[日]斯波义信 著　方健 何忠礼 译
46. 一个中国村庄:山东台头　杨懋春 著　张雄 沈炜 秦美珠 译
47. 现实主义的限制:革命时代的中国小说　[美]安敏成 著　姜涛 译
48. 上海罢工:中国工人政治研究　[美]裴宜理 著　刘平 译
49. 中国转向内在:两宋之际的文化转向　[美]刘子健 著　赵冬梅 译
50. 孔子:即凡而圣　[美]赫伯特·芬格莱特 著　彭国翔 张华 译
51. 18世纪中国的官僚制度与荒政　[法]魏丕信 著　徐建青 译
52. 他山的石头记:宇文所安自选集　[美]宇文所安 著　田晓菲 编译
53. 危险的愉悦:20世纪上海的娼妓问题与现代性　[美]贺萧 著　韩敏中 盛宁 译
54. 中国食物　[美]尤金·N. 安德森 著　马嬿 刘东 译　刘东 审校
55. 大分流:欧洲、中国及现代世界经济的发展　[美]彭慕兰 著　史建云 译
56. 古代中国的思想世界　[美]本杰明·史华兹 著　程钢 译　刘东 校
57. 内闱:宋代的婚姻和妇女生活　[美]伊沛霞 著　胡志宏 译
58. 中国北方村落的社会性别与权力　[加]朱爱岚 著　胡玉坤 译
59. 先贤的民主:杜威、孔子与中国民主之希望　[美]郝大维 安乐哲 著　何刚强 译
60. 向往心灵转化的庄子:内篇分析　[美]爱莲心 著　周炽成 译
61. 中国人的幸福观　[德]鲍吾刚 著　严蓓雯 韩雪临 吴德祖 译
62. 闺塾师:明末清初江南的才女文化　[美]高彦颐 著　李志生 译
63. 缀珍录:十八世纪及其前后的中国妇女　[美]曼素恩 著　定宜庄 颜宜葳 译
64. 革命与历史:中国马克思主义历史学的起源,1919—1937　[美]德里克 著　翁贺凯 译
65. 竞争的话语:明清小说中的正统性、本真性及所生成之意义　[美]艾梅兰 著　罗琳 译
66. 中国妇女与农村发展:云南禄村六十年的变迁　[加]宝森 著　胡玉坤 译
67. 中国近代思维的挫折　[日]岛田虔次 著　甘万萍 译
68. 中国的亚洲内陆边疆　[美]拉铁摩尔 著　唐晓峰 译
69. 为权力祈祷:佛教与晚明中国士绅社会的形成　[加]卜正民 著　张华 译
70. 天潢贵胄:宋代宗室史　[美]贾志扬 著　赵冬梅 译
71. 儒家之道:中国哲学之探讨　[美]倪德卫 著　[美]万白安 编　周炽成 译
72. 都市里的农家女:性别、流动与社会变迁　[澳]杰华 著　吴小英 译
73. 另类的现代性:改革开放时代中国性别化的渴望　[美]罗丽莎 著　黄新 译
74. 近代中国的知识分子与文明　[日]佐藤慎一 著　刘岳兵 译
75. 繁盛之阴:中国医学史中的性(960—1665)　[美]费侠莉 著　甄橙 主译　吴朝霞 主校
76. 中国大众宗教　[美]韦思谛 编　陈仲丹 译
77. 中国诗画语言研究　[法]程抱一 著　涂卫群 译
78. 中国的思维世界　[日]沟口雄三 小岛毅 著　孙歌 等译

79. 德国与中华民国　[美]柯伟林 著　陈谦平 陈红民 武菁 申晓云 译　钱乘旦 校
80. 中国近代经济史研究:清末海关财政与通商口岸市场圈　[日]滨下武志 著　高淑娟 孙彬 译
81. 回应革命与改革:皖北李村的社会变迁与延续　韩敏 著　陆益龙 徐新玉 译
82. 中国现代文学与电影中的城市:空间、时间与性别构形　[美]张英进 著　秦立彦 译
83. 现代的诱惑:书写半殖民地中国的现代主义(1917—1937)　[美]史书美 著　何恬 译
84. 开放的帝国:1600年前的中国历史　[美]芮乐伟·韩森 著　梁侃 邹劲风 译
85. 改良与革命:辛亥革命在两湖　[美]周锡瑞 著　杨慎之 译
86. 章学诚的生平及其思想　[美]倪德卫 著　杨立华 译
87. 卫生的现代性:中国通商口岸卫生与疾病的含义　[美]罗芙芸 著　向磊 译
88. 道与庶道:宋代以来的道教、民间信仰和神灵模式　[美]韩明士 著　皮庆生 译
89. 间谍王:戴笠与中国特工　[美]魏斐德 著　梁禾 译
90. 中国的女性与性相:1949年以来的性别话语　[英]艾华 著　施施 译
91. 近代中国的犯罪、惩罚与监狱　[荷]冯客 著　徐有威 等译　潘兴明 校
92. 帝国的隐喻:中国民间宗教　[英]王斯福 著　赵旭东 译
93. 王弼《老子注》研究　[德]瓦格纳 著　杨立华 译
94. 寻求正义:1905—1906年的抵制美货运动　[美]王冠华 著　刘甜甜 译
95. 传统中国日常生活中的协商:中古契约研究　[美]韩森 著　鲁西奇 译
96. 从民族国家拯救历史:民族主义话语与中国现代史研究　[美]杜赞奇 著　王宪明 高继美 李海燕 李点 译
97. 欧几里得在中国:汉译《几何原本》的源流与影响　[荷]安国风 著　纪志刚 郑诚 郑方磊 译
98. 十八世纪中国社会　[美]韩书瑞 罗友枝 著　陈仲丹 译
99. 中国与达尔文　[美]浦嘉珉 著　钟永强 译
100. 私人领域的变形:唐宋诗词中的园林与玩好　[美]杨晓山 著　文韬 译
101. 理解农民中国:社会科学哲学的案例研究　[美]李丹 著　张天虹 张洪云 张胜波 译
102. 山东叛乱:1774年的王伦起义　[美]韩书瑞 著　刘平 唐雁超 译
103. 毁灭的种子:战争与革命中的国民党中国(1937—1949)　[美]易劳逸 著　王建朗 王贤知 贾维 译
104. 缠足:"金莲崇拜"盛极而衰的演变　[美]高彦颐 著　苗延威 译
105. 饕餮之欲:当代中国的食与色　[美]冯珠娣 著　郭乙瑶 马磊 江素侠 译
106. 翻译的传说:中国新女性的形成(1898—1918)　胡缨 著　龙瑜宬 彭珊珊 译
107. 中国的经济革命:二十世纪的乡村工业　[日]顾琳 著　王玉茹 张玮 李进霞 译
108. 礼物、关系学与国家:中国人际关系与主体性建构　杨美慧 著　赵旭东 孙珉 译　张跃宏 译校
109. 朱熹的思维世界　[美]田浩 著
110. 皇帝和祖宗:华南的国家与宗族　[英]科大卫 著　卜永坚 译
111. 明清时代东亚海域的文化交流　[日]松浦章 著　郑洁西 等译
112. 中国美学问题　[美]苏源熙 著　卞东波 译　张强强 朱霞欢 校
113. 清代内河水运史研究　[日]松浦章 著　董科 译
114. 大萧条时期的中国:市场、国家与世界经济　[日]城山智子 著　孟凡礼 尚国敏 译　唐磊 校
115. 美国的中国形象(1931—1949)　[美]T.克里斯托弗·杰斯普森 著　姜智芹 译
116. 技术与性别:晚期帝制中国的权力经纬　[英]白馥兰 著　江湄 邓京力 译

117. 中国善书研究　[日]酒井忠夫 著　刘岳兵 何英莺 孙雪梅 译
118. 千年末世之乱：1813 年八卦教起义　[美]韩书瑞 著　陈仲丹 译
119. 西学东渐与中国事情　[日]增田涉 著　由其民 周启乾 译
120. 六朝精神史研究　[日]吉川忠夫 著　王启发 译
121. 矢志不渝：明清时期的贞女现象　[美]卢苇菁 著　秦立彦 译
122. 明代乡村纠纷与秩序：以徽州文书为中心　[日]中岛乐章 著　郭万平 高飞 译
123. 中华帝国晚期的欲望与小说叙述　[美]黄卫总 著　张蕴爽 译
124. 虎、米、丝、泥：帝制晚期华南的环境与经济　[美]马立博 著　王玉茹 关永强 译
125. 一江黑水：中国未来的环境挑战　[美]易明 著　姜智芹 译
126. 《诗经》原意研究　[日]家井真 著　陆越 译
127. 施剑翘复仇案：民国时期公众同情的兴起与影响　[美]林郁沁 著　陈湘静 译
128. 华北的暴力和恐慌：义和团运动前夕基督教传播和社会冲突　[德]狄德满 著　崔华杰 译
129. 铁泪图：19 世纪中国对于饥馑的文化反应　[美]艾志端 著　曹曦 译
130. 饶家驹安全区：战时上海的难民　[美]阮玛霞 著　白华山 译
131. 危险的边疆：游牧帝国与中国　[美]巴菲尔德 著　袁剑 译
132. 工程国家：民国时期(1927—1937)的淮河治理及国家建设　[美]戴维·艾伦·佩兹 著　姜智芹 译
133. 历史宝筏：过去、西方与中国妇女问题　[美]季家珍 著　杨可 译
134. 姐妹们与陌生人：上海棉纱厂女工，1919—1949　[美]韩起澜 著　韩慈 译
135. 银线：19 世纪的世界与中国　林满红 著　詹庆华 林满红 译
136. 寻求中国民主　[澳]冯兆基 著　刘悦斌 徐硙 译
137. 墨梅　[美]毕嘉珍 著　陆敏珍 译
138. 清代上海沙船航运业史研究　[日]松浦章 著　杨蕾 王亦诤 董科 译
139. 男性特质论：中国的社会与性别　[澳]雷金庆 著　[澳]刘婷 译
140. 重读中国女性生命故事　游鉴明 胡缨 季家珍 主编
141. 跨太平洋位移：20 世纪美国文学中的民族志、翻译和文本间旅行　黄运特 著　陈倩 译
142. 认知诸形式：反思人类精神的统一性与多样性　[英]G.E.R.劳埃德 著　池志培 译
143. 中国乡村的基督教：1860—1900 江西省的冲突与适应　[美]史维东 著　吴薇 译
144. 假想的"满大人"：同情、现代性与中国疼痛　[美]韩瑞 著　袁剑 译
145. 中国的捐纳制度与社会　伍跃 著
146. 文书行政的汉帝国　[日]富谷至 著　刘恒武 孔李波 译
147. 城市里的陌生人：中国流动人口的空间、权力与社会网络的重构　[美]张骊 著　袁长庚 译
148. 性别、政治与民主：近代中国的妇女参政　[澳]李木兰 著　方小平 译
149. 近代日本的中国认识　[日]野村浩一 著　张学锋 译
150. 狮龙共舞：一个英国人笔下的威海卫与中国传统文化　[英]庄士敦 著　刘本森 译　威海市博物馆 郭大松 校
151. 人物、角色与心灵：《牡丹亭》与《桃花扇》中的身份认同　[美]吕立亭 著　白华山 译
152. 中国社会中的宗教与仪式　[美]武雅士 著　彭泽安 邵铁峰 译　郭潇威 校
153. 自贡商人：近代早期中国的企业家　[美]曾小萍 著　董建中 译
154. 大象的退却：一部中国环境史　[英]伊懋可 著　梅雪芹 毛利霞 王玉山 译
155. 明代江南土地制度研究　[日]森正夫 著　伍跃 张学锋 等译　范金民 夏维中 审校
156. 儒学与女性　[美]罗莎莉 著　丁佳伟 曹秀娟 译

157. 行善的艺术:晚明中国的慈善事业　[美]韩德林 著　吴士勇 王桐 史桢豪 译
158. 近代中国的渔业战争和环境变化　[美]穆盛博 著　胡文亮 译
159. 权力关系:宋代中国的家族、地位与国家　[美]柏文莉 著　刘云军 译
160. 权力源自地位:北京大学、知识分子与中国政治文化,1898—1929　[美]魏定熙 著　张蒙 译
161. 工开万物:17世纪中国的知识与技术　[德]薛凤 著　吴秀杰 白岚玲 译
162. 忠贞不贰:辽代的越境之举　[英]史怀梅 著　曹流 译
163. 内藤湖南:政治与汉学(1866—1934)　[美]傅佛果 著　陶德民 何英莺 译
164. 他者中的华人:中国近现代移民史　[美]孔飞力 著　李明欢 译　黄鸣奋 校
165. 古代中国的动物与灵异　[英]胡司德 著　蓝旭 译
166. 两访中国茶乡　[英]罗伯特·福琼 著　敖雪岗 译
167. 缔造选本:《花间集》的文化语境与诗学实践　[美]田安 著　马强才 译
168. 扬州评话探讨　[丹麦]易德波 著　米锋 易德波 译　李今芸 校译
169. 《左传》的书写与解读　李惠仪 著　文韬 许明德 译
170. 以竹为生:一个四川手工造纸村的20世纪社会史　[德]艾约博 著　韩巍 译　吴秀杰 校
171. 东方之旅:1579—1724耶稣会传教团在中国　[美]柏理安 著　毛瑞方 译
172. "地域社会"视野下的明清史研究:以江南和福建为中心　[日]森正夫 著　于志嘉 马一虹 黄东兰 阿风 等译
173. 技术、性别、历史:重新审视帝制中国的大转型　[英]白馥兰 著　吴秀杰 白岚玲 译
174. 中国小说戏曲史　[日]狩野直喜 著　张真 译
175. 历史上的黑暗一页:英国外交文件与英美海军档案中的南京大屠杀　[美]陆束屏 编著/翻译
176. 罗马与中国:比较视野下的古代世界帝国　[奥]沃尔特·施德尔 主编　李平 译
177. 矛与盾的共存:明清时期江西社会研究　[韩]吴金成 著　崔荣根 译　薛戈 校译
178. 唯一的希望:在中国独生子女政策下成年　[美]冯文 著　常姝 译
179. 国之枭雄:曹操传　[澳]张磊夫 著　方笑天 译
180. 汉帝国的日常生活　[英]鲁惟一 著　刘洁 余霄 译
181. 大分流之外:中国和欧洲经济变迁的政治　[美]王国斌 罗森塔尔 著　周琳 译　王国斌 张萌 审校
182. 中正之笔:颜真卿书法与宋代文人政治　[美]倪雅梅 著　杨简茹 译　祝帅 校译
183. 江南三角洲市镇研究　[日]森正夫 编　丁韵 胡婧 等译　范金民 审校
184. 忍辱负重的使命:美国外交官记载的南京大屠杀与劫后的社会状况　[美]陆束屏 编著/翻译
185. 修仙:古代中国的修行与社会记忆　[美]康儒博 著　顾漩 译
186. 烧钱:中国人生活世界中的物质精神　[美]柏桦 著　袁剑 刘玺鸿 译
187. 话语的长城:文化中国历险记　[美]苏源熙 著　盛珂 译
188. 诸葛武侯　[日]内藤湖南 著　张真 译
189. 盟友背信:一战中的中国　[英]吴芳思 克里斯托弗·阿南德尔 著　张宇扬 译
190. 亚里士多德在中国:语言、范畴和翻译　[英]罗伯特·沃迪 著　韩小强 译
191. 马背上的朝廷:巡幸与清统治的建构,1680—1785　[美]张勉治 著　董建中 译
192. 申不害:公元前四世纪中国的政治哲学家　[美]顾立雅 著　马腾 译
193. 晋武帝司马炎　[日]福原启郎 著　陆帅 译
194. 唐人如何吟诗:带你走进汉语音韵学　[日]大岛正二 著　柳悦 译

195. 古代中国的宇宙论　[日]浅野裕一 著　吴昊阳 译
196. 中国思想的道家之论:一种哲学解释　[美]陈汉生 著　周景松 谢尔逊 等译　张丰乾 校译
197. 诗歌之力:袁枚女弟子屈秉筠(1767—1810)　[加]孟留喜 著　吴夏平 译
198. 中国逻辑的发现　[德]顾有信 著　陈志伟 译
199. 高丽时代宋商往来研究　[韩]李镇汉 著　李廷青 戴琳剑 译　楼正豪 校
200. 中国近世财政史研究　[日]岩井茂树 著　付勇 译　范金民 审校
201. 北京的人力车夫:1920年代的市民与政治　[美]史谦德 著　周书垚 袁剑 译　周育民 校
202. 魏晋政治社会史研究　[日]福原启郎 著　陆帅 刘萃峰 张紫毫 译
203. 宋帝国的危机与维系:信息、领土与人际网络　[比利时]魏希德 著　刘云军 译
204. 行善的艺术:晚明中国的慈善事业(新译本)　[美]韩德玲 著　曹晔 译